FEMMES EN PRISON

Christel Trinquier est journaliste à *La Provence*, à Marseille. *Femmes en prison* est son premier livre.

W0310628

CHRISTEL TRINQUIER

Femmes en prison

Nouvelle édition révisée

LE CHERCHE MIDI

© Le Cherche midi éditeur, 1997.

Pour mon père et à ma mère.

Tueuses

Zigouiller, buter, estourbir,
Trucider, saigner, refroidir,
Descendre, occire, ratatiner,
Comme l'auraient fait les chères aînées
Faire que sa vie soit un roman
Dès le lycée prendre un amant
Et pour cela tuer père et mère
Comme l'aurait fait Violette Nozière

Jouer du missel et de la fesse
Et bousiller après confesse
Une demi-douzaine de connards
Comme l'aurait fait Marie Besnard
Être la chienne des océans
Ferrailler en prouvant céans
Que la flibuste n'a pas une ride
Comme l'aurait fait Miss Mary Read

Haïr les bourgeoises exsangues
Leur arracher les yeux, la langue
Pour que leur passe le goût du pain
Comme l'auraient fait les sœurs Papin
Rugir après avoir parlé
Délaisser Marx pour traiter les
Patrons à la Kalachnikov
Comme l'aurait fait Ulrike Meinhof

Se baigner à la lueur des cierges
Dans le sang de cent mille vierges
Pour ranimer son teint flétri
Comme l'aurait fait la Bathory
Chérir un pédé chimérique
Tenir en joue toute l'Amérique
Et crever du plomb plein le cœur
Comme l'aurait fait Bonnie Parker
Empoisonner la Cour de France
Et vomir sur un peuple en transes
Au-dessus des flammes liée
Comme l'aurait fait la Brinvilliers

Puis toucher terre le moins lourdingue
Sans surin ni fiole ni flingue
La télécommande en fusion
Zapper au final sacrilège
Devant l'écran muet qui s'enneige
Toute palpitante d'illusions
Se remémorer tant d'histoires
Dresser d'urgence sa liste noire
Pour du crime être au rendez-vous
Mais s'endormir devant la tâche
L'âme en fureur et la main lâche
Comme n'importe lequel d'entre vous.

Paroles : Pierre Philippe
Interprète : Juliette.

PROLOGUE À LA NOUVELLE ÉDITION

Cinq ans. Cinq ans déjà. J'ai encore sur la rétine et dans l'oreille l'écho de leurs sourires, de leurs peurs et de nos longues conversations : Madeleine à Fleury, Kiki à Avignon, Jeanne ou Charlotte à Rennes... Comme si c'était hier. Certains détails, d'autres visages se sont sans doute oubliés de ma mémoire. Comme s'il s'agissait d'une autre vie. Le temps est élastique. Les statistiques aussi. Petits instruments numériques à double tranchant à qui l'on fait parfois avouer tout et son contraire pour peu qu'on les travaille un rien au corps : révision d'un intitulé ici, changement de la définition d'un poste, là, modification des modalités de recensement et le tour est joué. Ce sont ces petits animaux chiffrés et farouches que je me suis mise en devoir de traquer. Un dépoussiérage statistique en règle en vue de la réédition à l'orée du nouveau millénaire de *Femmes en prison*. En cinq années, la donne en matière de criminalité et de délinquance des femmes avait-elle changé ? Non ou si peu. L'adoption de nouveaux textes — au premier titre desquels la fameuse loi du 15 juin 2000 renforçant la présomption d'innocence et les droits des victimes — ne sera certes pas allée sans effets, notamment sur les variations à la baisse de l'ensemble des effectifs carcéraux, mais, en amont, les caractéristiques attachées à la criminalité au féminin observées à l'époque de l'enquête originelle étaient demeurées. Pleines et entières. J'ai néanmoins poursuivi mon entreprise de rénovation, m'attachant plus particulièrement à réactualiser les statistiques qui me semblaient le plus significatives au regard de l'objet de cet ouvrage : les femmes et ce que le détour criminel trahit de leur « féminitude », ici et maintenant. Certains chiffres sont probablement passés au travers. Faute parfois de réactualisation à la source statistique même. Qu'importe : c'est entre les lignes d'une aventure d'abord et surtout humaine que *Femmes en prison* avait au milieu des années 90 trouvé sa raison d'être. Hier comme aujourd'hui, et sur ce point non plus, la donne n'a pas changé.

AVANT-PROPOS

Quand, en 2000, on recensait sur le territoire national 834 549 personnes mises en cause pour des faits criminels ou délictueux, les statistiques de police ne faisaient état que de quelque 113 457 femmes impliquées. Alors même qu'ils étaient au 1er janvier 2001 42 968 hommes détenus dans les établissements pénitentiaires de métropole, seules 1 650 femmes séjournaient en prison. Année après année, les statistiques rendues publiques concurremment par le ministère de l'Intérieur et l'administration pénitentiaire ne cessent de laisser perplexe : constituant seulement 13,60 % des personnes mises en cause par les services de police, les femmes ne sont représentées qu'à hauteur de 3,7 % dans la population carcérale française[1]. En marge de la marginalité même, qui sont ces femmes qui sont passées à l'acte ? Pourquoi l'ont-elles fait, dans quelles conditions et de quelle manière ? Comment se fait-il, malgré leur supposée égalité de fait au sein de la société française, que les caractéristiques attachées à leur criminalité et à leur délinquance trahissent encore aujourd'hui de la sorte ce que

1. Ces chiffres concernent l'année 2000-2001 mais les pourcentages en la matière sont d'une remarquable stabilité dans le temps (consulter à ce propos les statistiques figurant en annexes). Il semblerait par ailleurs que le phénomène soit loin d'être circonscrit à notre seul pays et à l'époque moderne.

d'aucuns appellent leur « culture de femme » et d'autres leur « nature de femme[1] » ? Plus précisément : pourquoi l'évolution du statut de la femme — dans les textes comme dans les pratiques, au regard de la loi et au sein même de la société — n'a-t-elle pas eu l'effet escompté et ne les a-t-elle pas conduites, ainsi que le voulait l'éclairage social des années 70, à troquer leur singularité criminelle contre des comportements véritablement unisexes ? Et qui sont celles également, encore rares cependant, qui sont allées jusqu'à sauter le pas et à assumer des positions longtemps considérées comme exclusivement masculines en matière criminelle ?

Par-delà les mises en système souvent radicales — et parfois antinomiques — des spécialistes, contre le tout sociologique ou le tout psychologique, cet ouvrage se propose d'apporter sinon des réponses, tout du moins des pistes de réflexion transversales au fil d'entretiens menés avec des observateurs de terrain, professionnels des tribunaux et du milieu carcéral, mais aussi et surtout au travers de témoignages recueillis directement auprès de ces femmes, qui, un jour ou l'autre, ont eu affaire à la justice et dont la vie a basculé. Femmes détenues ou femmes ayant déjà purgé leur peine, femmes encore sous écrou ou en liberté, elles ont livré leurs confidences comme autant de petites histoires de vie. Des confidences qui ne sont pas sans remettre en cause nombre d'idées reçues, battant en brèche par là même certains stéréotypes archaïques de la femme criminelle encore si prégnants dans l'imaginaire col-

1. Sur bases statistiques fournies par le ministère de l'Intérieur, certaines particularités attachées à la délinquance et à la criminalité des femmes se dégagent en effet de manière très nette : sous-représentées dans la population globale des personnes mises en cause, les femmes semblent concentrer leurs activités criminelles et délictueuses dans certaines catégories d'infractions, les atteintes à la famille et les infractions dites astucieuses contre les biens constituant d'une manière toute schématique deux « spécialités » féminines.

lectif. Mais des confidences également, qui remettent bien souvent en question l'existence de divers axiomes que l'on avait sans doute trop vite tenus pour acquis par les femmes de nos sociétés occidentales. Par toutes les femmes...

Etait-ce détourner l'héritage criminologique et sociologique que de vouloir avant toutes choses parler de ces criminelles ou de ces délinquantes sans les réduire à une hypothèse d'école mais sans pour autant se borner à relater le factuel, en tentant précisément, au travers de ces témoignages, de questionner certains partis pris théoriques ? Le lecteur le dira, qui à mon sens devrait pouvoir tirer avantage de cette incursion *in vivo* dans l'entre nous parfois un rien hermétique des spécialistes.

FEMME CRIMINELLE, MA SEMBLABLE, MA SŒUR...

En maison d'arrêt, en centre de détention, dans leur cuisine et dans leur salon lorsqu'elles m'ont reçue chez elles ou encore autour des tables de café et de bar où j'en ai rencontré certaines, j'ai eu l'occasion de m'entretenir avec de nombreuses femmes : jeunes et moins jeunes, mariées, divorcées, célibataires, sans enfants ou déjà grands-mères, venues de la ville ou de la campagne, issues de milieux plus ou moins favorisés, en perte de vitesse ou à l'aube d'une vie nouvelle, toutes étaient en somme fondamentalement différentes les unes des autres malgré parfois des points communs dans leurs trajectoires. Leurs témoignages ont chacun apporté un éclairage particulier à ce document, démontrant à la fois à quel point il était délicat de vouloir réduire le phénomène criminel féminin à une simple équation sociologique et combien cependant certains grands paramètres sociaux semblaient peser de tout leur poids sur ces itinéraires singuliers.

Organisant mon travail précisément autour de cette galerie de portraits, j'avais pour ambition originelle de mettre ces récits en perspective et de les ordonner en partant des comportements communément et statistiquement identifiés comme les plus typiquement féminins (« l'infanticide », la figure de la complice) pour aller vers ces femmes qui parfois ont défrayé la chronique en adoptant à un moment donné des rôles assimilés jusqu'alors au domaine réservé des hommes en matière criminelle (la braqueuse, le cerveau), sans oublier de faire escale là où hommes et femmes semblent désormais à armes égales : la toxicomanie et son cortège de vicissitudes. Cependant, et fort heureusement, le matériau humain est de ceux-là qui ne sont jamais si bien tranchés et qui excluent d'emblée toute tentative par trop typologique. Ainsi certaines de mes interlocutrices pouvaient-elles aussi bien figurer dans l'une comme dans l'autre des parties de cette enquête. C'est donc, il est vrai, d'une manière arbitraire que j'ai choisi de faire intervenir leur témoignage à tel moment plutôt qu'à tel autre du développement, en me fondant toujours sur ce que je considérais être le point fort de leur personnalité, le trait le plus caractéristique de leur histoire, privilégiant de fait et systématiquement l'humain aux dépens de la théorie, l'exception contre la règle, ce qu'il m'avait été donné de recueillir sans ambition aucune d'exhaustivité légale ou pénale.

Il va de soi par ailleurs que mener ce type d'entretiens à des fins de publication ne pouvait se faire sans qu'un contrat moral soit au préalable passé avec mes interlocutrices[1] et c'est sur la base d'un volontariat

1. L'anonymat constituait bien évidemment une condition *sine qua non* à la publication des témoignages qui suivent, ainsi les prénoms figurant dans cette enquête — qu'il s'agisse de ceux de mes interlocutrices ou de leurs proches — sont-ils des pseudonymes choisis par les intéressées elles-mêmes. D'autre part, seule la zone de provenance géographique des personnes qui ont témoigné a été conservée, les noms des villes et des lieux ayant été volontairement modifiés. Il va sans dire cependant que cet anonymat patronymique propre à protéger mes interlocutrices comme leur famille vis-à-vis du monde extérieur était de pure

plein et entier que j'ai voulu procéder. Dans les murs du centre pénitentiaire pour femmes de Rennes, ce n'est pas moi qui ai désigné mes interlocutrices, ce sont elles qui m'ont choisie et c'est de leur plein gré que, après avoir été informées de mon passage, elles sont venues à ma rencontre. Si j'ai dû par ailleurs rechercher et contacter certaines femmes, chacune d'entre elles a eu, selon le même principe, la liberté de revenir sur ses propos et de se rétracter à tout moment. En outre, mon but n'étant en aucune manière de jouer les enquêteurs *a posteriori,* la règle du jeu était posée d'emblée : je venais simplement les écouter et retracer avec elles l'itinéraire d'une vie. Si la plupart des femmes que j'ai pu rencontrer se sont pliées à cette règle avec une honnêteté et un courage exemplaires au regard de la lourdeur et de la pénibilité de leur histoire, celles qui ont préféré contourner la vérité — celle des services de police et des cours d'assises — m'ont en réalité livré quelque chose de tout aussi important puisqu'il s'agit de leur vérité ou plus prosaïquement de leur manière d'appréhender la réalité de leur existence, peut-être la seule façon qu'elles aient de pouvoir s'y résoudre.

Que dire enfin de ces femmes qui ont accepté de me parler ou de celles aussi qui se sont fermées à force d'avoir été sollicitées, souvent manipulées, parfois trahies ? Qu'elles n'ont été en fin de compte pour moi ni un objet d'étude — ce n'était pas à l'aune d'une quelconque science que je venais prendre la mesure de leur histoire — ni un objet de curiosité mais bien plutôt les éclaireurs d'une formidable et terrible aventure en contrées humaines. Que c'est

forme dès lors qu'il s'agissait de ne pas être reconnu à l'intérieur des murs. C'est vraisemblablement l'une des raisons qui ont poussé certaines femmes à se rétracter. Elles jugeaient s'être engagées trop avant dans leurs confidences et envisageaient avec beaucoup de crainte la possibilité d'être identifiées par leurs codétenues, par les personnels des prisons voire par leurs proches lorsque, libérées, elles avaient refait leur vie.

leur parole, cent fois détournée, que je désirais recueillir, sans la réécrire cette fois, sans l'édulcorer ni l'extrapoler. Il ne s'agissait pas de transformer cette parole en un texte acceptable d'un point de vue syntaxique — leurs mots et la tournure de leurs phrases disent, aussi, qui elles sont et d'où elles viennent — ou encore en un récit recevable d'un point de vue moral. D'aucuns pourront contester à leur aise mon parti pris « moral » qui est précisément de n'en avoir aucun. Il ne s'agissait pas non plus, afin de mettre toute la lumière sur l'aspect « spectaculaire » que peuvent revêtir certaines de ces histoires de vie, de censurer ce qu'il peut y avoir de désespérément banal au fil de ces existences cependant si singulières. Recueillir purs et bruts ces témoignages et les transmettre en me gardant de les réinventer. Le témoignage de ces femmes à la fois si proches de nous et si lointaines, sous tant d'aspects nos sorcières imaginaires mais aussi et pourtant nos semblables, nos sœurs...

PREMIÈRE PARTIE

La figure de la mère ou le lien du sang

BERCEUSE POUR UNE VICTIME

Depuis l'entrée en vigueur du nouveau code pénal au 1er mars 1994, l'infanticide n'existe plus. Requalifié en assassinat ou meurtre sur mineurs de moins de 15 ans, la disparition du mot même d'infanticide — dans les textes sinon dans les usages — a mis fin à ce qu'il convient d'appeler un sexisme terminologique. Jusqu'alors, en effet, une codification différentielle perdurait qui classait le meurtre de l'enfant dans la catégorie de l'infanticide s'il était commis par la mère, et dans celle du meurtre de type générique lorsqu'il était perpétré par le père. Loin d'être un simple détail de vocabulaire, cette difficulté à nommer pénalement le meurtre d'un enfant par sa mère reflète très précisément les difficultés qu'a éprouvées le législateur tout au long de l'histoire à opter pour un mode d'appréhension et de répression particulier en ce qui concerne l'infanticide[1].

1. Véritable fléau social à certaines époques, l'infanticide a fait l'objet de toute une série de mesures extrêmement sévères destinées à endiguer le phénomène et ce, dès le XVIe siècle. Ainsi, l'infanticide a-t-il été réprimé un temps, comme le parricide, plus sévèrement que le meurtre : on coupait le poing à son auteur avant de le guillotiner. Au début du XXe siècle, les jurys populaires des cours d'assises se montrant souvent indulgents envers les femmes infanticides déférées devant eux, de crime l'infanticide fut en 1941 requalifié en délit, afin d'être correctionnalisé et jugé par des magistrats professionnels supposés plus aguerris face à la misère humaine. Une correctionnalisation à visée répressive qui n'allait cependant pas sans poser problème d'un point de vue éthique et sur laquelle on devait revenir en 1954.

Pourtant et quand bien même le nouveau code pénal a-t-il rétabli une nécessaire neutralité dans les textes, les statistiques continuent cependant de faire état du caractère féminin de ce crime : si, dans la catégorie globale des crimes et délits contre les personnes, les femmes constituent en 2000 environ 16 % des personnes mises en cause (contre 84 % d'hommes), en ce qui concerne l'homicide sur mineur, les proportions s'équilibrent et les femmes se trouvent être représentées à hauteur de plus de 44 %. En 1995, année de la présente enquête, ces proportions allaient jusqu'à s'inverser, les femmes étant représentées à hauteur de 63 % (74 % en 1994) dans la catégorie homicide sur mineur. Cette année-là, sur 63 nouveaux cas d'homicide sur mineur recensés, elles ont été 40 femmes à être mises en cause contre 23 hommes. En 2001, elles sont une quarantaine de détenues condamnées pour ce motif dans les prisons françaises. Des femmes qui purgent néanmoins des peines dont l'hétérogénéité en termes de durée traduit bien la diversité des comportements qu'était censé recouvrir le seul vocable d'« infanticide ». « On appelle communément et de manière générique *infanticide* le meurtre d'un enfant mais l'infanticide *stricto sensu* désigne uniquement le meurtre du nourrisson dans un délai de trois jours après sa naissance. Ici, au centre pénitentiaire pour femmes, nous voyons plus de dossiers ayant trait à des *libéricides* qu'à des infanticides, c'est-à-dire des meurtres concernant des enfants de 1 à 11 ans plutôt que des bébés, *commente le docteur Deschacht, psychiatre responsable du service médico-psychologique régional de Bretagne.* Nous savons, d'un point de vue statistique, que contrairement à l'infanticide qui est majoritairement le fait de femmes jeunes, le libéricide concerne quant à lui des femmes plus âgées, qui ont déjà élevé leurs enfants et qui dans la plupart des cas vont passer à l'acte dans un contexte pathologique, généralement lors d'un accès dépressif sévère de type mélancolique. En fait, la femme s'imagine pour des raisons plus ou moins objectives qu'elle est dans le gouffre, dans une situation de faillite, affective, conjugale, professionnelle et financière totale, à laquelle elle ne voit plus d'issue et dont le seul moyen de s'extraire est pour elle le suicide. Cependant, comme elle est mère avant toute chose, elle ne veut pas laisser ses enfants derrière elle et va donc les tuer pour leur éviter de souffrir. Ici, le libéricide procède en fait d'un suicide de type altruiste. Or, il arrive parfois qu'après avoir tué ses enfants, la femme ne parvienne pas à se supprimer, soit qu'elle n'absorbe pas assez de médicaments, soit qu'un tiers intervienne. Bien sûr, il va sans dire que libéricide et infanticide ne sont pas comparables et correspondent à des modes de passage à l'acte qui répondent à des problématiques très différentes.

En ce qui concerne l'infanticide donc, et d'une manière schématique, on peut dégager deux "profils types". Le premier correspond à une femme jeune, entre 18 et 23 ans, nullipare, sans compagnon fixe, sans antécédents psychiatriques mais qui nourrit de très gros problèmes vis-à-vis de sa sexualité, vis-à-vis de la mère et de sa qualité propre de femme qu'elle semble incapable d'assumer. L'itinéraire classique de cette femme est le suivant : elle est tombée enceinte de manière accidentelle, a refusé d'y croire et s'est employée à nier cette grossesse et à la cacher jusqu'au bout. Un déni qui est si fort qu'elle arrive même parfois à le faire partager à son entourage. Nous voyons des femmes qui vivent en couple et dont le conjoint du moment n'est pas au courant de la grossesse de sa compagne alors même que celle-ci est sur le point d'accoucher. On peut parler d'une véritable pathologie de groupe. Du fait de ce déni fondamental, l'accouchement et la venue de l'enfant ne sont bien entendu pas préparés et, lorsque la femme conçoit, elle est dans l'incapacité à faire face. Elle accouche souvent n'importe où, dans le meilleur des cas chez elle, mais cela peut aussi être dans la campagne ou sur son lieu de travail. Nous avons eu plusieurs cas de jeunes étudiantes qui ont ainsi accouché dans les toilettes de leur université. Au moment de l'accouchement la femme est souvent prise de panique et c'est dans un état second qu'elle va tuer l'enfant ou bien l'abandonner. » *Le cas de Sylvie ou celui de Simone*[1] *ne sont pas sans rappeler ce « profil type ». Incarcérée pour tentative d'infanticide à trente ans, Simone avait porté son premier enfant à terme refusant de prendre conscience de sa grossesse et sans que son concubin soupçonne son état. Comme ce fut le cas pour Sylvie, sa forte corpulence aidant, personne dans son entourage n'avait remarqué de changement. Elle avait accouché dans sa salle de bains au retour du supermarché et, ne sachant que faire de cet enfant qu'elle n'attendait pas, Simone l'avait enfermé dans des sacs plastique. Après l'accouchement, alerté par les pleurs du bébé, le concubin de Simone avait dans un premier temps accepté tacitement de s'en débarrasser : il était allé creuser un trou dans le jardin pour enterrer l'enfant. Cependant, allant régulièrement vérifier si le nourrisson était mort, il l'avait maintenu en vie en lui permettant de respirer à chaque fois qu'il ouvrait les sacs. C'est lui qui finalement devait alerter la gendarmerie, incapable de supporter plus avant le calvaire du nourrisson. Mais les jeunes primipares comme Simone ou Sylvie ne constituent pas l'essentiel des femmes appréhendées pour infanticide. Ainsi, de nombreux criminologues s'accordent-ils à dire que nombre d'infanticides s'avèrent être le fait de mères de famille nombreuse, des femmes « accablées d'enfants » pour reprendre les mots du sociologue Robert Cario, souvent issues d'un environnement social, économique et culturel défavorisé et incapables d'assumer la charge d'un enfant supplémentaire.*

« Le second profil en matière d'infanticide, *précise le docteur Deschacht,* concerne des femmes issues d'un milieu rural et vivant souvent à la campagne.

1. Le témoignage de Sylvie figure dans ce chapitre. Simone n'a pas désiré que son témoignage soit publié.

Mères de plusieurs enfants, elles ne peuvent pas matériellement assumer un nouveau bébé et, pour elles, l'infanticide est en quelque sorte considéré comme une méthode contraceptive plus ou moins tacitement acceptée par le conjoint. J'ai eu ici un cas extrême qui sortait de l'ordinaire puisque, en général, l'infanticide n'est pratiqué qu'une fois. Il s'agissait d'une femme qui avait pratiqué quatre infanticides consécutifs. Une personne d'origine rurale dont le mari, parfaitement au courant, allait enterrer les nourrissons dans le jardin et pour laquelle l'infanticide semblait véritablement être considéré comme un mode de contraception "naturel". Ce sont les voisins qui, au terme de la quatrième grossesse sans enfant, ont alerté les services de police. » *Un état de fait qui n'est pas sans susciter quelques doutes quant à la réalité de la diffusion des méthodes de contraception dans certaines catégories sociales défavorisées. Celles-là même où se recrutent plus généralement les infanticides et où la femme, souvent moins sensibilisée, demeure aussi plus réticente à l'usage de moyens contraceptifs en raison d'un conservatisme ambiant. Certes, contrairement aux jeunes femmes de Casablanca dont me parlera le docteur Deschacht, la femme occidentale apparaît privilégiée.* « Lorsque j'exerçais à Casablanca, j'ai été informé du fait que, chaque année, on retrouvait environ une centaine d'enfants dans les poubelles de la ville, abandonnés dans des sacs plastique. Ici, bien entendu, il faut prendre en compte la pression familiale, sociale et religieuse extrêmement forte qui pèse sur ces jeunes femmes : si l'on découvre leur grossesse clandestine, elles seront rejetées, punies, battues, voire tuées car l'enfant est la preuve tangible de la transgression de la Loi du père et de la Loi des frères. Il ne faut pas oublier que ces jeunes femmes ne disposent pas des moyens mis au service des femmes occidentales, tels que le planning familial ou l'IVG. »

Privilégiées en matière de moyens contraceptifs, les femmes françaises le sont, bien que près de trente ans après l'arrivée de la pilule en France, le nombre élevé d'IVG pratiquées chaque année — plus de 200 000[1] *— tende à prouver que tous les relais d'information et de diffusion ne fonctionnent pas comme ils le devraient. Elles ne sont pas en revanche soustraites à cette pression familiale et sociale qui ne manque pas de fausser la donne : ont-elles véritablement désiré leur enfant ou l'ont-elles conçu, à l'instar de leur propre mère, parce que dans le milieu d'où elles viennent la femme n'est promue et valorisée que précisément en tant que mère ? Ont-elles désiré un enfant ou bien ont-elles, femmes issues de foyers démunis, été amenées à spéculer sur de possibles allocations familiales ? Instinct maternel, reproduction sociale ou construction sociale, le désir d'enfant n'est pas si clair qu'il y paraît et l'enfant assumé moins fréquent qu'on ne voudrait le croire dans nos sociétés car, si les passages à l'acte ponctuels que nous venons d'évoquer demeurent dans l'opinion emblématiques du comportement infanticide, ils se sont souvent exercés en retrait de ces passages à l'acte au long cours, où l'enfant est victime de privations de soins voire de maltraitances systématiques*[2]. *De tels comportements, s'ils ne participent pas du même type de fonctionnement que l'« infanticide » au sens générique, ont, sans intervention extérieure, des effets souvent identiques, aboutissant à la mort programmée de l'enfant. Là encore, il demeure difficile de cerner toutes les raisons qui font que la relation entre une mère et son enfant se dégrade de la sorte et*

1. En 1998, 214 000 interruptions volontaires de grossesse ont été pratiquées en France, soit 6 % de plus qu'en 1990.

2. En 1999, l'Observatoire décentralisé de l'action sociale faisait état de 18 500 enfants maltraités et de 65 000 enfants en situation de risque. La même année, le Service national d'accueil téléphonique pour l'Enfance maltraitée a reçu en moyenne 6 500 appels par jour, aidé 36 000 enfants et transmis 10 000 situations aux présidents de conseils généraux dont 77 % ont donné lieu à des mesures de protection, 45 % de ces mesures étant d'ordre judiciaire. Parmi les dossiers traités, 85,4 % des mauvais traitements avaient lieu dans la famille proche. 36,3 % étaient le fait de la mère, 34,7 % le fait du père.

l'équation transgénérationnelle qui veut que l'enfant battu devienne à son tour parent tortionnaire n'est pas sans fournir matière à explication dans certains cas. Pourtant, lorsqu'il s'agit de dégager des situations classiques de basculement, il semblerait que l'enfant vécu comme un obstacle dans la relation conjugale ou assimilée constitue un archétype à multiples facettes, ainsi que l'explique le docteur Deschacht :

« Il arrive que la mère considère son enfant comme responsable d'une rupture dans le cas où elle a été abandonnée par son compagnon à la naissance de l'enfant. Il peut arriver également qu'elle l'envisage comme faisant obstacle à une relation qu'elle voudrait lier, soit que le nouveau conjoint n'accepte pas l'enfant du premier lit, soit que l'enfant, qui vit mal cette nouvelle relation qu'entretient sa mère, devienne difficile et génère des problèmes au sein du couple. Qu'il s'agisse d'un enfant non désiré et qui a été rendu d'une manière générale responsable de la faillite de projets personnels ou d'un enfant "intrus" que la mère retrouve au terme d'un placement en institution et qui lui est devenu étranger, il faut savoir que les conjoints sont dans la plupart des cas associés aux mauvais traitements infligés à l'enfant, quand ils n'en sont pas eux-mêmes les instigateurs, comme dans le cadre de comportements incestueux. Il est vrai que la grande majorité des affaires d'inceste ont comme postulat de base la connaissance de la relation incestueuse par la mère, une connaissance qui, si elle n'est pas formelle, est de l'ordre de la perception ou de l'intuition que l'on refoule ou que l'on refuse. Plus ou moins consciemment et plus ou moins volontairement il arrive que la femme livre son enfant à son conjoint pour conserver l'amour de cet homme dans une sorte d'extension du don de soi, le conjoint monnayant sa non-rupture par l'accès à des choses de plus en plus interdites, acceptées tacitement par la mère qui se retrouve otage de ses non-dits. Ce "don" de l'enfant a souvent lieu dans des périodes de difficultés extrêmes, de rupture imminente, voire à un moment où la mère ne peut plus assumer les rapports sexuels avec son conjoint (maladie, grossesse) et où celui-ci choisit la "préférée" de ses enfants pour assurer une sorte d'intérim sexuel. Dans tous les cas, les femmes impliquées éprouvent beaucoup de difficultés à parler de leur acte ou de leur non-acte et leur culpabilité est énorme. Il s'agit souvent d'une complicité passive, d'un laisser-faire, mais nous sommes aujourd'hui également confrontés à une participation active des femmes dans les affaires de mœurs sur mineurs notamment en matière de proxénétisme ou dans les viols de type incestueux, ce qui est en revanche très nouveau[1]. »

Au 1er janvier 1996, on trouvait ainsi 56 femmes condamnées pour viols et agressions sexuelles sur mineurs incarcérées en France. Une proportion certes relativement faible rapportée aux effectifs masculins — ils étaient 2 802 condamnés pour le même motif incarcérés à la même date — mais qui a été multipliée par deux depuis (elles étaient 109 femmes condamnées pour ce motif à être incarcérées au 1er janvier 2001) et qui ne cesse d'interroger les observateurs. Sans doute les femmes n'ont-elles pas échappé à l'entreprise de dénonciation qui a partiellement battu en brèche la loi du silence qui sévissait jusqu'alors. Mais le nombre de viols, d'incestes et de mauvais traitements en général qui n'ont jamais fait l'objet de plainte de la part des victimes reste considérable. Si 80 % des violences sexuelles d'il y a vingt ans n'étaient jamais dénoncées, aujourd'hui encore de nombreuses résistances survivent. On sait par exemple que 20 % des viols ont pour victimes des garçons, mais que ceux-ci continuent à moins dénoncer leurs agresseurs que les filles, la sodomie restant considérée comme plus « honteuse »[2]...

1. Voir à ce propos le témoignage d'Anne dans le chapitre « Femmes sous influence », page 181.

2. En 1999, selon les chiffres publiés par l'Observatoire décentralisé de l'action sociale, on recensait 4 800 enfants victimes

DIMANCHE 29 SEPTEMBRE 1996 — 16 H

« Emile et moi on était en train de manger, comme de coutume, quoi. Je m'en souviens bien, hein, j'avais fait la soupe au lard avec les croûtes. C'est ça que je fais le jeudi, donc, on était un jeudi. Alors, on était là, en train de manger et d'un coup, je me suis pas sentie bien, mais pas bien du tout. Pas du tout alors là, non, ça allait pas. C'était à peu près sept heures le soir et Emile comme il me voyait, il s'est inquiété un peu. Il a dit qu'il y avait qu'à appeler le docteur. Avant on n'avait pas de docteur à T., mais depuis un an, il y a la docteresse qu'elle est venue habiter là. C'est la docteresse Mme R. J'avais pas peur mais j'ai dit non. J'ai dit : "Emile t'appelles pas la dame docteresse, c'est pas la peine de déranger à la nuit." On dérange pas les gens pour rien. Moi je savais pas, hein. Je me suis pensé que j'avais des coliques et que ça se passerait bien comme c'était venu, tiens. Dans la famille on est costaud, alors... Et puis moi, j'ai jamais rien eu, rien, jamais. Même les maladies d'enfant qu'on a quand on est petit, chez moi c'est passé comme c'est venu. Alors après j'ai tout bien nettoyé, la vaisselle et le pavé, tout propre. Après j'ai préparé la table, j'ai mis les bols pour le matin, j'ai fait sortir les chiens... Comme d'habitude, quoi, et puis je suis montée au premier m'allonger un peu et voilà. Mais je savais pas ce que c'était. Moi, si j'avais su... Je sais pas. Je suis partie vite vite aux cabinets et c'est arrivé aux cabinets. Tout est parti d'un coup.

d'abus sexuels. Par ailleurs, les chiffres rendus publics en 2000 par le Service national d'accueil téléphonique pour l'Enfance maltraitée faisaient apparaître que, parmi les mauvais traitements à enfant, près de 20 % étaient d'ordre sexuel. 33 % de ces violences sexuelles étaient le fait du père, 9 % du beau-père et 8 % de la mère.

Qu'est-ce qu'il fallait faire ? J'ai rien pu faire moi. D'un coup et que ça pissait le sang. »

Sylvie tire sur la blouse à fleurettes qui grigne à chaque boutonnière et gratte d'un ongle nerveux une tache imaginaire sur la toile cirée aux couleurs passées à force d'avoir été frottée. Elle passe une main rougie dans ses cheveux courts et drus et m'explique que si elle a accepté de me rencontrer, c'est pour me parler d'Emile. Emile, ce frère adoré dont le portrait trône sur un petit autel dressé dans la cuisine, entre le four et le vaisselier. Deux minces bougies y brûlent semble-t-il en permanence à côté d'un vase à liseré doré affligé de fleurs artificielles. Emile que je ne rencontrerai pas puisque, un petit matin de novembre, il a mis fin à ses jours dans la cave de sa ferme. Une mort que Sylvie semble vouloir expier jour après jour. « J'emporterai ça jusqu'à ma mort, jusque dans la tombe. Moi, ma vie elle a basculé ce jour où Emile il est parti, *hoquettera-t-elle à plusieurs reprises.*

J'ai qu'un seul frère et c'est Emile. On en avait deux autres aussi mais un, il est allé au centre pour les handicapés et il s'est étouffé un jour qu'il était petit. L'autre il a eu la leucémie. Ils sont morts. Et pis ma mère pouvait plus porter les enfants. Elle a fait trois fausses couches alors ! Elle était pas bonne pour ça. Elle avait des problèmes. Des problèmes de descente d'organes qu'ils ont dit ou j'sais pas quoi. Enfin ça allait pas pour avoir d'autres enfants. Moi je suis la plus petite. Je vais sur mes 37 ans maintenant. Emile, il avait sept ans de plus que moi. Il irait sur ses 45 aujourd'hui. C'est lui qui a repris les affaires quand le papé *(son père)* il est mort. Il est mort vite. C'est ma mère qui l'a usé. Lui, Emile, il aurait préféré faire les métiers du bois, terminer l'école du bois mais... Il avait commencé à aller à l'école à L. pour devenir un peu menuisier, vous voyez, mais après il a bien fallu que quelqu'un s'occupe de la ferme et tout parce que, même si ma mère et moi on aidait, il faut bien un homme, hein ? C'est qu'au temps de mon père on avait des bêtes et des terres mais moi aujourd'hui ça me suffit comme ça. Pour moi toute seule ça va bien... et puis j'ai perdu le courage pour les bêtes et tout. Ça m'intéresse plus maintenant...

Emile il était doué de ses mains. Il y a plein de choses ici que c'est lui qui les a faites et dans ma chambre aussi il m'a fait des petites tables pour mettre des choses dessus, des étagères au mur, tout. De toutes les manières, il savait tout faire, Emile. Et pour les gens aussi il a fait des choses : les gens nous amenaient leurs choses cassées et Emile il réparait tout ça sans s'en faire, vous voyez, les réveils, les radios... C'était pas pour l'argent parce qu'on en avait bien assez comme ça. Il aimait. Il prenait des fois 15 francs, des fois 30 francs, des fois même, il prenait rien du tout, c'était pour le plaisir de le faire, quoi.

Après, moi j'ai commencé à faire mes ménages le matin et aussi à garder des petits du village les après-midi. C'est quand on a vendu la moitié de la ferme aux G. Ils habitent tout ce côté maintenant et moi, je suis restée ici. Au début on a tout coupé en deux et aujourd'hui moi j'ai gardé que cette grande pièce, là, deux chambres au premier et le petit hangar à l'entrée de la cour. On a monté une cloison et voilà. Ça me suffit bien pour moi toute seule et puis j'ai pas pu faire autrement quand je suis partie, hein. Je suis restée longtemps partie... Au tribunal, ils m'ont condamnée à six ans mais j'ai pas fait les six ans en entier. J'ai fait que quatre ans je crois... Quatre ans et demi peut-être. Je sais plus. N'empêche qu'il restait plus personne ici et qu'il y avait les choses à garder. Et même l'argent pour la nouvelle camionnette à rembourser, tiens. Et que moi bien sûr là où j'étais je pouvais pas payer, même que je lui avais dit au juge, là. Et puis ces choses, je savais pas moi, je m'en occupais pas. C'était Emile qui arrangeait nos affaires. Le juge il a nommé un tuteur et voilà. C'est lui qui s'occupe de tout maintenant. On a vendu. Après on a vendu aussi la camionnette neuve puisque moi j'ai pas le permis. A quoi qu'elle aurait servi la camionnette, hein ? Oh ! mais moi, j'aimais bien m'occuper des ménages hein, et des enfants aussi. Ça m'embêtait pas. J'ai toujours aimé faire le ménage, surtout le repassage. Le repassage, j'aime faire ça. Aujourd'hui, je fais du repassage ici pour une dame : elle m'apporte tout le linge, les draps, les nappes et les serviettes, le lundi et moi je lui rends tout bien repassé le jeudi. Elle est contente et moi aussi je suis bien contente. Ça me fait un peu des sous en plus de ma pension. Avec ses locataires, ça l'arrange. Bien sûr maintenant je garde plus les petits... Mais c'est pas grave, ça me plaisait pas tant que ça... Je préfère bien mieux repasser. C'est plus propre. Et puis maintenant qu'Emile est parti, je suis seule et je resterai seule. C'est comme ça. Je préfère. Après tout ce qu'est arrivé, il vaut mieux que je reste seule. Ici, personne vient m'embêter. Au village j'y vais même plus, sauf que je vais à l'église. C'est l'épicerie qui me livre. Et les voisins on se parle pas du tout, alors là ! Toute manière eux, c'est des mauvais gens. Avec Emile, ils n'arrêtaient pas de se disputer pour les clôtures, les machines et tout. Ils nous criaient dessus tout le temps. Moi je sais que c'est eux qui ont empoisonné le chien pour se venger. Parce qu'on nous a empoisonné un de nos chiens un jour, hein ! Tiens. Pilou qu'il s'appelait. Ça je m'en doute bien que c'est eux. Ils sont bien contents maintenant. Ils ont dit aussi qu'Emile, il buvait. Même au village. Mais tout le monde boit. Emile il buvait pas plus qu'un autre, hein, ici ils boivent tous avec le travail qu'il y a. Le papé, je dis pas, il buvait. Ça c'est vrai. Mais Emile il buvait comme un homme doit boire... Moi, je l'ai vu, le voisin, pété comme un cochon à plus savoir ce qu'il disait, alors il peut bien parler d'Emile, tiens !... Les voisins c'est que des saloperies, ils ont dit des choses sur nous ! Putain ! Pourtant, moi aussi, hein, j'aurais à en dire sur eux. Ah ça ! J'aurais à en dire, sur sa femme et sur lui, cette salope-là, qu'elle a le feu au cul... »

Sylvie a sorti un paquet de petits-beurre de derrière

une pile d'assiettes et continue de marmonner contre les voisins. Je la regarde se mouvoir dans la pièce et ne peux m'empêcher d'être surprise par la rapidité de ses déplacements, une vivacité que sa très forte corpulence ne laissait pas prévoir. A 37 ans, Sylvie n'a pas d'âge, ou plutôt son corps et la peau lisse de son visage se parasitent, donnant à voir des âges différents. Après avoir réglé leur compte à ses voisins maudits, Sylvie entreprend de m'expliquer comment le village tout entier — quelque 200 âmes tout au plus — s'est retourné contre elle :

« Tous, tous, tous : ils ont dit que des mensonges pour nous faire du mal. Ils ont dit que le papé il était alcoolique et que c'est pour ça que mon frère est né pas normal et même que l'autre il a eu sa leucémie. N'importe quoi, comme si qu'on attrapait la leucémie par l'alcool ! Ils disent qu'on avait un grain dans la famille. Mais mon père, il a toujours bien tenu sa maison et quand il nous donnait une rouste, c'est qu'on l'avait méritée, hein. Il nous battait pas pour le plaisir. Il était meilleur que ma mère et pourtant c'est lui qu'est parti en premier. C'est comme ça. Il nous flanquait des volées mais c'est parce qu'on en a fait des conneries. Et même Emile, il était dissipé, jeune. C'est normal, il avait du sang, quoi ! C'était un beau garçon. Sur moi aussi, après, ils ont dit des choses comme quoi je battais les enfants quand je les gardais et que je les laissais dans leur pipi. Ils ont dit que j'avais volé dans les maisons où je nettoyais. Des chèques ou je ne sais pas quoi. Vous voyez, ils ont dit tout ce qu'ils pouvaient. Pour nous faire du mal bien sûr, mais ça, ils l'emporteront pas au paradis, moi je vous le dis ! Moi je sais, ils payeront pour tout. Je suis catholique moi, et ça peut pas se passer comme ça. Tout le monde dans la famille, on croit en Dieu. Je vais à l'église tous les jours pour prier. Quand j'étais petite j'aimais tellement aller au catéchisme, faire la communion et tout. Ça c'était bien... Mais le curé maintenant c'est plus le même. On l'a changé et l'autre il était mieux.

On peut pas empêcher les gens de parler. Mais c'est que du faux tout ça. Quand je suis partie ils ont raconté encore des choses comme quoi le bébé, quand il est né, il était tout mal formé, qu'il était comme un petit monstre quoi. Alors moi je peux vous dire qu'il était normal ce bébé. Sauf qu'il a pas survécu, sinon il était comme les autres bébés... Et ils ont dit bien pire. Bien pire...

C'est à cause de ce bébé qu'Emile il est mort. Et les gens diront ce qu'ils veulent c'est à cause du bébé ! C'est sa faute. Emile, il a pas supporté. C'est sa faute et c'est ma faute aussi mais comment vous voulez que je fasse ? Moi je savais pas. Personne savait. Et puis d'un côté, moi je voulais pas, mais qu'est-ce qu'il fallait faire ? J'ai eu mal, je suis allée aux cabinets et voilà. J'arrivais plus à tenir debout. C'est venu d'un coup, moi j'étais pas préparée et qu'est-ce que j'aurais dit à Emile ? Si j'avais su avant encore, on aurait peut-être pu voir mais moi j'ai rien senti. J'étais juste fatiguée. J'étais fatiguée le matin et le soir mais dans la journée, ça allait. Ça allait bien avant que ça arrive sauf j'avais bien mal au dos, mais... Et puis personne l'a vu, hein. Emile il a rien vu. J'avais même pas grossi ou juste un peu alors comment vous vouliez que je sache ?

Il est tombé par terre dans les cabinets. Il y avait du sang partout. Partout. Il est tombé par terre, d'un coup, et moi je me suis dit : “Ça y est, il s'est brisé le cou celui-là !” Je l'ai attrapé mais je savais pas quoi en faire. Il pleurait pas, hein, il disait rien. Qu'est-ce qu'il fallait faire ? On avait rien pour s'en occuper, moi je savais même pas comment qu'on s'occupe parce que les petits que je gardais moi ils avaient bien cinq ans et même plus. Moi je me suis dit : “Voilà : il est mort, il s'est cassé la tête et voilà.” Après tout est parti dans les waters. Je perdais tout mon sang dans les waters. J'ai eu très peur. J'ai eu peur de mourir dans les cabinets. Quand ça a été fini, moi j'étais soulagée. Je l'ai entouré dans des journaux pour que ça salisse pas et je l'ai mis dans l'armoire du fond. Il fallait bien que je nettoie tout ça. J'ai bien nettoyé, dans la chambre et dans le couloir aussi et je me suis lavée puis après je suis descendue préparer la tisane puisque je l'avais pas fait parce que j'avais mal au ventre. Là, ça allait mieux même que j'étais quand même fatiguée. Emile il l'a vu que j'étais blanche comme un cadavre. Il m'a demandé si ça allait et moi j'ai dit que oui mais que j'allais me coucher. Il a bien vu que ça allait pas Emile, mais il a rien dit. Après, je suis montée me coucher. Je savais pas comment faire avec le bébé. On pouvait quand même pas le laisser dans l'armoire. Ça aurait senti, hein. »

JEUDI 3 OCTOBRE 1996 — 9 H

Cette seconde entrevue avec Sylvie aura été des plus délicates à négocier. Elle m'avait montré les photos d'Emile, l'endroit où il était mort et ce costume du dimanche enfermé dans une housse plastique et accroché derrière la porte de la cuisine. Un costume qu'elle repassait religieusement de temps en temps « pour qu'il reste bien comme il faut ». *Elle m'avait présenté ses chiens, Rex, Pilou 2 et leur mère, Doudou. Cela lui semblait amplement suffisant et sans l'intervention de Marcelle, ancienne compagne de cellule, et sa force de persuasion, je n'aurais certainement jamais pu revoir Sylvie. Ce n'est qu'à la condition que son amie soit présente cette fois-ci qu'elle devait accepter de me recevoir à nouveau tout en précisant que nous ne pourrions pas rester longtemps : elle n'avait pas fini son repassage et la « dame du linge » devait passer en début d'après-midi.*

« Si Marcelle avait pas été là, je sais pas si j'aurais pu rester en prison. Au début ça m'a fait drôle de la retrouver là-bas, Marcelle. Toutes les deux comme ça, comme des bandits en prison. Qui aurait pu croire... Parce que je la connaissais d'avant, Marcelle. Tu habitais C. à l'époque, hein ? C'est même pas à dix kilomètres d'ici. On y va à pied si on veut. On est même allées à l'école ensemble Marcelle et moi, mais on n'était pas toujours dans la même classe, ça fait qu'on n'était pas trop copines. On se voyait comme ça. Et puis moi j'en avais pas trop des copines. Jamais. Je suis pas bien liante... Enfin bref, je l'ai plus vue depuis l'école et comme après moi je suis allée en cours de cuisine... Je voulais faire la cuisine mais finalement ça a pas marché. Un moment, ils m'ont mise au centre pour les handicapés, une grande maison comme ça, pour travailler, leur faire leur ménage, ranger la salle du manger. Mais moi ça me plaisait pas trop de travailler avec les handicapés alors j'ai demandé qu'ils me changent et là, ils ont voulu me mettre à la maison de retraite de L. Moi j'ai pas voulu non plus. C'était loin et ils voulaient que je dorme là-bas et tout. Ça alors, je voulais pas. Je voulais rester chez moi. Pourtant le directeur il était bien. Il s'occupait bien des gens mais non. Moi je suis retournée à la maison... Comme je connaissais Marcelle, ça nous a aidées, parce que moi en prison, les filles elles me parlaient pas. A cause du bébé. Au jugement, ils ont dit qu'il était pas mort le bébé et qu'Emile, il était allé l'enterrer vivant mais c'est pas vrai hein, il pleurait pas alors ? Tout le monde sait bien qu'un bébé qui pleure pas c'est un bébé qu'est mort. On allait pas le laisser dans l'armoire, quand même, il fallait bien l'enterrer. Comment vous croyez qu'elle a fait ma mère quand elle a eu ses fausses couches, hein ? Comment vous croyez qu'on fait ? Eh ben, on enterre les bébés. Et là c'est pareil. Même que le docteur il a dit une fois à ma mère qu'on le jette simplement, il a dit. A la poubelle. Alors c'est quand même mieux d'enterrer que de jeter, non ? Bon, le grand avocat là, il a pas voulu me croire et le juge non plus. Ils ont pas cru. Je suis allée en prison pour ça. C'est pour ça que les filles vous parlent pas en prison. Au début c'était dur : elles voulaient se mettre à plusieurs pour me casser la figure dans les douches. C'est la surveillante qui l'a dit, Mme M. Elle, elle était bien. Elle leur a dit que j'étais pas une mauvaise fille. Et c'est vrai mais voilà... A la prison, c'est moi qui servais les repas et c'est moi qui nettoyais les couloirs et les communs. J'ai travaillé à la cuisine aussi. Au mess. J'ai bien aidé, quoi. Ça fait passer le temps. Je m'entendais bien avec les surveillantes. Elles ont bien vu, elles... Mais tout ça maintenant, c'est plus la peine d'y penser. Ça fait longtemps et moi je voulais pas le tuer. Je voulais pas c'est tout. Y a rien à dire de plus.

Je suis sortie en 91... Oui, fin 90. C'était en novembre aussi. Juste pour l'anniversaire de la mort à Emile. Ils se sont peut-être trompés pour le bébé mais Emile, lui, il est bien parti et ça, je peux pas l'oublier. Je peux pas. Je l'aimais trop. Je peux pas pardonner. C'était un travailleur et il était toujours bien gentil avec moi : jamais il m'a crié dessus, jamais. C'était le meilleur homme. Je pense à lui tous les jours. C'était ma seule famille et ils me l'ont pris... Tous les jours, tous les jours.

Oh ! il aurait pu se marier Emile s'il avait voulu. Il était bel homme. Et moi aussi. Mais on n'a pas voulu, on était bien comme ça. Pourquoi que je me serais mariée, hein, et avec qui d'abord ? J'étais bien. On avait besoin de personne. Je m'occupais bien de lui, de la maison, du manger, et qu'est-ce que j'aurais fait d'un homme en plus... Non, non, on était bien comme ça... Remarque que moi j'ai manqué me marier une fois quand j'étais jeune. C'était avec un homme qui travaillait dans les terres, dans les propriétés agricoles comme ça, un ouvrier, un saisonnier quoi. J'avais 16 ans. On se voyait quand j'allais faire les commissions. Moi je passais par là où il travaillait. On discutait. On n'a jamais couché, hein ! Moi je suis pas comme toutes ces femmes, là. Il était plutôt bel homme. Mais c'est ma mère. Elle a pas voulu. Elle avait peur que je parte avec lui, qu'on se marie et tout et que moi je la laisse. Comme elle était malade ça l'arrangeait pas trop. Elle était très malade. Je sais pas ce qu'elle avait, je m'en rappelle plus. Elle pouvait plus bouger, ni rien... C'est moi que je faisais tout. Et puis j'ai bien fait de pas me marier parce que ma mère elle est morte l'année d'après alors... C'est pas qu'on s'entendait trop bien, mais on laisse pas sa mère. Et puis après... Après, j'ai rencontré un autre gars. C'était quelques années après et on était comme qui dirait fiancés. Mais bon... J'allais quand même pas laisser Emile tout seul avec tout ce qu'il faisait pour moi. Je suis pas une ingrate moi. Ah ça ! non ! On a décidé qu'on resterait ensemble et ce gars de toutes les manières, il me plaisait pas tant que ça. Il aurait pas fait un bon mari. Même Emile, il l'a dit. C'était un paresseux cet homme. Après les gens ont dit que c'était parce que maintenant qu'il avait couché, il voulait pas se marier. N'importe quoi. Il voulait bien lui, mais c'est moi qui ai pas voulu. C'était un paresseux.

Emile, c'est vrai que c'était un homme donc... Enfin il avait des besoins quoi. Il allait en ville et voilà. Il connaissait quelqu'un là-bas. C'est normal pour un homme. Un homme c'est pas pareil qu'une femme. Il connaissait quelqu'un à L. mais moi j'ai jamais voulu savoir qui c'était. Ça me regardait pas. Tant qu'il me ramenait personne à la maison... »

Sylvie commence manifestement à en avoir assez. Elle s'agite et il devient de plus en plus difficile d'obtenir des réponses de sa part hormis quelques formules expéditives et des « Je ne sais pas » *ou des* « Je ne me rappelle plus » *lapidaires.* « On m'a jeté un sort pour que tout ça m'arrive. Ça c'est sûr, et je sais même qui... » *Peut-être Sylvie pense-t-elle aux voisins, ceux-là mêmes qui ont alerté la gendarmerie après avoir entendu un coup de feu. Le coup de fusil qu'Emile a tiré pour mettre fin à ses jours après avoir découvert le corps du bébé déterré par les chiens de la ferme, tôt ce matin de novembre 1986.*

« Je suis pas obligée de vous dire de qui il était ce petit. J'ai pas à répondre à cette question. D'abord je l'ai dit à personne, même les gendarmes ils le savent pas, même le juge il le sait pas. Vous pouvez bien penser ce que vous voulez mais je suis pas obligée de le dire, hein. Je veux bien que vous parliez d'Emile dans votre livre, lui, il y est pour rien puisque c'est de ma faute. Je sais que vous le raconterez pour le bébé et c'est bien : comme ça on saura qu'on l'a pas tué. Ça, faut le dire. Il pleurait même pas. Il faut le dire qu'il pleurait pas. »

NOÉMIE OU LE DÉSIR D'ENFANT RETROUVÉ

LUNDI 15 JUILLET 1996 — 19 H

Eté 1996. Seules quelques semaines séparent encore Noémie du jour de sa libération définitive. Elle s'est assise dans un coin de la petite cuisine carrelée de blanc qu'elle partage depuis le printemps avec Yolande, ancienne codétenue devenue colocataire par l'entremise du placement extérieur[1]*. Elle s'est assise le plus*

1. Dans le cadre du placement extérieur, les détenus purgent leur fin de peine, hors les murs de la prison, encadrés et suivis individuellement par les éducateurs. Ils sont hébergés dans des appartements sous-loués par la municipalité et placés en entreprise ou en centre de formation. Les détenus évoluent sous un statut de stagiaire et reçoivent une rémunération de la Direction Régionale ou du CNASEA. Cette mesure constitue une étape transitoire entre la détention et les aménagements de peine traditionnels (semi-liberté, libération conditionnelle) ou la libération et vise à aider à la réinsertion sociale et professionnelle des personnes concernées. Une dizaine de détenues, sélectionnées sur dossier, bénéficiaient en 1995 au Centre pénitentiaire pour femmes de Rennes de cette mesure.

Depuis, et en raison de la réforme de l'application des peines et d'un octroi plus élevé de mesures de libération conditionnelle, on a observé une légère diminution des mesures de placement : elles étaient 6 détenues au CPF en placement extérieur à la rentrée 2001.

loin possible de l'endroit où je me trouve mais son regard ne me quitte pas. Elle m'observe et me soupèse de ses grands yeux bruns curieusement pareils à ceux d'une petite fille. A ses côtés, Christian Delauney, son éducateur, a pris place et l'affection sans bornes que Noémie semble lui porter aura tôt fait d'avoir raison de l'accès de timidité que provoque ma présence. Au rythme des plaisanteries qu'égrène Christian, le regard de Noémie se teinte d'espièglerie, elle rit de bon cœur et le gratifie de quelques solides claques dans le dos. Noémie la farouche se détend, s'apprivoise. De fait, c'est seulement afin d'être agréable à Christian qu'elle aura accepté de me recevoir. Pourtant, et par un curieux mécanisme triangulaire, c'est plus facilement qu'à l'accoutumée qu'elle se livrera, répondant exclusivement aux questions formulées par son éducateur et m'adressant très directement les réponses, son regard sombre fiché dans le mien au-dessus de la petite table de Formica jaune.

Sans aucune espèce de maîtrise sur le cours de la discussion, j'assisterai, magnétophone et plume en veille de peur de briser le fragile équilibre, à cet entretien mené par celui qui depuis plusieurs mois déjà œuvre aux côtés de Noémie. Au fil des albums de photos que notre hôtesse commentera pour nous avec un bel enthousiasme, je découvrirai son village natal, perdu dans la campagne tourangelle, la modeste ferme familiale, une foule d'animaux et ses six frères et sœurs, attablés dans un champ à l'occasion d'un repas de fête. Cadette d'une famille de métayers durs à l'ouvrage, Noémie relatera sans détour et sans apitoiement aucun la rudesse des siens comme son attachement vis-à-vis de ses parents. Phrases brèves, anecdotes précises, vocabulaire parfois cru. Sans rancune apparente et avec quelques petites grimaces comiques elle évoquera aussi les « sacrées volées » reçues de ce mari manouche comme les souvenirs heureux tissés de petites rapines diverses et de saouleries mémorables partagées au cours de quelque dix années de vie conjugale. Un récit dont le ton léger réussira presque à mas-

quer les drames autour desquels semble s'être nouée l'existence de Noémie. Car de certains épisodes de sa vie, Noémie ne veut tout simplement pas se souvenir. A l'aube de ses 31 ans, au terme de quatre années d'incarcération et d'autant de mois d'un mutisme forcené au cours desquels seul son corps était en mesure d'exprimer sa douleur, elle travaille aujourd'hui à l'oubli. Un oubli qui s'accommode fort mal de questions : des enfants ? Oui, elle en a quatre. Le plus jeune a 5 ans, le plus âgé 16. Oui, c'est à l'âge de 15 ans en effet qu'elle est tombée pour la première fois enceinte, une grossesse qu'elle aura dû assumer seule, dans les murs d'un foyer pour « filles mères » avant de rencontrer et d'épouser trois ans plus tard son « manouche ». Oui enfin, trois grossesses se seront succédé, puis une autre, la cinquième et dernière, il y a précisément quatre ans de cela mais Noémie ne veut pas en parler et après une allusion haineuse à cette voisine qui devait la dénoncer, entraînant son arrestation et son incarcération en 1992, elle se détourne. C'est vrai, le bébé est mort. L'entretien est terminé.

JEUDI 10 OCTOBRE 1996 — 20 H

« Quand Noémie est arrivée en placement extérieur, précise d'emblée Christian, elle ne parlait pas. Sa douleur était telle, qu'il lui était impossible de la verbaliser. En prison déjà, son seul moyen d'expression était la somatisation. Lorsque nous sommes parvenus à établir un début de dialogue, elle et moi, toutes les peurs qu'elle nourrissait ont resurgi avec une telle force... Des peurs liées à l'abandon qui puisaient en réalité leurs racines directement dans son enfance puisque, pour des raisons qui sont demeurées obscures — Noémie ne parvenant et ne tenant pas à les évoquer —, il apparaît qu'elle ait dû quitter le domicile familial très jeune et qu'elle ait été trimbalée par la suite de foyer en foyer. De cette époque Noémie conserve pourtant un attachement à sa famille authentique et notamment à son père même si un passif considérable continue de l'opposer à sa mère à qui, dit-elle, elle en voudra toute sa vie. Par la suite, le fait que le mari de Noémie, à qui la garde des enfants avait été confiée après son arrestation, ait demandé et obtenu le divorce pendant son incarcération n'a fait que renforcer ses angoisses abandonniques.

Très longtemps, le regard que l'autre pouvait porter sur son acte la paralysait et, plutôt que d'être éventuellement rejetée, elle s'est employée à couper tous les ponts qui la reliaient à l'extérieur. Nous avons dû ensemble faire un énorme travail pour rétablir un lien avec ses parents et cela n'a pas été facile : elle éprouvait une peur incontrôlable, une peur panique à l'idée de les revoir et d'être jugée, rejetée. Il nous a fallu différer à quatre reprises une première rencontre programmée avec ceux-ci. Après plusieurs tentatives avortées, nous avons réussi : elle est retournée chez elle pour une permission et cela s'est plutôt bien passé. Pourtant, vis-à-vis de ses enfants Noémie éprouve toujours cette même peur d'être rejetée. Grâce à la médiatisation du relais Enfants-Parents[1], elle a pu commencer en prison à restaurer ce lien filial au travers d'une correspondance ou de

1. Initiée en 1986 dans les murs de la MAF de Fleury-Mérogis, l'action du relais Enfants-Parents concernait en 1996 quinze prisons dans sept régions différentes (12 quartiers de femmes et 6 quartiers d'hommes). En 2001, le relais Enfants-Parents est présent dans douze régions différentes et l'ensemble des établissements pénitentiaires d'Ile-de-France bénéficie d'interventions régulières du relais. Le but de la structure est d'œuvrer au maintien des liens entre l'enfant et son ou ses parents détenus à travers la mise en place d'ateliers collectifs dans les prisons, en pourvoyant à l'accompagnement des enfants aux parloirs, en proposant des entretiens individuels et en aménageant des espaces parloirs propres à recevoir les enfants. Selon les chiffres émanant de la sous-direction de la statistique, 34 % des détenus avaient en 1999 des enfants et plus de 52 000 enfants pâtissaient de l'incarcération d'un de leurs parents.

cadeaux pour Noël, mais elle ne les a toujours pas revus. »

Christian se souvient de cette ancienne « pensionnaire » qu'il a suivie, pas à pas, des mois durant, sur le difficile chemin de sa réconciliation avec elle-même. Noémie a été libérée à la fin de l'été et elle a décidé de vivre un temps à Rennes avec ce nouveau petit ami rencontré durant les mois de placement extérieur. Ensemble, ils ont pris un appartement dans la proche banlieue rennaise. C'est elle qui s'est occupée des formalités. Elle a même trouvé un emploi dans les cuisines d'une collectivité. Vivre loin de sa famille, mettre un peu de distance entre elle et eux lui permettra certainement d'éprouver sa capacité à s'intégrer, à assumer un cadre professionnel : en un mot comme en cent, à exister par et pour elle-même. Un véritable défi si l'on en juge par ses débuts dans cette vie « du dehors » que relate Christian : « A sa sortie de prison, Noémie était totalement perdue. Elle manifestait une grande dépendance. Elle me téléphonait tous les jours, plusieurs fois par jour. Il a été nécessaire de mettre un peu de champ entre nous pour l'aider à s'affranchir, car c'est précisément là tout l'enjeu du placement extérieur : permettre à des personnes en situation de dépendance que cette dépendance soit originelle ou causée voire accentuée par l'enfermement carcéral — de regagner peu à peu une certaine autonomie. Noémie est par ailleurs quelqu'un qui a tendance à manifester un attachement quasi fusionnel spontané aux personnes qui lui portent de l'intérêt. La relation qu'elle a entretenue avec sa visiteuse de prison était de ce point de vue édifiante : elles avaient tissé un lien extrêmement fort et exclusif. Noémie se comportait avec elle comme une petite fille et l'appelait "maman". Là encore, il m'a fallu œuvrer dans le sens d'une distanciation afin que Noémie puisse consolider son autonomie. Ça a été la même chose lorsqu'elle a commencé à travailler : elle ne jurait plus que par l'entreprise où elle avait été placée. Je l'ai changée d'entreprise afin qu'elle puisse constater par elle-même qu'elle était tout aussi capable de vivre et de travailler ailleurs. »

Vulnérable, Noémie dont le parcours ressemble à s'y méprendre à celui de Clara dont on me parlera ou d'Agnès que je croiserai sans aucune chance d'obtenir un entretien : enfance rurale, situation de rupture familiale consommée, placements avant l'âge de 10 ans dans des établissements spécialisés qu'il s'agisse de foyers ou d'instituts psycho-pédagogiques, grossesses précoces à répétition, conjoints violents... Infanticide. Six ans pour Noémie, dix pour Clara et cinq pour Agnès. Trois jeunes femmes de 30 ans à peine dont l'itinéraire semble calqué sur un seul et même modèle, obstiné et accablant. Et puis aussi et encore au cours de leur incarcération, cette énorme charge de culpabilité qui les mène de tentatives de suicide en soudaines crises d'épilepsie ou de spasmophilie et qui ne les quittera pas à leur sortie : « A son arrivée en placement extérieur, Clara avait immédiatement essayé de recréer son univers carcéral : elle vivait volets et fenêtres fermés, elle ne sortait pas de son appartement, elle respectait les règles du chantier extérieur au pied de la lettre avec une soumission aliénante. En somme, elle recréait tant bien que mal l'état de surcontrôle dans lequel elle s'était trouvée en prison. Aller vers le monde extérieur, sortir seule lui était impossible », explique l'éducateur.

Durant les mois qui ont suivi la libération de Noémie, Christian n'a plus eu de ses nouvelles. Leur dernière entrevue avait eu lieu peu de temps avant que celle-ci n'emménage dans son nouvel appartement. Au cours de cet ultime entretien, Noémie, qui s'était fait ligaturer les trompes directement après son incarcération, comme pour conjurer son acte, avait timidement exprimé son désir d'avoir un enfant en évoquant la possibilité de revenir sur son opération. Un désir d'enfant retrouvé qui, de bien des points de vue, dessinait peut-être l'ébauche d'une véritable libération.

JEUDI 11 JUILLET 1996 — 15 H 30

« Il y en a une, elle m'a raconté un jour : "Tiens, à c't'heure-là, j'vais aller dans les toilettes et je vais me couper." Moi j'y ai fait : "Allez vas-y. Tiens je te donne ma paire de ciseaux elle coupe encore plus et si tu veux, je peux te donner un coup de main." Ils me font rire certaines gonzesses qui veulent se couper et c'est vraiment des égratignures. C'est des griffes de chat et encore les chats, ils griffent plus fort. C'est du déballage. Ils sont même pas capables de le faire. Y en a, à peine elles voient un petit peu de sang, elles tombent dans les pommes. Ça me fait rire ça. Ça me fait trop rire. Et elles savent même pas pourquoi elles veulent le faire. Moi je l'ai promis. Je lui ai juré que je me tuerai. Ça fait treize ans que je me coupe. Surtout le mois de septembre. Chaque année, c'est mon mois le plus dur, septembre. C'est là qu'elle est morte. Le 2 septembre. Et puis c'est la perte de mon père et c'est le mois que j'ai eu ma fausse couche. Alors moi je me coupe. Je me coupe avec n'importe quoi, les petits canifs qu'on avait à Fleury, des boîtes de conserve, des morceaux de verre que je casse de mes assiettes. Pour moi quand je me coupe c'est ma punition, c'est sa souffrance qu'elle a subie. Et pour moi je veux continuer. Je le sais que ça change rien, tout le monde me le dit. Ça changera pas. C'est pas pour ça qu'elle reviendra, je le sais très bien mais j'ai donné ma parole.

Là ça va faire quinze jours que je suis rentrée de l'hôpital. Ouais. J'étais à l'hôpital de Rennes parce que je me suis encore coupée. Et pis j'avais avalé des cachets. D'ailleurs je suis passée au prétoire pour ça hier. Parce que je l'ai fait encore la nuit et la nuit, ils sont obligés pour le transfert à l'hôpital de déranger les gradés et les directeurs chez eux. Alors ça leur fait chier, quoi. Surtout que quand je les fais déplacer comme ça, ils savent que c'est pas pour rien. Au prétoire, ils m'ont donné trois jours de sursis et si je recommence à me couper, ils tombent. Même encore ce matin j'étais à l'infirmerie pour faire montrer mon bras parce que vu que mercredi j'étais fâchée avec tout le monde, donc j'ai refusé les soins. J'étais fâchée à cause du rapport qu'ils m'avaient mis parce que j'avais avalé la pommade Voltarène pour ma sciatique[1]. »

A 36 ans, Jeanne est l'une des jeunes anciennes de Rennes. Elle a connu les portes et les fenêtres fermées de l'ancien règlement, les divisions où l'on séparait les courtes peines des longues peines tout comme le vieux mitard aujourd'hui condamné. A 36 ans, Jeanne a treize ans de prison derrière elle, les initiales du nom de ses enfants, du nom de ses amants, du nom de ses maîtresses tatouées sur les doigts et pour seul horizon une perpétuité en attente de commutation. Avertie de mon passage au centre pénitentiaire pour femmes par une codétenue, elle est d'abord venue me voir par curiosité mais n'aura pas tardé à « investir » les moindres moments libres de mon emploi du temps, sollicitant sans cesse un nouvel entretien, traînant les pieds lorsque venait le moment de nous quitter. Jolie frimousse et nez en trompette, la petite Jeanne se cache derrière une carapace de kilos accumulés au fil des années de détention. On l'aime bien ici, ce grand bébé à fleur de désespoir qui se donne des allures de démé-

1. En 1995, les chiffres publiés par l'administration pénitentiaire recensaient 680 tentatives de suicide par pendaison ou strangulation, ingestion de produits toxiques, étouffement, projection dans le vide et automutilation grave ainsi que 1 786 actes d'automutilation. En 2000, ces mêmes sources faisaient état de 812 tentatives de suicide et de 2 240 actes d'automutilation sur l'année 1999. Selon certains observateurs privilégiés néanmoins (médecins officiant en milieu carcéral, travailleurs sociaux...), ces chiffres sont à prendre avec réserve notamment en ce qui concerne les actes d'automutilation dont ils estiment que le nombre est largement sous-estimé par l'administration pénitentiaire, seules les automutilations nécessitant une prise en charge médicale « lourde » étant recensées.

nageur crâne. Difficile de ſaire autrement. Elle sait vous attacher à elle par le plus sûr moyen qui soit, la force de son avidité, la fureur tapageuse de son manque d'amour.

« Là où j'habitais c'est même pas un village, c'est une toute petite ville. C'est en Picardie. J'ai vécu là-bas jusqu'à... 16 ans. Oui c'était 16 ans puisqu'après je me suis mariée avec Thierry et je suis partie. Ben oui, j'ai eu ma première fille là. Elle s'appelle Cindy. Et pis donc je suis partie de chez ma mère. On est partis sur Creil vu que mon ex-mari travaillait là-bas. Je dis mon ex-mari parce que je suis divorcée maintenant. Bon et puis je veux dire... C'était surtout entre ma mère et moi. Ma mère elle a tellement fait de différences entre nous, ses enfants. Sur les huit — on était sept filles et un garçon — eh ben on était que deux à recevoir les coups et ma mère elle pesait quand même 120 kilos. Quand n'importe qui des enfants faisait une bêtise, elle cherchait pas à comprendre c'était soit moi, soit l'autre, ma quatrième sœur, Christiane. Toujours. Moi je suis la sixième. C'est pour ça que ma sœur, Christiane, elle a fait des fugues. Déjà à 15 ans elle a fait de la psychiatrie. C'est ma mère qui l'a fait enfermer. Après, ses deux métiers ça a toujours été voler et la prostitution. Elle s'est ouvert les veines, elle se brûlait avec des cigarettes...

Ma mère elle nous foutait sur la gueule. Moi je me défendais pas parce que je savais très bien qu'elle était malade. Des nerfs. Elle s'empoisonnait beaucoup. Elle voulait se suicider soi-disant. Bon et puis c'était ma mère, quoi. Je me souviens, pendant un certain temps, elle faisait des porte-clefs à domicile. On gagnait vraiment qu'un peu. Nous aussi on faisait des porte-clefs après l'école. On donnait un coup de main, quoi. Mon père était parti. Il est parti quand j'avais 13 ans. Ils ont divorcé et mon père, il l'a jamais supporté, il a toujours aimé ma mère. Parce que mon père c'était un buveur. Pourtant il travaillait je veux dire, il faisait les trois-huit à l'usine pis quand il revenait du travail, il allait dans les champs parce que c'était un homme qui aimait la nature et tout. Lui il m'a giflée que deux fois quand j'étais enfant. Une petite claque quoi. Mais moi le plus que j'en veux c'est après ma mère. Même là encore maintenant. C'est ma mère mais je préférerais qu'elle soit morte pour que je puisse avoir la paix. Déjà ça va faire treize ans en septembre que je suis incarcérée et je lui ai écrit pour lui poser des questions sur mon enfance, parce que moi j'ai plein de trous noirs et j'ai demandé sur pourquoi elle m'aimait pas et tout ça mais jamais elle m'a répondu.

L'école ?... Ben moi ça a toujours été plutôt l'école buissonnière. Pourtant il y avait des trucs que j'aimais beaucoup, la récitation, les tests libres, la géographie. J'aimais et j'arrivais pas mal hein, parce que je mettais mes cahiers en valeur, avec plein d'images, je veux dire j'ai vraiment bossé. Et pis c'est vrai qu'avec ma mère, fallait apprendre, hein, parce que sinon c'était les coups dans la figure. Et pis j'ai bossé aussi parce que ma mère il fallait qu'on lui ramène le pognon. Mon premier métier, j'ai été bonne dans une pharmacie. Je gardais deux enfants. Mais comme après j'ai été enceinte ils m'ont virée. Et pis j'ai travaillé aussi dans les chaussettes parce que par là-bas, dans le Nord, c'est la chaussette. J'étais plieuse. Mais je suis pas restée longtemps puisque j'ai accouché de ma fille.

Elle a porté mon nom ma fille mais pour ma mère il fallait que je la considère comme ma petite sœur comme si c'était sa fille à elle, quoi. J'avais pas le droit de la toucher, pas le droit de l'habiller. Elle faisait croire à tout le monde que c'était sa fille et elle voulait pas que je me marie pour que je reste fille mère, à cause des allocations. Par-derrière, elle touchait les allocations. Mais malheureusement pour elle, moi je suis partie quand même. Entre-temps ma mère elle s'est mis avec un type et il la frappait. Il la frappait et c'était atroce, au couteau et tout... Mais de temps en temps elle le méritait aussi. Moi je suis partie. Je suis allée chez la grand-mère de Thierry. Thierry, j'allais le voir à la caserne parce qu'il faisait son armée. Mon père venait me voir et ça c'est une chose que ma mère n'a jamais tolérée. Mes relations avec mon père. Parce que mon père pour moi, c'était tout.

J'ai plusieurs enfants enfin j'en ai eu plusieurs. En tout, avec ma fausse couche, j'en ai eu cinq. Pour moi, ma fausse couche je la compte parce qu'après tout je l'ai fait à quatre mois et demi et ça aurait été un garçon. Cinq grossesses en six ans. Trois filles et deux garçons. La fausse couche c'est à cause de ma mère. J'ai eu Cindy à 16 ans, Audrey à 19 ans, en 80, en septembre, ma fausse couche, à 21 ans j'ai eu Sabrina, et à 22, en 82 mon fils Tiano qui est décédé donc à l'âge d'un mois. Ça fait un par an presque. Je les voulais et pis j'en voulais d'autres aussi. Mais tous ils étaient pas de Thierry. Bon c'est très compliqué. La seule de lui, c'est mon aînée, Cindy.

Lui je savais très bien qu'il m'avait toujours trompée. Je l'aimais puisque c'était mon premier amour, mais j'en avais tellement marre de recevoir sur la gueule de lui que... Parce que c'est tout beau quand on est fiancés mais une fois mariés, ça change, hein ! Il buvait beaucoup et tant qu'il pouvait dépenser tout le fric ça allait, mais dès qu'il y en avait plus, c'était autre chose. Quand on s'est mariés, c'est là que tout a basculé parce qu'il a reconnu Cindy et que pour lui reconnaître un enfant c'était comme si c'était pas sa fille, comme si qu'il l'avait adoptée, quoi. C'est là qu'il a commencé à me foutre sur la gueule. Moi j'en ai des coups et des hôpitaux sauf qu'à chaque fois, je me suis bien défendue et que lui aussi il a reçu. Et un jour j'en avais tellement marre et il me traitait tellement de putain, il me serrait tellement que je suis allée avec un autre. C'était même pas pour aller voir ailleurs ou pour le sexe parce qu'avec lui, il y avait aucun problème. C'était juste pour me venger. Un jour qu'il était parti, je me suis mise au balcon avec la petite, on avait mis la musique à fond et tout. Il y avait un mec comme ça qui me regardait. Je lui dis bonjour. Et pis je lui ai dit : “Monte si tu veux.” C’était un Marocain. Il a commencé à jouer avec la petite et moi je lui ai dit : “Bon tu te dépêches parce que j’ai mon mari qui va rentrer.” C’est à partir de là qu’on a commencé à sortir. J’étais sa maîtresse, quoi. On a couché ensemble la première fois. Au départ c’était pour me venger mais après j’étais vachement amoureuse de lui, je voulais vivre avec et tout. C’est lui le père de ma seconde, Audrey. Il s’appelle Mustapha. Mais c’est pas le père des autres non plus.

Audrey c’est moi-même qui a fait l’accouchement chez moi. C’était douloureux, j’ai crié, hein. Thierry il était pas là. Il était au travail soi-disant. Il travaillait de nuit mais moi je sais que des fois il allait dans les boîtes. Audrey elle était très fragile elle a mis longtemps à marcher et même elle avait pas de cheveux. Déjà à 3 mois elle avait fait des convulsions et c’est la voisine qui était là qui m’a dit d’appeler le Samu en vitesse. Moi je croyais qu’elle jouait avec ses pieds. C’est parce que comme moi je l’ai accouchée toute seule, j’ai coupé le cordon avec des ciseaux à volaille et depuis elle est restée très fragile. Ça a même été marqué dans les journaux, il y a eu un article. Ils m’ont dit : “On n’a jamais vu quelqu’un à 18 ans accoucher comme ça toute seule.” Moi j’étais fière quand même parce que j’avais fait quelque chose de bien. Thierry quand il est rentré il était tellement bourré qu’il a même pas vu que j’avais accouché. Quand il l’a entendue pleurer, il a vite été dessaoulé. Je lui ai pas dit qu’elle était pas de lui et il l’a même pas vu. Pourtant elle ressemble comme deux gouttes d’eau à son vrai père. Et à son vrai père non plus je l’ai pas dit qu’elle était de lui. Y a que ma sœur Anaïs qui était au courant.

Après moi je suis partie. J’ai quitté Thierry. C’est lui qui m’avait foutue dehors le lendemain de mon anniversaire. Il m’avait dit : “Toi tu prends ta bâtarde — c’est-à-dire Cindy — et moi je garde ma fille, Audrey.” Il se plantait complètement, quoi. Moi je me suis retrouvée comme ça dans la rue, avec Cindy bébé, pas d'argent, pas de papiers, rien du tout. Je suis allée chez Mustapha. Il voulait bien me garder sauf qu'il m'a dit qu'il allait y avoir un tas de problèmes avec mon mari et que je ferais mieux de partir. Là moi je suis d'abord allée chez un copain d'un copain mais je suis restée que huit jours parce qu'il a pas aimé ma fille. Ma fille a fait pipi sur son canapé et il en a fait une maladie, alors je me suis barrée. Tellement j'avais la haine parce que personne aimait ma fille, que je lui ai chipé ses économies. J'ai fait du stop avec Cindy. En plus il fallait toujours la porter et elle était lourde. On est parties à Paris. Chez une de mes sœurs. Mais elle m'a gardée qu'une seule nuit parce que mon autre sœur Anaïs, celle qui s'occupe toujours de moi, même aujourd'hui, elle était plus d'accord pour me recevoir. Elle, elle m'a trouvé un travail à La Plaine-Saint-Denis. Décolleteuse. C'est faire les boulons des trains.

Moi je le savais pas mais à cette époque-là, Audrey ils l'avaient placée à la DDASS. Comme Thierry préférait aller s'amuser en boîte, il laissait l'enfant tout seul et un jour les voisins ils l'ont entendue la petite, donc ils ont défoncé la porte et elle est allée à l'hôpital, puis dans une famille d'accueil, vu qu'elle était maltraitée par son père. Après quand j'ai su, avec ma sœur on a essayé de faire les papiers et tout pour ravoir Audrey mais pour eux, j'étais la mère, j'avais quitté le domicile, j'étais dans les torts, quoi. Pour eux... C'était comme ça.

Après moi à Paris, j'ai vécu avec un Turc. C'est pour ça que maintenant je veux plus entendre parler des Turcs. Un seul c'est suffisant. Celui-là, il m'enfermait chez lui parce que chez eux les femmes, faut pas qu'elles sortent. En plus il parlait pas trop français. Il fallait tout lui répéter dix fois pour qu'il comprenne. J'avais laissé Cindy chez ma sœur. Je lui payais un peu une pension. C'est vrai que de temps en temps, je lui faisais des chèques sans provision. Bon, ça passait. Je lui ai fait des vacheries et c'est vrai que c'est une fille chouette ma sœur Anaïs. Bref, un jour je me suis barrée de chez ce Turc. Là, je me suis dit qu'il fallait que je fasse une autre vie. J'ai repris Cindy et c'est là que j'ai rencontré un Kabyle, Mohammed. Lui je l'ai aimé aussi. Je voulais un enfant tout de suite mais il a pas voulu. Il disait que c'était trop tôt. Il disait : "T'as déjà deux filles, moi j'ai déjà deux filles aussi au bled et tout, on peut pas." Il était patron d'un restaurant à La Plaine-Saint-Denis. Et pis, pareil. Il était pas trop attaché à ma fille, quoi, à Cindy. Alors un jour que j'allais à la douche — parce qu'on habitait dans un hôtel arabe et dans cet hôtel il y avait pas de salle de bains, on se lavait avec la bassine —, sur le chemin, je rencontre un mec. Je le connaissais parce qu'il venait toujours manger au restaurant. Il me faisait de l'œil ce mec. Moi j'y faisais pas attention parce qu'avec Mohammed... Bref, quand on est sorties de la douche avec Cindy, il attendait. Toujours bien coiffé et tout ça. Pis bon, on sort et il me dit : "Je vous invite à boire un pot." Je lui dis : "Non, non. Pas question." Il me dit : "Allez, simplement un pot" et j'ai dit : "Bon d'accord mais vite fait bien fait." On est allées chez lui. Il s'appelait Djellad. Il m'a fait visiter la baraque. Bon, c'était vite fait, il n'y avait que deux pièces et pis je sais pas, ma fille elle avait l'air de se sentir tellement bien là. Je veux dire, moi j'en avais rien à foutre de lui. Il m'a dit : "Regarde ta fille on dirait qu'elle se sent bien." J'ai dit : "Oui en effet." Il m'a dit : "Ici c'est ma chambre." J'ai dit : "Oui j'y vois clair." Bon, c'était parti. Mais lui c'est vraiment différent, c'est moi qui lui ai tout appris parce que vraiment au lit, il savait rien. Je sais pas, il était toujours fatigué pour ça. Parfois je me demande comment j'ai eu Sabrina et puis mon fils Tiano, parce qu'ils sont de lui, eux.

Entre-temps mon père, moi je lui racontais tout. C'était mon confident. Qu'est-ce qu'il rigolait ! Je lui disais maintenant j'ai deux bonshommes et je ne sais plus lequel prendre. Alors moi je me suis dit : "Avec l'autre on habite dans un vieux hôtel, celui-là, il a un appart..." Et Cindy elle se sentait si bien. Djellad c'est vrai qu'il a beaucoup aimé Cindy alors je suis partie vivre chez lui. Mais je l'aimais pas. Si je restais, c'était à cause de l'appartement parce que je voulais récupérer Audrey et voilà. De toutes les façons je continuais à voir Mohammed des fois et la fausse couche que j'ai eue en 80 c'est pas de Djellad, c'est de Mohammed. Parce que Mohammed il était beau quand même et moi au début, quand je regardais les mecs, c'était que le physique. Je regardais pas ce qu'il y avait dans la tête. Tellement que je regardais pas à ça que ça m'a coûté très cher.

Djellad, moi il m'énervait plutôt qu'autre chose. Je sais pas du tout. Pourtant c'est vrai que j'ai été heureuse pendant quatre ans qu'on a vécu ensemble. J'ai été heureuse, il me battait pas. C'était un bon travailleur. Il faisait des tôles de voitures. Et très propre. Je pouvais partir de la maison, quand je rentrais tout était propre. A la maison on faisait une semaine à manger français, une semaine arabe. Il faisait la cuisine. J'ai jamais connu un homme pareil. C'est vrai que si j'ai pas eu l'amour sexuellement avec lui, j'ai quand même eu un bonheur et moi de mon côté, j'ai été la première femme à lui donner un enfant et il était content.

Bon mais ma mère elle était raciste parce qu'avant que sa mère meure, elle a su que son véritable père c'était un Arabe. Ça fait que moi j'ai du sang arabe dans les veines, quoi. Alors quand un jour je lui ai téléphoné pour lui dire que j'étais à Paris et que je vivais une autre vie avec un Algérien, elle était pas contente. Elle m'a dit : "Elle est où Cindy ?" Je lui ai dit : "Ben avec moi" et elle m'a dit : "Tu sais Jeanne, pourquoi tu la mettrais pas chez moi le temps que tu trouves un travail et tout ?" Pour faire plaisir à ma mère, moi j'ai été mettre ma fille chez elle pour quelques jours. Pourtant ça me faisait chier de me séparer de Cindy, parce que pour moi, ma fille aînée, c'était tout. Et ma mère qu'est-ce qu'elle a fait ? Elle l'a gardée. Elle a pas voulu la rendre sauf qu'elle est allée raconter à la juge des enfants que j'avais abandonné Cindy alors que c'était faux.

J'ai même essayé de l'enlever Cindy quand elle avait 3 ans et qu'elle était à l'hôpital mais j'ai pas pu. Les infirmières, elles m'ont empêchée. Elle était à l'hôpital à cause de ma mère. Elle était ouverte d'ici jusqu'ici, tout sur la joue, elle a failli perdre l'œil et même aujourd'hui elle a la cicatrice. Ma mère elle disait une fois que c'était soi-disant qu'elle s'était fait mordre par un chien, une fois c'était qu'elle s'était cognée à la balançoire alors qu'on n'avait même pas de balançoire. Elle a même empoisonné le chien pour faire croire que c'était vrai. Mais moi quand après je l'ai récupérée et que je l'ai montrée à un chirurgien parce que je voulais lui faire refaire le visage, le chirurgien il m'a dit que c'était pas un chien, que c'était un morceau de verre ou un cutter, qu'elle avait été frappée. Et moi je suis sûre que c'est ma mère parce qu'à moi ma mère elle a jamais hésité à me frapper avec des bouteilles cassées. Plusieurs fois. Quand j'étais petite elle me disait : "J'ai envie de te tuer, un jour je vais te tuer." Alors d'abord c'était sur moi et après c'était sur mes enfants. Elle a jamais rien fait aux autres et pourtant elle a vingt-sept petits-enfants.

Du coup, après cet accident-là, Cindy a été placée à la DDASS avec sa sœur, dans la même famille. Moi je suis passée devant la juge des enfants. En appel. C'est parce que je voulais récupérer mes filles. Ils m'avaient condamnée pour abandon et ils m'avaient retiré mes droits. Ils m'avaient déchue parce que j'avais quitté le domicile conjugal et tout ça. Mais ils me les ont pas rendues. En sortant de chez la juge, j'ai avalé une boîte de Témesta mais on m'a ramassée et on m'a fait vomir et voilà. Après, j'ai quand même eu un droit de visite. Comme j'habitais toujours avec Djellad à Paris, je partais à 8 heures du matin pour être sûre d'être au rendez-vous à 14 heures chez la famille d'accueil. J'avais un droit de visite une fois par mois. C'était très dur avec Cindy. Quand elle me voyait partir elle pleurait, elle s'accrochait à mes jambes. C'était très dur. Moins avec Audrey, vu qu'elle m'avait pas connue. Moi j'ai toujours fait ce devoir-là, même quand j'ai eu ma fausse couche et même quand j'étais enceinte de Sabrina.

Pour Sabrina j'ai accouché à l'hôpital cette fois quand même. Comme j'étais pas encore divorcée de Thierry moi je voulais que Sabrina porte mon nom de jeune fille mais pour Djellad, c'était pas question, donc elle a tout de suite porté son nom. Il était heureux d'avoir un enfant. C'était un papa trop gâteux. Il la pourrissait Sabrina. Alors quand Sabrina est née, je suis allée la présenter à ses sœurs mais, là, quand il a fallu partir... Partir avec Sabrina en laissant Cindy et Audrey c'était atroce. Vraiment.

Et pis après, quand Sabrina a commencé à se lever un peu, j'ai été enceinte de Tiano. Alors là ! Pendant quatre mois le docteur il disait que j'étais pas enceinte. Moi j'avais pas mes règles et je voyais bien que je grossissais mais pour lui non, j'étais pas enceinte alors il me donnait des médicaments. Il disait que je faisais une grossesse nerveuse ou un fibrome. Moi ça faisait mon cinquième alors je savais bien que j'étais enceinte quand même, j'avais l'habitude, hein. Enfin, finalement à l'échographie ils l'ont bien vu. Et moi je pleurais parce que je le voulais pas, c'était pas possible, c'était trop tôt après Sabrina. Mais bon, je l'ai gardé quand même. Mais c'est là, pendant ma grossesse, que mon père est mort. Moi, je l'avais vu même pas deux jours avant, pour mon anniversaire et tout. Je voulais pas le croire et même après, jusque devant sa tombe, je voulais pas le croire que mon père était mort... Ça fait douze ans. Il est mort d'une cirrhose soi-disant. Et pis il s'est laissé mourir je veux dire... Moi je l'ai pas accepté. En plus il est mort au mois de septembre aussi, alors...

Pour Tiano j'ai encore accouché à l'hôpital. C'est

pas que... Ma mère elle nous a accouchés tous les huit à la maison. Mais non, là j'ai quand même accouché à l'hôpital. Quand Djellad a su que c'était un garçon, alors là, il a été heureux ! Champagne et tout. Mais vite quand il est sorti Tiano, ils l'ont mis en couveuse parce qu'il était pas en bon état. Moi j'avais pas trop confiance qu'ils le mélangent avec d'autres bébés, parce que les bébés, ils se ressemblent, hein. Surtout que moi je l'avais à peine vu. Et puis après ils l'ont encore transféré dans un autre hôpital parce qu'il y avait un problème et il fallait faire d'autres examens. Ils voulaient rien me dire et quand je l'ai vu... Il avait plein de tuyaux partout. Il a eu des antibiotiques dans la tête et dans les fesses. Je ne sais même pas ce qu'il avait mais en même pas huit jours il avait maigri d'1,8 kg. Djellad s'est énervé qu'ils le gardent et tout, il disait qu'ils étaient en train de faire de la science avec lui... Ça faisait affreux de voir tous ces tuyaux. Le docteur a dit à Djellad que s'il prenait son fils aujourd'hui, il pouvait mourir alors moi je lui ai dit de le laisser au moins le week-end. Le docteur a dit : "Si l'enfant devient un peu rosé et tout, vous pourrez venir le chercher lundi." Donc j'ai pu le récupérer quand il a commencé à boire. Mais moi j'ai bien vu que mon enfant il était pas développé complètement. Il avait les oreilles qui étaient pas terminées, les doigts de pied qui étaient collés. Mais les docteurs ils m'ont rien dit. Il est mort quinze jours après. Mort subite. Le 10 décembre 82. Cette année-là, c'était le sixième enfant qui mourait de la mort subite là où j'habitais, à La Plaine-Saint-Denis. Djellad, il l'a pas supporté. Il a dit : "Je te vengerai." Après on a été arrêtés. On est rentrés à Fleury-Mérogis le 2 septembre 83. »

VENDREDI 12 JUILLET 1996 — 15 H 30

« Beaucoup de filles ici, elles ont peur d'en parler mais beaucoup elles le font. On ferme les portes et on fait ça dans les cellules, le jour. On sait calculer, on sait se débrouiller. Enfin, je touche du bois, pour l'instant j'ai jamais eu de rapport de mœurs. Parce que ça arrive, ils en attrapent beaucoup. Ils aiment pas trop, il y a surtout une chef qui n'aime pas. Bon il y en a qui savent. Elles ferment les yeux. Mais ça change beaucoup ici, pour trouver un vrai couple de femmes il faut chercher. Ça marche beaucoup par intérêt, par exemple moi je travaille alors je dépense mon fric pour la personne. Quand je suis avec une fille de toute façon, c'est moi qui tiens le pantalon. Là, j'en ai une de copine mais bon, je sais pas si ça va continuer parce que je suis amoureuse d'une autre. Moi je tombe très vite amoureuse, ça fait que je reste pas longtemps. Alors pour le moment elle s'appelle Agnès. C'est un meurtre aussi, d'un homme mais je sais pas exactement parce qu'elle dit des choses sur son affaire que je ne sais pas si je dois la croire ou pas. Agnès quand je l'ai connue, il y en avait une autre qui me prenait la tête. Isabelle elle s'appelait et elle voulait à tout prix coucher avec moi. Et moi je voulais pas. Elle me faisait des lettres d'amour et tout et même une fois elle s'est coupée pour moi, oh ! mais pas profond c'était une égratignure. Enfin, elle arrêtait pas jusqu'au jour où j'ai couché avec elle. Vite fait. Elle qui disait que c'était une lesbienne, et que ceci, et que cela, que de la gueule, quoi. Elle était, mais alors, nulle !

Moi je suis une pro là-dessus. Depuis l'âge de 13 ans et surtout depuis que j'ai quitté mon ex-mari, j'ai beaucoup appris l'amour aux hommes. Maintenant l'amour avec une femme, c'est moi qui l'apprends parce que je l'ai connu par mon ex-femme. Arlette. Je dis ex-femme parce que c'est vraiment la seule qui restera. Arlette quand je l'ai rencontrée elle avait 50 ans. C'était en 86. Elle était là pour cambriolage. Elle a eu les gros titres, on l'a appelée deuxième Arsène Lupin. Elle est sortie maintenant. Je suis restée pendant un an seule mais bon elle savait très bien que moi, il faut que j'aie quelqu'un, il faut que j'aie des rapports sexuels quoi. Mais ici on est restées quand même quatre ans ensemble plus trois à l'extérieur où on s'écrivait. Moi j'étais vraiment amoureuse d'elle. C'est elle qui m'a tout appris. Dans les douches parce qu'à l'époque on pouvait pas faire autrement vu qu'on était fermées toute la journée. Avant de rentrer j'avais jamais eu de relation sexuelle avec une femme mais elle, c'était une vraie lesbienne même si elle était mariée. C'était une bourgeoise et vis-à-vis de sa mère elle devait être mariée. Mais même avec elle, c'était moi le mec, hein, et elle avait intérêt. Elle l'a bien compris le jour où on s'était disputées et que je lui avais foutu le couteau à la gorge. Le couteau à pain. C'est marqué dans mon dossier. Je l'avais bloquée dans la cuisine. C'est parce que c'était ma nana, c'était ma propriété et j'étais jalouse et elle avait souri à quelqu'un. Bon maintenant j'ai beaucoup changé parce que je veux dire la fille elle peut parler à qui elle veut, sauf qu'il y a des limites aussi.

Je me rappelle, avec Arlette on avait des cellules à côté et on se parlait derrière le mur la nuit. En plus dans notre division, il y avait des endroits où on peut se passer des lettres en creusant un peu au tuyau, avec une petite chaînette. On était trop. Même si on se voyait tous les jours, on s'écrivait tous les soirs et des pages d'enfer. On avait même prévu une évasion avec elle. *(Rires.)* Seulement après, Arlette on l'a changée de division parce qu'elle faisait le trafic de tableaux : elle était artiste peintre, elle peignait des tableaux et elle les vendait contre des cantines et eux ils ont dit : "Trafic." Direction le mitard dix jours et changement de division. Donc on était séparées. On pouvait se voir qu'à la promenade et par la fenêtre puisqu'elle était au A302 et moi au E302. On montait sur le lit, on avait cassé le vasistas — parce qu'à cette époque on n'avait pas les fenêtres ouvertes non plus —, et hiver comme été, on restait sur nos fenêtres pour se voir. Elle avait pris dix-huit ans et quand je suis arrivée elle avait fait déjà dix ans eh ben, elle a même pas demandé sa conditionnelle et elle m'a dit : "Les trois ans je les ferai pour toi, je resterai jusqu'à la fin" et elle l'a fait. Entre nous c'était vraiment... Mais moi j'ai vu des filles se faire réincarcérer uniquement parce qu'elles étaient accros d'une fille ici, hein. Juste pour la retrouver.

Dehors, moi je disais que jamais je serais avec une femme. On m'avait proposé de faire des films et des photos porno, parce qu'à l'époque j'étais tellement mince que je pouvais, hein. C'est en arrivant à Rennes, comme j'ai arrêté le Tranxène, les fioles et tout ça j'ai pris 30 kilos d'un coup. J'étais malheureuse, j'avais plus rien pour m'habiller et pendant des mois je pouvais que porter la blouse de la maison. Enfin, la photo simplement ça valait 500 francs. Alors moi j'avais pas cinq centimes en poche, je pensais que ça valait le coup mais bon finalement je l'ai pas fait. C'était à Pigalle, et je voulais rentrer dans la prostitution, parce que quand je suis arrivée à Paris j'avais pas de travail. J'avais fait pas mal de boîtes et tout pour m'inscrire dans les cabarets et ils m'avaient dit : "Vous savez si vous voulez faire des films porno, il faudra coucher avec des femmes." J'ai dit : "Moi coucher avec une femme ? Jamais." Alors tu vois... Bon je peux pas dire que je suis une lesbienne parce que quand je vois un homme ça me tente quand même. Pour le moment je peux dire que je suis une bisexuelle, c'est tout... Sauf que pour moi les mecs ils sont tous les mêmes. Je suis très déçue. Je sais pas si je sors... Soit que je vivrai avec une femme, soit que je vivrai avec un homme ou peut-être que je pourrais avoir les deux, pourquoi pas. Pour moi la peau d'une femme il faudra qu'elle soit là, il faudra que je la touche, quoi. Déjà avec les femmes il y a beaucoup de tendresse, de câlins. Et puis les hommes, j'ai plus confiance en eux, même si moi je suis portée sur le sexe et tout ça. Par exemple je veux peut-être un enfant, si je peux le faire par vitro mais je veux pas le père, parce que je veux pas que ça recommence. Je veux pas que ça recommence. »

Jeanne à l'humeur primesautière s'est soudain assombrie. Machinalement elle passe la main sur son bras nu et ses doigts s'arrêtent sur une cicatrice. Les sept cicatrices de Jeanne, une par disparu, m'expliquera-t-elle, l'épreuve du feu pour tous ses interlocuteurs. Lors de notre première entrevue, avant même qu'elle ne me parle de la promesse faite à Audrey, elle aura enlevé sa veste brusquement et étiré ses bras en m'en présentant l'intérieur, sans quitter mon regard, comme à l'affût de ma réaction. Montrer ses cicatrices, contraindre les gens à les regarder quand les mots manquent à dire la douleur et la désespérance. Profondes entailles dans sa chair torturée qu'elle porte ainsi qu'un étendard.

« Le jour que ma fille est décédée dans mes bras, je lui ai juré avant qu'elle parte que quoi qu'il arrive je donnerai fin à mes jours. Je l'ai juré à Audrey. Elle est morte dans mes bras. A 6 h du matin. J'étais aux pompes funèbres et Djellad il était dehors dans la voiture. Ils ont pris ma fille. Elle était nue Audrey. Ils l'ont prise et ils l'ont soulevée et ils m'ont dit : "Vous voyez pas ?" Ils m'ont dit : "Maintenant vous allez m'expliquer. Regardez-la bien." Je la regarde et il dit : "Vous savez pourquoi elle est morte votre fille ?" J'ai dit des coups, de la fatigue. Il m'a dit : "Non elle est morte d'une hémorragie interne." Pendant la nuit que je dormais, il s'est levé et il l'a fait. Elle avait quatre ans et demi.

J'avais eu le droit de récupérer Cindy et Audrey pour les vacances. On les avait prises à Paris. C'était en juillet et Cindy, je lui avais juré : "Plus jamais vous allez être séparées de moi" et deux mois après... Djellad battait Audrey et moi je bougeais pas. Je restais figée. Il s'est vengé, il la battait. Il la battait et moi j'ai pas réagi. Je n'arrive pas à comprendre. C'est une chose que je comprendrai jamais. Il disait que c'était moi la responsable. Pour la mort de Tiano. Pour lui, il perd un fils, je perds ma fille. Il m'a toujours pris responsable pour Tiano parce qu'un fils chez les Arabes c'est un roi pour eux. C'est pour ça qu'il s'est vengé sur Audrey. J'étais dans la maison, j'ai vu ma fille souffrir et je n'ai pas pu réagir. Je sais pas, elle a pas saigné Audrey, elle a pas saigné comme moi quand je me coupe, ça coulait pas. Bon bien sûr une brûlure ça saigne pas mais je veux dire même avec toute la souffrance qu'elle a eue ma fille, elle a pas versé de larmes. La seule larme que j'ai vue c'est avant de mourir. Mais quand elle souffrait, j'en souffrais autant parce que je pouvais rien faire. Elle me regardait, elle me fixait, elle disait rien. Elle ne criait pas. A Djellad, je lui disais tous les jours : "Mais pourquoi tu la bats ?" et lui, il avait sa matraque en bois, et il me disait : "C'est pas tes affaires. Toi, occupe-toi des deux autres." Lui il voulait que je m'occupe de Cindy et de Sabrina et lui s'occupait d'Audrey et ses deux mots avec Audrey c'était : "Tu marches ou tu crèves." Il s'est vengé sur Audrey. Vu que la petite était très difficile pour manger par exemple... Sa famille d'accueil lui manquait trop à Audrey et elle voulait plus manger mais lui, il voulait pas la rendre, il disait : "Tu marches ou tu crèves et jusqu'au bout." Après j'avais peur de Djellad, j'étais paralysée. Je me suis jamais interposée. Je restais droite et je ne réagissais pas. Parfois il parlait et c'était comme si je n'entendais rien. Il me disait : "Toi tu te la fermes parce que si ça continue, tout le monde y passe." Et puis le jour où elle est morte dans mes bras, je l'ai appelé, je lui ai dit : "Lève-toi je crois que la petite elle est morte" et il a rigolé. Il m'a dit : "Je m'en doutais." Il a dit : "Je m'en fiche."

C'est pour ça toutes mes coupures, c'est pour elle et si un jour je me fous en l'air ce sera pour ma fille. A moi quand on m'a jugée, on m'aurait demandé la peine de mort ou perpète moi j'aurais pris la peine de mort. Ma liberté je l'avais déjà choisie. Ma liberté c'est de me foutre en l'air. Parce que moi, dehors, je suivais tous ces problèmes-là, et je disais toujours que les gens qui touchent à un enfant, ils méritent que la peine de mort. Parce qu'un enfant on touche pas et que maintenant je sais que je suis derrière les barreaux à cause de ça. J'ai que ma gueule à fermer. Je sais que j'ai pas tué mon enfant, je l'ai pas touchée parce que si je l'aurais tuée, j'aurais eu une raison et je l'aurais fait dès la naissance, je l'aurais laissée étranglée par le cordon, j'aurais pas attendu quatre ans.

On a été condamnés à perpète tous les deux et quinze ans de sûreté. Pour infanticide, actes de torture et de barbarie... Moi j'étais complice. Ce qui s'est passé c'est qu'il avait mis un torchon dans sa bouche la nuit pour pas que j'entende et quand il a dit ça aux flics, les flics ont commencé à le tabasser et c'est là qu'il a tout changé ses versions et il a tout mis sur mon dos, que j'avais participé et tout alors que moi je savais pas. Jusqu'au jugement il a nié pas mal de choses. Par exemple il niait qu'il l'attachait au radiateur. Il la suspendait. Au procès pour eux, ils considéraient que j'avais été active parce que dans les cas comme ça sur les infanticides, pour eux, c'est la mère le plus. Et c'est vrai que la mère elle est plus importante comparée au père. En plus je pleurais pas et les flics ils ont pas supporté. Ils disaient : "Elle pleure même pas."

De toute façon pour moi j'ai réalisé au bout de trois mois la perpétuité parce que je venais de me faire opérer deux semaines avant mon jugement et j'étais sous médicaments. Pendant quatre mois, je voyais pas mes règles et j'avais les symptômes et on croyait que j'étais enceinte. Mais moi j'étais pas enceinte et avec tous les frottis et tout, en prison ils ont jamais rien vu. Et moi je gonflais, je me tordais en deux. C'était un début de cancer au col de l'utérus que j'avais. A cause de mes accouchements trop jeune, et que j'ai eu des rapports trop jeune. Et moi je le savais pas et ils l'ont vu qu'au bout d'un an, quand ils m'ont finalement fait une radio. Ils m'ont soignée juste à temps. J'avais 25 ans.

Audrey elle est pas loin de la tombe de mon père alors si je sors un jour, j'irai chez mon père, chez ma fille, chez mon fils. Lui il est enterré à Paris et pas loin du père Henry de Fleury-Mérogis alors j'irai aussi voir le père Henry parce que c'est comme mon second père. C'est lui qui m'a sauvé la vie à Fleury quand je me suis coupé les veines, et aussi quand j'ai foutu le feu au mitard et après quand j'ai essayé de me pendre. Et même je verrai si je peux pas faire descendre le cercueil de Tiano à M. et rassembler mon père, ma fille et mon fils. Et puis aussi, il faut que j'essaye de faire mettre mon nom sur la tombc d'Audrey parce qu'elle est sous le nom de mon ex-mari et moi ils ont même pas voulu que je mette une plaque ni rien. »

MARDI 16 JUILLET 1996 — 15 H

« Djellad une fois il a couché avec ma petite sœur, la dernière, Jocelyne. En plus, elle a eu un enfant de lui. C'est quand elle était venue en vacances chez moi. Je le sais parce que, j'étais là. Djellad au départ il voulait qu'on couche à trois et moi j'ai dit jamais je coucherai avec ma sœur. Ma petite sœur je veux dire, elle avait 17 ans et elle avait déjà couché avec mon ex-mari, Thierry... Jocelyne elle a toujours voulu prendre ma place. Elle voulait que Djellad me foute à la porte. Quand même ça m'a fait quelque chose quand je les ai vus parce que moi il m'a jamais fait ça de me prendre dans ses bras, avec tendresse. Quand j'ai vu ce tableau, ça m'a fait quelque chose... Moi j'ai pas de chance, j'ai une sœur qui a couché avec mon concubin et j'ai trois sœurs qui ont couché avec mon ex-mari. La première c'était même le jour du baptême de Cindy. J'étais même pas encore mariée. Ça, ça m'a marquée. Il a couché avec elle dans la cuisine en faisant des cuisses de grenouille. Ça m'a marquée. Il y avait des invités et tout. C'était la première fois qu'on mangeait des cuisses de grenouille et tout le monde avait participé parce que ça coûtait quand même cher.

Djellad de toutes les façons, je l'aimais pas

d'amour. Juste d'amitié peut-être parce que Cindy elle se sentait bien chez lui. Il va sur ses 51 ans maintenant. Au début quand on était à Fleury on s'écrivait. Enfin, c'est ses copains qui faisaient le courrier parce qu'il sait pas trop écrire. Et moi je mentais parce que pour lui, je comptais toujours, il parlait de l'avenir, ravoir un enfant et tout sauf que pour moi ce qui comptait c'était de savoir le pourquoi. Pourquoi il s'était vengé sur Audrey. Ça fait treize ans qu'on est en prison et ça fait treize ans que j'attends de savoir la réponse. Il veut pas en parler. Bon et moi aussi des fois quand ça allait pas je lui écrivais. Les psychologues ils m'ont demandé pourquoi. Je sais pas. Ils pensent que c'est par amour que je lui écrivais mais moi je l'ai jamais aimé.

Le psychologue je le vois depuis mars 95. Au tout début on restait une heure, une heure et demie ensemble par semaine mais là, vu qu'il y a une sacrée liste, c'est un quart d'heure, une demi-heure. Ça me fait du bien et ça me fait du mal. Par moments je regrette de lui avoir dit des choses. Et puis ça fait repenser à des choses ça fait du mal aussi... Comme quand moi j'ai été violée quand j'ai débarqué à Paris. Par deux types. J'avais 19 ans. Ça, c'est des choses j'aime pas trop en parler surtout que là, le psychologue il m'a fait dire des choses que j'avais jamais dites à personne. Sûr quand j'avais 7 ans. Quand j'avais 7 ans, j'avais eu des sévices d'un homme. C'était le jour de Pâques. Je m'en rappelle parce qu'après je suis rentrée j'avais pas mangé ma cloche en chocolat. Elle avait un beau nœud rose. Mais ça j'en ai jamais parlé parce que je sais que ma mère m'aurait pas crue. Je parle pendant un quart d'heure, ça me fait du bien sur le coup mais une fois partie, ça change rien et ça me rend encore plus malade. Un jour il m'a même dit s'il se serait pas passé un truc avec mon père. Alors là c'est comme si une montagne m'était tombée dessus.

... Au départ je pensais que je l'aimais ma mère mais maintenant je sais que je la déteste. Parce que c'est vrai ici on a quand même le temps de penser et on comprend des choses. On se pose des questions à savoir pourquoi elle m'a fait ça, pourquoi elle m'a toujours détestée, pourquoi elle a toujours voulu ma mort... Peut-être elle avait raison, je sais pas. Peut-être que j'ai fait du mal quand j'étais enfant, peut-être que toutes les conneries qui se passaient de mal dans ma famille, c'était ma faute. Maintenant j'ai arrêté les contacts avec elle. Enfin, jusqu'au mois de mars, là, je lui envoyais encore du fric. Je sais pas. Chaque fois que je lui envoyais du fric elle disait qu'elle m'aimait, alors... Ah ! mais attention, je suis consciente que c'est à cause du fric, hein. Elle a toujours fait ça, même avec les autres et puis, je ne sais pas pourquoi, j'ai décidé d'arrêter. Je lui envoyais de l'argent parce que ça me faisait chier d'un autre côté, de savoir qu'elle touche pas beaucoup d'argent de sa pension. Mais ça c'était avant. Maintenant elle peut bien crever. Elle me manque pas à tel point que je vais me mettre à genoux pour qu'elle m'écrive. Ça non.

Enfin avec le psychologue on parle aussi par rapport à ce qu'il s'est passé. De mon côté, j'ai peut-être tort, mais c'est rare que j'en parle. Je parle sur d'autres sujets, ma famille, mes autres enfants. Bien sûr j'ai pas réagi, j'ai vu les actes et tout et j'ai pas... Après j'ai dit peut-être parce que j'ai peut-être pas assez aimé, que j'ai pas élevé, j'ai pas pu la protéger. Moi, on m'a dit que je faisais beaucoup de différence avec mes enfants parce que je parlais beaucoup de Cindy mais j'ai jamais fait de différence. Si je parle beaucoup de ma Cindy c'est parce que quand elle était enfant, le seul moment où elle s'est sentie bien dans sa petite tête, c'est quand elle était avec moi parce que, que ce soit du côté de ma famille, comme du côté de son père, jamais personne l'a aimée. C'est pas la question que j'ai pas aimé les autres mais c'est vrai que Cindy, c'est tout pour moi. Elle a tellement souffert. Personne l'aimait. Y avait que moi pour l'aimer. Audrey c'est pas pareil, elle a toujours été aimée par tout le monde parce que dès la naissance elle a porté le nom de mon ex-mari.

Des fois je demande un traitement quand je sens que ça ne va pas, parce que je sens ma déprime mais pour moi maintenant me couper, on dirait que c'est une drogue. C'est vrai que chaque fois que je me coupe après je me sens moins mal. Je me sens bien. Avec toutes ces personnes qui partent autour de moi. Depuis que j'ai perdu mon père, mon fils, ma fille et toutes les autres personnes, parfois je me demande si vraiment il y a un Dieu parce qu'on dirait qu'il est en train de me punir en me prenant toutes les personnes qui sont chères. Pourquoi qu'il me prend pas moi ? Pourquoi qu'il me laisse pas mourir quand je me coupe les veines ? En plus là, j'ai une autre personne qui s'occupe de moi pour qui je me fais du mauvais sang. Je la considère comme ma mère, ça fait bientôt quatre ans qu'on s'écrit et j'ai une peur bleue de la perdre. Elle a 71 ans. C'est ma petite mère Jacqueline. C'est une personne que j'admire beaucoup. La première fois qu'elle est venue me voir au parloir elle m'a tellement donné de la tendresse. Elle m'a prise dans ses bras.

C'est que moi dehors je m'étais jamais fait d'amis. Je suis toujours restée à la maison. Je suis une femme d'intérieur. C'est pour ça que je connais pas exactement la vie puisque je suis rentrée en prison, j'avais 23 ans quand même. Et des gens qui ont une bonne mentalité qui sont quand même à un bon niveau et tout ça, moi j'en ai jamais connu à part ma sœur Anaïs quoi. Elle est nourrice agréée. Ici je me suis quand même fait des amis et pour moi les gens que je côtoie, le personnel et tout ça pour moi, c'est ma famille. Par exemple c'est comme au SMPR[1] j'y suis allée six mois l'an dernier. J'y suis allée aussi quelque temps en 94. Le SMPR à Fleury, c'est pas comme la psychiatrie, ils ont fait un centre pour se reposer et moi quand je m'étais coupée et tout ça, je

1. Service médico-psychologique régional.

préférais aller là-bas. Je me sens bien là-bas. Je sais pas, pour moi c'est ma maison. Bien sûr ça a beaucoup changé, il y a de nouvelles têtes mais je connais toutes les anciennes et puis le jour où je suis arrivée à Fleury tout le monde aurait pu me rejeter alors que non, on m'a ouvert les bras, le personnel, les infirmières tout le monde.

C'est vrai que je n'ai pas à me plaindre parce que même à Rennes, ils auraient pu me tourner le dos sachant mon affaire et tout. Elles le font à certaines, les surveillantes. En principe on a été jugées, mais toutes les surveillantes sont pas de cet avis. Bon nous aussi on a notre opinion vis-à-vis d'eux et eux vis-à-vis de nous, c'est tout à fait normal. Tant qu'ils nous balancent pas nos délits à travers la gueule. Moi le seul problème que j'ai eu avec mon affaire c'est avec les filles, elles m'ont beaucoup salie. Mais côté direction et surveillantes, vu mon affaire, ils me donnent une sacrée confiance quand même. C'est peut-être parce que moi ici, je crois que je suis l'inverse des autres infanticides. J'ai toujours accepté ma peine alors que les autres elles supportent très mal leur peine. Mais là où y a pas de justice c'est qu'il y en a, même qu'elles ont tué un enfant, eh ben, elles ont gardé le droit de voir leurs autres enfants et de leur écrire alors que moi non.

La seule fois que j'ai vu Cindy, elle avait 8 ans, c'était le 15 janvier 86 à Fleury-Mérogis. Après on m'a retiré mes droits de mère. Sabrina je l'ai pas revue depuis l'âge de 23 mois. Elle a 15 ans aujourd'hui. D'abord on a été en correspondance. On avait le droit. Pendant cinq ans. Cindy, on lui a tellement bourré la tête — surtout le juge des enfants — en lui disant que c'est moi qui avais tué sa petite sœur que dans ses courriers elle me faisait beaucoup pleurer. Elle me disait tout le temps : “Pourquoi tu as tué Audrey ? Pourquoi tu l'as tuée ? Je l'aime toujours. » Puis ils nous ont coupées en 88. Le 23 juin. Même qu'on lui avait menti en lui disant que j'étais morte. Ils m'ont interdit de correspondre avec mes enfants. J'ai même fait appel deux fois et ils m'ont répondu qu'ils ne reviendront pas sur la décision. Tout allait bien pourtant. Tous les mois elles avaient un colis chacune, je faisais toujours mon devoir. Ils avaient peur que je les traumatise. Si je restais trop en contact avec eux, je les traumatisais et tout ça, et ils pourront pas suivre les études tranquillement. Mes avocats ils ne comprennent pas pourquoi ils m'ont retiré les droits de correspondance au bout de cinq ans. Déchue des droits maternels et tout ça, je le savais d'avance, mais pourquoi pas pouvoir leur écrire ? Juste écrire ?

Moi de toutes les façons j'ai toujours continué à écrire à mes enfants. C'est ma sœur Anaïs qui a toutes les lettres et comme elle me l'a dit sur son dernier courrier quand elle m'annonçait la naissance de ma petite-fille, maintenant elle transmet les lettres. Pour Sabrina encore, le courrier j'ai pas le droit que ça passe. Il faut que j'attende qu'elle soit majeure. Donc j'ai écrit à Cindy. Moi j'attends maintenant qu'elle me réponde même si c'est dur et qu'elle me dit qu'elle veut rien savoir. Moi j'attends sa réponse. J'espère qu'elle me punisse pas vis-à-vis de sa fille, ma petite-fille. Elle s'appelle Carole. Et c'est ça qui me fait le plus peur parce que j'aimerais bien la voir, la tenir et la serrer dans mes bras... Mais peut-être aussi que de son côté, Cindy a peur par rapport à sa petite sœur. Peut-être que si un jour on se voit, elle aura peur de me mettre sa fille dans les mains. Peur que je lui fasse du mal ou un truc comme ça. Je ne sais pas, je me pose tellement des questions. »

LUNDI 7 OCTOBRE 1996 — 14 H 30

Cet été-là, la grande nouvelle est arrivée : après treize ans de détention, Jeanne allait enfin revoir sa sœur Anaïs. Son premier parloir, le premier contact avec une personne de sa famille depuis son arrivée à Rennes. Et Jeanne se souvient : « Un jour que j'avais demandé à être transférée à Bapaume pour être plus proche de ma famille, on m'a dit : "Quelle famille ? Qui viendrait vous voir ? Depuis que vous êtes là personne est venu, alors !"...

On m'avait prévenue, les surveillantes et tout. Elles m'avaient dit : "Tu sais, samedi il y aura des grandes émotions et tout ça et faudra que tu tiennes le coup." Moi j'avais dit, je sais puisque c'est la première fois depuis treize ans que je reverrai ma sœur. Et elles m'avaient dit : "Non, non tu verras." J'étais énervée ! J'ai passé des nuits d'enfer pendant trois jours avant ça. La sœur, mon éducatrice, elle leur a réservé une chambre au Verger. Le Verger c'est l'hôtel pour les familles des détenues. Bon moi, la veille j'avais fait plein de gâteaux. J'avais fait des gâteaux pour un régiment ! Moi, j'attendais ma sœur et mon beau-frère mais je savais pas que ma fille était là, je savais pas ! Le jour du parloir j'arrivais même pas à m'habiller, elles étaient à trois filles pour me maquiller et m'habiller. Une copine m'avait prêté un pantalon et c'est vrai qu'il y a plein de filles qui m'avaient pas reconnue tellement je m'étais fait belle. Et bon j'arrive au parloir, je débarque avec mon sac de cadeaux, des fringues, des choses pour ma sœur et pour mes filles, pour qu'elle leur donne et là au bureau, il y a une surveillante qui me dit : "J'ai quelque chose à vous dire, Jeanne. Votre fille, elle est là. Et avec votre petite-fille en plus." Ah non ! Je voulais plus sortir du bureau. J'avais peur. Mais j'ai pas pleuré, hein. Cindy avait son bébé dans les bras, elle était trognon. Elle m'a tout de suite dit : "Tiens, si tu veux la prendre" et moi au bout de treize ans porter un bébé, ça m'a fait tout drôle, quoi. Mais ça va j'ai pas perdu la main. C'était... Oh ! c'était tout quoi. Plus que tout. Ma sœur elle a pleuré. Ils avaient amené plein de cadeaux pour moi, un joli bouquet sec et tout mais ils ont été refusés à la fouille. J'ai pas pu les avoir. Bon ils étaient fatigués aussi parce que ça fait quand même sept heures de route pour venir.

On a eu deux parloirs, un le samedi de 1 h 30 à 4 h et l'autre le dimanche matin de 9 h à 11 h 30[1].

Moi au début, ma fille je me suis dit dans ma tête : "Est-ce que je la prends dans mes bras ou pas ?" J'ai pas osé. J'avais peur de sa réaction. On s'est tenu la main. C'est elle qui m'a pris la main. Je l'ai trouvée beaucoup changée. Samedi on n'a pas tellement parlé du passé surtout qu'elle est timide Cindy. Elle est réservée. On a parlé de conneries et tout ça. Le plus c'était le dimanche. Là on a commencé déjà à parler de mes cicatrices parce que même si ma sœur elle le savait, elle pensait pas que c'était tant que ça. Ça leur a fait un choc en les voyant bien sûr parce que j'ai dit à Cindy : "J'ai pas à le cacher, je vais te les montrer." Et puis après bon... On a parlé du passé un peu. Le plus important qu'elle voulait savoir c'est la vérité sur qui est parti du domicile quand on est parties toutes seules, elle et moi, de chez mon ex-mari. Je lui ai tout expliqué. Mais sur sa petite sœur non. Sur Audrey elle veut rien savoir de plus pour le moment. *(Silence.)* Ah ! je voulais plus la rendre la petite. Carole, je voulais plus la lâcher.

Ma fille, Cindy, elle m'inquiète beaucoup. Elle est battue par son mec. Il la bat. Elle m'a raconté sa vie qu'elle mène avec ce pourri-là. Elle travaille pas Cindy et lui, il vit sur les allocations familiales de ma fille et sur celles d'une autre nana qu'il a à côté et qui attend son troisième enfant. Ils font des enfants ces deux-là que pour le fric. Elle, elle voudrait bien le

1. En 1995, dans les murs du CPF de Rennes les détenues de la maison d'arrêt avaient droit à trois parloirs par mois de 45 min ; les détenues du centre de détention à 24 h de parloir par trimestre soit 2 h par semaine avec des possibilités d'aménagement selon l'éloignement des familles.

Depuis, ces temps de parloir ont été révisés à la hausse : deux parloirs d'une heure par semaine pour les détenues de la maison d'arrêt et 30 heures par trimestre pour celles du centre de détention. Par ailleurs, le CPF de Rennes a été désigné site pilote pour la construction et la mise en place des fameuses U.V.F. (voir Postface).

quitter je crois mais il la menace de la tuer. En plus elle a rien le droit de faire, ni aller voir sa sœur Sabrina ni lui téléphoner. Il est toujours sur son cul. Moi je lui ai dit que la seule chose que je voudrais c'est qu'elle quitte ce type. Et moi je lui ai dit à ma fille, le jour où je vais sortir de prison si tu es toujours avec ce type ou un autre qui te frappe, tu vois je préfère encore le tuer de mes propres mains ce mec. Je ne tolère pas ça, j'avais les nerfs qui montaient qui montaient à l'idée qu'elle se faisait frapper par un mec. Ce qui m'inquiète un peu aussi c'est que Cindy m'a dit que Sabrina veut revoir son père. »

MERCREDI 9 OCTOBRE 1996 — 13 H

Contrairement à son habitude Jeanne est en retard. A son arrivée elle me tend un formulaire bleu de comparution devant la commission de discipline en pouffant de rire : elle a écopé d'un avertissement pour avoir : « Le 26 septembre 1996 communiqué irrégulièrement avec un codétenu », ce qui constitue une faute disciplinaire. Au cours de la fouille d'un détenu du commando une lettre a été trouvée appartenant à Jeanne[1].

1. A l'époque de la présente enquête, un décret de 1996 modifiant certaines dispositions du code de procédure pénale venait tout juste de réformer le régime disciplinaire des prisons. Les fautes disciplinaires jugées devant une commission présidée par le chef d'établissement ou son adjoint (prétoire) étaient classées par catégories de gravité, les sanctions encourues allant de l'avertissement simple au placement en cellule disciplinaire qui ne pouvait excéder 45 jours (mitard), en passant par l'interdiction de recevoir des subsides, la privation de cantine, le confinement en cellule ordinaire. Au titre des sanctions spécifiques figuraient également le déclassement ou la mise à pied d'un emploi, la suppression de l'accès au parloir libre, l'exécution de travaux obligatoires, la privation d'activités culturelles ou sportives. Lorsqu'il comparaissait devant la commission de discipline pour être jugé, le détenu n'était pas assisté mais des voies de recours auprès du tribunal administratif ou du directeur régional des services pénitentiaires étaient prévues dans le cas où le détenu s'estimait victime

« Au prétoire, j'ai reconnu. Ça fait un mois que je le croisais. C'est parce qu'avec mon boulot on croise beaucoup de monde, alors... Moi je fais les corvées ici. Au service. C'est déménager, ranger les réserves, porter les machines à coudre, tout ça. Je porte tout, toujours sur le dos mais c'est lourd hein, j'y perds ma santé moi. Mais j'aime bien, j'aime bouger, prendre l'air. Je travaille pour les ateliers, j'amène les choses, les matériaux. Ça gagne pas. Là par exemple pour la matinée, ils me payent 90 francs. Et sinon de l'autre côté les déménagements à la direction, c'est 46 francs quand tu travailles de 8 h 30 à midi et de 13 h 30 à 17 h 15. Ça donne 900 francs par mois. Même pas.

Enfin, c'est qu'un avertissement heureusement. Ça vaut pas le mitard ça. Mais le mitard j'y suis allée, hein, au mitard. Quand on est dedans c'est vrai que c'est un peu chiant. On l'appelle Chamonix, parce que c'est un endroit très froid. Bon maintenant c'est bien parce que par le ministère nous avons le droit de garder le matelas, les draps et les couvertures pendant la journée alors qu'avant, ils nous enlevaient tout le matin. Rester sur le bois... Ça fait cercueil, quoi. Surtout le vieux mitard de la maison d'arrêt, là c'est vraiment la cave. Mais ils l'ont enlevé maintenant, il sert plus. Et puis quand on a l'habitude de

d'un abus de pouvoir. Le silence de ces instances valait rejet du recours.

Depuis lors, et dans le cadre du vaste chantier de réforme de la justice pénale (loi renforçant l'efficacité de la procédure pénale, loi renforçant la présomption d'innocence et les droits des victimes), de nouvelles modifications sont intervenues qui vont notamment dans le sens du renforcement du caractère contradictoire des débats à toutes les étapes du processus pénal. A ce titre, différents textes visant à un encadrement plus strict des procédures disciplinaires et à un renforcement des droits des détenus sont venus modifier la donne parmi lesquels citons notamment la circulaire du 31 octobre 2000 qui fait entrer les avocats au cœur même des prisons, offrant aux détenus la possibilité d'être assistés par un avocat au prétoire et d'avoir accès à leur dossier complet (compte rendu d'incident, enquête...)

parler, d'écouter la musique, c'est dur là-bas, toute seule tout le temps. On n'a rien le droit d'amener sauf pour écrire et encore...

Pourtant c'est bizarre mais moi je préfère quand même le règlement d'avant. C'est parce que la mentalité, elle était mieux avant alors que maintenant elle est pourrie. On vit dans l'hypocrisie. Avant comme on était tout le temps enfermées, les trois heures de commun, on était comme une famille, comme les jours de Noël. On pouvait encore plus être ensemble en fait. Bon c'est vrai que d'un côté c'est plus agréable d'avoir les portes ouvertes toute l'après-midi — on nous ferme à 19 h 30 —, parce que les filles vont et viennent, on se fait de la bouffe dans le commun si on veut, et puis surtout on a les cantines, qu'avant non. On s'est battues pendant des années pour avoir des cantines et maintenant on les a[1]. Mais on préfère l'ancien régime malgré tout. C'est pas pareil. Même les surveillantes elles préfèrent l'ancien régime. Mais on est plus beaucoup des anciennes aujourd'hui. Moi je suis parmi les plus anciennes et comme les autres elles arrivent en fin de peine, bientôt la plus ancienne qui restera ici, ce sera moi. Parce que je suis pas encore commuée, hein ! Et puis aussi au départ quand les portes étaient encore fermées, on mélangeait pas les délits dans les divisions que maintenant on est toutes mélangées les longues peines avec les petites peines, celles qui ont en dessous de cinq ans, je veux dire. C'est les petites peines qui foutent la merde. Elles arrêtent pas de se plaindre, de tout critiquer et même quand il leur reste que quelques mois. Ça, ça m'énerve. »

A la rentrée Jeanne a une nouvelle fois sollicité son transfert à Bapaume, « ça me fera peut-être une cou-

1. Les cantines sont compartimentées (produits laitiers, tabac, accidentelle c'est-à-dire produits d'entretien...) et organisées hebdomadairement. Les détenues ont à leur disposition des formulaires où figure la liste des produits disponibles. Elles cochent leurs commandes et retirent la semaine d'après leurs achats. Les montants correspondant aux achats sont directement ponctionnés sur leur compte par l'administration.

pure et ça passera plus vite mais aussi j'ai peur de partir. Tout recommencer, rencontrer des gens et tout. Déjà que j'ai toujours regretté Fleury... ». *Depuis, elle est revenue sur sa décision et s'est mise à songer à la sortie...*

« La sortie je me suis mise à y penser depuis que j'ai eu mon parloir cet été. Avant c'était... J'y pensais pas quoi. Je sais que peut-être ma sœur va m'aider à trouver du travail comme elle l'a fait il y a des années. Moi je préférerais un boulot d'homme mais bon, même si c'est de la couture je le ferai hein parce que le principal c'est d'avoir du travail avec le chômage qu'il y a. Et puis avoir mon appartement, mon fric aussi. Je veux dire toutes les choses à mon nom. Avoir mes enfants. Essayer d'en profiter un tout petit peu... Bon, je sais que je serai toujours un peu enfant d'un côté parce que je cherche toujours l'affection mais... Moi je veux devenir une femme et surtout être respectée. Surtout ça.

Là j'ai arrêté complètement de me couper. Pour la petite, pour Carole. De la voir au parloir... Sauf que je suis très mal dans ma peau. Ça me manque. Je ne sais pas si c'est bon que j'arrête de me couper. Je suis comme au milieu d'une balance. Je ne me suis pas encore décidée. J'ai tellement de la vengeance et de la haine dans moi. Vis-à-vis de ma mère et tout. Même d'être née. Moi j'aurais préféré pas être née. Je veux dire, je regrette pas mes enfants mais... Non, je regrette ma naissance. »

VIRGINIE, SEPT FOIS GRAND-MÈRE

MERCREDI 10 JUILLET 1996 — 16 H

« Ça s'est passé comme ça, le plus bêtement possible : c'était dimanche, il était midi et demi environ et j'étais en train de regarder la télévision. J'attendais que les enfants aient fini de manger. Tout le monde était à table et quand tout le monde a eu fini, je me suis levée pour débarrasser. Comme c'était un coin cuisine, je suis sortie sur le palier chercher un seau pour dire de redonner un coup d'eau fraîche. L'enfant tombe. Bon moi, je me dis que c'est parce que c'est humide : je le ramasse et je le repose. Je vais ramasser les jouets de Vanessa et d'Audrey, mes deux dernières, puis je vais dans le couloir les mettre dans le coffre à jouets et, quand je reviens, il était encore par terre. Alors je me dis : "Tu tombes parce que c'est mouillé." C'est normal, un gamin qui commence à peine à marcher eh ben il chute pour peu que ça soit glissant... Alors qu'est-ce que je fais, je le reprends pour le mettre dans sa chaise de table et là, il retourne ses jambes ! C'est une chose qui m'a fait peur. Ses yeux aussi, ils se retournaient et ça m'a fait peur. Je l'ai pris, je l'avais dans les bras et je suis partie appeler le Samu. Je leur ai dit : "Venez vite, il y a un enfant chez moi qui fait des convulsions." J'ai crié à ma fille, la grande, Pamela, d'aller chercher Corinne parce que son fils faisait des convulsions. Il n'y a personne qui a pensé que c'était grave sur le coup. Corinne avait rancard et je l'ai vue arriver par la fenêtre. Moi je guettais l'ambulance, et quand l'ambulance est passée sirène hurlante à côté d'elle, elle a juste piqué un petit sprint de trois mètres. Ça, ça m'a écœurée mais j'avais qu'une hâte, c'était que le docteur arrive et qu'il fasse quelque chose pour ce petit. Je suis allée au-devant du docteur et je lui ai dit : "Vite vite, il a des convulsions" et là, le toubib, il lui a simplement écarté la main et il m'a dit : "Madame, vous tenez un enfant mort dans vos bras." Ça m'a choquée ! Il m'a dit : "Posez-le où vous voulez." Moi j'ai dit : "Tenez ! Prenez-le !" et il m'a redit de le poser où je voulais. Bon ben, je l'ai posé sur la table de la salle à manger et puis je sais qu'il lui a fermé ses yeux et qu'il lui a allongé les jambes. Ça, c'est des souvenirs qui resteront toujours gravés.

Après, il lui a défait sa couche et il a dit : "Absence de prépuce." Là-dessus, je m'en souviens très très bien. Et c'est là qu'elle est arrivée, Corinne. Je lui ai dit : "T'es contente ? Ton fils il est mort", parce qu'au fond d'elle-même, elle le voulait je crois. Alors là, ça va vous écœurer : l'enfant était sur la table, elle est passée comme ça, sans le regarder et elle est allée s'asseoir à côté de mon mari. Elle en avait rien à foutre. On a tous été arrêtés en même temps... Mon mari a été condamné à huit mois de prison ferme et vingt-six mois de sursis. Pamela aussi. Les autres enfants non parce que les petits étaient encore mineurs et comme mes fils aînés ne vivaient plus à la maison à l'époque... Wilfried, mon second, était à l'armée et le plus grand, Brice, était déjà marié... Si ce dimanche à midi on m'avait dit que j'allais dormir en prison le soir même... »

A 52 ans, Virginie compte ses petits-enfants et ses années de détention. Sept partout. Mère de six enfants — l'aîné, Brice, a 32 ans, la cadette, Vanessa, tout juste 11 —, elle sera grand-mère pour la septième fois dans les mois qui viennent alors que s'achèvera sa septième année de détention : interpellée et incarcérée en 1989, jugée et condamnée en 1992, elle est arrivée au CPF de Rennes en 1993 après avoir été transférée de la maison d'arrêt de Loos à celle de Valenciennes en passant par le quartier des femmes de Saint-Omer avant que celui-ci ne ferme. De ses origines lilloises, elle a gardé le teint, les yeux et les cheveux pâles ainsi qu'une pointe d'accent. De son ancienne profession — elle tenait un hôtel-restaurant à Boulogne-sur-Mer —, elle a également conservé le parler courtois, la bonhomie de circonstance et un rien de distance prudente. Distance et bonhomie auront cependant tôt fait de s'émousser : en réalité, elle m'attendait. Moi ou une autre, qu'importe. Je suis le « nègre » providentiel à qui elle aurait de toutes les manières fait appel à sa sortie de prison, car un parcours comme le sien, dit-elle, et une injustice comme celle dont elle a le sentiment d'avoir été victime, cela ne s'invente pas : « "Ma croix je l'aurai portée ici-bas. Des itinéraires comme le mien, il n'y en a pas beaucoup. Moi, je ne suis pas ici à cause de ce que j'ai fait mais à cause de ce que je n'ai pas fait."

Tout a commencé quand un beau jour la nièce de mon mari est venue frapper à notre porte. Elle avait 22 ans. Elle s'appelait Corinne. Elle a débarqué chez nous en disant qu'elle avait été violée. Son bébé avait 10 mois quand elle est arrivée... C'était un petit garçon. Il s'appelait Christian. Moi je ne la connaissais pas du tout cette nièce et je ne voulais pas du tout entendre parler de sa famille. C'était le genre de famille... Pour vous dire, Corinne n'était pas mariée, elle avait un copain, un copain violeur qui sortait de tôle, où il avait purgé dix ans pour viol sur une vieille personne de 78 ans, un copain que sa mère lui a d'ailleurs fauché après, vous vous rendez compte ! Mais ce copain, c'était même pas le père de son enfant. Elle avait été se faire foutre enceinte ailleurs. Excusez le terme mais c'est la vérité. C'était une vraie petite marie-salope. Moi, ce jour-là, je savais rien de tout ce que je viens de vous dire sur elle. C'est petit à petit que j'ai commencé à savoir. Vous savez, les gens parlent, hein !

Enfin, bon... Je l'ai hébergée. A ce moment-là, j'ai commencé à être hospitalisée : sortir, rentrer de l'hôpital. Pour mon cœur. Et puis j'avais d'autres problèmes de circulation, j'avais une phlébite et donc ce n'était pas du tout mon rôle de m'occuper d'elle et de son enfant. Et puis disons que bon... Il était autiste. On l'a su qu'après. Et j'ai laissé faire les choses... Moi à l'époque, vous m'auriez parlé d'autisme... Je savais pas ce que c'était. C'était un bébé de 10 mois et... Et puis je crois que de toutes les façons, il y a dix ans, on n'en parlait pas du tout de l'autisme. Bon bien sûr, j'avais trouvé qu'il avait un comportement bizarre : il criait tout le temps mais il n'y avait jamais de larmes, il se balançait sans arrêt... Je trouvais que c'était pas vraiment normal mais je croyais que c'était dû au rejet affectif de sa mère. Moi, je croyais qu'il réagissait parce que sa mère ne l'aimait pas. On pouvait même pas savoir si elle le frappait parce qu'il se frappait lui-même et il pleurait sans larmes. C'était même pas pleurer, c'était des cris bizarres et des grimaces donc on savait même pas s'il avait mal.

Et puis aussi... elle le masturbait. On me l'a raconté et une fois je l'ai surprise en train de sucer son fils. Bon on m'a toujours dit que j'avais une grande gueule et que j'étais assez franche mais là vraiment ! Les bras m'en sont tombés. Elle était partie pour lui changer les couches et... Moi j'ai dit : "Eh ben, qu'est-ce que tu fais ?" et elle n'a même pas été gênée. Elle m'a dit : "Rien. Des baisers sur son ventre." Que voulez-vous répondre ? J'étais plutôt gênée. Elle masturbait son petit garçon. Au procès ils ont dit qu'il n'était plus vierge, hein, et elle, elle trouvait que c'était normal. Moi j'ai six enfants, j'ai eu quatre filles et deux fils et ça ne me serait jamais venu à l'idée de... Et puis elle lui fichait des coups de pied. Je l'empêchais, je l'engueulais mais... On peut pas être toujours derrière, hein.

Je m'en suis occupée au début de cet enfant. Mais il voulait pas venir avec moi. Vous savez, les autistes... Et puis sa mère avait des manières que j'avais pas si vous voulez. Avec moi, la couche, elle était vite changée... Bien sûr j'étais révoltée, mais quoi faire ? Aller dire aux voisins qu'elle masturbait son fils ? Qu'elle lui donnait pas à manger ? Moi je lui donnais à manger parfois mais j'avais mes enfants aussi et il fallait bien que je m'en occupe, je ne pouvais pas toujours lui donner à manger. En plus j'étais enceinte. J'ai fait une IVG juste avant de rentrer en prison, alors vous voyez... J'ai assumé pendant quatre mois l'enfant quand même... Quand moi je m'en suis occupée, il avait bien grossi mais si on va par là, le métabolisme, il était déjà fichu d'avance, hein... Parce que c'est les premiers jours de la vie que le squelette se forme et ça il faut en être conscient. Bref, ils ont passé dix mois chez nous. Dix mois et ma vie a basculé. Au début je l'estimais et je la défendais mais les derniers mois j'avais compris que c'était une petite pute, excusez le terme mais c'est vrai. Elle rentrait à 5 h du matin, j'avais des réflexions par les voisins : "Attention à votre fille, elle va dans les caves." Les gens croyaient que c'était ma fille... C'était vraiment une petite salope. J'ai toujours pas compris. Je me suis embourbée dans cette affaire...

Je l'avais dénoncée pourtant. C'était avant. Quatre jours avant qu'il meure. J'avais téléphoné et j'étais tombée sur une dame au palais de justice. Vous comprenez, elle avait pris la chambre de Wilfried mais quand il est revenu de l'armée, j'avais plus de place et je la sommais de partir. Elle me promettait toujours mais sans le faire. Et je lui avais dit : "Tu ramasses tes allocations familiales Corinne, et tu t'en vas !" Mais elle en avait rien à foutre. Elle disait : "Je m'en fous je vais lui donner du Nopron — c'est un sirop sédatif — et je vais aller faire la pute !" A partir de là, j'ai téléphoné à une dame au palais de justice de Boulogne-sur-Mer et je lui ai raconté sommairement que j'hébergeais une nièce à mon mari et que son enfant était bizarre. Je lui ai dit comment il se balançait et comment il se tirait les cheveux. C'est qu'il était violent envers lui-même : il se griffait la figure, il se mordait, il se cognait la tête de partout, il était vraiment... destructif à son niveau si vous voulez. J'ai dit à cette dame qu'il faudrait prendre l'enfant quand Corinne partirait et elle m'a répondu de la rappeler sur un autre poste. Je lui ai pas dit que Corinne battait son enfant et tout ça, parce que moi je voulais qu'il y ait une intervention le jour où je la mettrais dehors. J'aurais donné son adresse vous comprenez. C'était déjà un appel au secours mais bon... J'ai pas rappelé sur l'autre poste. Il est mort quatre jours après ça...

Mais il était comme vous et moi, hein ! Chétif, O.K., mais pas malade : il était pas couché ni rien. De toutes les façons le docteur venait deux fois par semaine pour mon mari et pour moi donc il le voyait bien cet enfant puisqu'il était toujours là, au milieu, dans le salon. Je lui en avais parlé au docteur et il m'avait répondu : "Ecoutez madame, si moi je le déclare à la DDASS, votre mari est à l'état végétatif, vous êtes gravement malade eh bien c'est vos enfants qui risquent d'aller à la DDASS." Du coup, moi je n'ai rien fait. D'ailleurs il a été inculpé lui aussi le toubib. Il est passé en correctionnelle mais il n'est pas allé en taule, lui.

Il est mort debout cet enfant. Mais il était pas malade, hein ! Il était comme vous et moi sauf qu'il était... A ce qu'il paraît que les autistes sont très résistants... »

VENDREDI 12 JUILLET 1996 — 17 H

« En fin de compte la tête de Turc qui ça a été ? Ben c'est Virginie. Parce que même le fait que j'ai appelé le palais de justice, ça s'est retourné contre moi au procès : on a dit que j'avais voulu assurer mes arrières. Mais c'est une chose aberrante ! Pourquoi j'aurais voulu faire ça ? Moi je trouve que j'ai été mal jugée. C'est moi qui ai tout pris. Pourquoi une si longue peine ? Pourquoi ? Au procès ils ont considéré que Corinne était immature et comme moi j'avais déjà tenu un commerce, on m'a attribué un QI important et on a dit que c'était moi qui étais la plus responsable. On a subi une expertise psychiatrique toutes les deux et ils n'ont même pas vu que c'était une mythomane et moi ils ont dit que j'étais égocentrique et autoritaire. Soi-disant que j'étais une maîtresse femme et que Corinne vivait sous ma coupe. En plus ce qui a pesé contre moi, c'est que pendant ma grossesse j'avais arraché mes dents moi-même. Je les ai arrachées parce que j'avais tellement mal dans le ventre. J'ai eu vraiment des grossesses pathologiques si vous voulez, alors... Ma grand-mère a dit ça aux gendarmes. Ça a fait mauvais effet... Et puis l'enquête de voisinage a été mauvaise. De toutes les façons je ne parlais à personne. Les gens ont dit que j'étais froide.

Bref, le psychiatre a dit que j'étais totalement responsable et que Corinne était irresponsable. Il a même dit qu'elle était incapable d'être mère un jour, et ça, moi je trouve que c'est grave, non ? Mais attention : elle n'est pas irresponsable, elle savait très bien ce qu'elle faisait. Elle a toujours su ce qu'elle faisait. Au procès j'ai appris qu'elle avait déjà voulu noyer son fils en rentrant de clinique. Sa propre mère l'avait dénoncée mais rien n'avait pu être prouvé. Elle est vicieuse et perverse. Calculatrice. Ce sont toutes ces histoires de famille et de sexe qui ont fait flancher le tribunal au sujet de Corinne. Ils ont dit que c'était une pauvre fille, qu'elle avait été abusée par son beau-père. D'accord, elle a peut-être eu une enfance traumatisante mais disons que ça n'explique quand même pas qu'elle se fasse faire un gosse et que du jour au lendemain elle le rejette. Si le tribunal a jugé que c'était des circonstances atténuantes pour elle, il faut quand même pas charrier. Elle pouvait s'en sortir. Vous croyez que dans ma famille ça a été facile ? Elle pouvait partir et faire sa vie... Il fallait qu'elle s'assume. Moi je l'ai sommée de partir. Il fallait qu'elle parte.

Si je l'avais dénoncée avant, tout ça ne serait pas arrivé. Je l'ai dénoncée faiblement, c'est ça ma faute. Ça colle pas avec ma personnalité parce que j'étais une femme énergique à pas laisser faire les choses et c'est ça qu'ils n'ont pas compris au procès. Mais il faut voir que j'étais malade aussi. En plus je suis tombée dans une mauvaise période : mon jugement a eu lieu la veille de la Toussaint, et avec les jours fériés les délais sont passés et je n'ai pas pu faire appel. Je me suis fait bloquer par la machine judiciaire. J'avais payé un avocat très cher, un des ténors du barreau de Lille. Il m'a demandé un million rien que pour ouvrir l'affaire et après c'était un million par an et l'instruction a duré quatre ans. Il y a eu trop de magouilles à côté. Corinne a eu un avocat d'office et mon propre avocat l'a défendue elle. Quand le verdict est tombé, elle a été condamnée à moins que moi, elle, la mère, vous le comprenez ça, vous ? De toutes les façons, j'ai porté plainte contre mon avocat. Il y avait un accord entre les avocats. Il a dit que c'était un dossier qui le dégoûtait mais ils avaient décidé que je porterais le chapeau.

J'ai écopé de dix-huit ans. On m'a accusée de "privation de soins par personne ayant autorité sans intention de donner la mort" et elle, elle a simplement écopé de dix ans. D'ailleurs elle doit être sortie maintenant. Elle était à Bapaume. Elle doit être sortie ou sur le point de sortir, enfin elle est sortante cette année quoi. Alors que moi... Alors que j'ai ma famille et qu'elle, elle n'a pas de famille, que tout ça, ça a traumatisé mes deux gamines parce qu'à l'époque elles avaient 3 et 5 ans, alors vous savez... Et j'ai six petits-enfants qui sont nés que je ne connais même pas ! Ma vie à moi, elle a été ruinée et c'est pas fini : ma fin de peine, c'est en 2002. Les grâces présidentielles, j'y ai pas droit parce que c'est un cas d'enfant[1]...

"Par personne ayant autorité" et quelle autorité j'avais ? Et puis attention c'est : "entraîner la mort *sans intention de la donner*", c'est "privation de soins", c'est pas un meurtre, c'est pas un assassinat, hein ! J'ai jamais été consciente que cet enfant pouvait mourir et puis j'étais pas en état de voir les choses, je me débattais dans des problèmes cardio-

1. Chaque année, les catégories bénéficiant des grâces présidentielles collectives sont définies : en 1996 les détenus condamnés dans le cadre d'affaires ayant pour victimes des mineurs de moins de 15 ans ne pouvaient pas bénéficier de ces quatre mois annuels de grâce à l'instar des détenus condamnés pour ILS ou faits de terrorisme. Au CPF de Rennes, et à partir de la deuxième année d'incarcération, les femmes justifiant d'un travail ou d'une formation et parant à l'indemnisation des parties civiles ont droit à deux mois de grâce par an et trois mois de grâce dits « de la maison » en cas de bon comportement en détention et s'il n'y a pas eu infraction au règlement disciplinaire.

logiques, j'avais mes enfants... Mais vous savez, après je me suis quand même documentée et il faut savoir qu'ils vivent dans un monde à part, les autistes. Je crois que si j'avais su ce que c'était que l'autisme, cet enfant ne serait pas mort, je l'aurais porté à l'hôpital et il aurait quand même pu être sauvé. Mais moi je ne comprenais pas, je ne savais pas. Si j'avais su.

... Moi, je suis coupable de négligence, ça je ne l'ai jamais caché. J'aurais dû faire quelque chose. J'ai été négligente. Ça je le reconnais mais ce que je ne reconnais pas c'est la différence de peine : pourquoi elle, qui est la mère et moi, la grand-tante et *par alliance* seulement, j'ai pris huit ans de plus ? Mais pour dix-huit ans, dont neuf ans de sûreté, il faut tuer ! Il y en a qui tuent et ils ont moins ! C'est contre la justice que j'en ai et tout ce que ça a entraîné parce que mes gamines elles sont traumatisées à vie et ça vous croyez que c'est pas pire qu'une mort ? Surtout avec ce qu'il s'est passé après... Je suis ici et je sais que j'ai fait quelque chose que j'aurais pas dû faire ou plutôt que j'ai pas fait quelque chose que j'aurais dû faire. C'est vrai. Je comprends que je paye, mais je paye trop lourdement. Quand on pense que la mère va sortir incessamment... Quand on pense à ce qu'il s'est passé après... »

« Ce qu'il s'est passé après », je ne l'apprendrai que tard au cours de ce deuxième entretien et aussi graves et lourdes de conséquences que soient les déclarations de Virginie à l'endroit de son troisième mari, Robert, le père de ses deux dernières petites filles, Emilie et Vanessa, elles ne surviendront qu'après que mon interlocutrice eut à nouveau laissé libre cours à la haine qu'elle voue à Corinne. « On avait arrêté mon mari. Il avait été condamné mais comme il avait un atrophisme cérébral et il était en état de... Comment dire... Il était reconnu état quasiment végétatif, à cause des médicaments. Il n'a fait que quatre mois. A cause de son état de santé. Les nerfs. Puis il est revenu à la maison et il y a eu des abus sexuels sur

mes filles. Ses propres filles : Emilie et Vanessa. Il a été condamné pour ça aussi, au mois de février dernier, à quinze mois et il a été déchu de ses droits parentaux. Quinze mois ! C'est tout... quinze mois, mais c'est donné parce qu'il a quand même détruit la vie de mes filles, hein ? Et moi depuis le mois de février je roule comme une dingue, je cherche partout à le faire condamner et j'arrive pas à avoir accès au dossier. Vous croyez que je suis pas dans la merde, moi ? Vous croyez qu'elle m'a pas brisé ma vie, Corinne ? Elle m'a volé la naissance de mes six petits-enfants ! Tiens, il y en a encore un qui arrive là, au mois de septembre ! Elle m'a tout volé et moi j'appelle ça une pute ! »

MERCREDI 17 JUILLET 1996 — 14 H

« Pour mes filles, ça s'est passé comme ça : je l'ai appris par l'une de mes grandes, Sandra. Je téléphone tous les mois à mes enfants et là Sandra m'a dit : "Maman pardon" tout en pleurant. C'était il y a deux ans. Elle m'a dit que Robert avait eu des attouchements sexuels sur elle. Moi je ne comprenais pas, il venait de sortir de prison, Sandra était sur le point d'accoucher. Je ne comprenais pas comment et quand. Elle m'a expliqué que c'était quand j'étais à la mort, à l'époque où j'avais dû rentrer à l'hôpital... C'était quand il m'avait tiré dessus au cours d'une dispute. Il m'avait tiré dessus et la balle m'avait perforé le cœur, c'est pour ça que j'ai tous ces problèmes depuis. Il a profité de ma fille à ce moment-là et je ne l'ai jamais su. Je ne m'en suis jamais aperçue. Je voyais que Sandra avait peur de son beau-père mais de là à penser... Et j'ai jamais rien su. Quelle conne que je peux être ! Jamais rien vu. J'arrive pas à le croire. Alors à partir de là, j'ai couru aux assistantes sociales de la prison, j'ai fait téléphoner aux assistantes sociales de Boulogne-sur-Mer pour qu'on retire mes deux dernières de la garde de leur père.

Pendant dix-sept mois, ni Emilie ni Vanessa n'ont parlé mais, un jour au parloir, Emilie m'a expliqué que son père avait mis son sexe dans sa bouche et son sexe dans son sexe en disant : "Je ne vais pas t'écarter plus fort." Même quand j'ai décidé de les faire retirer d'avec leur père, je ne pouvais pas imaginer complètement ce qu'il s'était passé. Je pouvais pas. Sincèrement non. Je me doutais qu'elles étaient en danger mais ça, non. Quand on les a retirées les gamines, elles étaient traumatisées. Rétrospectivement, je ne sais pas pourquoi je n'ai pas porté plainte quand il m'a tiré dessus... J'ai averti les gendarmes, ils savaient que c'était lui, mais je n'ai pas porté plainte...

De toutes les façons, lui, il ne compte pas. Il est exclu de ma vie et c'est tout. Quand je sortirai, j'irai récupérer mes affaires, mes photos, les affaires de mon premier mariage parce qu'il n'y a que celui-là qui compte et après j'espère que Robert, il claquera, c'est normal. Mon premier mari était différent. Il était cheminot, comme mon père. Je me suis mariée avec lui en 67. J'avais 19 ans. On s'est séparés trois mois après. J'étais enceinte de Brice. Incompatibilité de caractères. On était trop jeunes. Ça m'a quand même fait un choc. On avait déjà vécu ensemble pendant deux ans avant le mariage mais... Disons c'est aussi un peu à cause des parents... Mais moi j'étais très amoureuse et de toutes les façons je crois que je l'aimerai toujours... Je me suis mariée deux fois après ça mais c'est toujours lui qui a primé. La deuxième fois, je me suis mariée avec un copain avec qui j'avais vécu dix ans en concubinage. Avec lui, j'ai eu trois enfants. Puis j'ai divorcé à nouveau en 82. A cette époque-là, je tenais un bar-restaurant. J'avais travaillé entre-temps : j'avais gardé des enfants, j'avais fait des ménages, j'avais été caissière... J'ai commencé à travailler à 14 ans, à l'usine de Lom. Bon, j'avais réussi à mettre assez d'argent de côté pour acheter ce bar-hôtel-restaurant à B. et c'est là que j'ai rencontré mon troisième mari, Robert. En fait, je l'avais comme locataire. C'est avec lui que j'ai eu mes deux dernières. Aujourd'hui Emilie va sur ses 13 ans et Vanessa sur 11 ans. C'est amusant parce que ma première petite-fille est de l'âge de ma dernière fille. Je suis six fois grand-mère. Bientôt sept fois grand-mère, oui...

En fait jusqu'à ce que je rencontre Robert, j'ai eu une vie stable et sans problèmes. Au début, je ne me suis aperçue de rien puis au bout de trois mois je me suis rendu compte que c'était un ivrogne. Vous savez comment c'est dans un café... Après quand j'ai été cambriolée, il a acheté des armes pour nous défendre mais un jour, comme moi je voulais le quitter, ces armes, il s'en est servi pour me tirer dessus. J'ai eu une balle qui m'a perforé le cœur... Enfin, je l'ai échappé belle. J'ai toujours la balle qui est à l'intérieur. Je suis ouverte de là jusqu'à là. Mais je suis quand même restée avec lui. Je sais pas pourquoi... Au fond de moi-même je devais avoir peur... Enfin bref, peut-être que mon ménage aurait tenu. Peut-être. Mais avec ce qu'il s'est passé avec Emilie et Vanessa, ça m'a fait retourner casaque et là c'est fini. J'ai tourné la page. On est toujours mariés mais c'est qu'un bout de papier vous savez.

Je vois un psychologue depuis hier. Je fais beaucoup de travail sur moi en ce moment pour arriver à surmonter tout ça mais j'aurais jamais rien compris à l'histoire. Emilie et Vanessa sont en placement dans une famille d'accueil. J'ai eu des contacts écrits et téléphoniques avec ces gens mais... Enfin disons qu'en ce moment il y a une sorte d'animosité, un sentiment certainement de jalousie de ma part parce qu'il faut bien le reconnaître, je suis un peu jalouse. Pas d'une jalousie à tout faire sauter mais... Je ne peux pas m'empêcher de me dire que cette femme-là est tout de même à ma place même si mes filles sont mieux avec elle qu'avec leur père. Il y a le relais Parents-Enfants qui m'aide beaucoup derrière et puis l'assistante sociale. Je le reconnais, de ma part il y a de la jalousie vis-à-vis de la famille d'accueil. Elle prend des initiatives à ma place qui ne me plaisent pas toujours. Par exemple, la dernière fois j'ai été mise devant le fait accompli que ma fille avait communié. Ça, je ne l'ai pas admis. Disons que j'aurais quand même préféré savoir que ma fille communiait tel jour, j'aurais été à l'église de mon côté et puis... Je pense que c'est délibéré de la part de la famille d'accueil, elle agit à ma place et ça j'admets pas. Bon... Aujourd'hui on n'a plus le droit de s'écrire parce qu'on s'est déjà accrochées plusieurs fois, cette femme et moi.

Bien sûr, j'aurais préféré que mes filles aillent avec quelqu'un de la famille mais... C'est-à-dire que je n'ai plus de contact. Avec ma mère... c'est pas qu'elle veuille pas, elle demande toujours de mes nouvelles mais je suis la seule personne de la famille qui est en prison, alors... Mon père est décédé quand il a su que j'étais en prison. Le jour de la fête des pères. En fait c'est à cause de cet individu-là *(Robert)* que j'ai rompu avec ma famille, il ne plaisait à personne alors, ils ont mis de la distance disons. Bon j'aime bien ma sœur aussi, j'y pense pourtant mais je ne cherche pas à... Ça sert à rien. Nous n'avons plus aucun contact. Pour elle, le fait que je sois en prison, c'est... difficile. Elle demande de mes nouvelles à mes enfants mais je suppose qu'elle ne sait pas comment s'y prendre. Ce n'est pas qu'elle soit bête, hein, pas du tout, mais... J'essaierai de reconstruire quand je sortirai. Ce ne sera peut-être pas évident. Il faudra réapprendre à se connaître avec ses enfants, ses parents... Réapprendre à vivre d'une autre façon. Effacer toutes les années de prison. Ce ne sera pas évident. Il faudra voir si le temps m'en laisse la chance. »

MERCREDI 9 OCTOBRE 1996 — 16 H

Un peu plus de deux mois après notre dernier entretien, je retrouve Virginie pour un ultime rendez-vous dans la petite salle d'audience du vestiaire. Durant l'été, Emilie et Vanessa sont venues lui rendre visite et Corinne est sortie de Bapaume.

« C'était merveilleux de les voir. Merveilleux sauf bien sûr que c'était trop court. On a parlé, parlé, on a fait des projets pour la sortie. Des projets qui sont loin mais des projets quand même. On a joué — Vanessa adore jouer à tout et à rien —, elles m'ont fait voir comment elles savaient lire, enfin tout un tas de choses, quoi. Emilie a changé. Elle a un caractère plus affirmé, plus hardi maintenant. On sent qu'elle sait ce qu'elle veut. On a parlé de la famille d'accueil aussi : quand elles sont avec moi, elles disent qu'elles ne sont pas d'accord sur la famille d'accueil mais quand elles sont avec la famille d'accueil... Enfin, je ne sais pas exactement comment est leur vie là-bas, même si je les ai au téléphone tous les deux mois[1]. Les grands ne sont pas venus. Ça fait loin. Pamela est désargentée et Sabrina est sur le point d'accoucher, alors... Je serai grand-mère pour la septième fois ! Et dire que je ne connais même pas mes petits-enfants... J'en ai vu qu'un seul. Au téléphone, ils me demandent : "Tu habites loin mamie ? T'as une grande maison ? T'as un grand jardin ? Je peux venir ?"... Que voulez-vous répondre à ça ?

Quand elles viennent me voir on ne parle pas de la prison. Pas trop. Elles m'ont posé une fois la question de savoir pourquoi j'étais là. C'était au début. Elles m'ont demandé : "C'est vrai que tu as tué un bébé, maman ?" Moi j'ai été carrément choquée j'ai dit : "Non, c'est le bébé à Corinne qui est mort." Alors ma gamine a dit : "Mais elle est où Corinne ?" J'ai dit : "En prison" et elle a dit : "Ah ! bon." Elles n'y sont jamais revenues. Je sais qu'elles voudraient parler de ce qui leur est arrivé avec leur père mais c'est

1. En 1996, les détenues du centre de détention avaient droit à une communication téléphonique d'une demi-heure par mois. Cette communication s'effectuait sous le contrôle d'une surveillante. Depuis, ces modalités ont été améliorées et les détenues peuvent prétendre à deux heures par mois dans une cabine téléphonique.

délicat... On sent qu'il y a quelque chose à dire mais qu'elles n'osent pas... Je voudrais savoir ce qu'il s'est passé, c'est mon droit, mais je ne voudrais pas tellement le savoir par elles. En fait, légalement, il a été mis en cause pour attouchements seulement mais d'après ce que m'a dit Emilie... Tout ça, ça ne passera pas à l'as. Je ne sais pas sous quelle couture je l'aurai, mais je l'aurai. Ça me révolte qu'il passe à travers tout. C'est révoltant. C'est comme l'autre. Elle est sortie cet été.

Elle est sortie cet été et moi je suis libérable en 2002 alors, vous savez... J'ai déjà 52 ans, hein, et bientôt sept ans de prison derrière moi. J'aurai presque 60 ans... 57 pour être précis. Vous savez, la prison, ça brise. Après toutes ces années de prison, comment je serai ? C'est possible que la revanche vienne après. Mettre les bouchées doubles... Enfin, si la santé le permet. De toutes les façons, d'une expérience comme ça, on ne sort pas indemne. Ici, je suis tombée dans un milieu auquel j'étais pas préparée : je suis tombée avec des prostituées, des droguées... Avec des criminels en fin de compte. Je ne suis pas dans mon environnement normal. Pourtant avec le bar du restaurant, j'en avais vu, hein ! On en voit des vertes et des pas mûres dans un café mais jamais comme ici. Ici, c'est des filles qui n'ont rien à perdre. Elles sont méchantes et c'est gratuit. Certaines trouvent un luxe en prison qu'elles n'ont pas dehors... Celles qui ne sont pas françaises... Elles n'ont pas les mêmes mœurs. On est de classes différentes, de milieux différents, on n'a pas les mêmes coutumes, pas les mêmes mœurs.

Enfin quoi qu'il en soit, je préfère être seule. Je ne fais aucune activité. De toutes les façons, à part le tricot, la couture et le crochet, ici... Bon ben, disons que je ne vais pas aux activités mais que je lis beaucoup. Des policiers, du suspense. Je regarde aussi beaucoup la télé. Je suis toujours dans le commun puisque je n'ai pas de poste dans ma cellule : je préfère envoyer l'argent que je gagne à l'atelier à mes enfants plutôt que de louer un poste. Je travaille tous les jours à l'atelier. Tous les jours, le plus possible, pour envoyer de l'argent à mes enfants. Sinon, je ne vais jamais en promenade non plus[1]. Je sors une fois par an et c'est parce qu'on me pousse. Rien qu'avec des femmes, dans une cour, ça fait encore plus sentir l'emprisonnement... Pourtant on a une cour magnifique... Mais ici, l'hypocrisie ça tue tout. Je préfère dire : "Bonjour, bonsoir" et rester seule. A l'intérieur tout se sait et tout fait boule de neige vous savez... Ici, on ne s'intéresse pas beaucoup aux délits des autres mais moi j'ai toujours dit pourquoi j'étais là. J'ai toujours dit que c'était à cause de ma nièce. Y a pas de meurtre, y a pas d'assassinat et puis en fait c'est même pas ma nièce, c'est la nièce de mon mari...

En fait, je vais plutôt parler avec les surveillantes. Avec elles, on peut parler du dehors, de ce qu'il se passe à l'extérieur. Avec les surveillantes ça se passe bien. Moi je trouve qu'on peut parfois se confier à certaines surveillantes. Bien sûr il faut respecter la barrière. Mais vous savez ici, à Rennes, en détention, c'est bien mieux qu'en maison d'arrêt. En maison d'arrêt, c'est... Même dans les fouilles certaines surveillantes ne respectaient rien, ni l'intimité ni la pudeur. Ici, elles sont quand même plus diplomates. Il y a cette humiliation permanente en maison d'arrêt. C'est plus dur.

En CD, c'est différent. On se fait appeler par son prénom et... Après trois ans et demi passés en maison d'arrêt, la première fois qu'on m'a appelée par mon prénom, c'est quand je suis arrivée au CD et ça m'a fait pleurer. C'était la première fois que je ressentais un peu d'humanité et que je retrouvais un peu de mon identité. Les surveillantes peuvent vous aider. Parfois un regard, un sourire, un bonjour

1. Les horaires de promenade au CPF varient selon les saisons : de 9 h à 11 h et de 15 h à 17 h 30 l'été ; de 9 h à 10 h et de 15 h à 16 h l'hiver.

peuvent vous réconforter. Pas besoin de grands discours. Elles ont conscience que personne n'est à l'abri de la prison. On sait que si on est tranquilles et gentilles avec elles, elles peuvent vous remonter le moral, vous parler et vous écouter. Pas toutes bien sûr mais la plupart, quand elles vous connaissent. On sait avec qui parler et avec qui ne pas parler.

Vous savez, de toutes les façons, la détention, c'est tout un pan d'une vie qui s'écroule. C'est une souffrance indicible pour celui qui est dedans et pour sa famille aussi qui souffre autant. Il faut l'assumer. Il faut assumer la peine. Moi je vis pas, je souffre : j'ai raté tout, j'ai raté les communions, j'ai raté les naissances... Que de joies, que de joies et pourquoi ? Pour dix mois où j'ai hébergé cette... Ma vie a basculé et je ne serai plus jamais la même personne... Qu'est-ce qu'il me reste maintenant ? J'ai 52 ans, il y a la maladie et... A la sortie, qu'est-ce que je vais faire ? Ce matin encore je me disais, mon Dieu, si vraiment je sors, qu'est-ce qu'il va me rester à vivre ? Travailler ? A 57 ans, faut quand même être logique, hein... Ici, on n'est pas pareilles. Dehors j'étais dynamique et ici, même si je ne suis pas un plat de nouilles, je me rends bien compte que je ne suis plus la même. Je me suis laissée aller, j'ai grossi... Notez, retravailler, ça ne me fait pas peur, du moment que j'ai mes enfants et mes petits-enfants à côté de moi, mais qui embauche quelqu'un à cet âge ? Et puis plus le temps avance, plus mes gamines grandissent et plus elles seront indépendantes. La plus jeune je vais la reprendre à l'adolescence. L'adolescence c'est pas facile sans compter que je ne l'aurais même pas élevée. Ce qui est perdu est perdu. Je vais débarquer un jour et je serai comme une étrangère pour mes enfants.

Bien sûr, mes enfants je leur écris et je leur téléphone mais ce n'est pas pareil et les parloirs, c'est très court. Très très court, surtout quand ils sont regroupés comme moi : deux heures et demie par jour pendant une semaine et puis plus rien pendant des mois. Ils font quand même des centaines de kilomètres pour venir me voir et en deux heures et demie... Notre peine, nos déchirements, c'est atroce ce qu'on vit ici. On voudrait le faire connaître à l'extérieur, dire que la prison c'est, quoi qu'on ait fait, c'est... D'accord, il y a des personnes qui méritent vraiment de ne plus jamais sortir, ça c'est vrai, mais il y a des personnes dont le délit est parfois trop cher payé. Dans cette histoire, je suis coupable mais quand on voit comment ça se passe avec l'affaire Dutroux... Il y a beaucoup de gens qui ne disent rien et c'est pas pour ça qu'ils prennent dix-huit ans.

Je crois pas qu'il y ait beaucoup de gens qui ont le parcours que moi j'ai eu et c'est pour ça que je voulais prendre un nègre à ma sortie, pour lui faire écrire tout ça, toute ma vie. Et puis vous savez, il y a des choses, des choses... Etranges, quoi. Par exemple, j'ai connu mon mari un 28 octobre, je suis passée en procès un 28 octobre, mon fils est né un 28 octobre... Il y a trop de choses qui... Je suis croyante mais ce qui m'est arrivé ça ne trompe pas. Quand j'avais cet hôtel à B... C'était un endroit néfaste de toutes les façons : des locataires qui meurent, ma fille qui fait des poussées de fièvre, des bruits... Vous savez, le paranormal, ça existe. Je peux vous le dire. »

DEUXIÈME PARTIE

Je t'aime, moi non plus

La dot de l'épousée

CES VEUVES QU'ON DIT JOYEUSES...

On les surnomme ainsi dans les prisons : « Les veuves joyeuses. » Elles ne sont pas toutes veuves au sens propre du terme, et bien loin dans la plupart des cas de cette gaieté qu'on leur prête. Leur point commun ? Elles ont toutes mis fin à la vie de leur compagnon. Mari, concubin ou amant, le conjoint reste une victime privilégiée des femmes en matière d'homicide et ceci corrobore cela : en ce qui concerne les atteintes contre les personnes, certaines études font en effet apparaître que, dans 75,5 % des cas, les criminelles entretenaient avec leur victime des liens particuliers de proximité familiale ou sentimentale[1]. *A l'instar du lien maternel, le lien matrimonial ou assimilé se situe en bonne place dans cette échelle de proximité. Que l'on ne s'y trompe pas pourtant car, contrairement à une opinion répandue, il semblerait que ce schéma homicide réponde rarement chez les femmes à la figure stéréotypée du crime passionnel motivé par la jalousie mais qu'il survienne bien plutôt au terme d'itinéraires conjugaux, si dramatiques parfois que l'on ne peut que s'étonner qu'ils aient été si longs. On comprend dès lors mieux le sens de ce surnom carcéral : veuves, ces*

1. Robert Cario in *Femmes et Criminelles*, Ed. Eres, coll. « Criminologie et Sciences de l'Homme », 1992. L'auteur note que sur la population de référence (CPF de Rennes), dans trois infractions sur quatre contre les personnes et les mœurs, des liens privilégiés et principalement familiaux sont apparus évidents.

femmes le sont certainement, portant le deuil d'années de vie commune et, si elles ne sont pas précisément joyeuses, tout du moins sont-elles nombreuses à partager le sentiment d'être enfin « libérées ».

« J'ai eu l'occasion de défendre de nombreuses femmes dans le cadre d'affaires d'homicides conjugaux. Il y a dans leur parcours un processus d'accumulation que l'on retrouve plus rarement chez les hommes, *commente maître Roubaud, avocat au barreau de Carpentras.* Confrontés à une situation qu'ils n'admettent pas — l'adultère par exemple — ceux-ci vont plutôt réagir de façon immédiate alors que, face à la même situation, la femme aura tendance à être moins radicale et ceci n'est peut-être pas étranger au fait qu'elle cultive une conception différente de l'amour, moins "égoïste", moins possessive, plus altruiste en somme en raison sans doute de sa qualité potentielle de mère mais aussi du fait de l'éducation qu'elle reçoit. Chez elle, c'est plus souvent la saturation à terme qui va dicter le passage à l'acte dans l'homicide conjugal que l'élément passionnel à proprement parler qui est plus caractéristique du passage à l'acte masculin. »

Quand ces femmes atteignent-elles leur seuil de saturation ? Où ce point de rupture se situe-t-il ? Quel est l'élément qui vient motiver un tel passage à l'acte ? Difficile à déterminer. Parmi les femmes qu'il m'a été donné de rencontrer, la capacité à endurer des situations positivement inacceptables variait dans des proportions tout à fait considérables allant d'une vingtaine de mois à une vingtaine d'années. Parfois battues jusqu'à frôler le coma, trompées ouvertement, humiliées toujours, dans plusieurs cas amenées à se prostituer, nombreuses semblaient être en revanche celles dont le passage à l'acte avait eu pour raison immédiate un détail relativement trivial. L'histoire de Marie ou d'Elise est de ce point de vue édifiante. A 48 ans, au terme de vingt-sept ans de vie commune, Marie, mère de famille au foyer, est passée à l'acte après une scène de ménage somme toute bien ordinaire au regard d'une trajectoire rythmée par les violences à répétition d'un mari alcoolique : après une dispute portant sur la qualité du repas dominical, elle a abattu son époux d'une décharge de fusil de chasse. La jeune Elise (23 ans) déclarera pour sa part avoir eu le « déclic » en regardant un film policier : il semblait tellement facile de se débarrasser des importuns. Dans la soirée, Philippe, ce concubin avec qui elle vivait depuis un an environ, après une violente crise de jalousie, lui avait imposé un rapport sexuel ainsi qu'il le faisait couramment. Il s'était ensuite assoupi. Elise est allée chercher le revolver de Philippe et a vidé le chargeur sur son concubin endormi.

Jeunes ou moins jeunes, mères de famille ou sans enfant, les femmes homicides avec qui j'ai eu le loisir de m'entretenir étaient en outre issues de milieux socioculturels très variés bien que leur foyer propre soit souvent marqué par des difficultés similaires. Robert Cario décrit à ce propos comme suit les cas typiques : « Des femmes qui ont pour une grande majorité 40 ans ou plus, une vie conjugale supérieure à vingt ans, qui dans leur ensemble travaillaient au moment des faits, appartenant à un milieu socio-économique défavorisé, souvent marquées par l'alcoolisme du conjoint et les violences maritales de celui-ci[1]. » *Des femmes également qui étaient dans leur majorité conscientes de leurs actes au moment des faits, qui ont été déclarées responsables aux yeux de la loi et qui ont presque toujours agi, d'après leurs témoignages,* « parce qu'il n'y avait pas d'autre solution pour s'en sortir » *ainsi que l'explique maître Roubaud :*

« La femme considère l'homme qui va être sa victime comme le bourreau qui doit nécessairement disparaître pour lui permettre — à elle-même et parfois à ses enfants victimes des mêmes violences ou menacés — de continuer à exister. Elle se trouve dans une relation de violence telle, qu'elle ne par-

1. R. Cario in *op. cit.*

vient même pas à imaginer une séparation, persuadée — et parfois à raison — que son conjoint la poursuivra et qu'il finira par la tuer. En d'autres termes la seule manière de le quitter, c'est précisément de le tuer. Il s'agit d'une phase tragique au sens grec du terme : soit elle se tue, soit elle le tue. D'ailleurs, parmi les femmes que j'ai eu à défendre, la plupart avaient eu des comportements dépressifs sévères, souvent autoagressifs (somatisation, tentatives de suicide) avant de passer à l'acte. En somme, elles s'étaient presque toutes retournées contre elles-mêmes avant de se retourner contre leur conjoint. Pourtant, et contrairement à une idée répandue, la décision du passage à l'acte m'est presque toujours apparue brutale et non préméditée, déclenchée par un événement quasi immédiat, par une dispute sans motif important mais qui devait agir comme un catalyseur, même si "le désir homicide" avait été caressé pendant un certain temps sans réelle intention d'y donner suite. En fait, le drame est vécu par la femme comme une fatalité. La succession de petits traumatismes qu'elle a subis en a constitué un si énorme, qu'il n'y a plus de réflexion possible. Epuisée physiquement et psychiquement, toutes ses défenses habituelles semblent submergées et son instinct de survie prend le relais. Souvent la "mise à mort" intervient alors que la victime est dans une situation de faiblesse, endormie ou en état d'ivresse, en situation dite de victime absolue. Un état de fait qui laisse penser à certains que la femme est d'une fourberie toute particulière. Or il faut bien comprendre que dans la plupart des cas, il s'agit de femmes qui se trouvent dans des situations d'infériorité telles qu'elles sont dans l'incapacité de se mesurer et que c'est uniquement au moment où le rapport de force s'inverse que le passage à l'acte va pouvoir être réalisable. Il faut également noter que ce type de criminalité "domestique" le reste dans le choix de l'arme du crime. Celle-ci est dans la plupart des cas une arme à proximité immédiate. On s'est beaucoup étendu dans la littérature sur ces empoisonneuses diabolisées à loisir mais le poison dans les aliments était un instrument pourrait-on dire "naturel" pour la femme : ne nécessitant pas de force physique particulière il était en outre commode d'usage puisque c'est à elle qu'incombait la préparation des repas... Cependant cet instrument est quelque peu tombé en désuétude. Aujourd'hui, les femmes utilisent souvent des armes à feu — le fusil de chasse du mari, le revolver du petit ami — et il ne semble pas y avoir non plus de préméditation ou de calcul particulier dans la recherche de cette arme. C'est une histoire d'opportunité. »

Prises au piège d'une relation conjugale souvent destructrice, comment se fait-il que la plupart de ces femmes n'aient bénéficié d'aucune aide ? Parfois alertés par le voisinage les services de police et de gendarmerie sont demeurés impuissants comme les parents et amis, qui dans leur grande majorité ont choisi d'opter pour une « discrétion » de circonstance, se rangeant du côté de l'indifférence générale. Seuls les médecins, témoins occasionnels des violences conjugales endurées comme de l'état de désespérance de ces femmes, ont été en mesure de dispenser leur aide : « Dans la plupart des cas, les mois qui précèdent le passage à l'acte ont été des mois d'isolement absolu. Impuissants proches et autorités se sont désintéressés d'une situation qui leur semblait inextricable, d'aucuns en venant même à penser que, d'une certaine manière, la femme se complaisait dans cette situation, *commente maître Roubaud.* L'isolement extrême est une constante dans les dossiers de ce type tout comme les situations d'alcoolisation (de l'un ou des deux conjoints) et leur association dans plusieurs cas à des traitements antidépresseurs, anxiolytiques et alcool servant de béquilles psychologiques. Il convient d'ailleurs à ce propos, sachant que l'effet premier des benzodiazépines est précisément un effet désinhibiteur, de se poser la question du rôle tenu par les psychotropes dans ce type de passage à l'acte. Je ne suis pas médecin mais, en tant qu'avocat, je suis quand même surpris de constater que des personnes qui ont eu un comportement adapté pendant des années, supportant des situations inadmissibles, passent brutalement à l'acte sans que quoi que ce soit de particulier ne se soit produit. Quel est exactement le rôle qu'ont pu jouer ces médecines de confort ? Ont-elles accompagné voire favorisé le passage à l'acte ? Il y a là matière à réflexion au regard de la multiplicité des affaires où les benzodiazépines sont impliquées[1]... »

Bien que les recherches sur le sujet se multiplient depuis quelques années, les effets des psychotropes ne sont à ce jour que marginalement et d'une manière tout informelle pris en compte par les tribunaux et les femmes demeurent considérées dans une grande majorité des cas comme entièrement responsables de leurs actes — une responsabilité que peu d'entre elles nient d'ailleurs. Pourtant, elles ne manquent pas de bénéficier, sans doute du fait de la qualité même des victimes, d'une certaine bienveillance de la part des jurys populaires, les peines prononcées à leur endroit se situant souvent dans une fourchette de quatre à huit ans alors même que l'homicide volontaire est passible de trente années de réclusion. Une bienveillance qui ici, l'exception confirmant la règle, ne semble pas

1. De ce point de vue l'affaire Zakrzewski a été au cœur du débat : le lendemain du week-end de Pâques, quatre cadavres sont découverts dans une petite villa de la banlieue parisienne, un couple d'architectes et leurs deux enfants. Dans les journaux la « Tuerie de Sceaux » défraie la chronique : Marguerite Zakrzewski, mère modèle, a étranglé et égorgé son mari et ses fils avant de se suicider en se pendant à la rampe de l'escalier. Elle prenait un traitement à base de Stablon et de Témesta. Notons que l'implication des psychotropes dans le cas de passage à l'acte autoagressif chez les sujets déprimés est un phénomène bien connu des psychiatres et que la publication en 1996 du rapport Zarafian, du nom du chargé de mission auprès du ministère de la Santé, aura donné lieu à une mise sous surveillance des prescriptions de psychotropes. Voir à ce propos le témoignage de Brigitte dans le présent chapitre, page 147.

devoir être liée à ce repentir qu'attend en général la justice de la part des accusés déférés devant elle, comme s'en étonne maître Roubaud :

« Confronté à ce type de criminalité, j'avais du mal à m'expliquer cette rigueur avec laquelle les femmes mettaient à exécution leur projet, j'étais surpris par la précision avec laquelle elles relataient auprès des services de police leur crime et enfin, l'absence de remords que je pouvais constater chez nombre d'entre elles constituait un élément un peu paniquant : pour un professionnel, constater que le crime commis n'appelait pas de *mea culpa*, et qu'il restait inscrit dans une espèce de logique, était déconcertant et d'autant plus étrange venant de la part de femmes qui par ailleurs semblaient tout à fait intégrées. Force est de reconnaître en outre qu'en ce qui concerne la majorité de ces femmes ce passage à l'acte devait *a posteriori* s'avérer constructif et la majorité d'entre elles devaient se réinsérer et refaire leur vie sans grande difficulté. En réalité, ce type de crimes n'apparaît pas handicapant en termes de réinsertion puisqu'il ne se reproduit jamais. Il constitue l'antithèse des cas de petite délinquance multirécidiviste : incarcération après incarcération, les difficultés d'adaptation professionnelle, économique, intellectuelle, voire les problèmes toxicomaniaques subsistent tandis que dans les cas d'homicide conjugal, la difficulté a été définitivement éliminée puisqu'il s'agissait de la victime elle-même. »

Nombreuses à s'être « réinsérées », nombreuses à avoir refait leur vie, elles sont aussi nombreuses à avoir définitivement tiré un trait sur leur passé : qu'elles se soient (re)mariées ou non depuis, qu'elles aient eu des enfants ou pas avec leur nouveau conjoint, ce n'est que très rarement qu'elles veulent bien évoquer ce qui leur est arrivé et lorsque parfois elles semblent le désirer, comme pour exorciser précisément cette époque de leur vie, c'est leur entourage qui les pousse à pratiquer l'amnésie. Marie et Elise, d'abord favorables à l'idée de me rencontrer, ont ainsi refusé de témoigner de leur histoire, l'une parce que ses enfants s'y opposaient formellement, l'autre parce que son époux le lui avait interdit. Léo quant à elle, et malgré la réticence affichée de son nouveau conjoint, a d'abord voulu tenter l'expérience « clandestinement » : dire sa souffrance, en parler afin que d'autres femmes ne se retrouvent pas otage du même engrenage lui semblait important. Après trois entretiens, cependant, elle a décidé de mettre un terme à nos entrevues. Evoquer son passé lui était trop pénible disait-elle, mais l'obstacle majeur semblait résider ailleurs : « Lorsque je rentre chez moi, je n'ose plus regarder mon mari en face. Il a tellement honte de tout ce qu'il s'est passé que... Enfin, s'il apprenait que je viens t'en parler... »

MADELEINE
OU LE SILENCE À DOUBLE TRANCHANT

JEUDI 22 MAI 1997 — 14 H

« J'ai été arrêtée en février 95. Je passe en jugement le 9 juin prochain. Ça se rapproche. Il paraît que mon affaire est un crime passionnel. Il paraît. On n'en a jamais trop parlé avec mon avocat jusqu'à maintenant. Depuis la semaine dernière il vient et on joue aux assises comme il dit. Il me met dans l'ambiance. Pendant deux ans, jamais nous n'avons élaboré de stratégie ni abordé les quelques difficultés qui m'ennuyaient, quelques questions qui restaient sans réponses pour moi. Non, jamais nous n'avons parlé de ça vraiment. Il venait à Fleury au départ, quand j'avais pas de parloir et que mon courrier était bloqué. Il servait d'intermédiaire entre mes parents et moi. Ensuite il est venu me voir parce qu'il venait de toutes les façons à Fleury pour voir d'autres filles. C'était plus du convivial qu'autre chose et maintenant là, ça y est, ça commence vraiment...

Enfin, quoi qu'il en soit, mon avocat ne veut rien me laisser espérer du tout. Il ne me dit rien. Tout ce que je sais sur mon dossier, c'est par mes parents. Il ne veut pas que j'espère quoi que ce soit par rapport au procès et... Il ne veut pas me dire que peut-être ça pourrait bien se passer et que je ne prendrai pas plus de... je ne sais pas moi... cinq ans ? Il ne dit rien. Bon moi je sais que c'est quand même un dossier assez costaud, qu'il y a pas mal de gens qui ont déposé en ma faveur et que de mon côté, tout ce que j'ai dit... Je n'ai jamais menti et même si je croyais au début que les flics trouveraient ça complètement incohérent eh bien il s'est trouvé des gens pour confirmer ce que je disais. Même si je ne leur avais jamais parlé. J'ai même eu de très bonnes auditions de mes beaux-parents qui ont dit que j'étais une fille gentille, calme, souriante... On attend, quoi. Pour moi le but, c'est... Ah ! c'est sortir à la barre !

Aujourd'hui quand j'y repense, on n'a pas eu une vie facile, ni moi ni les enfants, mais bon... Il y avait d'autres solutions. J'aurais pu rester moi-même et ne pas avoir peur de lui. J'ai eu peur de lui et ça m'a rabaissée. Peut-être que je me suis enfoncée toute seule. Peut-être qu'au lieu de fermer ma gueule à chaque fois et de fuir, j'aurais dû rouspéter et me prendre des coups et qu'à force de prendre des coups, un jour, je serais partie. En plus, j'aurais eu la Loi avec moi et des circonstances atténuantes... Tu vois, moi j'ai toujours su me débrouiller toute seule, j'ai toujours su affronter tout le monde. Tout le monde sauf ma peur... Tu sais ce que m'a dit mon avocat à propos de mon affaire ? Il m'a dit que c'était une affaire banale. Que je n'avais rien à faire ici. Une affaire banale... Ça veut dire que c'est rien du tout, quoi. Que ce qu'on a vécu, c'est banal, que c'est rien du tout... »

Madeleine ravale un demi-sourire doux-amer, rejette ses cheveux blonds en arrière d'un mouvement de tête nerveux et plante son regard bleu transparent dans le mien. D'un haussement d'épaules mécanique elle chasse les idées que lui inspire la remarque de son avocat et passe à autre chose. Elle est ainsi Madeleine, elle « trace droit » et n'aime pas s'appesantir sur les détails. Surtout ceux sur lesquels elle sait ne pas avoir de prise. A quoi bon ? En deux années passées à l'ombre des murs de Fleury-Mérogis, cette jeune femme de 36 ans, à la silhouette tout à la fois élancée et solide, a certes eu le temps de faire le tour de la question : elle est ici pour un crime que l'on dit passionnel mais qu'elle a conçu sans autre forme de passion que celle du désespoir et c'est dans le cadre d'une affaire que l'on dit banale qu'elle comparaîtra dans quelques semaines à peine devant les assises pour meurtre. Les mots également sont à double tranchant.

« J'ai vécu chez mes parents jusqu'à 21 ans, dans le Val-de-Marne. Je suis allée jusqu'au bac... Que je n'ai pas eu, que je devais repasser mais comme en attendant j'ai postulé pour un poste à l'hôpital pendant les vacances et que ça a été accepté et qu'ils m'ont gardée... Bref, du coup, j'ai dit adieu au bac. Je voulais être secrétaire médicale mais du fait que j'avais pas le bac, je ne pouvais pas. Pourtant, au fur et à mesure, avec l'expérience, j'ai rempli les fonctions d'une secrétaire médicale. J'avais la paye d'une dactylo mais étant donné qu'il n'y avait que 200 francs d'écart, j'ai laissé tomber. En plus, je ne suis pas très studieuse... Enfin pour moi j'étais secrétaire médicale. Donc, en fait, j'ai commencé à 19 ans et j'ai toujours travaillé au même endroit, jusqu'en 89, à l'hôpital. En 1989, j'ai arrêté de bosser et je suis restée à la maison pour élever les enfants. J'ai trois enfants de 14, 12 et 7 ans. Fille, garçon, fille. Mais, je grille les étapes. Donc, j'ai aussi un frère de deux ans mon cadet. Lui, il se cantonne aux PTT. Il est très bien aux PTT, c'est vraiment un petit travailleur tranquille... Non, je te dis, on a eu une enfance très heureuse, avec beaucoup d'affection, d'attention, beaucoup d'amour et pourtant c'était pas facile parce que papa était chauffeur poids lourds — aujourd'hui il est à la retraite — et donc il avait des horaires... Bon, il travaillait sur le secteur, il n'allait jamais très loin mais c'était quand même des horaires particuliers. Il commençait très tôt le matin, il finissait très tard le soir. En revanche, le week-end, il était toujours là pour nous. Même s'il était fatigué, il s'occupait toujours de nous. On était une vraie famille, on sortait ensemble le week-end, et même si on restait à la maison, il jouait avec nous, ou ne serait ce même que parler avec nous. Il était là, quoi. Aujourd'hui mes parents font la même chose avec mes enfants. Enfin, c'est-à-dire que c'est une affaire bien compliquée... Pour l'instant ce ne sont pas eux qui ont la garde de mes enfants. Ce sont mes beaux-parents. Comme ils sont trois, ma belle-mère a la grande, Célia, et puis son fils, mon beau-frère, a la garde des deux petits, Quentin et Cynthia. Mais ils habitent juste à côté les uns des autres ce qui fait qu'ils peuvent se voir. Pour l'instant c'est comme ça mais après le jugement... Maman est nourrice agréée. Elle a l'âge de prendre la retraite mais elle attend le jugement pour savoir où ça en est. Voilà. Ça dépend de la peine qui va tomber. Si je prends une longue peine, vraisemblablement, elle continuera à travailler parce qu'il faudra s'occuper de mes enfants... Comme j'ai dit à Jean, mon avocat, en fait, que je prenne quinze ans, j'en ai rien à faire mais au moins que les enfants soient avec mes parents. Du moment qu'ils sont avec mes parents, je sais qu'ils seront bien, qu'ils auront l'éducation que je veux pour eux. Parce que même si je suis très cool avec eux, je sais être très ferme aussi. Je ne les ai jamais laissés faire n'importe quoi et ça se ressent aujourd'hui, parce qu'ils ont très bien accusé le coup. Les deux grands, à l'époque, ils avaient 12 et 10 ans et bon... Ils ont très bien supporté. Ils se rendaient compte de la situation et pour eux c'était... Je ne sais pas si je dois le dire mais pour eux c'était presque normal. Que ça se passe comme ça, c'était presque normal. Parce que eux non plus n'ont pas eu la vie rose.

Enfin bref, moi je n'ai pas eu de petit ami. Jamais. Mon mari, c'était le premier, le premier homme. C'était l'amour fou. Mais il faut dire aussi qu'avant, je me foutais royalement des mecs. J'avais ma vie, j'étais heureuse. Avec mon frère, on s'est mis à sortir assez rapidement à partir du moment où j'ai travaillé et peu de temps après j'ai passé mon permis et j'ai eu ma voiture donc on était disons, pas autonomes, mais presque. Mes parents bien sûr éprouvaient quelques petites difficultés à nous laisser sortir parce qu'ils sont très papa et maman poules. Il fallait leur dire où on allait, chez qui on était, téléphoner quand on arrivait, prévenir si on avait l'intention de rester plus longtemps... On sortait entre copains, en groupe et, quand il y avait des week-ends prolongés, on partait chez Pierre, Paul, Jacques et c'était des week-ends superbes. Et puis j'ai connu mon mari... C'était en 81. Oh ! ben, je l'ai connu tout connement... J'étais en vacances chez ma grand-mère, en Seine-et-Marne. Et puis chez mémé, ben moi, je m'ennuyais, quoi. A l'époque, j'avais 20 ans et fallait que je bouge donc j'allais faire les courses et... Et c'est là que j'ai rencontré mon mari. Il travaillait dans un supermarché dans la ville à côté. J'ai flashé sur lui. Il était tout beau, tout mignon, très sympa... C'est vrai que c'était un homme extra de ce côté-là et puis ça changeait de la vie très calme de chez papa-maman. Ça changeait aussi de mes sorties avec mon frère. Avec Francis, c'était totalement différent de tout ça. Il avait un an de plus que moi. Je l'ai connu en août, on s'est mis ensemble en décembre 81, en mars 83 naissait la première et on se mariait. Tout a été très rapide. Ça a été le coup de foudre. Vraiment. Ça a été tout de suite très... Bon, cette nouvelle vie m'a plu, on voyait des gens différents. On a pris un appart ensemble. En plus, il a toujours vécu en Seine-et-Marne, à la campagne, et il a tout quitté pour moi. Du jour au lendemain, il s'est retrouvé au quinzième étage d'un immeuble et je me suis dit, mince, il fait quand même de gros efforts pour toi parce qu'après avoir toujours vécu à la campagne, venir vivre à la ville, c'est que franchement, il tient à toi. J'ai beaucoup extrapolé là-dessus. Et puis on a vécu comme ça jusqu'en 85, jusqu'à la naissance du deuxième. A ce moment-là, on s'est dit que plutôt que de payer un loyer autant acheter une maison, investir et au moins ce sera à nous plus tard. Un boucher du village où est né et a vécu mon mari a vendu sa boucherie. Sa boucherie avait fait faillite et lui préférait *a priori* la revendre à un boucher, à cause du matériel et tout. Donc il l'a proposée à mon mari et puis voilà, on l'a achetée. Il y avait une habitation attenante au commerce et... Et les problèmes ont commencé. On est allés s'établir là-bas en 87 mais bon, cette boucherie on ne pouvait pas la réouvrir parce que c'était une très vieille boucherie. Il y avait tout à refaire pour la mettre aux normes actuelles et ça coûtait vraiment très cher. Total, on ne l'a pas réouverte. On s'en servait comme habitation principale puisqu'elle était vendue comme telle. On l'a laissée telle que mais c'était une vieille, très vieille maison aussi et même dans l'habitation principale, il y avait beaucoup de travaux. Moi, au début, je n'étais pas très chaude pour l'acheter parce que Francis n'était absolument pas bricoleur mais bon, je me suis laissé encore embobiner. Il disait : "De toutes les façons, il y aura toujours Pierre-Paul-Jacques qui viendra" et c'est vrai qu'au début, pour les gros travaux, Pierre-Paul-Jacques et tous ses copains sont venus très gentiment nous aider. Ils ont été très sympas mais bon, ils n'ont pas tout fait non plus et puis après Pierre-Paul-Jacques a acheté sa maison et Pierre-Paul-Jacques devait faire sa maison et puis c'était normal qu'ils nous laissent tomber. Je me suis dit que peut-être, il allait quand même mettre la main à la pâte et faire quelque chose, mais non. Il n'a jamais fait aucuns travaux. On a vécu pendant X années dans un taudis. C'était vraiment un taudis. Un taudis spacieux mais un taudis quand même... Enfin, ça aujourd'hui, il paraît que ça fait des points positifs pour mon dossier. Cette vieille maison toute pourrie...

Au début, vu que c'était le grand amour, je lui laissais faire tout ce qu'il voulait. Parce qu'après le mariage, en fait, il n'a pas changé son mode de vie. On habitait B. dans le Val-de-Marne mais il a continué à aller jouer au foot en Seine-et-Marne, alors qu'il y avait plus de 100 km aller-retour. Il rentrait à des heures pas possibles. Moi, je laissais faire puisqu'il avait été coupé de toute sa vie antérieure, pour qu'il se ressource, qu'il retrouve ses copains, c'était tout à fait normal... Mais en fait, c'était pas du tout ça. Il était marié mais il menait sa vie de célibataire. Nous, on était là, les enfants et moi, on était ses objets, il était content de nous trouver quand il rentrait à la maison mais voilà, quoi. Pas plus. On était là pour meubler et pour le servir. On était vraiment comme des meubles pour lui, je ne sais pas si tu... OK, il nous aimait peut-être à sa façon, ça c'est un fait, mais c'est comme quand tu prends plaisir à avoir un truc ou à faire un truc. En plus, j'ai toujours suspecté qu'il avait une maîtresse. Bien sûr les gens n'ont pas voulu entièrement en parler. Enfin moi j'en étais à peu près persuadée et ça s'est révélé vrai. Elle n'a jamais voulu dire que c'était elle. Bon et puis en dehors du fait qu'il vivait sa vie de célibataire, à la maison, ça ne se passait pas bien... Il nous humiliait. Il nous insultait à longueur de journées, à longueur de temps mais ça, c'était uniquement en famille, entre nous cinq, parce que quand il y avait sa famille, des copains ou n'importe qui qui venait, là, il jouait les bons samaritains, le mec très gentil, très sympa. Il disait blanc avec ses copains et quand ils étaient partis, c'était noir, quoi. Par exemple, quand il y avait du monde, automatiquement, on discutait et en discutant, on abordait, je ne sais pas moi, n'importe quel sujet... Le divorce par exemple. Alors, à propos du divorce, en société, il disait toujours : "Si un jour Madeleine et moi, on vient à divorcer, ça se passera à l'amiable", mais dès que les gens étaient partis c'était : "Quoi, mais qu'est-ce que t'as dit ? ! T'as l'intention de faire ça ? Mais t'as pas l'intention de divorcer, espèce de conne, t'es qu'une salope et de toutes les façons, si on divorce je te ferai chier et puis tu pourras pas divorcer..." Enfin, que des trucs comme ça. Mais pour tout, pour tout. On était à table, le sel était là et ça lui plaisait pas parce qu'il devait être là, 10 cm plus loin et il faisait un scandale. C'était mais... C'était affreux, c'était une vie d'enfer. Il y a aussi que je ne pouvais pas sortir. Avant que j'arrête de travailler, vu qu'on travaillait tous les deux dans le 94 et qu'on habitait en Seine-et-Marne, on avait deux voitures puisqu'on n'avait pas du tout les mêmes horaires. Quand j'ai arrêté de travailler, on a gardé la deuxième voiture. Ça permettait, s'il y avait un problème avec les enfants — on était quand même à plusieurs kilomètres de la ville —, d'accéder à l'hôpital par exemple et pour aller faire les courses, ça servait énormément. Y a pas de secret, quand on habite à la campagne, il faut une voiture. Mais non. Ça n'allait pas parce que moi je pouvais me tirer et aller n'importe où et faire n'importe quoi. Il m'interdisait l'accès à la voiture. Il a toujours cru que je le trompais alors automatiquement, si je prenais la voiture, c'était pas pour aller faire des courses, c'était parce que j'allais rejoindre un mec, une chose qui ne me serait même jamais venue à l'idée. Je ne sais pas moi... Il y avait pas mal de mecs qui me couraient après à l'hosto par exemple, mais non, moi je n'y ai jamais pensé. Je les virais. J'étais avec Francis et c'est tout.

Il ne m'a jamais battue. Parce que je ne l'ai jamais poussé à bout. Je l'aurais poussé à bout, c'est sûr, il m'aurait battue. Bon, j'ai quand même esquivé quelques objets, il a cassé la porte de la chambre, plusieurs fois la télécommande... Moi, j'arrêtais toujours. Je coupais court. Je me barrais. S'il était au premier étage, je descendais et s'il était au rez-de-chaussée, je montais au premier ou j'attendais dans la cour que ça passe... Pourtant, au tout début, il était tellement différent. Il y a une chose, c'est qu'il a toujours été très sympa avec les copains, très sociable et même avec moi au début. De toutes les façons, je l'ai aimé. D'abord c'était énormément, après, ça s'est atténué, forcément, et après encore j'avais peur de lui. Si je ne faisais rien, si je ne disais rien c'est parce que j'avais peur de lui. Je ne pouvais rien faire... Une fois on m'a dit : "Mais pourquoi vous n'avez pas divorcé ?" Les gens ne comprennent pas. Je n'aurais pas pu. Bon j'aurais peut-être pu mais ça se serait passé avec des coups pour moi et il ne m'aurait jamais lâchée. J'avais peur de sa réaction. Il aurait été capable de buter n'importe qui et de toutes les façons, il le disait. On avait des problèmes d'argent et il me disait : "Je te préviens, s'il y a un huissier qui vient, moi je le bute" et moi je sais qu'il en aurait été capable. Dans une colère pas possible, il l'aurait fait.

Tout a commencé à devenir insupportable quand j'ai arrêté de travailler et puis en 90, quand j'ai été enceinte de ma troisième, au début, il n'a pas voulu qu'elle porte son nom quand elle est née. Pour lui, ce n'était pas sa fille. Il était très jaloux. Très. Je lui ai dit qu'il était obligé de la reconnaître puisqu'on était mariés, que le bébé serait obligé de porter son nom... Et puis après, en 93, j'ai fait une interruption de grossesse et là... Pour lui, évidemment, si j'avais fait une IVG, c'était pas parce qu'il y avait des problèmes de couple énormes et des problèmes d'argent aussi. C'était pas pour ça, c'était parce que le bébé n'était pas de lui. A partir de là, tout s'est encore aggravé.

On avait des problèmes d'argent parce qu'il était chasseur et que la chasse, ça revient énormément cher entre la location des terres, l'achat des fusils, etc. Il allait au gros, tuer de gros animaux. Il était président de la chasse et donc il y avait plein d'autres chasseurs et ils partaient tous en groupe chasser le dimanche. Il fallait investir dans les fusils, dans les cartouches, dans les habits et ça coûte vraiment très cher. En dehors de la chasse, il allait aussi au ball-trap, parce qu'il fallait s'entraîner bien sûr, ce qui coûte cher également... Et puis il buvait. Enormément. Il y avait beaucoup d'argent qui passait dans l'alcool et bon ben, je regrette mais il se faisait 9 000 balles par mois et moi je... On gagnait combien... 3 000 francs par les allocs ? Un truc comme ça. J'avais beau garder des enfants, ça suffisait pas pour élever trois enfants et subvenir aux besoins de cinq personnes. Parce que sa paye on la voyait pas passer... Entre la chasse et l'alcool, c'était impossible. Il était devenu alcoolique. C'était pas simplement boire. Il avait besoin de son alcool et, s'il n'avait pas sa dose, ça n'allait pas. Il se buvait plus de... A la maison, il buvait sa bouteille de gin et, quand il s'arrêtait en rentrant pour aller chercher le pain, il commençait à boire dans les cafés. Il finissait le boulot à 13 h mais il ne rentrait jamais avant 16 h à la maison. Où est-ce qu'il était ? Ça on n'en sait rien et ça arrivait tous les jours. Ça a toujours été comme ça. Et moi je ne disais rien. Je ne pouvais rien dire. Si je lui disais quoi que ce soit, je me faisais engueuler et ça dégénérait : ça ne me regardait pas, j'étais pas capable de faire quoi que ce soit, je comprenais rien, j'étais que bonne à... Je me demande à quoi d'ailleurs... »

Je considère mon interlocutrice. Tout dans son attitude, dans ses manières, jusqu'au ton même de son récit, trahit l'énergie et la détermination de la jeune femme et comme je l'interroge sur la docilité de cette autre Madeleine dont elle vient de brosser le portrait :

« Ah moi, j'ai pas peur de dire merde à ceux qui m'emmerdent. J'ai pas froid aux yeux. Et pas qu'aux "petits" comme moi, même au boulot, même à mes supérieurs. Je sais remettre les gens en place, mais voilà... C'était une terreur, il m'a terrorisée. Il ne m'a jamais battue c'est vrai, alors ça peut te paraître étrange, mais il me terrorisait quand même. Ça c'est des choses qu'on peut pas expliquer. Un jour ou l'autre vous tombez sur quelqu'un qui est beaucoup plus fort que vous et... Déjà de carrure, il était balèze et quand vous voyez un type qui se bat avec son père et son frère et qui s'en vante. Un type qui appelle sa mère "salope", qui l'insulte... Je ne sais pas...

Francis, son père était agriculteur et ensuite, il a travaillé dans un grand magasin de meubles. Sa mère était contremaître dans une usine Renault. Bon, c'était un milieu tout simple. Enfin tout simple, je ne sais pas comment ils y sont arrivés, mais ils y sont arrivés parce qu'ils ont beaucoup de biens, beaucoup d'argent et c'est pas en étant agriculteur ou vendeur ou même contremaître que... Ça n'explique pas tous les biens qu'ils ont. De toutes les façons, s'ils me font des problèmes pour les enfants... Il faut savoir qu'ils se sont portés partie civile, ce qu'il y a c'est qu'ils ne l'ont fait qu'au bout de deux ans.

Mais c'est une famille bizarre... Francis avait deux frères. Un qui est handicapé mental — on n'a jamais su pourquoi, sa mère n'a jamais voulu me dire — et un petit frère qui a mon âge. Je m'entendais bien avec eux avant. D'ailleurs je m'entendais très bien avec mon beau-père. Il est un peu comme moi, tout balèze qu'il soit, il s'écrase devant la belle-mère parce qu'il sait qu'elle est très puissante. Mais dans ce village où on habitait — c'est un village de... je ne sais pas, 900 habitants peut-être —, les gens vivaient comme si le maire c'était le roi avec les pleins pouvoirs, ses adjoints les seigneurs — la belle-mère était 1er adjoint — et puis eux, les habitants, les petits paysans. Quand j'ai dit ça au juge, il m'a prise pour une cinglée. Il m'a dit : "Attendez, on n'est plus au Moyen Age." Mais c'est pourtant exactement ça — c'est... Cette famille, ce sont des monstres. On ne peut pas imaginer à quel point ils sont méchants. Comme Cynthia a dit un jour à ma belle-mère : "Toi, tu ne sais pas aimer. Ton amour à toi, c'est payer." Et c'est vrai qu'elle était comme ça. Elle ne sait pas exprimer son amour autrement. Et Francis était pareil. Il offre un super-cadeau et ça y est, basta, on a tout oublié et puis t'es contente et voilà, t'as plus qu'à te taire.

Mais ça marche pas comme ça. Enfin, pour moi, ça ne fonctionne pas comme ça et pour les enfants non plus.

Ils sont vraiment spéciaux. D'abord Francis se foutait royalement de ses parents. On habitait à quoi, peut-être 100 m les uns des autres. Nous on habitait là, il y avait la rue à traverser et là, il y avait mon beau-frère qui habitait et juste à côté, mes beaux-parents. C'était comme un petit groupe. Mon beau-père venait tous les jours. Il venait faire son tour et parfois il mangeait à la maison. Seulement quand son fils n'était pas là. On s'entendait très bien. Bref, Francis, il lui est arrivé de rester des mois sans voir ses parents et quand ils se côtoyaient, c'était pour s'engueuler, alors moi j'évitais d'aller chez eux avec Francis. J'évitais les réunions de famille parce que je savais très bien que ça se passerait très mal. A chaque fois qu'on allait chez les beaux-parents pour fêter tel ou tel anniversaire, ou c'était son frère ou c'était lui qui s'agressait mutuellement, ou il s'engueulait avec son père ou avec sa mère. Et les fils avec le père étaient très violents. Ils se battaient. Pas avec la mère parce que la mère était comme Francis avec moi : elle préférait le verbal. C'était constamment du verbal, des choses méchantes, de la cruauté mentale, quoi. Je n'ai jamais compris ce qui clochait dans cette famille. Ils prenaient un malin plaisir à se faire du mal. Constamment. Moi, je n'en sais rien, je ne suis pas du tout comme ça, alors... Ils sont pervers, je vois pas d'autre solution. Pervers. C'est dingue de dire des trucs comme ça, parce qu'on a l'impression que ça ne peut exister que dans les romans mais il faut bien se dire qu'ils existent ces gens... Et pourtant, j'étais déjà allée dans des tout petits villages comme ça, en vacances, et même si c'est vrai qu'il y a les ragots et tout ça, même si c'est vrai que je ne vivais pas en permanence avec ces gens, jamais je n'avais vu ça. Toute cette... Jamais. »

Madeleine se tait, comme si elle éprouvait encore des difficultés à prendre la mesure d'une réalité familiale qui continue de lui échapper. Je lui propose d'en revenir à Francis et lui demande ce qui à son sens a motivé le fait qu'elle passe un jour à l'acte :

« Ah ça ! ne me le demandez pas. J'en sais rien. Un psychiatre en a déduit qu'il y avait eu un dédoublement de la personnalité mais ne me demandez pas pourquoi je l'ai fait parce que ça, je ne le sais pas. Bref, j'étais en train de regarder la télé. Déjà le matin — c'était un dimanche — on avait été à la piscine. Chose exceptionnelle, on était sortis tous les cinq et... Il y avait peu de temps qu'on avait connu un couple de jeunes dont je gardais parfois les enfants. Ils étaient sympa et comme ils ne connaissaient personne, on leur avait dit de venir à la piscine avec nous. Ça avait été OK et bon, on avait décidé de se faire une petite bouffe ensemble à la maison. Tout se passait très bien, jusqu'au moment où le téléphone a sonné et où un chasseur lui a demandé de venir à la chasse. Je me suis dit quand même, il ne va pas accepter. Mais si, il a accepté. Je me suis dit ben voilà, il va planter là tout le monde. Mais non. Il a demandé au type s'il voulait aller avec lui à la chasse. Le mec ne voulait pas trop et forcément il a insisté. Francis a insisté et donc ils sont partis. Quand il est rentré, il était 19 h. La femme était partie avec ses enfants parce que le lendemain il y avait école. Francis est rentré à moitié bourré, comme d'habitude. Seul. Le mec, lui, il était rentré directement chez lui. Il est rentré, il a voulu boire son coup. En plus qu'il buvait, il fumait et donc il a voulu fumer son joint aussi et puis il a dit : “Tu me donnes à manger maintenant.” C'est ce que j'ai fait. Je lui ai donné à manger. Après, il est parti se coucher. Bon moi c'est vrai que ça faisait un mois que je ne mangeais plus, que je ne dormais plus, enfin bref, j'étais complètement à bout... J'espérais, je pensais avoir trouvé une bouée de secours avec un ami que j'ai emmerdé pendant un mois à lui téléphoner à n'importe quelle heure du jour et de la nuit et c'est vrai qu'il m'a soutenue ce type-là. On le connaissait depuis dix ans Francis et moi. Je l'appelais pour me réconforter, pour essayer de me confier, pour lui dire ce qui n'allait pas... Parce que ce n'était pas dans ma tête que c'était impossible de le quitter. Je veux dire, je ne me faisais pas des idées, c'était impossible de divorcer. Il m'aurait suivie, il m'aurait harcelée et il serait passé à l'acte et si ça se trouve, c'est moi qui ne serais plus ici et puis c'est lui qui serait là, à ma place avec toi. Ça se serait très mal passé et aussi bien avec lui qu'avec sa famille...

Pour en revenir à... Il est monté se coucher. Il a demandé encore un apéro après avoir mangé. Il a refumé un joint et puis il m'a dit : "Tu montes ?" Je lui ai dit ouais. Et je ne suis pas montée le rejoindre. Je suis restée en bas et j'ai regardé la télé. Enfin, je regardais la télé mais je la regardais pas. J'étais dans mes pensées... Je ne savais plus quoi faire. Je savais plus quoi faire. J'étais à bout. J'avais déjà fait une dépression après avoir quitté le boulot. J'avais pris sur moi et puis c'était reparti parce que je suis très costaud et que je ne m'apitoie pas sur mon sort. Peut-être à tort d'ailleurs parce que... Maintenant j'ai bien compris qu'il ne faut pas vouloir tout garder sur soi, qu'on peut pas et qu'à un moment donné eh bien on pète les plombs, et c'est ce qui m'est arrivé ce soir-là. J'ai pété les plombs. Et ça a été très simple du fait que pour moi, c'est pas moi. C'est pas moi qui l'ai fait et j'en veux pas à moi, j'en veux à la personne qui l'a fait et manque de pot, la personne qui l'a fait, eh bien c'est moi. C'est assez difficile à expliquer. Je sais que c'est moi parce que je me souviens très bien avoir pris et avoir chargé mais bon, ce n'est pas moi. En plus, je ne peux pas dire qu'il y ait eu quoi que ce soit de particulier, un déclic ou n'importe quoi. Pour te dire, j'étais en train de regarder un film très con, très cool, c'était *La Vie dissolue de Gérard Floque,* alors tu vois, c'est pas vraiment le genre de film qui... C'était pas du tout violent. Je sais pas. Ça faisait des années que j'étais humiliée, rabaissée, jusqu'à m'amener à douter de moi... Pourtant pendant tout le temps où j'ai travaillé, le patron a toujours été ravi de moi. Les médecins aussi. Il n'y a jamais eu de problème. Je faisais tout correctement et j'ai même été plus d'une fois travailler dans un cabinet privé. Chaque fois qu'il y avait un coup de bourre, c'est à moi qu'ils faisaient appel, alors c'est quand même que j'étais valable, non ? Sinon, ils n'auraient pas fait appel à moi, hein ? Je ne sais pas. J'en étais arrivée à douter de moi. Pour tout. Une vidange de voiture par exemple, je savais faire une vidange de voiture mais pour lui il était hors de question que je la fasse : “T'es trop con ma pauvre fille, tu peux pas faire une vidange.” Enfin que des trucs comme ça. Changer un pneu, la peinture ou n'importe quoi, des trucs que je savais faire, mais non. Dans la maison, il ne faisait rien mais quand moi je faisais quelque chose, c'était... En fait c'était constamment, tous les jours, des insultes. Alors au début peut-être que je le supportais aussi du fait que je travaillais. Comme j'étais dehors, que j'avais des contacts avec des gens... Enfin c'était une bouffée d'oxygène, quoi, mais quand j'ai arrêté, ça a été terminé. Je me suis retrouvée chez moi, enfermée, coincée, je ne voyais plus personne et... Bon, on avait des amis, mais enfin, personne à qui je puisse parler vraiment. En plus, je n'ai jamais fait confiance à qui que ce soit. Une fois, je me souviens, il y avait un couple d'amis qui était venu et je m'entendais plutôt bien avec cette femme. On était dans la cuisine et elle me disait que son mari la faisait suer parce qu'il était constamment en train de travailler, de faire des heures sup. OK, c'est pas marrant, mais lui il travaillait et quand il faisait des extra, c'était pour ramener du fric à la maison, non ? Je lui ai dit : “Ecoute, ne te plains pas, la vie n'est pas facile, il travaille pour ramener de l'argent et ça te permet de rester à la maison pour élever tes enfants. Moi, Francis, c'est pas du tout le cas, tu le vois bien. Son fric, il le garde pour s'acheter des trucs pour la chasse.” Et puis je suis venue à lui dire : “Tu vois, moi, quand je vais faire les courses, je n'ai pas le droit de prendre le chéquier ni de tirer du liquide parce que Francis ne veut pas que je touche au compte." Mais moi, le fric que je me faisais en gardant mes enfants, c'était pas suffisant pour tout assurer. En fait il fallait que je me démerde pour tout, pour ramener la bouffe et l'alcool — surtout l'alcool — et sans toucher au compte... Moi, je m'habillais pas, j'avais toujours les mêmes fringues, j'allais jamais chez le coiffeur et heureusement que j'avais la chance d'avoir des parents qui étaient dingues des petits, parce que c'est eux qui ont toujours habillé les enfants. Maman, ça a toujours été comme ça : on allait au marché, elle voyait un truc et : "Oh ! c'est mignon ça et puis ça aussi, et puis ça aussi" et total, j'avais pas besoin d'acheter quoi que ce soit puisque maman achetait tout. »

Au regard des liens très forts qui semblent unir Madeleine à ses parents, je ne peux m'empêcher de m'étonner qu'elle n'ait jamais tenté de se confier à eux :

« Je ne pouvais pas leur en parler parce que... Enfin, la veille du jour où... Là, j'ai voulu leur en parler mais avant, je ne voulais pas les faire chier avec ça. D'abord parce que moi je ne suis pas du genre à emmerder les gens avec mes problèmes et puis parce que mes parents avaient déjà beaucoup de soucis avec mon frère, qui lui-même avait des problèmes avec son beau-fils qu'il considérait comme son propre môme... Ça suffisait quoi. J'allais pas en plus en rajouter... Bon, ils voyaient bien que ça n'allait pas de mon côté mais ils pensaient que j'avais suffisamment de caractère pour ne pas me laisser faire. Ils pouvaient pas s'imaginer que... Et puis c'est vrai que quand ils venaient, même si ça n'allait pas, je faisais bonne mine. Je disais que j'étais fatiguée parce qu'on était sortis la veille, enfin je trouvais toujours un prétexte. En fait, tous les samedis, tous les quinze jours, mes parents venaient à la maison et tous les samedis, quand ils venaient, Francis se barrait parce que c'était pareil, mes parents pour lui, c'était des cons. Tous les samedis, il se barrait et ce samedi-là, le samedi où je voulais parler à mes parents, où je m'étais enfin décidée à leur en parler, où je voulais leur dire que j'allais partir avec eux, eh bien... Eh bien il n'a pas bougé. Ce samedi-là, il a pas bougé. Il est resté à la maison et quand ils sont partis... J'ai pleuré. »

Madeleine qui, durant le récit de cet épisode, a semblé revivre la scène avec une intensité particulière demeure silencieuse. A la panique, à l'incrédulité ont succédé les larmes. Elle marque un temps avant de reprendre.

« J'étais arrivée au top, j'en pouvais plus du tout. Je ne m'étais pas rendu compte qu'il fallait absolument que j'en parle à quelqu'un. Je sais pas pourquoi, au bout de tant de temps, j'ai décidé d'en parler aux parents alors que jusque-là... Je veux dire, il ne s'est rien passé de particulier, c'est juste que j'étais arrivée au bout. Au bout de ce que je pouvais supporter.

Je suis tout à fait consciente de ce qu'il s'est passé. La télé était allumée, il y avait ce *Gérard Floque* qui passait. Ensuite, j'ai changé de chaîne. Sur la Cinq, il y avait Fernandel. J'adore Fernandel. J'ai pris la carabine, j'ai chargé et je suis montée. Je suis montée, j'ai allumé la lumière et j'ai tiré. C'est au moment de la détonation que ça a fait tilt. J'ai dit merde et là, tout de suite, j'ai rappelé cet ami dont je t'ai parlé, celui que j'avais harcelé au téléphone. Il est pompier. J'ai pas pu lui dire quoi que ce soit mais à ma voix il a compris. Je lui ai dit que j'avais fait une connerie et il m'a demandé ce que j'avais fait mais j'ai pas pu... J'ai juste dit "tiré". Il m'a demandé où, alors moi j'ai dit "tête" et il a raccroché. Après, il a fait son boulot.

Quand les flics sont arrivés, ils m'ont demandé : "Mais pourquoi vous ne nous avez pas appelés ?" Je l'aurais tapé le flic. Je lui ai dit : "Pour quoi faire, vous seriez arrivés trois heures après et il fallait quand même le secourir." J'étais consciente que je lui avais fait mal et puis quand ils m'ont annoncé coma

3, là j'ai dit... Il est pas mort sur le coup. Quand on m'a dit coma 3, ça m'a fait un second choc parce que j'ai compris qu'il était foutu. Dans un sens, j'étais contente aussi parce que je savais qu'il souffrait pas.

Entre le moment où j'ai téléphoné à cet ami et le moment où il est arrivé, j'ai pas pu rentrer dans la maison. Je suis restée dehors, dans la cour, à fumer clope sur clope. J'étais en état de choc. J'osais même pas aller voir les enfants, voir si ça les avait réveillés. Les deux plus petits étaient là, ils dormaient dans leur chambre. La grande était en vacances chez ma mère. C'était une carabine avec un silencieux donc la détonation ne les a pas... Ce sont les pompiers qui les ont réveillés. Les pompiers, le Samu, tout ça. J'osais pas... J'osais même pas aller voir dans quel état il était, de peur qu'il me saute dessus ou... Ça s'est passé comme ça. »

VENDREDI 23 MAI 1997 — 16 H

« Pour Cynthia, la petite, je sais pas trop comment ça s'est passé mais les grands bon... Maman m'a dit qu'elle avait dit à Célia, qui était chez elle, qu'on avait eu un accident de voiture, que papa était grièvement blessé, qu'il allait certainement mourir et que moi j'étais restée en observation... Mais bon, forcément, quand je suis arrivée ici... Et puis je ne voulais pas qu'on leur cache la vérité, on ne pouvait pas la cacher indéfiniment de toutes les façons. Et puis comme je te l'ai dit, je n'ai jamais menti à mes enfants et il était hors de question qu'on leur mente. Donc, le soir même, maman l'a dit à Célia. Célia n'a pas bronché. Elle a un caractère très dur, elle n'a rien montré. Quant à Quentin... Il s'est écroulé en sanglots. Je préfère, il a évacué de suite... J'ai essayé de leur en parler... Mais ils ne veulent pas se confier au psychologue. Ils ont peur que le psychologue le répète à la belle-mère et qu'elle me dispute. J'ai beau leur dire que le psychologue n'a absolument pas le droit, qu'ils peuvent tout lui dire, mais non...

C'est ma belle-famille qui s'est approprié les enfants. Le matin du... Enfin, ça s'est passé à minuit et le lendemain matin, à 7 h, mon beau-père était chez le maire pour demander à ce qu'on leur donne la garde des enfants. C'était aussi pour pas qu'ils aillent à la DDASS, c'est vrai mais... A 4 h de l'après-midi, alors que j'étais en garde à vue, ma belle-mère et mon beau-frère sont venus me voir et là, ça a été pire que les flics, un vrai interrogatoire : "Est-ce que t'as des dettes ? Est-ce que vous avez tout payé ? Est-ce que vous avez des crédits ? Est-ce que vous avez pris une assurance pour ça, pour ci..." Que des problèmes financiers. Ça s'est passé à 16 h et Francis était décédé à 14 h. Deux heures après, ils me harcelaient de questions de ce style-là... Je ne sais pas moi, mais quand on vient d'apprendre que son fils est mort dans de telles conditions, moi je... J'ai même pas été insultée par ma belle-mère. Elle m'a dit : "Je te pardonne." Directement. Le beau-père, je l'avais revu le matin même. On m'avait ramenée à la maison pour chercher des affaires personnelles et puis ils ont profité pour prendre deux ou trois photos, les flics. J'ai pu prendre une douche et là, j'ai vu le beau-père. Il m'a engueulée, il m'a dit : "Mais putain, pourquoi tu lui as fait ça, pourquoi tu lui as retiré la vie ?" Je m'en suis pris plein la tête et après on a fondu en larmes tous les deux, dans les bras l'un de l'autre. Mais la belle-mère, absolument pas. Je voulais pas la voir. J'ai baissé la tête. Je voulais pas la voir et elle, elle voulait absolument que je la regarde dans les yeux. Mais comment voulais-tu que je la regarde dans les yeux ? Je pouvais pas... Et elle m'a fait lever la tête en me disant : "Je te pardonne. Regarde-moi, je te pardonne." Là, j'ai levé la tête...

Mes enfants, je les ai revus deux mois et demi environ après cette nuit-là. Avant je ne voulais pas les voir. J'avais refusé parce que j'étais dans un état pas possible... Il me fallait du temps donc j'ai repoussé.

La première fois que je les ai vus au parloir, ça s'est très bien passé parce que je me suis toujours montrée cool. Ça, c'était une chose qui horripilait ma belle-mère parce qu'elle voulait peut-être que j'arrive en larmes et complètement déphasée. Moi, je savais que pour les enfants je ne pouvais pas me permettre d'arriver avec la gueule à l'envers. Je regrette, il était hors de question que je leur montre que j'allais mal. Ils ne m'ont jamais posé de question... A part la première fois. Célia a voulu savoir si sa chienne était morte de mort naturelle ou pas. Francis avait tué sa chienne. Et je voulais pas lui dire en plus de tout ça que... C'est-à-dire que nous, on avait récupéré un chien errant, un labrador croisé avec un griffon mais qui avait tout du griffon et qui était d'une beauté superbe. C'était un vieux chien mais il s'était bien adapté à nous et c'était un très bon chien de garde. Un jour un ami à nous a récupéré une chienne qu'il ne pouvait pas garder et c'était aussi un labrador croisé avec un griffon et on a craqué dessus. C'est devenu la chienne de Célia. Et ce qui devait arriver arriva : notre chien a sauté la chienne et il y a eu des bébés mais ça s'est mal passé. Un soir, son ventre est descendu d'un coup, elle s'est mise à baver et tout. J'ai dit à Francis : "Regarde, c'est pas normal, elle bave." Et lui : "Oh ! ben, de toute façon, on verra bien." Et la chienne est restée dans son coin. Elle bougeait pas. J'ai dit : "Il faut l'amener chez le véto", mais lui, pas question d'emmener la chienne chez le véto. Le matin, elle était toujours dans le même état. J'essayais de voir ce qu'elle avait mais je ne voyais rien et quand il est rentré, au lieu de l'emmener chez le vétérinaire, il l'a tuée. Parce qu'elle était malade, il l'a tuée... Evidemment je ne l'ai pas dit aux enfants. Je leur ai dit qu'elle était morte, en mettant ses bébés au monde... Mais Célia se doutait...

Les enfants, je les vois régulièrement. C'est-à-dire qu'ici il y a les parloirs d'une demi-heure, trois fois par semaine, et quand on a des enfants, une fois par mois, on peut bénéficier d'un parloir grâce au Relais

Parents-Enfants. Une heure tous les mois. On est dans une grande salle, ce n'est pas comme les parloirs normaux où c'est une toute petite cabine et tu es séparée par un muret. Ce parloir-là, c'est super parce que la salle est grande, il y a des jouets, des peluches, des canapés. Ça fait pas prison, quoi. En fait, les enfants sont amenés au parloir Parents-Enfants par une dame nommée par le Relais qui va les chercher à domicile et qui les ramène. Je les vois tous les trois en même temps. On discute de choses et d'autres, on dit des conneries, ils en profitent pour faire leur gros câlin. C'est vraiment bien. Entre les parloirs normaux et le Relais, je les vois toutes les semaines. Ça leur fait quand même 160 km à chaque fois. Sinon, j'ai mon père qui vient me voir tous les lundis. S'il savait qu'il me fout plus les boules qu'autre chose... J'ose pas lui dire mais c'est tellement difficile. Quand on est très proche de quelqu'un, c'est difficile de le voir venir et de savoir qu'il repart... Bref, il y a papa qui vient tous les lundis, le mercredi, il va chercher les enfants et il me les ramène et le samedi, c'est papa-maman. Quant à mes amis, tous des faux culs. Ils m'ont tous laissée tomber. Au début c'était tout beau, tout rose, "Ma pauvre, comment t'as fait pour en arriver là, t'as dû souffrir le martyre..." et puis très vite, terminé la pauvre Madeleine. Fini, on n'en parle plus. Y en a quand même quelques-uns qui sont restés en contact. On correspond parce qu'ils ne peuvent pas venir. Ça fait quand même une perte de temps pour une demi-heure et comme ils habitent assez loin... Il y a aussi des gens, des gens que je ne pensais absolument pas qu'ils seraient avec moi et qui finalement... C'est là, quand t'es vraiment dans la merde, que tu vois sur qui tu peux compter et sur qui en revanche... Mais bon, c'est pareil, moi j'ai toujours été forte, j'ai toujours voulu me démerder seule et voilà, quoi. Les gens insistent pas, tu sais.

De toute façon ici, je n'ai pas à me plaindre, ça s'est très bien passé. Bon, à part le fait qu'on se retrouve avec des boutons, on ne sait pas pourquoi, avec des petits bobos qui ne guérissent pas... En fait, on est bloquées de tous les côtés. Moi, ça n'a pas changé grand-chose parce que déjà, à l'extérieur, je n'avais plus mes règles depuis un an. Mais à part ça, dès le départ ça s'est très bien passé pour moi.

On est deux par cellule et en bout de chaque division, il y a des cellules de six. Bon, c'est vrai que comme on est souvent surpeuplé à Fleury[1], on est parfois trois filles par cellule. Ils mettent un matelas par terre, sous le lit et on le tire la nuit. Mais moi comme je travaille pour l'extérieur, que j'ai un ordinateur en cellule, la sœur a réussi à obtenir par le directeur qu'on soit que deux dans cette cellule. C'est vrai que l'ordinateur prend beaucoup de place. Déjà, à trois dans 20 m^2, enfermées toute la journée, alors avec un ordinateur en plus...

Au début, je me suis liée d'amitié avec certaines filles parce que bon je... J'aime pas vivre seule. Enfin, j'aime bien être seule, tranquille, mais j'ai aussi besoin d'être entourée. Au début oui, je recherchais ce que j'avais perdu, les enfants, les parents, j'offrais mon affection. Et puis au bout d'un moment, ces filles sortent, elles correspondent un petit peu et puis

1. Au 1er mai 1997, la MAF de Fleury-Mérogis abritait 350 détenues pour 230 places effectives et le taux de surpopulation y était supérieur à celui enregistré dans les quartiers d'hommes. A la rentrée 2001, 211 détenues étaient incarcérées a la MAF pour 210 places théoriques. Un allègement considérable des effectifs à mettre en relation avec la baisse globale des effectifs carcéraux, en général, et avec la loi du 15 juin 2000 en particulier, loi renforçant la présomption d'innocence et venant réformer le système d'application des peines d'une manière drastique, élargissant notamment les critères généraux d'octroi de la libération conditionnelle afin de favoriser le recours à cette mesure — pour les détenus comme pour les personnes condamnées qui peuvent en bénéficier sans passer par la « case » prison — et qui prévoit, entre autres, une extension des possibilités de libération conditionnelle pour les parents élevant des enfants de moins de dix ans. Cette dernière disposition étant susceptible, comme on peut l'imaginer, de s'appliquer tout particulièrement aux femmes.

terminé, elles t'oublient et ça, ça fait trop mal. Là, je suis avec une cocellulaire, on s'entend bien, très bien, il n'y a pas de problème mais je ne m'investis plus vraiment et en tout cas, je ne m'accroche plus du tout. C'est vrai qu'en deux ans, on connaît plein de gens. Ici, les filles tombent et retombent. La came. Il y en a une, ce n'est que ça, elle rentre, elle sort, elle rentre, elle sort. On lui dit que si elle n'était pas là, la prison ne tournerait pas. Mais y en a beaucoup dans son cas, pour qui Fleury c'est en quelque sorte une résidence secondaire. Du coup, comme ce sont des toxicomanes, il y a beaucoup de trafic au niveau des parloirs et dans la cour aussi, entre filles, pour les médicaments. Aux parloirs, ce sont des gens qui se font passer des trucs. Des trucs importants. La came circule beaucoup ici. On trouve de tout. Franchement, elles sont connes de faire rentrer des trucs pareils alors qu'ici elles peuvent avoir des tonnes de médicaments, ce qu'elles veulent et quand elles veulent. Tu vas chez le médecin pour qu'il te donne un petit truc pour te calmer et lui, boum, il t'assomme, il te donne des tonnes de cachetons. Elles risquent gros en plus : quarante-cinq jours de mitard plus un jugement interne. Il y a aussi plein de petites jeunes qui viennent de milieux très défavorisés, qui n'ont pas eu une vie facile, pas de vie de famille, pas d'enfance heureuse et bon, voilà... Ça me fait mal au cœur parce qu'il y a pas mal de mineures. Des filles qui ont juste un an ou deux de plus que Célia[1]... Pourtant tu vois, parfois, les toxicos qui arrivent pour je ne sais pas moi, des vols à la tire, des agressions, ont plus de bon sens et de gentillesse que certaines femmes ici, qui rentrent et qui sont avocates ou

1. Deux mineures de moins de 16 ans et six de moins de 18 ans étaient incarcérées à Fleury à l'époque où j'y ai fait escale. Elles n'étaient plus que deux à séjourner à la MAF à la rentrée 2001. Au 1er janvier 2001, 542 mineurs étaient incarcérés en métropole, parmi lesquels 14 mineures détenues dans les quartiers de femmes puisqu'il n'existe pas pour elles de quartier spécifique.

célèbres. Je ne citerai pas de nom, mais moi je préfère avoir affaire à ces petites jeunes qu'à ces femmes-là, des snobs, hypocrites et méprisantes qui se croient tout permis... De toute façon, des femmes qui vivent ensemble, c'est... C'est des pourritures, quoi. Mais c'est pareil à l'extérieur. Moi, j'ai travaillé dans le secrétariat et automatiquement, il n'y avait que des femmes et c'était des pestes. Et même les médecins femmes entre elles, tu ne peux pas t'imaginer, c'était des saloperies pas possibles.

Enfin bref, en fait je m'entends mieux avec certaines surveillantes qu'avec certaines filles. Les filles que tu croises dans la cour, elles sont toutes innocentes si tu les écoutes, elles sont toutes là pour rien du tout et c'est toujours pour rien du tout qu'elles se prennent des peines lourdes. Comment veux-tu avoir une discussion sensée avec des filles comme ça ? Non, les surveillantes, elles sont sympa ici. Moi je n'ai rien à dire contre elles. Ça peut te surprendre peut-être mais c'est comme ça. Peut-être que je m'accommode à tout, c'est vrai, mais je regrette, les surveillantes sont vraiment très sympa. C'est les filles qui sont chiantes, c'est juste si elles les traitent pas de connes. Les surveillantes, elles font leur travail. On est là, on a fait une connerie et on doit l'assumer mais je suis désolée, quand on voit ce qu'il se passe à la télé, quand on entend parler certaines personnes en détention, non, ici on n'est pas dans une prison. On fait ce qu'on veut, quand on veut et on a ce qu'on veut, quand on veut. Moi, ça fait deux ans que je suis là et par exemple, avec cette surveillante *(elle désigne la jeune femme en uniforme assise derrière le bureau situé comme un mirador au centre de la salle où s'alignent les parloirs vitrés)*, eh bien on s'entend très très bien. Elle a demandé à ce que Quentin lui fasse une grenouille. Quentin fait des grenouilles en papier et elle a une grenouille de Quentin, voilà. On déconne ensemble et tout. Je n'ai jamais eu de problèmes. Non, non, les surveillantes ici connaissent toute ma famille et tout... Enfin, elles ont beau être sympa, plus tôt je partirai, mieux ça vaudra.

Peut-être que ça se passe bien avec moi aussi parce que je ne suis pas chiante. Déjà, et d'une je ne sors pas beaucoup parce que je n'ai pas le temps de sortir. Je travaille beaucoup. Je travaille pour un traducteur indépendant qui fait de la traduction de brevets d'assurances enfin de tout et lui quand il amène du travail, il me l'a à peine donné qu'il faudrait déjà que je lui aie rendu terminé. Lui traduit et moi je saisis sur ordinateur. Son travail, c'est toujours de façon très urgente ce qui fait que quand il me laisse du boulot, je ne peux pas me permettre d'aller prendre l'air ou d'aller m'amuser, faire des activités ou je ne sais quoi. Et puis moi, de toute façon, quand j'ai un travail, je me donne à fond. »

Et comme je l'interroge sur son salaire :

« Oh !... On est payées une misère. On est deux à faire ce travail ici et on est payées... Enfin, l'autre est encore moins payée que moi et moi je suis payée 4 centimes du mot. Oui, je sais, dehors ça marche au feuillet mais ici, c'est au mot... En somme, on est volées mais que veux-tu y faire ? J'arrive quand même à me faire des payes de 3 500 à 4 000 francs si je travaille huit heures par jour. Net, ça fait... Parce qu'ils nous gardent environ 50 % sur la paye. 10 % pour le pécule libérable, pour qu'on ait un pécule à notre sortie plus, automatiquement, qu'il y ait partie civile ou pas, ils prennent aussi 10 % pour la partie civile. Ensuite, on a 30 % de frais généraux, c'est-à-dire qu'à partir d'un certain salaire ils nous gardent 30 % pour participer aux frais d'entretien. Bref, net, je touche environ 1 250 francs mais comme ça fait longtemps que je travaille, j'ai quand même des économies... Ce qui fait que ça m'a permis d'acheter par exemple mon matériel informatique. Et ouais, récemment j'ai acheté une imprimante, j'achète les cartouches d'encre, j'ai acheté une petite pochette pour mettre les CD parce que j'ai aussi acheté un CD-Rom... On a quand même beaucoup d'avantages quand on travaille pour l'extérieur. »

Nous sommes à la veille du week-end de la fête des mères, week-end sensible s'il en est dans les prisons de femmes et j'interroge Madeleine à ce propos :

« Non, moi je ne ressens pas la fête des mères comme un cap particulier, je veux dire, c'est pas plus difficile que les autres jours. Les enfants ne sont pas là et ils me manquent chaque jour. L'absence des enfants, l'éloignement, c'est ça qui fait le plus mal ici. On a toujours été ensemble eux et moi, j'ai toujours été avec eux, que ce soit dans la joie ou dans la peine, je les ai toujours soutenus et là, d'un coup... C'est très dur à supporter. Tout le reste vient après. En prison tu vois, je peux même pas dire que ce soit la liberté qui me manque parce que je suis plus libre ici que dehors, par rapport à la vie que je menais. Non, la prison pour moi, c'est la séparation d'avec mes enfants. Quand ils sont là, que je les vois, que je les touche, c'est formidable, j'ai l'impression de revivre et dès qu'ils s'en vont... Bon, je prends sur moi et je vis. Je vis comme je peux. On ne s'y habitue jamais. Mais c'est comme ça et pas autrement, c'est pas parce qu'on va pleurer, gémir, piquer une crise que ça ira mieux ou qu'on va nous laisser nos enfants. Il faut s'y faire, c'est tout. Et puis moi, pendant quinze ans, j'en ai vu des vertes et des pas mûres, alors ça m'a endurcie. »

Pourtant, un peu plus tard au cours de notre entretien, Madeleine « l'endurcie », à qui je ferai remarquer ses absences, m'expliquera :

« Je suis un peu abrutie par le travail. C'est l'ordinateur... Et puis c'est vrai que bon, ce matin, j'ai reçu une carte de la fête des mères et ça remue toujours un peu... En plus avec le procès qui approche... Tout le monde me le rappelle, les surveillantes, les sœurs qui me disent : “On pense à vous, on prie pour vous...” C'est gentil mais moi, franchement, déjà que je fais tout pour ne pas y penser, je préférerais qu'ils se taisent. Je ne veux pas y penser. Je ne veux pas y penser parce que la peine qu'on me donnera, ça veut encore dire la séparation et que je suis désolée mais moi, je pense que j'ai payé avant d'agir. Tout ce que j'ai vécu avant, c'était payer avant d'agir. Même si bien sûr je suis consciente qu'il est mort et que bien sûr, j'éprouve un sentiment de culpabilité mais en même temps, je suis... soulagée. Libérée, tu vois. En plus là, ici, je ne réalise pas. De toute façon comment veux-tu qu'il me manque alors qu'il n'était jamais à la maison, que je ne le voyais jamais... Enfin je sais pas. Je crois que tous les problèmes en rapport avec son absence arriveront peut-être quand je sortirai, mais pour l'instant je suis là et... Ça doit être difficile à comprendre pour toi mais autant il me manque — enfin, manquer c'est un bien grand mot — et autant, d'un autre côté... Ben tant mieux, quoi... Ici, j'ai reçu des lettres de sa maîtresse. A elle, il lui manque apparemment. Enfin, elle a toujours nié avoir été la maîtresse de Francis mais elle continue encore aujourd'hui à m'écrire pour ressasser Francis sans arrêt. Elle n'arrête pas de me parler de lui, combien il lui manque et que de toute façon il est dans son cœur à tout jamais... A la limite, quand elle parle de mes enfants, c'est ses enfants.

Les hommes ? Aujourd'hui, c'est sujet tabou pour moi. Je ne veux plus en entendre parler. Pour moi, ce sont tous des salauds. Forcément, moi j'ai eu un homme, un seul homme et il s'est débrouillé pour me pourrir la vie. Et puis c'est comme cet ami qui a joué le rôle de confident. Il était bien gentil à l'époque mais depuis que je suis incarcérée, je n'en n'entends plus parler, alors quoi ? Il avait juste envie de me sauter point final. Non, décidément, les hommes, je ne veux plus en entendre parler. Je ne sais pas si je referai ma vie, je n'en sais rien, mais aujourd'hui non, ne me parle pas d'eux. Même lorsque je sors pour l'instruction, que je suis extraite, bien sûr on croise des hommes mais il ne faut surtout pas qu'ils me regardent parce que sinon j'ai envie de les agresser. Je suis bloquée. Il m'a bloquée et je ne sais pas ce que ça va faire à la sortie mais pour l'instant... Qu'ils soient petits, cons, grands, gentils ou beaux, non, j'en ai rien à faire. *(En riant.)* C'est une sale race ! Je ne sais pas si tu peux comprendre et je ne te souhaite pas de passer par là où je suis passée, mais ce que j'ai vécu, c'est dur à vivre.

Je sais que mon affaire c'est le genre d'affaire qu'on rencontre beaucoup chez les femmes. Ici, il y en a beaucoup qui sont là pour ça. C'est courant mais c'est pas "banal". Un meurtre, c'est pas rien, ça peut pas être banal. Bon, on n'a jamais discuté ensemble avec ces femmes mais... De toutes les façons, les femmes qui sont saines de corps et d'esprit ne discutent pas de ce genre de choses. Ma cocellulaire est là pour les mêmes motifs que moi mais on n'en discute pas non plus. On parle de choses et d'autres mais je ne veux pas rentrer dans les détails, ça ne regarde personne. Ouais, on en discute un petit peu, on parle de ce qu'on a vécu avec nos maris respectifs mais moi je n'ai pas non plus envie de raconter ma vie. C'est vrai qu'avec elle, on a des similitudes. C'est le même type d'affaire, on a les mêmes articles de loi mais bon, c'est tout. Si tu veux, dans un sens, on a vécu la même chose de prendre sur soi, de prendre sur soi, et puis un jour de craquer mais elle c'est... Son parcours a été différent du mien, elle a eu des choses beaucoup plus importantes que moi et depuis son enfance aussi.

Enfin, trop c'était trop. Parce qu'au bout d'un moment, on supporte, on supporte, une femme c'est costaud, et puis un beau jour il y a le retour de manivelle. Et le retour, ça fait mal... Je ne sais pas pourquoi les femmes... Peut-être parce qu'elles ont l'habitude de subir, d'assumer, d'assumer toujours aussi bien leur rôle de mère que de femme au foyer, que de femme qui travaille... Bon mais c'est pareil, moi j'ai connu qu'un seul mec et c'était l'archétype du macho qui t'aide jamais et pour qui c'est dégradant de laver une assiette ou de clouer une planche même s'il ne le disait pas comme ça... Si je devais décrire

Francis en trois mots qui le ciblent bien, je dirais que c'était un fêtard, un vaniteux, un égoïste et un jaloux. Ben ouais... Mais fêtard en premier. Fêtard dehors et égoïste et cruel dedans... Heureusement, il y a des femmes qui sont plus intelligentes que nous, qui se confient, qui vident leur sac et puis qui se défoulent et qui n'en arrivent pas là. De toute façon, on est toutes en tort : un jour on a eu tort de ne pas vouloir se confier, on a eu tort de croire qu'on pouvait tout supporter, on a eu tort de ne pas aller voir quelqu'un qui pouvait nous aider et surtout de pas vouloir parler. Enfin pour moi, c'est ça. Je n'ai pas voulu parler. Je ne voulais pas me confier, je ne voulais pas que les gens sachent ce qu'il se passait à la maison... »

Le 9 juin 1997 Madeleine a été condamnée à quatre ans dont un an avec sursis. Le 13 juin elle avait rendez-vous avec sa belle-famille devant le juge des enfants.

CHRISTELLE OU L'AMOUR À MORT

JEUDI 12 DÉCEMBRE 1996 — 19 H

« C'est pas qu'il m'a pas battue : il m'a tout cassé. Tout. C'est venu d'un coup, j'ai rien compris. Il voulait se marier mais moi ouh que non ! Entre nous ça a duré deux mois de bien et après ça, je vous dis pas... Bien sûr dans l'intervalle, en vingt et un ans, il y a eu d'autres moments bien. De temps en temps, comme ça. Mais sinon... Quand le café était trop chaud, je le prenais dans la figure, dès que quelque chose n'allait pas, je morflais et même quand il se passait rien, je prenais. Ça lui a pris d'un coup. Il était... C'était un homme charmant quoi, et puis il est devenu vraiment méchant. Ça a été radical. Je sais pas... Au début, j'étais toujours amoureuse, moi...

La première fois qu'il m'a frappée, c'était pour Noël. Je m'en souviens, comme je lui avais demandé un peu quelque chose pour les petits, il m'a dit : "Ecoute, en allant faire les courses, t'as qu'à leur prendre un poulet." Il voulait que je leur offre un poulet et je sais plus quoi, un paquet de pâtes ou quelque chose comme ça... Pour mes cinq petits ! Un filet garni quoi, comme dans les lotos. Ben j'ai dit : "Punaise ! T'appelles ça Noël, toi !" D'une chose à l'autre — parce que le pognon attention, il aimait ça, René — je lui ai balancé le verre que j'avais à travers la figure et alors là... Je sais pas comment il m'a pas tuée. Il m'a mise minable. Minable. Pendant quinze jours je me suis cachée tellement j'avais honte. Dès que quelqu'un venait j'allais m'enfermer dans les toilettes pour pas qu'on me voie. A coups de poing, à coups de pied, il m'a... C'est simple, il m'a laissée raide évanouie. C'est ses fils qui m'ont montée dans la chambre. Mais même ses fils, ils en avaient peur de René : à un, il lui a cassé le nez et à l'autre... Et c'est moi qui les défendais. Combien de fois j'ai pas dérouillé pour eux ! Un jour avec une barre de fer il est parti sur le plus jeune, et moi je me suis mise au milieu et j'ai eu le poignet gros comme ça, pendant un mois. Comme ça !

Et vous savez combien j'ai passé de réveillons de Noël avec mes enfants ? Un. En vingt et un ans, j'en ai passé qu'un seul. Il voulait pas que je les voie. Il voulait même pas que je leur téléphone ou qu'ils me téléphonent à la maison. Je devais le faire en cachette. Petits encore, il les acceptait, mais après... Quand mes enfants ont commencé à grandir, René a eu peur qu'ils me demandent de l'argent et pour René, l'argent, c'était vraiment tout ce qui comptait. C'était pas un cœur qu'il avait, c'était un portefeuille. Mes enfants, il les appelait "tes bâtards", "tes Arabes", "tes fils de pute" ... Ça je l'ai entendu pendant vingt et un ans, et de longue encore ! Il a même menacé de tuer mon fils, de le vitrioler, de lui casser les deux jambes pour qu'il passe le reste de sa vie sur une chaise roulante. Des choses comme ça. Mais il frappait son ex-femme à mort et même sa mère ! Ouais, il frappait même sa mère et un jour il l'a tellement frappée qu'il lui a décollé l'oreille, vous le croyez, vous ? Sa propre mère. Et quand vous pensez que dehors, il était adorable avec les gens...

Il me battait quand ça lui prenait, pour n'importe quoi. Moi, quand il m'avait arrangée, à mes enfants je disais que j'étais tombée ou que j'étais rentrée dans une porte. Comme ils étaient petits... Je voulais pas leur dire, je voulais pas que mes enfants gâchent leur vie pour moi ni personne. René, je l'avais voulu, je l'ai eu et j'en ai subi les conséquences. Je voulais que personne s'en mêle. Mais si je vous disais, ma pauvre... Tiens, une fois il est revenu d'une course d'ambulance à 4 h du matin. Qu'est-ce que vous faites vous à 4 h du matin ? Eh bien moi je dormais, alors il m'a attrapée par les cheveux, il m'a traînée en bas en hurlant qu'une femme ça devait attendre son mari et voilà, il m'a tabassée. Mais y en aurait à raconter hein ! Un jour, on revenait de faire les courses et parce qu'il arrivait pas à ouvrir la malle, il a défoncé à coups de hache le 4 × 4 qui s'était garé derrière nous. Il disait que c'était lui qui avait bloqué le coffre. A coups de hache. Il en restait rien du 4 × 4. Et la fois où il m'a poussée dans les escaliers aussi, parce que je voulais partir. J'ai eu un traumatisme crânien, trois côtes enfoncées, une fracture du col de l'humérus. Faut voir mon dossier médical. Ça fait peur. Il m'a cassé trois côtes sur le bord de l'évier aussi, là, et puis il m'a fracturé la colonne vertébrale avec un coup de poing dans le dos, ici, que moi j'avais mal mais je m'en étais même pas aperçue de la fracture. C'est le docteur qui m'a fait une radio et qui m'a dit que j'avais dû faire une très mauvaise chute, que j'aurais pu rester paralysée.

Remarquez, c'était même pas à cause de l'alcool qu'il était comme ça, il était méchant de caractère et l'alcool ça ajoutait rien de bien. Parce que c'était pas un litre de pastis par semaine qu'il lui fallait à lui, c'était deux litres par jour presque. Même quand il avait pas bu, il... Eh ben la fois où il m'a tiré dessus avec un pistolet à grenaille, il avait pas bu. Il m'a tiré dans la joue à bout portant. Et ouais, c'est la marque que vous voyez là, c'est la grenaille à bout portant. J'ai failli perdre mon œil mais lui, ça l'a pas inquiété. Ah ! mais un jour, c'est moi qui lui ai filé un coup de couteau aussi. J'ai chopé la côte. Je l'ai loupé, quoi. On était en train de manger et toujours pareil, il s'est levé et il a voulu me frapper et m'étrangler...

Mais faut pas croire, hein, plusieurs fois j'ai essayé de partir. Je l'ai quitté plusieurs fois... Enfin, j'ai essayé. Je suis toujours revenue parce que j'avais peur. C'était pas possible de le quitter. C'était pas possible. Y avait que cette solution. Soit c'était moi, soit c'était lui. Y avait pas d'autre solution, c'était la seule. Il n'y avait rien d'autre à faire. Pourtant Dieu sait si j'ai pensé à partir pendant des années et des années, mais à cause de mes enfants, c'était pas possible. Il menaçait de massacrer mes enfants, de les défigurer si je le quittais. Il disait qu'il allait les vitrioler, les estropier, les...

Un jour, je suis allée voir ma mère et elle en avait une peur elle ! Je lui ai dit : "Maman, je veux le quitter, je vais rester là." Je savais pas où aller moi. Elle m'a dit : "Oh ! non non non ! Ne reste pas là, repars !" Elle avait une de ces peurs... Qu'est-ce qu'il fallait faire, j'avais personne pour me défendre... Mon frère, excusez-moi du terme, mais il a pas de couilles. C'est un bourgeois et voilà. Mais j'étais partie une fois. Tout un mois, j'avais loué une maison et tout mais René m'a retrouvée pratiquement de suite alors vous voyez... Je suis restée un mois là-bas et pendant un mois j'ai eu la diarrhée de la peur que j'avais. Je me cachais tout le temps, dès que je voyais une voiture qui ressemblait un peu à la sienne... J'ai préféré rentrer parce qu'au moins, quand j'étais avec lui, je pouvais savoir ce qu'il faisait.

Vous savez, j'ai tout envisagé. Tout ! Une autre fois, il voulait toujours pas que je prenne mes petits. On s'est disputés en voiture, c'est moi qui conduisais et j'ai dit : "Puisque c'est comme ça" et j'ai tourné le volant et on est rentrés dans le décor. Je me suis pensé : maintenant c'est fini, tu crèveras, on crèvera tous les deux mais au moins j'aurai plus de merde avec toi. Moi, j'ai fait sept mois d'hôpital après ça. On peut dire que j'ai tout essayé. J'ai quand même fait six tentatives de suicide avec des cachets et je me suis ouvert les veines aussi. Aujourd'hui je suis encore sous calmants. Ça fait six ans. Lysanxia et Ludiomil, c'est un truc pour donner le moral, contre la dépression et tout ça parce que moi, avec toutes ces tentatives de suicide...

Ce qui est trop, c'est que vous l'auriez connu en dehors de la maison, hein, eh ben c'était un amour. Il était spirituel, il avait de l'esprit. Même ici, dans le village, tout le monde est resté estomaqué. Mais en attendant, à la maison, c'était un monstre. Un vrai monstre. Même les voisins sont venus témoigner à mon procès comme quoi ils entendaient des hurlements, qu'il me battait et tout... Et même sa femme, même ses propres enfants ont témoigné pour moi. Au procès, sa femme elle a dit qu'elle se sentait soulagée d'un poids depuis qu'elle savait qu'il était mort. De toutes les manières, tout le monde s'attendait à ce que ça finisse mal. Même les flics s'y attendaient. Ils connaissaient bien le chemin de la maison, hein, les voisins les appelaient des fois, quand ça bardait trop. Ça m'est arrivé aussi de porter plainte une fois et puis le lendemain je suis allée retirer ma plainte. Ils avaient l'habitude. Et puis à quoi ça aurait servi, hein ? Ou c'était moi, ou c'était lui. Les gens pensaient même que c'était moi qui allais y passer. Eh bien, oui, parce que moi je suis pas méchante, je suis pas violente ni rien, alors... Que lui... Il fallait voir la haine quand il parlait. Ça le défigurait. La haine, ça lui déformait le visage et puis vous le ressentiez, hein. Mais ce que j'ai vécu moi, c'est incroyable, c'est pas possible. Quand j'y pense... »

Ecrasée par la lumière qui tombe du plafonnier, Christelle hausse les épaules : « Qu'est-ce qu'il fallait faire ? » *me demande-t-elle une ultime fois, l'air las et résigné. Des traits tirés, des mains nerveuses, des cheveux noirs coupés au carré qui lui mangent le visage et ces deux grands yeux sombres où la crainte et la peur semblent pour toujours tapies, prêtes à ressurgir à la moindre alerte : Christelle a des allures de petit animal triste et sa voix rauque et sourde contraste avec sa frêle stature. Elle a 55 ans et les quelque vingt dernières années de sa vie se lisent entre les lignes de son dossier médical. Un dossier qui, de points de suture en fractures, d'hospitalisations en prescriptions multiples, s'effeuille comme une singulière chronologie. Au visage, Christelle porte l'empreinte de la chevalière de René imprimée dans sa chair et la grenaille lovée dans sa pommette gauche dessine une étrange étoile noir bleuté, pourtant dans sa chambre à coucher c'est toujours le portrait de René qui occupe la commode.*

« Au procès, ils m'ont posé la question : ils m'ont demandé ce que j'avais ressenti le jour où j'ai tiré sur lui. J'ai dit rien mais c'est pas vrai. Je sais pas pourquoi j'ai rien dit. J'ai ressenti comme si j'avais un manteau, vous savez, sur moi, et qu'il tombe par terre. Comme un soulagement mais alors, un soulagement... Une deuxième peau qui tombe. C'était sombre dans la chambre. J'ai pas allumé, comme il faisait la sieste... C'était sombre, il était sous la couette et j'ai tiré au jugé. Ça m'a fait comme un manteau qui glissait par terre. Je sais pas pourquoi je l'ai pas dit... Mais vous savez depuis... J'y pense souvent à René, hein. Bon un peu moins maintenant, mais avant... Enfin, il se passe pas un jour sans que j'y pense. Je le regrette. C'est drôle, hein ? Il y a des fois où il était adorable et moi je me disais punaise ça tombe bien ça fait cinq jours qu'on se dispute pas, mais il suffisait que je dise ça pour que le lendemain ou le soir même allez crac, ça recommence. On a eu quand même de bons moments, c'est vrai. Des fois il m'emmenait au restaurant, il me prenait par le bras et tout mais au bout d'un moment... Peut-être que si j'avais pas eu mes enfants... Ma foi !

Même quand je l'ai tué, il restait toujours quelque chose. Surtout avec l'amour que j'avais pour lui. On dirait que j'ai été ensorcelée. Je sais pas. Mes enfants me disent : "Avec tout le mal qu'il t'a fait, avec tout le mal qu'il nous a fait, tu le pleures encore ?" Mais y a l'acte, vous comprenez. C'est un acte qui est dur à assumer aussi. De tuer quelqu'un, c'est pas rien quand même... Vous m'auriez contactée rien qu'un an en arrière, je vous aurais dit non. Je pouvais pas en parler. Même aujourd'hui, c'est dur. Moi j'y pense toujours à René...

Mais pour en revenir à avant, ça s'est passé comme ça. C'est mon mari, Théo, qui m'a fait connaître René. A l'époque je travaillais dans un supermarché. Je bossais dur. Je me levais à 5 h. Je faisais le ménage tous les jours de 6 h à 8 h du matin parce que j'avais cinq gosses et que j'avais mon neveu en plus. Ma sœur avait divorcé et je gardais son dernier. A l'époque, après son divorce, comme elle avait pas un sou elle avait commencé à se prostituer alors elle pouvait plus garder ses petits. Elle a commencé à se prostituer parce qu'on n'avait plus rien. On nous avait coupé l'électricité et tout. Mon mari était chauffeur-livreur mais il était au chômage. A la maison il y avait lui, ma mère, mon beau-frère, les six petits et personne travaillait, alors... Ce qui fait que moi j'allais vider les camions au marché en plus du supermarché. J'y allais le matin et l'après-midi et je gagnais 8 francs par jour. Comment il fallait faire ? On habitait tous ensemble. René lui, il était ambulancier et il habitait en face de chez nous avec sa concubine. Ils se sont rencontrés avec mon mari dans un bar ou je sais pas où, bref, ils sont devenus copains et c'est comme ça qu'on s'est rencontrés lui et moi. On sortait ensemble avec Nelly, sa concubine et mon mari.

René, il avait un bateau alors il nous emmenait faire du bateau. Il était riche et il pouvait : il avait deux grands fils qui travaillaient et il leur prenait toute leur paye. A l'époque où je l'ai rencontré il avait 44 ans et moi, 31. Eh bon ben là... Par contre c'est quelque chose, parce que j'étais déjà tombée amoureuse une fois mais alors là, c'était vraiment... Fort. C'était, je sais pas... Très très fort. J'étais amoureuse très très fort. René, c'était mon genre d'homme, quoi. Mais j'avais cinq enfants alors j'y pensais même pas, hein. Je voulais pas. Et lui aussi est tombé amoureux. Enfin, je pense. On a été passer quelques jours à la mer avec lui et mon mari et ça me sortait un peu de mes six gamins que j'avais accrochés à mes basques tout le temps. Pour moi c'était un peu la vie de château. Il me faisait voir autre chose parce que finalement si je fais le bilan de ma vie, j'ai pas vécu, je suis jamais sortie, j'ai jamais voyagé, j'ai eu ma fille à 20 ans et voilà... Oui, parce qu'il faut vous dire, mes enfants, ils sont pas tous de mon mari. Il y a que les trois derniers.

Moi ce qui m'est arrivé, c'est que quand j'avais 15 ans, des cousins du côté de mon père sont venus habiter à côté de chez nous et que petit à petit, le cousin en question, Guy, il s'est arrangé pour qu'il y ait quelque chose entre nous. Pourtant il avait 32 ans. Moi, je suis tombée amoureuse comme on tombe amoureux quand on a 15 ans. Je suis tombée enceinte de lui et j'ai eu mes deux premières filles, en 61 et 62. Lui, il me disait toujours : "Je vais divorcer, je vais divorcer" — parce qu'il était marié en plus — et puis il le faisait jamais. Moi j'étais fleur bleue et j'y croyais mais un jour, ma fille en revenant de l'école maternelle m'a dit : "Maman, comment ça se fait que j'ai pas de papa ?" Là, j'ai réagi. J'ai rompu avec Guy. J'en ai eu marre d'attendre. C'est là que j'ai décidé de me marier avec Théo. Théo c'était un copain d'enfance avec qui on avait été à l'école ensemble et tout. Lui, il était amoureux de moi... Moi je l'aimais pas, enfin, je l'aimais bien, quoi et comme il voulait se marier à tout prix avec moi... Mes filles avaient besoin d'un père, alors bon... C'était quelqu'un de très gentil. Très très gentil. Tout de suite il les a légitimées et voilà, on s'est mariés. Avec Théo, j'ai eu encore trois enfants ce qui fait que j'ai eu en tout cinq enfants en cinq ans, de 1961 à 1966. Un par an. Quatre filles et un garçon.

Mais pour en revenir à René, déjà c'était un homme qui fréquentait des endroits pas très fréquentables, les bars, les boîtes de nuit. Il fréquentait les prostituées et les proxénètes, enfin... A l'époque, comme il n'y avait encore rien entre nous, je m'en foutais, hein. Celle avec qui il vivait, Nelly, elle se prostituait et c'est comme ça qu'il l'a connue. Pendant des années ça a duré entre eux. Savoir si c'était son proxénète ou pas, ça... C'est bizarre parce que René, son père travaillait à la SNCF et lui il avait été dessinateur-métreur. Il avait même monté un bureau à son nom. Donc c'était quelqu'un de bien, quoi. Mais par son caractère, il aimait que les gens un peu... Les prostituées, les trucs sexy, ce genre de chose. D'ailleurs, quand on s'est mis ensemble après, il voulait que je m'habille tout le temps ultra-court et quand on avait des rapports, il voulait que je mette des porte-jarretelles, des bas et tout ça. C'était son goût. Ça moi déjà, ça me refroidissait, ses mises en scène et tout. Un jour, il voulait même qu'on aille faire l'amour dans un cimetière, sur une tombe, vous vous rendez compte ? !... Ce que je comprends pas moi, c'est pourquoi Nelly à l'époque elle lui a prêté la main à René pour qu'il sorte avec moi. Elle m'a carrément mise dans son lit, Nelly. Aujourd'hui, j'ai bien ma petite idée : à mon avis, ils voulaient me mettre sur le trottoir pour que je travaille pour eux, comme ça elle, elle aurait pu lever le pied. Et ça a bien fini comme ça dans un sens.

Un beau jour, j'ai plus tenu et je lui ai dit la vérité à mon mari. Je lui ai dit : "Voilà, t'es pas coupable mais je suis tombée amoureuse de René et ça se commande pas. Alors ou on reste ensemble pour les enfants ou on divorce." Lui, il a choisi le divorce et je me suis pris une baffe. Je l'avais méritée remarquez... Mais j'avais rien eu hein, j'avais pas couché avec René. Tant que j'ai pas quitté mon mari, il y a rien eu entre René et moi. Mon mari est parti et moi je suis restée dans la maison avec les petits. A ce moment-là, j'ai commencé à travailler dans un restau, *La Cuillère.* A la plonge. Je travaillais le matin de 8 h à 13 h et j'allais faire deux heures de ménage de plus après chez une serveuse. Le soir, j'allais faire manger les gosses et après je reprenais à *La Cuillère.*

Mais un matin, quand je travaillais, ma fille, la quatrième, elle a manqué passer par la fenêtre. Comme elle était malade, je l'avais pas amenée chez ma mère avec les autres et j'avais demandé à la voisine de la surveiller pendant que j'étais pas là mais elle a voulu voir un truc dans la rue, elle a ouvert la fenêtre, elle est montée sur le rebord et heureusement que ma voisine l'a rattrapée sinon elle foutait le camp en bas. Alors moi j'ai pensé que je pouvais plus continuer comme ça. J'ai fait tous les pensionnats pour les mettre en internes mais avec cinq gosses !... C'était trop cher pour moi alors j'ai été voir la sauvegarde de l'enfance. Pas la DDASS hein, la sauvegarde. Je leur ai expliqué que je pouvais plus tenir tête avec mes cinq petits et que je gagnais 50 francs par jour... Non, 55 ! Je me rappelle bien : j'en gardais 5 pour mes cigarettes et je donnais 50 francs à ma mère pour les enfants... A la sauvegarde, ils ont dit qu'ils allaient essayer de les placer le temps nécessaire pour que je puisse me retourner. Alors bon, c'est vrai qu'ils les ont placés mais là où je leur en veux, c'est que j'avais droit qu'à un jour de visite par mois et pas tous ensemble en plus. Pourquoi ? Vous pouvez me le dire, vous ? Alors moi j'ai dit que je voulais reprendre mes enfants. Puisque ça avait été fait par jugement, j'avais le droit. Mais entre-temps, je m'étais mise avec René et René il était connu de la justice. Il avait fait de la prison. Pour abus de blanc-seing, des petites escroqueries.

Ils ont pas voulu me les rendre surtout que René frappait sa femme et ses trois gosses, il les massacrait, alors les flics le connaissaient bien, vous pensez.

Après, j'ai fait l'ambulance pour René pendant cinq ans parce qu'il voulait plus que j'aille travailler à *La Cuillère.* Soi-disant que dans les bars, il avait entendu que je me faisais toucher les fesses au restaurant. Vraiment n'importe quoi ! Enfin, j'ai travaillé cinq ans avec lui comme ça, mais après, à force de m'insulter tout le temps devant les clients, de me traiter de tous les noms, de salope, connasse, pétasse, de bonne à rien, plus personne nous appelait bien sûr... C'est quand il a vu que l'ambulance marchait plus, qu'il m'a dit maintenant il faudrait que tu fasses ça : que je me prostitue. Pour l'argent toujours. Je voulais pas mais il m'a battue et à force, j'y suis allée.

Il m'a amenée dans un bar et il m'a montré comment il fallait faire. Il m'a dit tu vois là, on boit l'apéro et s'il y a un bonhomme qui s'arrête eh ben, tu sors et voilà ! C'était encore près de Noël et moi j'avais pas un rond pour mes gosses alors je me suis dit que j'allais essayer de le faire et que je verrais bien ce que ça donnerait. Ce qui s'est passé ce coup-là, c'est qu'un bonhomme s'est arrêté et moi je suis sortie. Je savais pas comment dire ni comment faire avec le type et il m'a dit : "Mais il y a longtemps que tu fais ça ?" et j'ai dit : "Non, c'est la première fois." Il m'a dit : "Pourquoi tu fais ça ?" et j'ai dit : "Les enfants, c'est Noël et tout." Eh ben, croyez-le ou pas mais le type, il a rien fait ! Il m'a donné les sous quand même mais on n'a rien fait. J'étais vraiment... Mais bon, ça n'a pas été comme ça à tous les coups. Pourtant à l'époque dans ce bar, c'était que des gens respectables, hein, des avocats, des docteurs, on n'avait pas le tout-venant. Alors l'après-midi, je partais là-bas. J'y allais tous les après-midi vers 2 h et je repartais vers 5 ou 6 h. Des fois j'en faisais des clients, des fois j'en faisais pas. C'était pas régulier.

Je donnais à René tout l'argent... Je sais pas, peut-être parce que j'avais peur qu'il me batte encore plus... Mais après avoir travaillé un an dans ce bar, comme il trouvait que je gagnais pas assez, il a voulu me mettre carrément sur le trottoir. Lui, il claquait tout le fric dans les bars. Il lui en fallait toujours plus.

Finalement, il m'a mise dans la rue. Mais moi j'étais dans la voiture, je restais dans la voiture, ni je les appelais les hommes, ni rien du tout. Je faisais comme si j'attendais quelqu'un. De toutes les façons, je prenais pas n'importe quel client. Ça dépendait lesquels. Je choisissais quand même... Et puis je suis bien placée pour le savoir : c'est pas toujours les types qui ont l'air le plus propre sur eux qui sont les mieux, hein. Vous voyez arriver un gars, costume cravate, veston et tout et puis je vous dis pas, c'est lui qui vous refile la saloperie. Pourtant on les lavait avant quand même et on regardait, mais s'ils incubaient, eh ben, on pouvait pas le voir. C'est comme ça que j'ai attrapé tout un tas de saloperies, des blenno, des trucs comme ça... Dans ce boulot de merde, j'attrapais des maladies. Tous les clients veulent pas mettre des préservatifs, hein, et même avec le sida aujourd'hui, tous n'en mettent pas.

Quand je travaillais encore — parce que je me suis arrêtée depuis, hein, j'ai arrêté en 84 —, j'ai rencontré un client. Alain. Je l'ai toujours d'ailleurs parce que j'ai pas de ressources moi, j'ai rien. Un agriculteur très gentil. C'est pas vraiment un client aujourd'hui parce que des rapports, on n'en a plus... Ce serait plutôt un ami qu'un client. C'est lui qui me donne de l'argent pour vivre. Sans lui... Ma foi je sais pas ce que j'aurais fait. C'est lui qui a acheté la moitié de la maison ici, à l'époque où on est venus habiter avec René. Il l'a fait pour moi. D'ailleurs tout ce qu'il a pas fait pour moi depuis que je le connais, Alain ! On peut dire qu'il nous a entretenus René et moi : toutes les semaines je le voyais et toutes les semaines il me donnait de l'argent pour vivre, et pas qu'un peu. Même quand on faisait rien. Il payait les factures, les traites... Pour aller assister au mariage de ma fille, par exemple, j'ai dû le faire en cachette et c'est grâce à lui que j'ai pu y aller. J'ai raconté que je partais avec lui et là, René était d'accord puisque je ramenais deux ou trois mille balles à chaque fois. C'est avec Alain que j'allais voir mes enfants, parce que René bien sûr il voulait pas que j'aille les voir... Mes enfants savaient que je me prostituais depuis le début. J'ai pas voulu leur mentir. Ils avaient 12 ou 13 ans mais ils l'ont plutôt bien pris. Enfin, je crois...

Tout ça pour vous expliquer que le lendemain du jour où ça s'est passé, je devais voir Alain pour qu'il me donne de l'argent et ce jour-là, le jour où j'ai tué René, le chauffe-eau est tombé en panne et René m'a dit : "Tu demanderas à ton bouseux — parce qu'il l'appelait comme ça, Alain — qu'il te le change." Je lui ai dit : "Non mais oh ! tu plaisantes ou quoi ? ! Alain, il paye la villa, il nous entretient, tu trouves qu'il en donne pas assez !" Mais René voulait rien savoir. On s'est engueulés, il a mangé et il s'est couché pour la sieste. Moi, je suis restée à ruminer dans la cuisine, là-bas dedans, et je buvais du pastis. Je me suis mise à boire parce qu'un jour je me suis aperçue que quand il me battait et que j'avais bu, eh ben je sentais rien. L'alcool, ça me servait d'anesthésiant, quoi. Et là, je sais pas ce qu'il s'est passé : j'étais dans la cuisine, en train de boire mon pastis et dans ma tête, d'un coup, je sais pas... Je crois que je sentais quelque chose dans mon cerveau depuis pas mal de temps et ce jour-là, ça s'est déclenché. Comme si on me disait... Comme des voix, vous voyez. D'un coup. C'était peut-être l'alcool avec les médicaments... J'ai dit maintenant y en a marre. Ça fait vingt et un ans, maintenant c'est fini. Terminé ! On s'arrête. Tu feras plus de mal à personne.

Je suis allée chercher le fusil. Le fusil il était là, à gauche, dans la chambre, entre l'armoire et le mur juste à côté du lit où il était couché. Il m'a pas entendue. Je suis allée dans le débarras, derrière la porte où son gilet de chasse était suspendu. J'ai pris deux cartouches, j'ai chargé, je me suis mise sur le pas de la porte et j'ai même pas visé. J'ai pas pu épauler à cause de ma fracture à la clavicule et j'ai tiré comme je voyais. J'ai tiré d'entrée. Il s'est un peu relevé puis il est tombé face contre terre. Heureusement parce que si j'avais vu du sang ou ses yeux ! Là, je m'en remettais pas, je devenais folle. Alors après, bon ma foi, j'ai regardé un moment, voir s'il bougeait plus. Il bougeait toujours pas alors j'ai allumé. J'ai attendu encore un moment et je me suis dit qu'il était mort. Là, j'ai rien senti. J'étais vide. Y a que quand j'ai tiré que j'ai senti ce manteau qui tombait mais sinon c'était le vide. J'étais comme un robot.

J'ai éteint et je suis allée appeler la police. Après par contre... Je sais pas, parce que le fusil était rechargé avec deux cartouches non percutées et je me rappelle pas de l'avoir rechargé ce fusil. Mon avocat m'a dit que j'avais qu'à dire que je voulais me suicider mais moi... Ça, je m'en rappelle pas. Il y a un trou noir... J'ai peut-être eu l'idée de dire : si jamais il est pas mort... Parce que j'ai tiré quand même deux coups. Le premier, il a pas trop bougé et le second est passé à rien de sa tête. Il y a un sacré trou dans le mur d'ailleurs. Alors bon j'ai appelé les flics pour leur dire que j'avais tué quelqu'un et puis après j'ai appelé ma fille.

Au début ma fille m'a pas crue. Elle croyait que j'étais malade et puis elle a eu peur que je l'ai manqué, qu'il soit pas mort et le connaissant comme elle le connaissait, elle s'est dit qu'il allait prendre un fusil et me tuer moi. Elle est arrivée comme une folle presque en même temps que la police. C'est là, en la voyant, en voyant tous les camions avec les gyrophares qui tournaient, qui tournaient, les pompiers et tout, c'est là que j'ai craqué. Je me suis effondrée. J'ai eu une crise de nerfs mais je réalisais toujours pas ce que j'avais fait. C'est que bien plus tard que j'ai réalisé. Je sais pas... c'était pas moi. Puis je pensais pas que moi j'aurais été capable de faire ça. Je peux même pas tuer une araignée ! J'ai une araignée chez moi, je la tue pas !

Mais même : même en prison je réalisais pas que je l'avais tué. Je pensais que je l'avais peut-être blessé mais qu'il n'était pas mort et qu'il allait revenir. D'ailleurs quand ils m'ont emmenée dans le fourgon chez le juge d'instruction pour prolonger la garde à vue, j'ai vu une Rancho sur la route derrière nous et je me suis jetée par terre parce que je croyais que c'était lui. Il a fallu que j'aille au cimetière quand je suis sortie en provisoire pour réaliser vraiment. »

Arrêtée le jour du drame, le 2 mars 93, Christelle sera en effet mise en liberté provisoire à peine douze jours plus tard, et c'est sans état d'âme aucun qu'elle réintégrera directement son domicile où elle résidera jusqu'à la date de son procès. C'est dans cette petite maison de village désormais tranquille qu'elle vit depuis sa libération définitive, en septembre 95. Elle m'a reçue là, au milieu de ses chiens, dans sa salle à manger au buffet imposant, autour d'un apéritif, me désignant tour à tour au fil de son récit, là, l'endroit où René lui avait tiré en plein visage, ici, l'endroit où il lui avait cassé trois côtes, là enfin, donnant sur la salle où nous nous trouvions, séparée par un simple rideau de perles, la chambre où René était mort durant son sommeil, sans un cri, touché au ventre et à la poitrine, m'engageant à aller « jeter un coup d'œil » dans la pièce.

« Mes filles me l'ont dit dc déménager mais je sais pas, non. Cette maison, c'est chez moi. Bon bien sûr, j'ai changé la chambre, le matelas, le lit, ça me rappelait trop de souvenirs et puis même en sachant qu'il était étendu mort là... Mais non, de toutes les façons, j'avais pas envie de déménager même si tout s'est passé ici. Et puis avec les chiens après, il faut quand même une grande maison et j'ai pas les moyens... Mes chiens, c'est sacré. Moi j'aurais pas eu mes chiens, j'aurais pas tenu le coup, hein. Chaque fois que je morflais, mes chiens venaient, ils me soulevaient le bras avec leur museau d'un air de dire : "Nous on est là." J'ai cinq chiens enfin j'en ai un à moi, un berger belge, et les quatre autres ils sont à René mais comme c'est moi qui m'en occupais, c'est moi qui les ai élevés... C'est grâce à eux. Quand j'étais malheureuse, ils étaient là... Quand je pense que quand René allait à la chasse, je le traitais d'assassin et que maintenant c'est moi l'assassin...

Qu'est-ce que vous voulez que je vous dise, René, il avait tout ce qu'il voulait, il lui manquait que les puces pour se gratter... Mais il en souffrait de ça, d'être méchant. Un jour qu'il était vraiment rond, bourré, il m'a demandé comment j'arrivais à le supporter, comment je faisais. Je lui ai dit que c'était parce que je l'aimais... Mais je sais qu'il tenait à moi... Je le comprends pas. C'est une personnalité vraiment que... Le père de René était alcoolique et il obligeait sa mère à boire avec un entonnoir. C'est René qui me l'a raconté et René à lui, ça lui semblait normal. Mais bon, à part ça... Je sais pas pourquoi il était comme ça avec moi. On aurait dit qu'il n'y avait que l'argent qui comptait pour lui. Ses fils, ils ont apparemment hérité ça de leur père parce que pourquoi vous croyez qu'ils se sont portés partie civile, hein ? Pour l'argent, parce qu'ils ont même dit qu'ils m'en voulaient pas, que ça devait se terminer comme ça.

Je lui demandais des fois à René pourquoi il était comme ça avec moi mais il répondait rien. Il disait que c'était son caractère et voilà. Quand je l'ai tué après, j'ai eu tendance à l'idéaliser, c'est vrai. La psychologue, elle me l'a dit. Je pensais plus qu'aux bons moments, c'était comme si j'avais oublié tout ce qu'il m'avait fait. Au début, par exemple, j'ai tout de suite fait refaire et agrandir des photos de lui et puis j'allais souvent au cimetière sur sa tombe. Là, ça fait un moment que j'y suis plus allée. Mais j'irai bientôt parce que j'ai des roses qui vont fleurir et comme c'est lui qui les a plantées, j'irai lui en amener. Vous savez, il y a des gens qui disent que j'aurais pas dû être condamnée mais si j'avais pas fait un an de prison, eh bien je sais pas si j'aurais pu tenir. J'aurais trop culpabilisé. En fin de compte, c'est bien que je sois allée en prison. Aux assises, j'ai été condamnée à cinq ans dont trois avec sursis. Mais j'ai pas à me plaindre, vraiment : pendant la garde à vue, tout le monde a été super avec moi. Super-chouette ! En arrivant à la maison d'arrêt, je suis tombée sur une fille super aussi, vraiment. Elle m'a accueillie, elle m'a donné du café, elle a trop été... Y aurait pas eu elle, peut-être que... Vous le savez peut-être pas mais en prison il y a des gens formidables. C'est incroyable à côté de dehors qu'il y a des gens qui sont si méchants... Bon y a des racailles aussi, comme partout mais il y a des gens vraiment formidables...

Des fois quand j'y pense, à côté de ce que j'ai vécu avec René eh ben la prison... C'est que la vie entre René et moi c'était, comment dire... C'était se faire du mal. C'était sadique. On peut appeler ça comme ça... C'est pour ça que je m'explique pas pourquoi je l'aimais... Mais au procès, les psychiatres ils ont dit qu'il y a des femmes qui n'existent que si on leur fait du mal. Alors peut-être que par rapport à ma mère... Je sais pas. Pourtant vous voyez, mes parents, entre eux, il n'y a jamais eu un mot plus haut que l'autre. Ni avec nous d'ailleurs. Jamais de dispute. Mon père travaillait à la banque et ma mère s'occupait de nous trois. Par contre moi, quand j'étais petite, j'avais un caractère très pénible. J'étais très turbulente, je faisais que des bêtises et je prenais des roustes tous les jours. Je me battais, à l'école, je défendais mon frère, je défendais ma sœur, enfin bon. J'ai quitté l'école en 4e. J'aimais pas tellement l'école, je le reconnais, à part le français, la musique et la gymnastique... Et puis j'étais tellement pénible qu'on faisait que me renvoyer. Et plus l'autre andouille, mon cousin là, qui venait me chercher... J'avais la tête ailleurs quoi ! Par contre j'ai suivi le conservatoire de musique pendant neuf ans, de 8 ans à 17 ans. Je faisais du piano. J'ai un deuxième accessit de solfège. Maintenant je joue plus, avec toutes les fractures que j'ai eues, tout ce que j'ai eu... Non, je ne joue plus. Mon père jouait du violon et il peignait aussi. C'était un artiste. D'ailleurs vous voyez ce tableau, là, eh bien c'est de lui. C'est tout ça qui m'a donné cette sensibilité que j'ai, mais, bon... J'allais partout avec mon père : j'allais à la pêche avec lui, j'allais jouer aux boules.

Ma mère, elle, elle était plus froide. Elle était fille unique mais son père il l'a pas loupée par contre. Elle a eu une discipline très dure alors elle était un peu distante comme ça et moi, comme j'étais très affectueuse... Ça passait pas quoi, je me tournais plus vers mon père. On s'entendait mieux, on était plus proches. Mon père et moi on était très très proches. Et pourtant Dieu sait si j'aime ma mère, hein. Je sais pas... On dirait qu'elle est égoïste mais c'est-à-dire que son père était tellement sévère que je crois qu'elle s'est juste repliée sur elle-même parce qu'elle a toujours été une bonne mère pour nous. Sans ça, autrement, j'ai pas à me plaindre de quoi que ce soit par rapport à mon enfance... Au contraire, j'aimais tellement mon père que... Il est mort à 57 ans et... *(Mangée par de gros sanglots la voix de Christelle dérape et s'éteint.)*

Quand mon père est mort j'ai rêvé de lui. Une seule fois. Il arrivait de la place et je lui disais : "Qu'est-ce que tu fais là papa, t'es mort." Alors il me prenait dans ses bras, il me répondait pas et il pleurait, il pleurait... Peut-être qu'il voulait m'avertir que je serais malheureuse. Moi je l'ai interprété comme ça. Avec tout le mal que l'autre m'a fait, peut être qu'il voulait me donner un avertissement. »

Je quitte Christelle dans le vacarme des aboiements : malgré des années de cohabitation ces cinq cabots-là ne parviennent toujours pas à s'entendre et mon hôtesse a mis au point un système complexe de sas dans sa demeure afin qu'ils se croisent le moins possible. Dans l'escalier, comme je lui propose de nous rencontrer à nouveau en ville, elle décline mon offre :

« Je sors jamais. Que pour aller faire mes courses au supermarché. J'aime pas la ville et pourtant il faudrait que j'y aille par rapport à Ghislaine, la fille de René, parce que ses frères ont eu des millions et elle a rien eu. Elle était pas partie civile alors moi je voudrais partager la maison et mon assurance vie entre mes enfants et elle parce que je la considère comme ma fille. Seulement l'embêtant c'est que tous mes enfants sont pas d'accord, alors... Moi j'estime qu'elle y a droit ou y a que la vacherie qui paye, c'est pas normal. Sinon, à part mes enfants, je vois pas grand monde. Il y a Alain qui vient une fois par semaine. On s'entend pas en plus. Je l'aime bien mais je le supporte pas. Je le garde parce que je peux pas faire autrement, c'est lui qui m'entretient. On mange ensemble et voilà. On discute même pas parce que lui, à part ses courgettes et ses champs, de quoi vous voulez qu'on parle ? Quand il vient, il passe la tondeuse, il bricole et voilà, la journée se passe comme ça. Je comprends pas qu'il m'aime : on n'a aucun contact sexuel et lui il me donne de l'argent. Je comprends pas ça.

Moi j'ai eu que des bonshommes que je comprendrai jamais. C'est bizarre parce qu'il est jeune, il est plus jeune que moi et en plus il est charmant physiquement et il est riche, alors j'y comprends rien. Bon, c'est vrai, il est bêta... Quand il est pas là, je dis peuchère ! Je le plains mais quand il est là, je m'énerve. Il est mou comme pas deux, quand je fais trois tours il en fait un alors je le bouge. Mais vous vous rendez compte que pour me passer une tondeuse à gazon en bas, il m'a mis deux heures ! Enfin, que Dieu le garde parce qu'il le mérite... Moi, si j'avais un ami homme sans que pour autant on ait des rapports ça serait super. Là, j'arriverais à vivre avec lui, mais refaire ma vie avec un homme pour de vrai, coucher et tout, ça non. René il m'a tout enlevé. J'ai plus d'envie ni rien, pour ça, je suis comme une morte vivante. Alors comme un homme qui n'a pas de rapports ça n'existe pas... »

MARDI 20 DÉCEMBRE 1988

A quelques jours de Noël, le « meurtrier dépeceur » que traquent les services de police tourangeaux depuis une semaine est appréhendé et arrêté. Ses aveux complets passés dans la nuit inspirent le plus vif émoi dans la région : il apparaît que la victime, une jeune femme d'une trentaine d'années, a d'abord été droguée et noyée dans une baignoire avant d'être saignée puis débitée en morceaux sur un balcon. Des fragments de corps qui seront ensuite empaquetés dans des sacs et déposés sur le parking d'un hôpital. Pièce manquante à ce terrible puzzle humain : la tête de la victime aura subi un traitement particulier, jetée dans la Vienne après avoir été cuite dans un four puis réduite en charpie à coups de marteau. L'opération se sera déroulée sur quatre jours. Le meurtrier a 37 ans et de longs cheveux blonds. Il s'appelle Brigitte.

MARDI 9 JUILLET 1996 — 14 H

Lorsque Brigitte accepte de me rencontrer tout en précisant qu'elle ne pourra m'accorder ce mardi-là qu'une heure dans son planning de la journée, je ne peux m'empêcher de songer à cette fameuse élasticité du temps. Face à cette femme décidée et d'un premier abord impérieux, le temps carcéral subit en effet une soudaine contraction. Il cesse de s'épancher en mornes dilatations, il cesse d'être temps de l'intérieur, espace fluide aux contours vagues et imprécis pour se mesurer à l'étalon des heures rigides du cadran extérieur.

Brigitte n'est pas venue, détenue, se confier et me parler de ce qui avait fait basculer sa vie : elle me rencontrait entre deux activités, femme d'affaires pressée, afin de négocier un entretien qui pouvait s'avérer utile. Elle allait d'ailleurs être tout à fait claire à ce sujet.

Mon étiquette de journaliste l'avait attirée, elle était disposée à répondre à mes questions mais une « faveur » en valait bien une autre : dans la lutte qu'elle menait pied à pied depuis de longs mois, je pouvais également l'épauler, précisément en faisant écho à ce combat. Un combat qu'elle définissait elle-même « contre la peine de réclusion criminelle à perpétuité pour un crime affreux, sans mobile et par médicaments interposés ».

« Je vais commencer par le point crucial, n'est-ce pas ? En ce qui me concerne je n'ai jamais eu de problèmes avec la justice. Jamais. Rien ne laissait prévoir une telle chute : j'étais mariée depuis dix-sept ans, maman de deux enfants, divorcée à la suite de problèmes conjugaux mais un divorce à l'amiable. Et puis voilà, l'enchaînement ! Tout a commencé avec ce régime : un jour, une collègue m'a fait part qu'un médecin, dans la région, faisait maigrir miraculeusement. Elle m'a donné ses coordonnées... Enfin, les régimes, toutes les femmes savent ce que c'est. C'était au mois de juillet, les vacances, la mer, souci esthétique... Le soir même j'ai téléphoné à ce médecin et j'ai enclenché le processus d'une descente infernale. Il s'agissait d'un traitement qui s'étalait sur six mois avec une prescription quotidienne de quelque vingt pilules par jour... C'est inexplicable parce que baignant dans le milieu médical, j'aurais dû réagir mais, trop contente de maigrir... Et puis devenant dépendante des médicaments je n'avais qu'une idée, c'était ingurgiter et maigrir : extraits thyroïdiens, amphétamines, benzodiazépines, diurétiques par voie buccale et rectale... C'était un régime qui fonctionnait puisque je ne mangeais plus ! Avec le recul, maintenant... Bon, il est vrai que c'était déjà un terrain fragilisé. On ne passe pas l'éponge sur dix-sept ans de vie commune comme ça du jour au lendemain... Enfin, je n'ai pas pris cette décision à la légère : mon mari avait des maîtresses à droite, à gauche... Je suis quelqu'un de possessif et je n'aime pas le partage. Il avait une vie qui ne me convenait plus. Il avait des qualités aussi, tout être a ses défauts et ses qualités, mais là... J'ai quand même vécu dix-sept années qui ont été relativement dures, vous savez. J'ai été battue, trompée... Il arrive un moment où il est nécessaire de réagir. On se dit : "Je ne suis pas un objet, je suis un être humain." J'aspirais à autre chose.

Pour reprendre la chronologie, je me suis séparée d'avec mon mari, le régime a été enclenché au mois de juillet, le divorce est intervenu en septembre et en décembre, le 8 décembre : le drame. Enfin rien ne laissait présager un tel drame ! Tout le monde est sidéré. On essaye encore de comprendre. A l'époque, j'avais déménagé, j'avais pris un appartement près de mon lieu de travail. J'habitais avec mes enfants... Enfin une petite vie bien organisée en somme. Je ne sais pas quoi vous dire... Tout se passait pour le mieux... Je ne parlais pas trop de mon régime mais mon entourage s'est quand même aperçu qu'il y avait quelque chose. Ma mère et les enfants s'apercevaient que ça n'allait pas. Même mon ex-mari. Disons que je devenais agressive, nerveuse, je n'arrivais même plus à dormir, je sortais le soir... Tout le monde voyait que je n'étais pas dans mon état normal mais on mettait ça sur le dos du divorce. Enfin, lorsque vous allez voir un médecin, vous lui faites confiance, on vous donne un traitement et... Mais de là à conduire les gens au suicide... Parce qu'il faut bien prendre conscience d'une chose : étant donné que l'acte est sans mobile, si je n'avais pas tué, je me serais peut-être tuée moi ! Il n'y a pas de mobile ! Lorsque je pense à Sabine, la fille que j'ai tuée, non, moi je ne l'ai pas tuée. Je n'avais rien contre elle. Rien, absolument rien ! C'est une fille que j'ai reçue chez moi, on a mangé ensemble, on a fait la fête, je veux dire... Elle avait des problèmes d'argent et je l'ai aidée, enfin, non, non quoi ! Non !

... Je crois que ce qui a déclenché l'affaire... C'est vrai que je vivais tout de même très mal ce divorce. Je tenais à cet homme et... Le détonateur c'était...

Mi-juillet, il avait fait un méchoui et m'avait invitée avec les enfants. Il y avait beaucoup de monde, c'était à la campagne et nous étions en train de prendre l'apéritif. Bien évidemment je m'étais arrangée à mon avantage. Je savais que sa petite amie était là ! J'avais une petite robe noire style un peu Brigitte Bardot vous savez, ces petites robes balconnets, mignonne quoi ! Il était donc à ma gauche et il était très... Comment pourrais-je dire... Il n'allait pas me faire des compliments sur ma tenue ni sur mon physique : je l'avais quitté donc il fallait qu'il soit blessant. Alors il me prend le bras, il le soulève et il me dit : "Oh la la ! On s'engraisse la mère !" Je n'ai rien dit. Bien évidemment cela m'a blessée. Quelle femme n'aurait pas réagi comme ça ? C'était pour se venger, n'est-ce pas, mais malgré tout lorsque je suis rentrée j'avais toujours cette phrase qui résonnait dans la tête et c'est précisément le lendemain que ma collègue m'a parlé de ce médecin. Je veux dire, c'était le détonateur. Bon, c'est exact qu'inconsciemment j'avais vraisemblablement l'ambition de le reconquérir... Je n'acceptais pas d'avoir été trompée. Moi j'ai eu une vie régulière, sans aucune faille. En dix-sept ans, je ne l'ai jamais trompé ! C'était une trahison de sa part et bien entendu, comme toujours dans ces cas-là, j'en étais la dernière informée...

Comprenez-moi bien, je ne demande pas à sortir blanchie de cette affaire, je demande une mise au point et que les responsabilités soient établies parce que OK, j'ai commis l'acte. Qu'on me donne une sanction, je l'accepte mais une perpétuité, là je dis stop ! Parce que le médecin a quand même sa part de responsabilités avec ses petits comprimés. Sa faute a même été reconnue puisqu'il a eu trois mois d'interdiction d'exercer. Mais point, c'est tout ! Il y a trop de gens qui, suite à la publication du livre de mon avocate[1], sont venus déposer, des femmes qui

1. Catherine Lison-Croze, *Cherche justice désespérément*, Ed. Denoël, 1991.

avaient eu des ablations d'organe à cause de traitements prescrits par ce même médecin. Avouez, c'est loin d'être banal, non ? Je veux des résultats cette année ! Donc je me bats. Je me suis constituée partie civile contre le médecin. C'est illogique de le protéger alors qu'on se met à faire des rapports sur les dangers de ces médicaments et de me donner à moi la peine maximale. Mon but, c'est de sensibiliser et de mobiliser l'opinion publique. J'irai jusqu'à la grève de la faim si c'est nécessaire. Sans hésitation. Je suis prête !

Aujourd'hui, je suis quand même dans ma huitième année de détention et je veux qu'on fasse sauter cette peine immonde. Je ne veux plus de cette perpétuité. Je veux qu'on la fasse sauter ! Soit on fait une commutation de peine, soit on me réduit la peine à quinze ans... Je ne suis pas trop gourmande quand même, n'est-ce pas ? J'ai de quoi mobiliser dehors : j'ai ma mère, mon avocate, un comité de soutien composé de scientifiques et de personnalités du monde littéraire. Je suis prête à faire descendre mon affaire sur la place publique. On m'a carrément éliminée du monde des vivants... Ce n'était même pas la peine qu'on me juge, on m'avait mis perpétuité le jour où je suis entrée en garde à vue ! »

Lorsque, après plusieurs tentatives infructueuses, je demande sans détour à Brigitte de me parler du « drame », elle répond pour couper court qu'elle me fera passer le livre de son avocate. J'insiste pour avoir sa propre version et Brigitte s'agite :

« Mais moi je me retrouve comme une spectatrice dans cette affaire ! Parce que j'ai été avertie par la presse : mon avocate m'a apporté les coupures de presse en prison et quand j'ai lu ça, ce qui m'a ramenée à la réalité, c'est le nom de mes enfants ! Je lisais et bon OK, mais non, je suis désolée, je ne m'y reconnaissais pas. Il y a une espèce de schizophrénie... Mais c'est peut-être ce qui me permet de vivre avec une chose aussi terrible et de mener ce combat. Je ne me souviens de rien. De rien... Je suis même incapable de vous raconter mon arrestation. Enfin, d'après la presse, j'aurais été dénoncée. Par qui ? Je n'ai jamais su... Disons qu'il y avait encore une partie du corps chez moi, je veux dire c'était... Je ne sais pas du tout ce qui s'est passé durant les huit jours qui ont séparé le drame de mon arrestation. J'ai émergé en prison... Obèse d'ailleurs. J'avais repris 25 kilos ! Le sevrage, tout... Au mois de juin quand je me suis vue, je ne me suis plus reconnue... J'ai même fait peur à ma mère.

Quand je suis rentrée à la maison d'arrêt d'Orléans, il m'a d'abord fallu six mois avant d'émerger complètement. Je continuais à prendre des médicaments et de décembre à juin je ne peux pas vous dire ce qu'il s'est passé. J'étais complètement dans le potage. C'est une surveillante qui m'a prise à part et m'a expliqué que pour vivre en prison il fallait faire ceci, cela, cantiner... Cela risque de vous paraître un peu exagéré, mais quand je suis arrivée à Orléans j'ai eu l'impression de tomber dans une grande famille malgré les circonstances. On m'a donné du travail, ce qui m'a permis de reprendre un second souffle jusqu'à mon procès, en juin 91. Après, j'ai donc fait une cassation et on m'a parachutée à Fresnes où je suis restée un an et c'est à ce moment-là que j'ai commencé à réagir. J'ai commencé à m'organiser en montant un petit comité de soutien, ce qui m'a valu d'être transférée subitement, *manu militari,* à 18 h via Osny. Pourquoi ? On ne m'a jamais donné de détails... J'y suis restée six mois et puis on m'a transférée à Rennes en novembre 92. Ici non plus, on ne m'a pas fait de cadeau. On acceptait très mal mon combat mais enfin, maintenant ça va... C'est vrai que je suis peut-être arrivée avec un côté un peu trop vindicatif. A mes dépens, j'ai appris à être plus diplomate et je crois que maintenant on a compris que je ne me battais pas contre le système mais pour la reconnaissance de certaines responsabilités... Parce qu'au début on me faisait carrément de petites saisies arbitraires, ce qui est différent de la censure : on mettait certaines de mes lettres de côté... J'ai dû m'organiser en mandatant quelqu'un à l'extérieur chargé d'envoyer mes dossiers tout en gardant la direction des choses bien sûr. Cette personne suit mes directives. Mais vous savez, depuis quelque temps il y a toute une série de choses positives qui viennent s'ajouter : les signatures de certains membres du CNRS à mon comité de soutien, j'ai sollicité une association d'aide aux victimes des dégâts causés par les médicaments... Enfin plein de petites choses. C'est comme si j'étais en train de reconstruire un puzzle et que tout s'emboîte parfaitement. Le dernier morceau, ce sera la sortie. Jusqu'à mon dernier souffle, je ne lâcherai pas...

C'est dur, vous savez, la prison, ça fait le vide autour de vous. A part mon avocate, ma mère, un vieil ami de la famille... J'avais des amis mais à partir du jour où j'ai basculé, n'est-ce pas... Il y a une citation de Shakespeare qui dit : "Celui qui n'est plus ton ami ne l'a jamais été..." Quand tout va bien on est près de vous mais lorsqu'il vous arrive un drame, plus personne ne vous connaît ! Pour moi une amitié c'est au-delà, non ? Et puis je crois que nombre de mes amis de l'époque ont été manipulés : ils ont témoigné à charge... C'est l'horreur, je vous assure. J'ai été jetée en pâture, c'est le mot qui convient. Tout cela m'a permis de faire le tri. De toutes les façons, dans mon parcours je me suis forgé une personnalité, cette personnalité précisément qui était étouffée sous le joug conjugal, vous comprenez ce que je veux dire. C'est quand même dommage d'en arriver là pour... Vous savez, lorsqu'on fait le bilan... Et cela m'amène souvent au livre de ce condamné à mort en Angleterre où il disait que finalement ce passage-là, aussi dur soit-il, était indispensable à sa vie pour lui permettre de se retrouver, de se recréer une personnalité et faire connaître ce qu'il était vraiment. J'y pense souvent parce que depuis... Eh bien depuis, je suis devenue une autre en fait. C'est malheureux à dire mais je me sens une tout autre personnalité, comme libérée en somme ! C'est malheureux mais je suis obligée de me rendre à l'évidence : les personnes qui me connaissaient avant et qui me voient maintenant, même mes gosses, ma mère, me l'ont dit : ce n'est plus la même personne. J'étais beaucoup plus introvertie, étouffée sous l'emprise d'un mari... Je ne veux pas l'incriminer non plus, c'était une personnalité forte qui m'a étouffée. C'est comme ça... Je me suis mariée à 19 ans. J'étais beaucoup trop jeune... »

Soudain absente, Brigitte secoue la tête d'un air tout à la fois songeur et désolé mais ce moment « d'abandon » est de courte durée. Brusquement, elle se lève : l'heure est écoulée, elle doit s'en aller. Un autre rendez-vous ? Pourquoi pas. Elle n'y voit pas d'inconvénient. Le lendemain ? Oui, cela lui semble possible, mais il faudra que cela se fasse à 14 h précises. Elle a des obligations, est-ce que je comprends bien cela ? Je comprends tout à fait. Je comprends également que face à Brigitte, comme par magie, les rôles s'inversent. C'est elle qui mène le jeu. Avec moi comme avec les surveillantes : elle veut bien m'accorder un rendez-vous tout comme, d'une certaine manière, elle accorde aux surveillantes le « droit » de lui ouvrir la porte. Tout est affaire d'attitude. Elle tolère l'incarcération et ses règles mais ne fait jamais que les tolérer. Aucune soumission dans son comportement, juste les effets de ce bon vouloir qu'elle dispense avec une assurance surprenante. Et quoi de plus normal en effet puisque le combat qu'elle mène ici, omnipotent et tout-puissant, a réduit les murs de la prison au néant.

MERCREDI 10 JUILLET 1996 — 14 H

Comme pour renforcer encore mes dernières impressions, à mon arrivée au CPF un message de Brigitte m'attend : elle est à la bibliothèque, certaines choses à terminer, je n'ai qu'à rencontrer une autre détenue pour patienter, elle me verra plus tard. J'ai l'intime sentiment que céder du terrain cette fois-là me fera perdre toute chance d'être crédible à ses yeux. J'insiste auprès de la surveillante. Un coup de fil à la bibliothèque et, quelques minutes après, Brigitte se présente au vestiaire, souriante. Elle me fournit une brève explication quant à ce contretemps et retourne une fois de plus la situation : je m'excuse de l'avoir dérangée. Nous prenons place de part et d'autre du bureau et je mets en marche le magnétophone.

« J'avoue que je me fais mal à ce système d'enregistrement... enfin ! » *Brigitte m'a apporté la liste de ses médicaments. Elle commente :* « Ce sont des médicaments dont certains sont interdits par la législation française comme les extraits thyroïdiens par exemple. Vous savez, dans la mesure où il a été suspendu de ses fonctions pendant trois mois, la faute est reconnue. Reconnue mais un peu trop banalisée à mon sens... En avril, j'ai également déposé un recours en grâce. J'ai simplement écrit avec mes tripes mais on a rejeté ce recours. Enfin Mme Chirac, dans sa lettre que je vous ai également apportée, me dit que cela manque d'éléments donc elle me donne l'opportunité d'en apporter n'est-ce pas ? Ce que je ne vais pas manquer de faire. Par contre M. Toubon *(elle me présente un autre courrier)* rejette carrément... Pourtant je crois que dans ce recours le ton était juste : ce n'était ni trop vindicatif ni trop mièvre, l'essentiel était soulevé mais justement : l'essentiel, c'est ce qui dérange... »

Et comme je tente d'en apprendre un peu plus sur sa vie :

« Mon enfance ? Je suis originaire de Touraine. Je suis née dans un tout petit village rural. J'ai une sœur et deux frères. Mon père était boulanger, ma mère ne travaillait pas. Elle était postière avant de se marier mais elle a arrêté pour nous élever. J'ai été élevée dans un cocon familial sain, sans aucun problème. Une famille comme il y en a tant d'autres. J'ai évolué comme ça, doucement, bien, une enfance dans les croissants et les brioches et j'en garde de très bons souvenirs. Une nostalgie. Certaines, ici, disent que l'on ne peut pas vivre dans ses souvenirs mais c'est pourtant la réminiscence de tant de choses... On en a besoin. Ne serait-ce que les bonnes odeurs de confiture que je vais faire, ça me rappelle tout de suite l'enfance. Je crois qu'on a besoin de se réfugier dans certaines petites choses, une semoule à déguster par exemple ça vous ramène tout de suite... Les odeurs sont importantes et je vais vous raconter quelque chose à ce sujet. Ma mère a toujours porté Miss Dior et dehors, je l'ai porté également. Arrivée à Rennes, on me donne l'opportunité d'acheter Miss Dior et je l'achète. Cependant, je ne peux pas aller vers ce parfum à n'importe quel moment donc j'en ai acheté un autre à côté, tout à fait différent et nouveau et je ne me réfugie dans Miss Dior que quand ça ne va pas. Il se trouve que ma fille achète Miss Dior aussi... Et je suis sûre qu'elle agit comme moi en se réfugiant dans ce parfum quand ça ne va pas parce qu'il m'appartient et que ça la régénère. Vous voyez, il y a vraiment un lien, c'est fou non ?

Vous savez, être séparée d'avec mes enfants c'est très dur. C'est un déchirement sans nom, une souffrance... Mais il faut survivre à tout cela, se préserver. En fait c'est un combat au quotidien... C'est simple, le matin, je me lève et dès que j'ai les pieds par terre, je pars en guerre, parce que ici tout peut arriver, la bonne nouvelle comme la mauvaise. A tout moment on peut être appelée au bureau et ça peut être un transfert, n'importe quoi : un ordre du ministère et clac ! On ne vous avertit pas. Je vis constamment sur la brèche. C'est épuisant. Parce qu'il faut savoir que la majorité des femmes sont résignées, elles ont leur peine et voilà. Résignées ! Dans ce sens mon combat... Il y a déjà un fort sentiment de jalousie entre femmes, alors... Mais une communauté de femmes ensemble, c'est l'horreur ! C'est la jalousie, l'hypocrisie, la mesquinerie : une trilogie féminine affreuse. Alors mon combat, j'en parle peu parce que ça crée une animosité. Même si j'ai des atomes crochus avec certaines femmes, je garde toujours une réserve, une prudence. On m'en a trop fait voir pour que je donne ma confiance ! Par exemple, j'ai connu une fille à Fresnes qui me paraissait bien... Disons saine pour discuter et en fait... Bon, c'était une délinquante issue d'un milieu de délinquants, donc une trajectoire très différente de la mienne et finalement je me suis rendu compte qu'elle était proche de moi parce que je lui apportais pas mal, tant sur le plan relationnel que... eh bien, sur le plan matériel. C'était une fille qui n'était pas très argentée et même si je ne roule pas sur l'or, je travaille, je suis assistée et cela fait une grosse différence. Je me suis rendu compte qu'ici, il n'y avait pas d'amitié possible, ce sont toujours des relations intéressées. Les femmes m'ont fait beaucoup de mal, entre autres choses, mon linge passé à la Javel sur les étendoirs pour me dire que je dérangeais. Je peux vous dire que j'ai vécu des moments forts ici ! La prison m'a beaucoup changée. C'est une machine destinée à détruire les êtres humains... Evidemment la prison dans une vie, c'est une fracture... Je ne sais pas si l'on peut trouver quelque chose d'équivalent... La maladie peut-être... Vous comprenez, ici, je suis parachutée dans un milieu qui m'est complètement étranger. Ce sont des femmes issues de milieux... Des femmes brisées aussi, ça c'est vrai mais... Enfin, quand vous êtes dans une division avec vingt femmes comme ça, en période de vacances, il n'y a pas de travail, les ateliers sont fermés, pas d'activités eh bien il faut gérer le quotidien avec ces gens-là et je vous assure, ce n'est pas évident tous les jours ! Moi je ne peux pas vivre enfermée : je suis quelqu'un de dialogue, j'ai besoin de communiquer mais ce sont des gens qui n'ont aucune communication. Elles vont venir me voir en me demandant : "T'as bien mangé à midi ? Moi j'ai pas eu mon fromage mais je vais écrire à la directrice parce que j'ai pas eu mon fromage", ce genre de choses. Je les regarde et j'ai envie de bondir : mais la vie c'est pas ça, on ne se bat pas pour un bout de fromage !

C'est simple, en huit ans de parcours je n'ai véritablement rencontré que deux femmes. La première c'était une institutrice de 60 ans qui était là pour avoir tué son mari. Un accident, un crime passionnel. Il devait avoir des aventures et elle ne l'a pas supporté. Au cours d'une scène de ménage elle a pris le fusil et elle l'a tué... Il y avait un terrain fragilisé puisqu'elle était dépressive... Mais c'était quelqu'un de bien. Très profonde et discrète, quelqu'un de vrai, vous voyez. C'est quelqu'un que je reverrai. Bon, on avait aussi une expérience commune : trahies, trompées, humiliées, battues par nos maris alors que nous avions toujours été très droites... Une saturation. Elle a eu une peine de huit ans. Quand elle est partie, j'ai ressenti cela comme un déchirement. En plus elle est partie la veille de Noël... L'autre, la deuxième, c'était une Anglaise, une femme très positive et ça changeait de toutes ces femmes larmoyantes... Elle était là pour trafic de drogue. Mais vous savez ici, il y a toujours un sentiment très fort de possessivité. Par exemple si je m'entends bien avec une fille, qu'on mange ensemble, qu'on s'invite chez l'une ou chez l'autre à prendre le café, tout de suite c'est comme si on lui appartenait. Tout de suite c'est "Bon tu ne parles pas aux autres, tu es ma chose". C'est étrange et difficile à gérer. Enfin ! Tout cela m'a tout de même donné un autre regard sur la misère et sur la société parce que ce qu'on voit ici, c'est le reflet de la société. J'ai côtoyé des gens que je n'aurais jamais côtoyés à l'extérieur... Cela m'a ouverte...

Et puis comme je vous le disais, j'ai changé de personnalité. D'ailleurs j'ai changé de couleur de cheveux. Avant j'étais blonde avec les cheveux longs et j'avais envie de décrocher de cette image d'avant et surtout de l'image du procès, n'est-ce pas. J'avais besoin d'apporter aux gens une autre image que celle qu'on a donnée de moi parce qu'au vu de ce que j'avais fait bien sûr, j'étais le parfait monstre... C'était une fixation. Il fallait que je tourne la page. Enfin d'une manière générale vous verriez des photos d'avant, c'est le jour et la nuit ! Coupe, couleur, tout ! Avant j'étais soumise, diminuée, en admiration devant un homme, humiliée... Maintenant je suis beaucoup plus forte, plus déterminée et j'ai envie d'exister. »

J'observe Brigitte : sa chevelure d'un roux flamboyant, ses grands yeux clairs, son port de tête. Elle a cette beauté assurée des femmes à l'aube de la maturité, consciente de leurs atouts et de leurs charmes. Des charmes qu'elle cultive avec une attention toute particulière : maquillage raffiné et coiffure soignée, ongles aiguisés autant qu'irréprochables. En sportswear noir, elle incarne cette idée d'un chic décontracté.

« Ici, il n'y a pas de milieu : soit des femmes qui se laissent complètement aller, soit des femmes qui se pomponnent comme si elles étaient constamment sur le point de sortir. S'occuper de soi, se maquiller, s'habiller : c'est une histoire de survie. La féminité c'est tellement de choses... Il n'y a pas de femme laide, il n'y a que des femmes qui ne s'entretiennent pas. Toutes les femmes sont belles et la beauté c'est aussi une histoire d'éducation. Chez ma mère, j'ai toujours vu des crèmes, j'ai toujours vu *Elle,* je l'ai toujours vue se maquiller... La femme c'est d'abord le pouvoir de séduction. Mais vous voyez pour moi, le comble de la féminité en prison c'est tout de même la loyauté et l'intégrité : rester soi. Rester soi vis-à-vis de la hiérarchie... Je crois que c'est capital. Et puis moi je n'aime pas composer, c'est tout ou c'est rien alors quand je m'habille... J'aime beaucoup le noir. Le noir et le blanc sont mes deux couleurs fétiches car ce sont les deux extrêmes et puis je suis femme et j'ai l'intention de le rester. Féministe en diable ! En fait, on a envie de se prouver qu'on peut encore plaire. Je me dis : "Si la porte s'ouvre demain — ça peut arriver — il faut bien que je m'y prépare..."

Ici j'ai rencontré... Enfin, j'ai un correspondant. Echange de rapports humains, n'est-ce pas... Nous avons correspondu pendant cinq ans. Il est sorti et nous correspondons toujours. Ça s'est passé très bizarrement en fait : j'étais à Fresnes à l'époque, je ne connaissais pas le système des correspondances[1] puisque je découvrais le fonctionnement carcéral et en cours de promenade j'ai rencontré une femme très bien qui m'a parlé de son mari incarcéré également et de correspondants. Le lendemain je lui ai demandé si son mari ne pouvait pas me trouver un correspondant, mais quelqu'un de bien aussi, qui ne soit pas... Enfin, je suis tombée sur quelqu'un qui avait également le sens des vraies valeurs. Vous savez, un courrier ça vous met à nu, c'est corrosif, vous dites des choses que jamais vous n'échangeriez lors d'une rencontre dans un bar ou dans une soirée. C'est un homme qui m'a apporté en cinq ans de temps beaucoup plus que je n'ai connu en dix-sept ans de vie conjugale... Bien sûr il y a également l'ombre d'un sentiment amoureux. C'est quelque chose de fort, que je protège et que je préserve... J'ai l'intention de le voir à la sortie et d'ailleurs il a demandé un permis de visite après sa sortie. Vous savez, les émotions ici sont un peu exacerbées du fait de cet enfermement... Bon, moi je suis initialement quelqu'un de passionné donc...

Ici bien sûr, les hétérosexuelles pures et dures constituent une minorité, mais c'est le système français qui veut ça : on favorise l'homosexualité. La sexualité est une fonction vitale et c'est comme si en rentrant en prison, on vous disait : "Vous ne vous mouchez plus" ou "Vous ne portez plus vos lunettes"... Et puis je crois qu'il y a une certaine perversité. Une sexualité de confort bien sûr mais quel symbole parfait également de la solitude ! J'ai vu beaucoup de filles ici qui vivaient en couple : l'une des deux était libérée et trois jours après hop, une autre prenait sa place. Où sont les sentiments et le

1. Un réseau de correspondances entre détenus hommes et femmes s'est constitué entre les différentes prisons. Ces correspondances sont soumises à l'agrément des autorités carcérales.

respect de soi ? On s'affiche... Ces femmes justifient cela en parlant d'une recherche d'affection mais à mon sens ce n'est pas le cas parce que l'affection s'inscrit dans le respect et dans la continuité... Pourtant, dès que ces femmes sont libérées, elles partent en chasse. Je trouve ça avilissant... Cela fait huit ans que je suis incarcérée, je ne suis pas comme ça et je ne pense pas que je le deviendrai... Si vous voulez, je respecte ces femmes homosexuelles dans la mesure où elles le sont dehors, mais le devenir en prison, non, moi je qualifie ça de pervers. »

Sur ces mots, Brigitte me fait signe en tapotant sa montre d'un doigt autoritaire avec un petit sourire : « A 16 h je pars ! » *Ce qui me pousse à l'interroger sur un planning qui paraît plus que chargé :*

« Je vois les choses comme ça : ici, il faut à tout prix gérer son temps. J'étais très active à l'extérieur et je serai active à l'intérieur ! Le matin, je travaille en atelier de couture à partir de 7 h 30. L'après-midi, j'ai mes activités. J'ai besoin de créer, je suis très manuelle, c'est peut-être à mettre en relation avec mon signe zodiacal — Taureau —, je suis très créative. Je fais de la peinture sur soie, j'adore créer, je fais de très belles choses d'ailleurs... Quand je dis "très belles choses", ce n'est pas du narcissisme : ce sont des compositions qui m'appartiennent, des coloris que j'ai choisis... Il y a la bibliothèque : je suis une boulimique de lecture. Et mon petit quotidien se gère autour de tout cela. Je participe à toutes les activités culturelles, je fais du théâtre[1] ce qui me permet aussi de m'extérioriser... Enfin autant de choses que je ne faisais pas à l'extérieur... par manque de temps ! Je suis très organisée, très compartimentée. Je fais partie de l'association socioculturelle en tant

1. Le CPF de Rennes a passé une convention avec le Théâtre national de Bretagne. Dans ce cadre des intervenants assurent des cours réguliers et montent avec les détenues des spectacles qui sont présentés en fin d'année dans les murs du centre pénitentiaire.

que représentante des détenues. Ici il n'y a pas de petit plaisir et être porte-parole c'est une petite responsabilité qui nous revalorise dans notre condition de femme détenue. C'est qu'ici le système va vers une déresponsabilisation des femmes. Mais se laisse infantiliser qui veut n'est-ce pas ? Bien sûr j'ai besoin des surveillantes : je n'ai pas les clefs alors forcément je vais demander qu'on m'ouvre ma porte, si j'ai besoin du fer à repasser je dois demander, etc. OK, je respecte la règle du jeu mais à part ça je suis autonome : s'il y a une démarche à faire, je la fais, des papiers à demander, passer au bureau... C'est nécessaire : si l'on veut pouvoir se réinsérer à l'extérieur, il faut savoir gérer son temps à l'intérieur. Bien sûr il y a beaucoup de femmes qui se sont laissé infantiliser ici mais c'est qu'à la base, elles ne savaient de toutes les façons pas se prendre en charge. C'est une histoire de personnalité. Moi je vois : dès que j'ai quitté l'école je me suis mise à travailler à droite et à gauche, des petits boulots pour gagner de l'argent — ma mère est très libérale ce qui m'a permis de bénéficier de cette marge de manœuvre — et par la suite j'ai réagi. J'ai toujours fait de la couture : ma grand-mère était couturière et j'ai évolué dans ses jupons en faisant la petite main. Puis je suis rentrée dans les hôpitaux où j'ai fait ma formation. J'ai passé mon diplôme d'aide-soignante. Je suis allée jusqu'au diplôme d'infirmière et je me suis cassé la gueule pour un demi-point ! Je pense que c'était plus un problème de personne... En fait je remplissais pleinement la fonction d'infirmière mais je n'en avais pas le statut. J'ai fait des études de diététique par le CNED. Je me suis remuée, quoi ! Par ailleurs, j'ai continué la couture parce que c'est pareil, cela faisait partie de mon enfance : j'ai habillé mes enfants, je me suis habillée moi, je suis rentrée dans un atelier de confection, j'ai dirigé une chaîne de production pendant deux ans, j'ai fait un stage pour me perfectionner sur certaines machines, pour moi, personnellement, parce que ça me plaisait et ça m'a apporté énormément. Enfin, professionnellement j'ai le sentiment de m'être épanouie ou tout du moins de m'être prouvé que je n'étais pas ce que mon mari disait... »

LUNDI 15 JUILLET 1996 — 14 H

« Sabine *(la victime)*, c'était quelqu'un que j'ai connu dans mon enfance. Vous savez ce que c'est dans les campagnes : on sortait ensemble, c'était une copine mais vraiment sans plus, comme vous avez dû en avoir. Une copine, qu'on perd, qu'on revoit par hasard... Elle n'avait pas eu non plus de chance dans sa vie de femme : elle ne travaillait pas, elle avait un enfant à charge, elle était au chômage... On s'est retrouvées comme ça, en discothèque, peu de temps avant le drame. Enfin, je n'avais absolument rien contre elle. C'est inexplicable. Je vous parle d'elle, mais pour moi... Bon, c'est vrai qu'elle avait une vie un petit peu plus légère que moi... Ce n'est pas une critique hein, c'est un constat. C'était une fille qui avait une vie légère... Moi j'étais beaucoup plus réservée, j'avais une petite vie bien rangée alors qu'elle... Bon bien sûr, j'ai vécu ! J'ai connu des hommes, j'ai eu des amants mais enfin rien de vraiment intéressant quand j'y repense... Parce que je crois que je ne suis pas faite pour ce genre de vie. C'était une période de courte durée, après ma séparation. Mais je n'ai pas eu de relation stable avec un homme après mon mari. Sabine était beaucoup plus... Mais après tout c'est sa vie. Pourtant à cette époque-là si vous voulez, j'avais une marge de réserve, des réticences parce que je me disais que c'était tout de même une femme légère. Maintenant avec le recul... Avec l'expérience, je me dis qu'elle n'était pas plus légère que beaucoup d'autres femmes... C'était une personne très extravertie. On avait le même âge à deux ou trois ans près. Enfin, elle avait la vie qu'elle avait et qui peut prétendre porter un jugement sur quelqu'un ?

Les choses en sont arrivées là mais sans aucun mobile, sans rien !

On s'est retrouvées... Disons qu'elle était seule, que j'étais seule et vous savez c'est "On se fait une bouffe" et voilà ! Nous nous sommes revues plusieurs fois : elle venait chez moi, on allait au restau, le cinéma, les choses classiques qu'on fait avec une copine. Il n'y avait rien de... Et puis voilà, la bascule : elle est venue un jour manger chez moi et... Eh bien j'ai pété les plombs, c'est le cas de le dire !... D'après ce que l'on m'a dit mon fils était là. Ma fille mangeait à la cantine. C'était à midi mais enfin ça s'est enchevêtré sur plusieurs jours... Enfin c'était... L'horreur, et une énorme interrogation. Et c'est pour cela que je mène mon combat : pour comprendre ! Pour moi ça a été un choc d'apprendre que mon fils était là, je veux dire pendant... A l'époque il avait 14 ans. Nous n'avons jamais abordé le sujet par la suite. Mes enfants ne m'ont jamais posé de questions. Bon, comme je vous l'ai dit, moi, je ne me rappelle de rien. De rien du tout et je pense que c'est ce qui me permet de tenir également parce que comment voulez-vous que quelqu'un puisse vivre avec une affaire aussi horrible ?... Donc, d'après ce qu'on m'a dit, j'ai empoisonné cette amie. Il y a eu une découpe... On buvait un thé, je l'aurais empoisonnée, je l'aurais découpée avec un hachoir appartenant à mon père que je serais allée emprunter à ma mère... On ne m'a donné que les grandes lignes alors je ne peux pas rentrer dans les détails... Enfin je l'aurais découpée, j'aurais fait l'anniversaire de mon fils alors que le corps aurait été sur le balcon, mais vraiment l'horreur, l'horreur ! Même les voisins disent que ça leur paraît impossible : ils n'ont rien entendu... C'est le trou ! Le trou noir ! On ne s'est pas aperçu tout de suite de sa disparition. Seulement huit jours après. Lors de mon arrestation il y avait encore une partie du corps chez moi parce que j'avais soi-disant dispatché... Oui, c'est pour vous dire les réflexes que l'on peut avoir ! J'avais dispatché le corps sur le parking de l'hôpital où je travaillais. Mais si cela avait été calculé pour camoufler tout ça, je n'aurais pas été mettre ça sur le parking de mon propre lieu de travail, c'est aberrant !... Je ne sais pas si vous imaginez, me dire que c'est moi ! C'est mon avocate qui m'a apporté les journaux pour me dire eh bien voilà, c'est vous, c'est bien vous...

C'est une affaire qui est sans mobile... Pourquoi elle et pourquoi pas... Ça aurait très bien pu se produire sur l'un de mes enfants ou... sur ma mère ! Si vous voulez, je n'affectionnais pas particulièrement son mode de vie et puis j'avais vraiment rien... enfin je ne pouvais pas la jalouser cette fille ! Moi j'avais un statut social, je travaillais... Pourquoi elle ? C'est la question que tout le monde se pose... C'est vrai, c'est une question... C'est vrai. Mais c'est une question qui... Pourquoi elle bien sûr. Je n'ai aucune réponse. Absolument aucune réponse.

Tout cela s'est passé à cause de ces médicaments, c'est pour ça que lorsque les gens me parlent de suivi psychiatrique... Je n'en vois absolument pas la nécessité. Et puis il faut bien vous dire que les structures de la prison ne sont déjà pas adaptées à des pathologies qui auraient besoin de ces suivis. Le temps de prise en charge est vraiment aléatoire. Une demi-heure tous les quinze jours ? Qu'est-ce que vous voulez que je fasse d'un suivi comme ça ? Et puis je n'y ai pas pensé. Je n'en ressens vraiment pas le besoin. Bon au départ, oui, peut-être... J'en aurais eu besoin mais ce n'était pas à moi de le demander à ce moment-là... et les pénitentiaires, ils en avaient strictement rien à foutre ! Et puis même, je me dis toujours prudence ! Je me dis : “Qu'est-ce qu'il va advenir de ça ? Est-ce qu'on ne va pas le déformer ?”... Parce que je suis obligée de faire attention à tout moi ici ! C'est le combat, sans arrêt ! Le courrier, ce que je dois dire, ce que je ne dois pas dire...

Mon procès a duré quatre jours et un délibéré de deux heures et demie... On a carrément occulté le rôle des médicaments ! Pour eux à l'époque, c'était du bla-bla : j'avais tué, découpé, pris perpétuité, on n'en parlait plus ! Le jeudi soir, c'était bon. Vous imaginez ? Deux heures et demie pour l'éternité... Je suis plus que déterminée : je suis enragée. Et il y a l'expertise psychiatrique également : vingt minutes pour l'éternité parce que c'est eux qui détiennent la clé de votre liberté. J'ai été déclarée parfaitement responsable de mes actes... Vous vous rendez compte : on expertise quelqu'un vingt minutes pour une vie... Alors même que la psychiatre d'Orléans me déclare bonne pour l'article 64, en état de démence au moment des faits ? ! Une expertise bâclée. Bâclée... Quand on m'a annoncé cette perpétuité... Disons qu'on reste un peu stoïque, vous savez c'est... On se dit est-ce que j'ai bien entendu ?... Mais jamais je n'ai accepté cette perpétuité et jamais je ne l'accepterai !... Heureusement, ma mère a toujours été là, elle m'a soutenue dès le début. A Orléans, elle venait me voir trois fois par semaine. Ici, je la vois une fois par mois. »

Etonnée que Brigitte n'ait jusqu'alors fait aucune allusion à son père, je l'interroge sur ce point :

« Mon père, je l'ai vu très peu pendant ce temps de détention. Pour lui la prison c'est quelque chose qu'il n'arrive pas à assimiler... Je l'ai vu deux fois, dans des conditions terribles où il pleurait... Il ne me faut pas ça. Quand je téléphone à ma mère je lui parle, on s'écrit mais des visites, il n'y en a pas et je préfère que ce soit comme ça. Parce qu'un parloir, c'est dur vous savez, on soulève des choses fortes... Parce que les gens ne les ont pas épargnés ! Ma mère ne m'a certainement pas tout dit mais les gens sont bêtes... N'importe qui peut être à la merci d'une telle bascule : je ne suis pas la seule en prison n'est-ce pas ? Je crois que mes parents ont été... rejetés. Mais ce sont des choses que je n'ai sues qu'à demi-mot... Et puis mon père c'est également un homme très effacé... Mon père et ma mère sont deux êtres qui sont vraiment à l'extrême. Bon, mon père est... attention, je l'adore n'est-ce pas, je sais qu'il est là mais je sais aussi qu'il souffre beaucoup de cette situation. Ma mère en revanche est une maîtresse femme, c'est le pilier de la famille, on l'appelle la reine mère et quelque part, ça lui va bien parce qu'elle dirige un peu tout. C'est toujours elle qui a pris les décisions, qui gérait tout... Non, il n'y a pas à dire ma mère, mon père comme mes frères et ma sœur, nous sommes restés très soudés. Même avec mon mari : quand il a appris le drame, il a repris les gosses tout de suite. Etant enseignant, il a demandé sa mutation à l'étranger pour les préserver. Même s'il ne s'est pas toujours comporté comme il aurait dû, là, je ne peux rien lui reprocher. Du fait de l'éloignement, bien sûr, je les vois rarement. Mais bon... Les voyages sont horriblement chers alors on se voit une fois tous les deux ans à peu près... Mais nous correspondons... Ils ont été très perturbés, c'est certain. En premier lieu par mes rapports pour le moins difficiles avec mon mari et puis par... Mais l'exil leur a certainement aussi permis de pouvoir tourner la page. Mon fils, David, est très fragile et il a sûrement beaucoup souffert de cette fracture, beaucoup plus que Justine qui est vraiment une petite maîtresse femme. Elle gère sa vie admirablement. Elle est enseignante maintenant. C'est vrai qu'elle fait partie de cette lignée de femmes dans ma famille, qui... Enfin, elle est très forte. Il faut être fort pour supporter tout cela...

Vous savez, au départ, je n'ai pas parlé de mon affaire. Elle était déjà assez médiatisée et je pars du principe qu'il n'y avait pas de quoi susciter la vindicte de la population carcérale. Je ne suis pas là pour juger et j'estime ne pas avoir à être jugée par des femmes qui sont loin d'être blanches. Non, non, mon affaire est ce qu'elle est, mais je la préfère à d'autres. Un infanticide ou un inceste, qu'est-ce que vous voulez, moi je ne peux pas cautionner cela. Bon, ça m'arrive d'avoir des rapports avec des femmes qui ont commis ces délits-là. Vous avez des gens qui ont besoin de s'ouvrir aussi... Mais je sais leur dire stop quand ça va trop loin... Ce sont souvent des gens extrêmement démunis. Attention ! Je ne les excuse pas, loin de là mais faut bien revenir à l'histoire, de tout temps l'inceste a existé et il existe encore et dans diverses couches sociales, cependant les gens qui se font serrer, ce sont vraiment des gens extrêmement défavorisés. Ce sont aussi des femmes qui en général excusent leur acte... Vous ne pouvez pas vous imaginer ! Elles trouvent toujours une justification ! Et puis les filles ici se mentent beaucoup entre elles et à elles-mêmes, notamment en ce qui concerne leur chef d'inculpation. De toutes les façons, on sait comment sont ces femmes : le délit des autres, pour elles c'est crousti-fondant. Crousti-fondant ! Ah ! oui oui oui ! Et puis il y a un grand sens de la psychologie spontanée en prison, vous savez. On évalue vite les autres, on se soupèse et les filles qui sont du même type, qu'il s'agisse des homosexuelles ou des colporteuses de ragots, elles se reniflent entre elles, elles se repèrent tout de suite. La plupart de ces femmes sont ingérables. Elles ne font aucun effort.

Bon, c'est vrai qu'il y en a qui sont complètement désespérées. Celles qui s'automutilent par exemple, c'est cyclique : il y a un phénomène d'entraînement. Une le fait et les autres s'y mettent en série... Au moment des grandes vacances, je peux vous dire que c'est chaud ici... Peut-être la privation des enfants qui se fait plus sentir à ces moments-là... Un appel au secours... J'ai connu deux filles qui se sont suicidées ici[1]. Elles se sont pendues dans leur cellule, une

1. En 1995, année de notre enquête, les statistiques produites par l'administration pénitentiaire faisaient état de 107 suicides. Entre 1985 et 1995, le nombre de suicides en milieu fermé a enregistré une progression de 30 %. Selon les dernières statistiques publiées, 125 suicides ont été enregistrés en 1999 — 114 suicides par pendaison, 2 par le feu, 2 par mutilation, 6 par ingestion médicamenteuse et 1 par précipitation dans le vide — dont la majorité en détention ordinaire. Les résultats d'une enquête menée par l'administration pénitentiaire sur trois années consécutives (1989 à 1991) ont laissé apparaître que le taux de suicide en prison était de 142 pour 1 000 détenus alors qu'à l'extérieur, il était de 43 per-

l'après-midi et l'autre le soir. Une était en phase finale de sida... Ils l'ont trouvée à la première ronde. Vous savez, vivre sa séropositivité en prison, c'est exprimer le rejet absolu... De toutes les façons certaines femmes relèvent plus des structures médicales que de la prison. Deux suicides en l'espace de six mois ! Ça remonte à un an. Bien sûr, ça a créé un froid mais c'est passé très vite. Tout passe très vite ici, les choses glissent... Il y en a peu qui ont le sens des vraies valeurs aussi bien dans la douleur que dans la joie... Je me demande comment elles vivent. Comment vivent ces gens-là... »

Le temps a passé et avant de prendre congé, Brigitte conclut en citant Nietzsche :

« Tout ce qui ne me tue pas me grandit ! De ce point de rupture qu'a été l'incarcération, j'ai trouvé ma vraie personnalité. Je me suis retrouvée, je me suis épanouie, eh bien oui c'est le mot à dire... C'est dommage, j'aurais dû vous apporter des photos d'avant et puis j'ai oublié mes soies... mais si vous pouviez me rappeler avant que vous ne partiez, ne serait-ce que pour cinq minutes, je vous montrerais tout ça... »

Trois jours plus tard, je rencontrerai Brigitte entre deux portes. Sur le seuil de sa division elle me montrera tour à tour ses créations sur soie, petits chefs-d'œuvre de couleurs et de composition ainsi que quelques photos de famille où elle apparaît : jeune femme à la trentaine effacée entourée de ses enfants, lors d'un pique-nique, petite femme terne au regard triste assise au côté de son mari dans un jardin, à la plage. Force est de constater en effet qu'il n'y a rien de commun entre la personne qui se tient face à moi et ces images d'une femme que la vie semblait s'être obstinée à gommer. De la chrysalide au papillon, la méta-

sonnes pour 1000 sur la même période. Il semblerait que la tranche d'âge la plus touchée soit celle des 30-40 ans et la catégorie pénale, celle des prévenus. Veilles de procès et veilles de libération constituent par ailleurs des périodes « sensibles ».

morphose aura été consommée. Une métamorphose initiée dans le sang et l'horreur dont Brigitte accepte avec une satisfaction non dissimulée les effets libératoires tandis que sa mémoire continue de faire l'impasse sur les causes dans un effort désespéré d'amnésie de survie.

MARDI 8 OCTOBRE 1996 — 14 H

J'attends Brigitte avec impatience. Dans son dernier courrier elle faisait allusion à un grand changement intervenu durant l'été, une importante nouvelle qu'elle voulait m'annoncer. Sous l'écriture tout en rondeur de cette correspondance estivale, j'avais dans un premier temps eu beaucoup de mal à retrouver la femme velléitaire de nos conversations. Brigitte, que sa détermination sans faille conduisait parfois à être cassante, donnait à lire entre les lignes de ses lettres sur papier fleuri une fragilité aux accents adolescents. Difficile dès lors de déterminer ce qui dans son attitude relevait ou non d'une carapace de circonstance.

« J'ai fait une rencontre. Une rencontre au sens fort du terme si vous voyez ce que je veux dire. Il s'agit d'une personne importante, d'une personnalité, quelqu'un qui a des fonctions officielles... Enfin, je préfère encore taire son nom pour l'instant, par discrétion, vous comprenez. C'est quelqu'un de très important qui a répondu présent à mon appel ! On part pour une grande aventure et je crois que d'ici Noël, eh bien j'aurai du nouveau... Nous allons dans un premier temps nous orienter vers une demande de commutation de peine à vingt ans. Qui dit commutation à vingt ans, dit une permission dans un avenir très proche et, après les permissions, j'engage une conditionnelle et... Maintenant je sais qu'elle est là, qu'elle m'épaule et qu'elle me soutient et ça change beaucoup de choses. C'est quelqu'un de fort, de très impressionnant et avec elle, j'ai l'impression d'avoir trouvé mon maître quelque part, de pouvoir enfin souffler. C'est paradoxal bien sûr, par rapport à mon caractère, mais j'ai l'impression que là, je vais pouvoir enfin passer la main. Alors maintenant bien sûr, la sortie, ça paraît plus concret... Je suis entrée à 37 ans en prison. Aujourd'hui j'en ai 45 et... Bon, je me donne un an, un an et demi. Si tout va bien, j'aurai fait dix ans... En fait, la seule chose qui m'a tenue jusqu'ici, c'était la liberté, c'était franchir la porte, à tel point que je me demande si, à la sortie, je ne vais pas m'effondrer, faire une dépression ou quelque chose dans ce genre. D'ailleurs elle me l'a dit : elle m'a dit de me préparer maintenant, de mettre en veille mon combat, qu'elle s'en chargeait, de me préparer pour la sortie. On verra.

C'est certain, je sortirai de prison mais quoi qu'il en soit, je sortirai *avec* la prison. On n'oublie pas. Ici, on voit tellement de souffrance, on arrête un peu de faire du nombrilisme et de ne s'occuper que de sa petite personne, c'est évident... Et ceci explique peut-être cela : je compte me convertir dans l'humanitaire, j'ai toujours mon diplôme, n'est-ce pas... Partir à l'étranger peut-être, voyager. Ce n'est pas nouveau, c'est une envie ancienne et c'est vrai qu'ici j'ai tellement vu de misère, de gens dans le besoin... Je ne crois pas que l'action humanitaire se conjugue d'ailleurs forcément avec étranger parce que chez nous aussi, il y a beaucoup à faire. Mais de toutes les façons je n'envisage pas de retourner en Touraine. Et puis... Bon, il est certain qu'à la sortie je voudrais également pouvoir refaire ma vie mais... Dans un premier temps je crois que la seule chose dont j'aurai besoin, c'est d'espace. J'ai peur de me retrouver tout de suite engagée... Avec un homme je veux dire. C'est pour cela que je n'ai pas voulu voir mon ami correspondant cet été. Je ne sais pas, c'est confus, je m'interroge. Et puis j'ai peur de retomber dans le même circuit qu'avec mon mari, sans vouloir faire de généralités bien sûr mais... Enfin, aujourd'hui j'ai des réticences, disons une prudence bien légitime, non ? »

J'observe Brigitte pendant qu'elle évoque en proie à une véritable exaltation ses projets de reconversion. Elle a modifié encore une fois sa coiffure. Brushing impeccable et tailleur noir à l'avenant. Le sourire radieux qui illumine son visage prend racine bien au-delà de ses lèvres et si elle n'a jamais été véritablement à l'intérieur, cette rencontre a fini de pulvériser le cadre carcéral. Brigitte est déjà dehors et je songe à cette visiteuse providentielle et à la somme d'espoirs inconditionnels qui repose sur ses épaules. La qualité de ses fonctions a donné lieu à de multiples spéculations dans les couloirs du centre de détention et la rumeur va bon train. Se pourrait-il que l'on reconnaisse enfin cette fameuse responsabilité partagée pour laquelle Brigitte lutte depuis de longs mois ? Alors que certaines filles se sont mises à évoquer des accès sanguinaires liés à la prise de substances hallucinogènes, tandis qu'elles parlent de ce lobby pharmaceutique tout-puissant et de possibles pressions, d'autres en revanche demeurent moins bienveillantes à l'égard de leur codétenue : « Je veux bien que les médocs aient joué, mais tous les gens qui prennent des calmants font quand même pas cuire leur copine au four, hein ? » *me lancera telle détenue après avoir croisé Brigitte au sortir d'un de nos entretiens.*

« Les faits je ne m'en rappelle pas. C'est clair. Mais elle est morte et elle est morte de mes mains : avec ces ordonnances j'étais programmée pour tuer. Moi, je n'ai pas le sentiment de l'avoir tuée, je ne peux pas y croire c'est pour cela que je me bats... Je peux vous dire que mon parcours en prison n'aura pas été banal : on se souviendra de moi... »

TROISIÈME PARTIE

Femmes sous influence

VARIATIONS SUR LE THÈME DE LA COMPLICITÉ

S'il existe véritablement des traits spécifiques de la criminalité féminine — tant d'un point de vue quantitatif que qualitatif —, le fait que les infractions commises en complicité représentent plus de la moitié des infractions perpétrées par les femmes délinquantes et criminelles est également des plus révélateurs car il pose très directement la question de ce que l'on pourrait appeler « l'indépendance criminelle » des femmes. Une indépendance criminelle qui apparaît évidemment liée à leur degré d'émancipation au sein de la société en général comme au sein de leur milieu socioculturel originel en particulier. Selon les études statistiques menées par Robert Cario dans les murs du Centre pénitentiaire de Rennes, 56,09 % des infractions perpétrées par les femmes — toutes catégories confondues — seraient ainsi commises en complicité. Des taux de complicité qui varient bien entendu dans des proportions significatives selon le type d'infractions considéré et qui se réalisent, de fait, principalement dans des associations avec des hommes.

Lorsqu'on en vient précisément à examiner les chiffres, catégorie par catégorie, il est possible d'affiner encore ce constat. En 2000, sur 19 717 personnes mises en cause dans des affaires ayant trait aux mœurs, quelque 697 femmes étaient impliquées. Parmi elles, plus de 90 % avaient agi en complicité avec un homme. La même année, alors que 96 % des vols à main armée étaient perpétrés par des hommes, parmi les 4 % restant de femmes mises en cause pour ce motif, les chiffres montraient également que la quasi-totalité l'avaient été en tant que complices d'hommes. Ceci n'est d'ailleurs pas sans expliquer cela et l'extraordinaire enthousiasme médiatique suscité par le procès des fameuses Amazones en septembre 1996 à Carpentras n'est certes pas étranger au fait que les cinq jeunes braqueuses agissaient quant à elles entre femmes, dans une indépendance criminelle consommée.

Pour tel policier des services vauclusiens, la réalité est incontournable : le rôle de complice reste le rôle féminin par excellence dans la criminalité globale et les constats que dresse l'officier sont propres à ébranler certaines convictions quant à l'affranchissement des femmes mises en cause : « Dans les dossiers de braquages, de cambriolages ou de hold-up, il est extrêmement rare que la femme tienne le rôle de leader même s'il est vrai que les complicités féminines semblent devoir être de plus en plus actives. En d'autres termes, et exception faite des Amazones, je n'ai pas le souvenir de complicité féminine véritablement nécessaire. Il y a des complicités utiles, dynamiques mais si l'on peut dans la plupart des cas affirmer que sans la femme, l'homme aurait commis l'infraction de toutes les façons, l'inverse ne se vérifie pas. Il ne s'agit donc pas de ces complicités parfaites où, sans l'un des protagonistes, l'acte n'aurait pas pu être mis à exécution. D'ailleurs j'ai pu constater que ces complicités relevaient plus souvent d'opportunités que d'une réelle volonté de la part de la femme. Il s'avère en effet que la plupart des femmes impliquées dans ce genre d'affaire avaient choisi leur compagnon/complice en fonction d'une certaine image de l'homme (force, virilité, caractère risque-tout) et qu'elles étaient, dans un comportement de soumission, allées jusqu'au bout de la logique de cet homme. Sauf cas exceptionnel, les femmes de braqueurs et de délinquants que j'ai pu rencontrer se contentaient souvent de “suivre”, assignées au repérage des lieux, au rôle de chauffeur ou de receleuse. Mais il faut être conscient que nombre de délinquants ont une image collective de la femme très particulière selon laquelle cette femme existe en tant que faire-valoir mais sans que lui soit reconnue une véritable marge de manœuvre personnelle. Elle doit souvent subir et accepter. »

Complices passives et éternelles suivantes pour tel observateur elles ont aussi aux yeux d'Anne-Marie Sinan, éducatrice au centre pénitentiaire de Rennes, bien souvent adopté ces attitudes en retrait après avoir été privées de toute forme de reconnaissance voire d'existence propre au cours de leur trajectoire, menant d'une certaine manière une vie par procuration : « Mon sentiment est que la criminalité des femmes est très souvent liée à un homme. Dans de nombreux cas et si l'on considère les femmes qui sont en détention ici, il apparaît que les actes criminels ou délinquantiels qui ont entraîné leur incarcération ont été commis pour ou à cause d'un homme proche. Ceci se vérifie tout particulièrement dans les dossiers d'atteintes aux enfants et d'atteintes aux mœurs et il n'est pas rare que ces femmes entrent en prison “en couple”, incarcérées en même temps que leur compagnon. Les affaires d'infanticide, d'inceste et de mœurs sur mineurs dans lesquelles sont impliquées les femmes que nous recevons se déroulent très souvent dans le cadre d'une soumission totale à un homme — petit ami, concubin ou époux — que l'on ne veut pas dénoncer ou dont on se fait la complice par amour afin de maintenir le lien conjugal ou amoureux. » *Un constat qui n'est certes pas sans rappeler celui du docteur Deschacht et qui appelle d'autres observations de la part de l'éducatrice :*

« Cela ne vaut bien évidemment pas pour toutes les femmes mais lorsque j'observe la plupart de celles qui sont en détention ici, j'ai de toutes les façons bien souvent l'impression qu'elles viennent d'un monde différent, d'une autre “planète”. Il semblerait qu'en termes d'émancipation nombre de femmes qui entrent à Rennes aient accumulé un retard plus que considérable. D'une manière générale, en tant que femme, je pensais que dans notre société actuelle certaines choses étaient établies en ce qui concerne notre statut, notre égalité, nos droits et nos libertés mais dès lors qu'on pénètre au centre pénitentiaire, force est de constater que c'est loin d'être le cas. Dans les murs du centre de détention, on fait un magistral bond en arrière et l'on s'aperçoit que les femmes qui arrivent ici viennent bien souvent de milieux socioculturels qui ne semblent pas avoir été touchés par cette évolution du statut de la femme.

En qualité de travailleurs sociaux, nous pouvons d'autant mieux l'observer que notre tâche consiste principalement à leur permettre de gagner un peu de cette autonomie qui leur fait si cruellement défaut, de tenter de pallier les états de dépendance dans lesquels elles se trouvent et que la situation d'enfermement carcéral va encore accentuer. A titre d'exemple, nous sommes régulièrement confrontés à des femmes à qui nous sommes contraints d'expliquer, aussi énorme que cela puisse paraître, qu'être battue par son mari ou humiliée, cela n'est tout simplement pas normal. Qu'elles peuvent le quitter, envisager une séparation, un divorce, autant de choses qui parfois ne leur seraient pas venues à l'idée ou qu'elles considèrent comme irréalisables. La plupart du temps également, il apparaît que ces femmes n'ont aucune identité propre à leur arrivée. Elles sont comme annihilées. Il est de ce point de vue intéressant de remarquer que la détention même, ne serait-ce que parce qu'elle les éloigne d'un environnement familial étouffant et qu'elle leur donne accès à certains types d'activités (activités culturelles, bibliothèque, cours...), leur permet parfois de changer. Elles vont découvrir des choses à propos d'elles-mêmes qu'elles n'avaient jusqu'alors jamais explorées à l'extérieur : elles prennent conscience d'avoir des capacités et des aptitudes propres, ce qui leur permet de retrouver une certaine confiance, de reconstruire une image valorisante d'elles-mêmes à leurs propres yeux comme aux yeux des autres — cela va de pair. En somme, et malgré le poids de l'institution, elles se mettent soudain à exister en tant que personne. Une intégrité qui leur était vraisemblablement refusée au sein de leur milieu originel. »

Il semblerait cependant que ces changements soient parfois de courte durée et qu'à l'approche de la sortie, le travail de reconstruction amorcé en prison doive se diluer dans les angoisses que nourrissent les femmes vis-à-vis du monde extérieur. « A leur sortie, elles ne se sentent pas en mesure d'affronter l'extérieur et, pensant ne pas avoir la force de s'assumer dans un environnement ouvert qu'elles jugent hostile, elles vont désespérément chercher un nouveau compagnon qui pourra d'une certaine manière les prendre en charge, *reprend Anne-Marie Sinan.* Nombre d'entre elles sont en réalité à la recherche d'une sorte de tutelle et vont tâcher de reproduire à leur libération le même schéma que celui qui préexistait à leur incarcération. Dans cette perspective, il y a des femmes qui se remarient ainsi en détention, dans plusieurs cas avec d'autres détenus, après un échange de courrier plus ou moins long, uniquement sur la base de cette correspondance et pour avoir une "sécurité" à leur sortie. En règle générale, dès qu'elles sont libérées, elles retrouvent très rapidement un compagnon qui correspond bien souvent au profil de l'homme dont elles ont été séparées à l'occasion de leur incarcération, celui-là même qui est parfois précisément à l'origine de leur arrestation... »

Complicité amoureuse et soumise, cette règle de la tutelle conjugale ou assimilée ne fait cependant pas l'unanimité : d'après Robert Cario, l'idée selon laquelle la femme serait criminelle « par amour », complice de son conjoint ou de son amant, ne semble pas entièrement confirmée par les différentes études sur le sujet. En matière de complicité, la proximité relationnelle dans la criminalité féminine ne se vérifierait que pour un complice sur trois, l'existence de liens étroits, affectifs entre les femmes mises en cause et leur(s) complice(s) n'étant pas aussi évidente que dans le cas de la relation qui existe entre les femmes criminelles et leurs victimes. Qu'elle soit relation de proximité ou non cependant, l'association privilégiée avec des hommes reste manifeste dans nombre de registres outre les observations menées sur les affaires relatives aux mœurs, aux atteintes portées aux enfants, aux vols qualifiés comme aux recels, les dossiers concernant les infractions liées au trafic ou à la consommation de stupéfiants laissent apparaître également que les femmes agissent la plupart du temps avec un ou plusieurs hommes, les complicités féminines demeurant apparemment annexes et/ou résiduelles.

Il est pourtant d'autres catégories d'infractions qui échappent quant à elles à ce code de la complicité. Ainsi, les infractions dites astucieuses contre les biens d'une manière générale comme aussi, et surtout, les atteintes mortelles aux personnes — homicides et tentatives d'homicide sur adulte —, sont-elles souvent le fait de femmes agissant seules. Et ce dernier constat n'est pas sans remettre en cause l'un des stéréotypes majeurs en ce qui concerne la criminalité féminine et notamment la criminalité violente que l'on a souvent assimilée chez le beau sexe à une criminalité « par procuration ». Par-delà la figure classique de la femme complice dans la vassalité, l'image de la femme manipulatrice et instigatrice du crime de sang est en effet de celles qui ont marqué le plus durablement l'imaginaire collectif. Développée de longue date et reprise par tout un courant criminologue d'inspiration biologique[1], cette théorie de l'éminence grise n'a cependant pas pu être étayée de manière objective. Au contraire, les recherches statistiques menées sur le sujet tendraient à prouver que les instigatrices véritables ne

1. Voir à ce propos les interprétations relatives à la moindre criminalité des femmes en criminologie traditionnelle relatées dans la postface.

seraient en fait présentes que dans une faible minorité des affaires traitées par la justice (environ 3 %), laissant aux tenants du précédent courant le loisir de spéculer sur l'idée selon laquelle elles ne seraient en réalité presque jamais appréhendées et par conséquent tout simplement pas recensées.

ANNE OU LES CHEMINS DE L'ÉDUCATION

MARDI 13 MAI 1996 — 11 H

Anne pousse la porte de la bibliothèque du quartier des femmes. Sur le seuil de cette pièce minuscule envahie par les rayonnages, elle semble hésiter. Silhouette fragile, corps d'adolescente, T-shirt ample, pantalon de sport, petite tête triangulaire aux cheveux châtain clair coupés comme à l'armée. Au jour de notre première rencontre, cet étrange petit soldat de 37 ans fêtait son deuxième anniversaire pénitentiaire derrière les lourdes portes d'une maison d'arrêt de province. Elle devait me le faire remarquer : « 13 mai 1994-13 mai 1996 : deux ans juste aujourd'hui. Deux ans déjà. » *Deux années pleines d'attente pour cette femme à l'allure discrète qui venait de voir une semaine auparavant son jugement, issue redoutée autant qu'attendue, reporté à la session d'assises prochaine.*

« J'aimerais bien qu'on nous transfère... D'abord, parce qu'en centre de détention on peut être seule en cellule. En plus, les cellules sont ouvertes la journée et on peut circuler dans les couloirs, c'est pas comme ici où on est toujours enfermées. Au tiers de sa peine on a des permissions tandis qu'ici c'est seulement à la moitié. Et puis on a aussi droit à un coup de téléphone par semaine. Pas ici. C'est sûr, en centre de détention on est mieux qu'en maison d'arrêt et puis deux ans ici... Avec les surveillantes un coup ça coince, un coup ça passe... Enfin, moi je suis une solitaire alors ça va. Mon mari et moi, on demandera notre transfert à Bapaume après le jugement. C'est près de Lille. Je voudrais être plus proche de ma famille. Ils sont en Belgique. Mon mari et moi, on ira ensemble à Bapaume, on ne veut pas être séparés, surtout pas ça. Tout mais pas ça. Il nous tarde vraiment maintenant... On croyait que c'était fait et le jugement a été reporté. Ils nous l'ont annoncé là-bas, aux assises. On est partis le matin et arrivés au tribunal on nous a dit que notre avocat était malade, et qu'il avait demandé à ce que le procès soit reporté à la prochaine session. Le juge nous a demandé si nous étions d'accord. On n'avait pas vraiment le choix, parce que sans avocat... Ça m'a complètement démolie. Tout s'est effondré. Pendant un mois, je me suis préparée et tout a été remis en question en trois minutes. Je n'arrêtais pas de faire des cauchemars. Le mois qui précède le procès, c'est terrible : on a envie que ça se passe parce qu'on n'en peut plus d'attendre mais on a aussi tellement peur. Déjà il y avait eu une fausse alerte : au départ on devait être jugés en janvier, puis ça a été en mai et maintenant c'est encore reporté... Je ne comprends pas. Notre dossier a été clos rapidement pourtant : au bout d'un an seulement. Et depuis, on attend... Quand je suis rentrée en prison au début, j'avais l'impression de planer. Les surveillantes le disaient que je planais. Je ne me rendais pas compte que j'étais en prison, c'était tellement inimaginable pour moi. Jamais je n'aurais cru qu'un jour j'irais en prison. Mais après j'ai commencé à réaliser et là, ça devient plus dur. La prison, on ne peut pas s'y habituer. Je ne crois pas... »

Suit une brève pause et Anne change de ton. Elle me débite d'une voix quasi mécanique la phrase suivante comme s'il s'agissait d'une récitation apprise par cœur : « J'aimerais faire comprendre aux jurés que deux ans en prison m'ont suffi amplement pour comprendre que j'avais fait une bêtise. Au début, c'est vrai, je ne réalisais pas. Pas vraiment... » *J'apprendrai plus tard de sa bouche que cette histoire de* « bêtise », *elle n'y croit pas,* « pas vraiment... ». *Mais elle préfère d'abord me parler de son mari. Franck, incarcéré le même jour qu'elle au quartier des hommes :*

« C'est clair : ce qui me fait le plus souffrir ici, c'est la séparation d'avec mon mari. Je lui écris tous les jours, deux feuilles recto verso. Lui, chez les hommes, il m'écrit trois fois par semaine, et c'est un exploit pour lui. Il n'aime pas écrire. De toutes les manières, je l'ai déjà dit aux surveillantes. Quand je suis rentrée, on m'a demandé si je n'avais pas d'idée suicidaire et moi j'ai prévenu les surveillantes : tant que mon mari sera là, je ne ferai pas de connerie. Je veux qu'on sorte ensemble. Mais s'il lui arrivait quelque chose, c'est sûr je trouverais le moyen d'en finir... Elles ne peuvent pas vous surveiller tout le temps.

Mon mari et moi, on se voit une fois par semaine aux parloirs internes. Une heure tous les mardis après-midi. Le mardi, c'est le seul jour qui compte ici. Tout le reste du temps, ça s'éternise mais cette heure-là, on ne la voit pas passer. Elle file. On est vraiment solidaires l'un de l'autre, vous ne pouvez pas savoir. On a toujours tout fait ensemble : on travaillait ensemble, on faisait les courses ensemble, tout, toujours ensemble. C'est en prison qu'on a fêté nos huit ans de vie commune. On était très heureux avant et c'est sûr, on sera encore plus heureux en sortant, à cause de la prison : en sortant on vivra plus intensément. Vous savez, j'ai été mariée une fois avant. Je me suis mariée à 17 ans, je l'avais rencontré quand j'avais 15 ans mais ce n'était pas pareil : j'ai perdu dix ans de ma vie.

Ici, bien sûr à cause de mon chef d'inculpation, j'ai de gros problèmes avec les autres détenues. Quand je suis rentrée elles ne savaient pas puis elles ont fini par savoir pourquoi j'étais là. C'est la fille avec qui j'étais en cellule au début qui leur a dit. Un jour, à quatre ou cinq dans la cour elles ont commencé par m'insulter puis il y en a une qui m'a écrasé une cigarette sur les lunettes... Les surveillantes évitent que je me trouve avec les autres dans le couloir ou dans les escaliers. Je vais aux douches seule. On m'isole. Au moment des assises quand on devait passer j'ai eu peur. Il y a eu un article vraiment méchant sur moi dans le journal. Je sais que des filles l'ont lu. J'avais peur de leur réaction, mais ça a été plutôt une bonne surprise : certaines d'entre elles m'ont même épaulée. Elles ont dit que ce pour quoi j'étais là c'était du passé, que je payais de toutes les façons. Et c'est bien ça : je ne comprends pas pourquoi d'autres détenues se permettent de vous juger. Si je prends quinze ans, c'est moi qui les ferai, pas elles. Alors je veux qu'on me laisse tranquille avec tout ça ! De toutes les façons, moi je suis une solitaire. Je préfère être toute seule. Les surveillantes le disent. Je ne parle pas facilement. Je me suis confiée un peu à la fille qui est avec moi en cellule, mais je préfère écouter. J'écoute plus les autres.

Avec la fille qui est dans ma cellule en ce moment on peut passer des journées entières sans s'adresser la parole et on ne se fait pas la gueule pour autant. Je m'entends plutôt bien avec elle. Déjà on est propres toutes les deux. C'est important. Et puis on est discrètes toutes les deux, on n'est pas très causantes. On est ensemble depuis un an maintenant. En plus on travaille toutes les deux et ça aussi c'est important. Le travail ça aide. Avant j'étais très active : mon travail, la maison, le jardin, je faisais pousser des fleurs et aussi des légumes, je ne restais jamais sans rien faire. En ce moment par exemple je fais des housses de coussin pour bateau. Dehors, j'étais couturière, c'est pour ça. J'ai aussi fait des napperons et des petits tabliers en tissu provençal, des compositions florales avec des brins de lavande, ce genre de chose... Je préfère cela à travailler au mess. J'y ai travaillé au début mais ça ne me plaisait pas. Puis j'ai été déclassée. Je n'ai plus pu travailler là-bas parce qu'une fille avait dit que j'avais insulté le personnel surveillant... Enfin ! Je préfère travailler en cellule : je m'organise comme je veux, je n'ai de comptes à rendre à personne à part au concessionnaire et puis je ne suis pas obligée de parler avec les autres. Quand je travaille tout un mois, je gagne à peu près 4 000 francs. Ça sert à acheter des cigarettes, les produits d'hygiène ou à faire des achats plus importants comme l'épilateur que j'ai acheté la semaine dernière. J'en avais un à la maison mais on n'a pas le droit de faire entrer ici ce genre d'appareil. En plus, en prison tout coûte plus cher. L'épilateur, dehors il vaut 400 ou 500 francs. Ici, je l'ai payé 700 francs, alors vous voyez...

L'argent, même ici on en a besoin. Par exemple Van der M., mon ex-mari — c'est lui le père de mes enfants —, aujourd'hui il me fait un procès parce que mon père est mort il y a deux mois et qu'il croit que j'ai hérité d'argent. Il veut que je lui paye une pension alimentaire pour les enfants. Il veut que je paye pour ça alors que je suis en prison ! Lui, vraiment...

Au départ je ne voulais pas dire ce qu'il m'avait fait. Je voulais juste oublier toute cette période de ma vie. Et puis j'en ai parlé un jour à mon avocat et il m'a dit que je devais tout raconter. Van der M. était violent et alcoolique. Il était très dépensier et il m'a forcée à me prostituer. J'ai rencontré Franck et j'ai divorcé. Je l'ai quitté et à ce moment-là j'ai rompu avec toute ma famille. Avec mon père, avec ma mère et avec mon fils qui était resté avec Van der M.. J'ai tout quitté. D'un coup, comme ça. Depuis ma mère a fait le premier pas. Elle m'a écrit une lettre puis elle est venue me voir. Ça a dû être dur pour elle, surtout la manière dont on lui a appris tout ça. C'est mon fils qui lui a dit au téléphone. Il lui a dit : "Alexandra — c'est ma fille — est revenue avec nous et maman est en prison pour trente ans environ." N'importe quoi ! Bien sûr ça a été un choc pour elle... J'ai également deux frères. Avec le plus vieux je n'ai plus aucun contact mais le plus jeune est venu nous voir. Il dit qu'il veut m'aider, mais il ne veut pas aider Franck suffisamment, alors...

Le geste de ma mère m'a beaucoup touchée. Je l'avais carrément rejetée et elle est venue. Maintenant on s'écrit régulièrement. Il y a aussi un couple d'amis à nous, des notaires, qui se sont rapprochés depuis qu'on est en prison. La femme va être témoin de moralité au procès. Elle vient nous voir tous les mois. C'est bien de savoir qu'on a des amis, mais Franck et moi on est des solitaires, alors dehors, on verra...

Avec mon fils en revanche, c'est net : la rupture est consommée. Je ne l'ai plus vu depuis 1986. Il a 17 ans maintenant. Pour moi c'est peut-être aussi une manière de rejeter Van der M., je ne sais pas.

Alexandra, au début je lui ai écrit mais elle ne m'a pas répondu. Je voulais savoir pourquoi elle avait fait ça, pourquoi elle nous avait dénoncés, pourquoi elle ne nous en avait pas parlé à nous puisqu'on se disait tout... C'était une enfant difficile, turbulente. Elle était dissipée. On l'avait placée à 8 ou 9 ans dans un foyer de sœurs. Ça avait l'air de lui convenir : elle était plus épanouie, elle avait de meilleurs résultats scolaires, elle allait mieux en fait. Puis les sœurs ont eu des difficultés financières et c'est la DDASS qui a repris le foyer. A 11 ans, j'ai demandé qu'on la change d'endroit, je voulais qu'elle aille dans un réseau villas vous savez. Au juge elle a dit qu'elle avait demandé à aller à V. pour être plus loin de nous mais ce n'est pas vrai : elle est allée à V. parce qu'il n'y avait plus de place ailleurs. Il n'y avait plus de place dans les foyers proches de là où on habitait. Au début elle voulait aller dans un foyer de la ville pour rester près de nous. Elle voulait rester près de nous, j'en suis sûre, je le sais.

En fait, je crois qu'ils l'ont cuisinée un peu, les gens de la DDASS. Je connais ma fille, il y a des choses qu'elle n'a pas pu dire. Je la connais : c'est ma fille. Dans les dépositions, ce n'était pas ses mots. Bon, elle fumait. Nous on le savait mais au foyer c'était interdit, alors on lui avait dit : "Si tu veux continuer à fumer, arrange-toi pour le faire discrètement." On n'était pas sévères avec elle. Elle allait être renvoyée parce qu'on l'avait attrapée à fumer. Moi je crois qu'elle a eu peur de notre réaction alors elle nous a dénoncés. Après elle a fait une tentative de suicide, certainement parce qu'elle regrettait. Elle est doublement victime.

On était libres avec elle, je ne comprends pas pourquoi elle ne nous a pas parlé. On voulait qu'elle nous parle de ses problèmes. Elle nous parlait de ses petits amis, on lui disait qu'il fallait mettre des préservatifs et tout ce qu'il fallait savoir. Dans notre relation, nous avons voulu lui donner une éducation très libre. C'était normal. Il y a eu un engrenage. Notre ami notaire nous l'a dit : il nous a dit qu'on était victimes d'un phénomène de société. Les incestes et tout ça, avant on n'en parlait pas, aujourd'hui on ne fait que ça, on en parle, on en parle...

Mais vous savez, c'est venu de moi. J'ai eu une éducation très stricte, très sévère. La masturbation c'était interdit, c'était un péché. J'aurais voulu autre chose. Qu'on m'éduque. Avec Alexandra tout est venu naturellement, très naturellement. On ne l'a jamais contrainte. On ne faisait rien si l'un de nous n'était pas d'accord. Aujourd'hui nous avons demandé un suivi psychiatrique. On voudrait comprendre ce qu'on a fait de mal.

Vu le trouble qu'Alexandra sent maintenant, bien sûr, j'ai un sentiment de culpabilité. Après avoir reçu une seconde lettre de moi il paraît qu'elle a fait une autre tentative de suicide. Elle ne m'a jamais répondu. Je ne lui écrirai plus.

En fait, mes enfants je ne les voulais pas vraiment. J'ai eu mon fils à 19 ans et ma fille à 20 ans mais je les ai faits parce que ça se faisait, c'est tout ! Il fallait avoir des enfants pour être une femme et moi je voulais être une femme alors j'ai eu des enfants.

Après, moi je voulais des enfants propres et polis mais pour Van der M. les enfants c'étaient les rois : ils pouvaient faire tout ce qu'ils voulaient, tout ! Ils cassaient tout ! Aujourd'hui c'est différent : au début, c'est vrai, j'étais un peu réticente mais maintenant, Franck et moi, on a décidé d'avoir un enfant quand on sortira. Un seul. Je préférerais un garçon. Lui sera un enfant vraiment voulu, un enfant de l'amour, la preuve de notre amour. C'est le plus beau cadeau que je puisse lui faire. Avec cet enfant bien sûr ce sera autre chose. Le reste c'est fini, son éducation sexuelle sera, entre guillemets, "normale". »

Bruits de clefs dans la serrure : le temps qui nous était imparti est écoulé, une surveillante vient chercher Anne pour la ramener dans sa cellule. Nous avons passé un peu plus de deux heures ensemble et je ne peux m'empêcher de penser qu'au cours de notre entretien Anne n'a cessé d'essayer de gagner du temps. Ayant clairement perçu sa gêne et son malaise, je doute qu'elle veuille véritablement poursuivre l'expérience. Pourtant, lorsque je lui demande si elle désire me revoir, elle me répond très spontanément que le plus tôt sera le mieux. Nous convenons d'un rendez-vous pour le vendredi suivant, avant de nous quitter dans le couloir qui mène à sa cellule, à peine à quelques portes de la bibliothèque.

VENDREDI 17 MAI 1996 — 10 H

« La sexualité en prison, les gens en parlent. Mon mari et moi on se voit régulièrement chaque semaine, mais on se voit pour parler, c'est pas du tout ce qu'on appelle le parloir conjugal où on pourrait être dans une pièce seuls. Là on est dans une cabine d'avocat. On se parle et c'est tout. Au parloir famille c'est déjà plus discret. Ce sont des petits boxes individuels, il y a le personnel qui fait des rondes mais là c'est possible de... J'ai entendu dire par mon mari qu'il y avait des détenus qui voyaient leur femme et qu'effectivement il arrivait que... Moi, c'est tout vitré, il y a du monde partout, des avocats d'un côté, les éducateurs de l'autre, même pour parler parfois c'est gênant quand il y a quelqu'un dans la cabine juste à côté, alors vous voyez... Bon, c'est vrai que c'est une chose qui pourrait être importante. A Bapaume je ne sais pas du tout comment ça se passera...

Mais nous, ce qui nous manque c'est pas... On n'a pas besoin du rapport sexuel en lui-même, c'est pas ça mais on aurait besoin d'un peu d'intimité, besoin de pouvoir se donner un peu de tendresse tout simplement... La tendresse c'est ce qui nous manque le plus ici. Il y en a qui le vivent bien et d'autres qui le vivent moins bien. Par exemple, l'autre jour, dans la cour, une fille disait : "Hou, moi, j'aurais besoin d'un homme." Et puis y en a une en rigolant — elle est sortie ce matin —, elle me disait : "Mais toi ça fait combien de temps que t'es là ? Ça te manque pas de... ?" J'ai dit : "Même si ça me manque, c'est comme ça."

Quant à l'homosexualité, oui bien sûr, ça se voit. Je sais qu'il y a déjà des couples de femmes qui sont rentrés et puis j'ai entendu dire beaucoup de choses. Ici, les cellules sont grandes, il y a plusieurs filles alors ce n'est pas facile. Mais dans les centres de détention ça doit se voir beaucoup plus probablement parce que c'est pour des plus longues périodes et la vie n'est pas la même. Ici, en principe on reste pas longtemps, alors on n'a pas le temps de se lier... Certaines surveillantes disent qu'à la limite c'est normal et puis d'autres ont l'air de trouver ça carrément... J'ai jamais vraiment approfondi le problème parce que j'ai mes opinions là-dessus. Vous voyez, pour moi c'est une chose normale. Homosexualité ou bisexualité, c'est normal. Je n'y vois vraiment aucun inconvénient, je trouve que ça fait partie de la vie.

Je sais qu'à Bapaume, ce sera plus long mais je ne tromperai pas mon mari. Je n'aurai pas une relation avec une femme parce que mon mari ne sera pas là... Disons que je suis bisexuelle, mon mari l'est également et... Bon, quand quelque chose se passe on est toujours ensemble. Donc, il m'est arrivé d'avoir des relations avec des femmes mais en présence de mon mari ou vice versa. On les contactait par annonce, dans des revues ou par le minitel. C'est une chose qu'on partage totalement, donc en prison je n'aurai jamais de relation avec une femme vu que mon mari n'est pas près de moi. On en parle parfois et il me dit : "Mais toi je te connais, je connais tes petits penchants..." et je lui dis que de toute façon je sais très bien que ça ne lui plairait pas que chacun de notre côté on fasse quelque chose... et puis moi ça ne me tente pas du tout. Je crois que ça ne me tentera jamais, vu qu'on a tout en commun mon mari et moi. On n'en a pas envie.

Vous voyez, au début j'ai souffert de mon éducation très stricte mais j'avais quand même des petits amis. Ma mère me laissait très libre. Elle savait très bien que même si elle me l'interdisait j'en aurais, en cachette. Elle l'a appris un jour. Ce qu'il y a, c'est que j'ai commencé très jeune, j'avais 12 ou 13 ans. Pour ma mère le fait que je sorte avec des garçons, au début, ça lui semblait impossible parce qu'elle, elle a commencé à sortir avec des garçons très tard. Je crois que le premier garçon qu'elle a rencontré, elle devait avoir 18 ou 19 ans. En fait elle n'a connu qu'un seul homme : mon père. Même après son divorce elle n'a pas connu d'autre homme... Elle s'est mariée vierge. Il a été le seul homme de sa vie. C'est une autre génération. Puis elle a vu dans mon comportement que j'avais changé un peu et elle a commencé à fouiller dans mes affaires. Elle a trouvé une lettre et à partir de là elle a compris que j'étais... Que j'étais déjà devenue une petite femme, quoi ! Là elle m'a parlé et je l'ai rassurée. Sa première question ça a été : "Mais comment tu as fait pour avoir la pilule à 13 ans ?" Je lui ai expliqué que j'étais allée à l'hôpital voir un gynéco qui n'avait fait aucune difficulté. Elle m'a quand même dit : "Fais attention avec qui tu sors", les recommandations habituelles qu'une mère fait à sa fille...

Mon père de toutes les façons... Bon, mon père était absent. Il est parti définitivement quand j'avais 11 ans et je n'ai pas de très bons souvenirs de nos rapports... Au début bien sûr, j'étais sa petite fille, sa petite poupée, sa préférée. En fait il ne voyait que par moi et mes frères étaient mis de côté et ça ne me plaisait pas : on était trois, il devait nous traiter de la même manière. En plus, lui, quand j'ai commencé à voir des garçons, il ne l'a pas accepté et à partir de là il a commencé à me mener la vie dure. Il a commencé à vouloir s'occuper de moi alors qu'avant... Il ne s'est jamais soucié de ce que je faisais à l'école, il n'a jamais joué avec moi. En fait, à partir du moment où il a vu que je lui échappais... Quand j'ai rencontré Van der M., bien sûr ça s'est très mal passé : il disait que c'était un bon à rien, il n'arrêtait pas de le critiquer... Avec le recul maintenant, je m'aperçois qu'il n'avait pas tort... Enfin ! Mais mon père de toutes les façons, c'était un homme qui critiquait tout ! Dans toute sa vie, il ne m'a fait qu'un seul compliment parce qu'un jour quelqu'un qu'il connaissait lui avait dit que je faisais du bon boulot. C'est tout. Autrement ce n'était que des critiques et des remarques. Mais vous savez, s'il est arrivé à être ce qu'il a été, c'est bien grâce à ma mère. Elle était plus âgée que lui, elle avait déjà un travail quand ils se sont rencontrés et c'est ma mère qui a payé sa formation. Ce à quoi il est arrivé, c'est grâce à ma mère.

Au début, en fait, ça ne s'est pas bien passé pour moi. J'avais commencé à prendre la pilule mais sans avoir de relation avec un garçon, parce que, étant donné que je ne connaissais rien, je ne savais pas du tout ce qu'il fallait que je fasse. Je savais qu'il fallait que je prenne la pilule par des copines de l'école et par les fameux cours d'éducation sexuelle de ma mère — elle était infirmière. Ses cours, c'était vraiment ce qu'il y a dans les livres, mais les caresses qu'on fait à un homme par exemple, eh bien ça, j'en avais jamais entendu parler. Par exemple, une érection je ne savais pas ce que c'était. Tout ça je ne savais pas, alors la toute première fois que je me suis retrouvée avec un garçon, c'était dans un champ de blé et quand il a ouvert le pantalon, j'étais... Je me suis retrouvée avec ça dans la main, je me suis dit mais qu'est-ce qu'il m'arrive, je ne comprenais rien, et en plus j'étais tellement timide... Ça m'a effrayée, je suis partie. Quelque temps après j'ai rencontré un autre garçon et lui j'étais sa première fille aussi. On a essayé d'avoir une relation sexuelle mais comme moi j'étais incapable de faire quoi que ce soit, ça n'a pas marché. On a essayé deux, trois fois mais sans jamais que ça marche alors j'ai dit bon, ça marche pas, ça marche pas ! Puis une fois je me suis retrouvée avec quelqu'un de bien plus âgé avec qui ça a marché. En fait ça s'est bien passé pour lui mais pas pour moi. Il avait 23 ans, donc dix ans de plus que moi. J'étais une gamine pour lui. Quand j'ai voulu le revoir après il ne voulait plus entendre parler de moi : il avait eu ce qu'il voulait et je pouvais dégager. D'abord il avait pas été tellement tellement doux et c'était pas une réussite et puis j'étais tellement gênée que... Après j'ai eu quelques petits amis mais pas tant que ça quand même. Ça allait mieux. Il m'a fallu longtemps et je vois avec le recul que j'ai vraiment été nulle. Question sexuelle, j'ai vraiment été nulle avec les garçons... Je me demande ce qu'ils me trouvaient d'intéressant parce que vraiment !

En fait, j'ai tout appris avec Franck, mon mari. Bon, en ce qui concerne les relations homosexuelles, je les avais déjà découvertes avant. Lui aussi d'ailleurs. C'est un point qui nous a rapprochés un peu plus. J'avais déjà eu des relations avec des femmes peu de temps avant que je le rencontre. Ça s'est fait vraiment par hasard. La toute première fois, j'étais dans une boîte pour couples échangistes avec Van der M. Ce genre de boîte, c'était des lieux que j'avais découverts seule et j'y avais emmené Van der M. parce que dans une boîte échangiste bien sûr on ne peut pas faire autrement. Un jour j'étais là et il y a une fille qui est venue derrière moi et qui m'a carrément attrapée dans ses bras. C'est quelque chose qui ne m'a pas du tout choquée, ça s'est fait tout seul. J'ai jamais eu de problèmes. Mais je sais que je ne pourrais pas vivre avec une femme, ça je ne pourrais pas.

Au niveau du plaisir, un homme ou une femme on peut pas dire que ce soit plus ou moins : c'est différent, c'est autre chose. Quand on a des relations avec d'autres personnes Franck et moi, il n'y a pas de sentiments, c'est uniquement pour le plaisir sexuel. Avoir des relations sexuelles avec d'autres personnes c'est une variante, ce n'est absolument pas systématique. C'est quand ça nous prenait ou quand ça se présentait. On n'avait pas besoin de ça pour... On avait une très grande liberté sexuelle mais jamais seuls, toujours ensemble. Il y a une totale confiance entre nous. Parce que Franck et moi, on est très jaloux. Moi, je suis quelqu'un d'hyper-jaloux, ça ! Et pourtant on s'est vus avec des femmes, avec des hommes... Mais c'est pas pareil. Il sait très bien que pour moi à ce moment-là, il n'y a pas de sentiments. C'est uniquement pour le plaisir. C'est totalement différent. Parce que je sais qu'il nous est arrivé de rencontrer des hommes qui voulaient m'embrasser sur la bouche, eh bien j'ai toujours refusé. Je leur disais : "Tout ce que tu veux mais ça non, pas question." Parce que ça c'est... C'est de la tendresse. Et pour Franck c'est pareil.

Je sais que le juge m'a beaucoup interrogée là-dessus : il disait : "Quand même dans vos lettres vous avez l'air de beaucoup tenir à votre mari et puis après vous avez d'autres aventures." Mais j'ai dit ça n'a aucun rapport, il n'y a pas de sentiments. "Ah ben alors vous êtes perverse", il a dit ! Donc, pour le juge c'est de la perversité. Même les psy, ils vous classent vite dans une catégorie. J'ai lu mon rapport d'expertise psychiatrique : moi et mon mari ils nous ont carrément classés dans les pervers. J'ai envie de leur dire que c'est des cons parce qu'ils se permettent de juger alors qu'ils ne savent même pas... Ils n'ont même pas cherché à comprendre... Pervers, voilà c'est tout et en plus on est incurables. Ils disent qu'il n'y a aucun moyen de nous soigner... Mais on n'est pas malades ! On vit nos fantasmes voilà tout, alors qu'il y a beaucoup de gens qui ont des fantasmes et qui n'arrivent pas à les réaliser. Nous on les réalise, avec des gens consentants qui ont les mêmes fantasmes que nous, c'est tout ! Là où le problème s'est posé, bien sûr, c'est qu'il y a eu ma fille au milieu... »

A ce moment-là une surveillante est venue chercher Anne : on l'attendait au parloir. Il s'agissait de cette amie notaire dont elle m'avait parlé lors de notre première entrevue. Anne s'est levée et m'a demandé si on ne pouvait pas se voir plutôt l'après-midi afin d'avoir plus de temps, « plus de temps pour parler », *a-t-elle insisté et cette dernière remarque a provoqué un haussement de sourcils chez la surveillante peu habituée à tant « d'épanchements » de la part de cette détenue.* « Maintenant que j'ai commencé, j'ai envie d'aller jusqu'au bout, sinon c'était pas la peine. »

MARDI 21 MAI 1996 — 15 H 30

Je retrouve Anne dans la salle dite des activités. Vaste pièce en entresol éclairée aux néons où trônent deux ou trois appareils de musculation, et dont les murs témoignent du passage de quelques détenues artistes peintres. La surveillante m'explique avec une pointe de fierté dans le ton que certaines peintures murales ont été réalisées par des femmes n'ayant jamais touché un pinceau avant leur arrivée. Un chat replet aux moustaches retroussées qui occupe un quart de mur surveille du coin de l'œil une femme-pot de fleur dont le corps sert de réceptacle à une énorme rose rouge. Sur le mur opposé des femmes au visage pris dans des voiles gravissent des collines ou s'élèvent dans les airs. Femmes sans tête ou femmes aveuglées, le ton est donné.

Par les hautes fenêtres dont le vasistas supérieur est ouvert sur d'épais barreaux nous parviennent les cris des filles en promenade dans la cour. Quelques-unes jouent au handball. J'apprends que la promenade quo-

tidienne est plus longue l'été : de 14 h à 17 h, tous les après-midi mais celles qui désirent remonter le peuvent à 15 h 30. Trois heures à tourner dans un étroit rectangle de terre battue, où l'ombre projetée du filet tendu sur le ciel quadrille le sol, cela peut paraître long à certaines.

Aujourd'hui, Anne qui n'est pas coutumière du fait est allée elle aussi en promenade. Elle avait besoin de se changer les idées, m'explique-t-elle : elle revient tout juste de son heure hebdomadaire de parloir interne avec son mari. Elle est abattue. Elle tient à me parler d'abord de son entrevue avec son amie le vendredi précédent.

« Elle m'a dit que ma fille avait fait une demande pour retourner à la maison pour aller chercher ses affaires. Quand je suis revenue j'étais en larmes. J'ai craqué, ça n'allait pas. J'ai dit non, je retourne dans ma cellule. J'ai craqué, j'ai explosé. Ma fille est retournée à la maison chercher des affaires qui lui manquaient. Elle est rentrée à la maison et elle s'est servie ! Nous on le prend très mal. On s'est dit que quand il y aura le procès elle va revenir, elle va encore retourner à la maison. Elle n'a pas à retourner à la maison ! On estime qu'elle n'a pas à y retourner. Nous ça nous a... Ça nous a secoués tous les deux. Elle prend ce qu'elle veut, elle prend des trucs qui ne lui appartiennent pas, elle se sert quoi ! Elle avait déjà récupéré ses affaires précédemment, alors ? ! Là, il paraît qu'elle avait oublié des livres, des trucs comme ça, mais les livres qui étaient dans sa chambre ils sont pas à elle, c'est des bouquins à moi et à Franck. Là, si elle est partie avec eh ben... Je ne sais pas ce qu'elle a pris. Alors ça nous a pas trop mis en forme vous voyez. Franck lui, il était dans tous ses états. Je lui ai dit de se calmer mais il a répondu : "Si ça continue, je vais sortir et je vais la faire sauter cette maison, je vais mettre une bombe dedans comme ça elle pourra pas y retourner." J'ai dit : "Oui et nous on va où après ?"

En plus, aujourd'hui avec Franck, ça ne s'est pas

bien passé. Il n'était vraiment pas en forme. Il était... Je vais pas dire agressif mais il était totalement déprimé, pessimiste, il voyait tout en noir... Il me dit : "T'inquiète pas, t'inquiète pas, je vais pas me suicider" mais en attendant il me casse le moral complètement... Ici, on n'a qu'une heure, alors OK, on en parle dix minutes *(du procès)* mais après on arrête alors que là, on en a parlé pendant cinquante minutes et les dix dernières minutes, on a parlé d'autre chose et évidemment quand on a commencé à aller un peu mieux, c'était terminé le parloir ! Je sais qu'il s'en veut mais il a besoin de parler, il a besoin... Dans les moments comme ça bien sûr, je vais lui écrire, quand je vais remonter je vais continuer la lettre que j'avais commencée tout à l'heure... Le problème c'est que le courrier est long à arriver, pourtant c'est juste à côté. Parfois ça met deux jours, trois jours, on se demande pourquoi...

... Enfin... On était partis sur nos projets et voilà ! Nos projets d'après... On avait parlé aussi du bébé. Dans ma lettre j'en parle pas mal. Chaque fois on en parle... On peut en parler mais ça va pas résoudre les problèmes parce qu'il n'arrête pas de prévoir : "On va prendre douze ans, quinze ans, dix ans..." Mais de se miner comme ça, ça sert à rien ! Moi je vois les choses différemment. C'est vrai quand il y a un problème, ça me bouscule sur le coup mais très vite j'arrive à le mettre de côté parce que sinon, je sais qu'il ne m'en faut pas beaucoup pour que je descende la pente, donc je me force à ce que très vite ça aille mieux. Là, c'est pour ça que je suis sortie. Je me suis dit que d'aller un peu dehors ça me changerait, parce que quand je suis sortie du parloir ça n'allait pas, ça n'allait pas... Ça fait rien, ça va passer. Il faut se forcer parce que ça sert à rien. Quand il est comme ça, il veut rien entendre...

Et puis dans les lettres aussi, je ne peux pas tout écrire. C'est lu, le courrier, alors je peux pas lui dire ce que j'ai sur le cœur. J'ai parfois des problèmes avec les surveillantes mais je ne peux pas en parler.

Donc... Là, hier, il y en a une qui m'a traitée de radin à cause d'une huile solaire que j'ai depuis l'an dernier et que je voulais pas jeter. Je sais, j'ai tendance à être radin... Enfin non, je suis pas radin, je suis économe, c'est différent. Moi j'ai été éduquée comme ça : il ne faut pas gaspiller. En plus en prison on a du mal à avoir quelque chose, alors quand on l'a, on ne va pas le jeter. Si elle, elle a beaucoup d'argent... Moi aussi j'ai beaucoup d'argent, mais je suis pas dépensière, parce que j'ai connu autre chose. J'ai été dans des situations, avec un mari alcoolique, avec deux enfants, sans travail, sans rien, je me laissais presque mourir de faim pour nourrir mes enfants. Le peu que j'avais, c'était pour mes enfants, c'était pas pour moi. Une fois je mangeais du pain sec et je le trempais dans l'eau parce que j'arrivais pas à le croquer. J'ai été aussi bas que ça. J'avais vraiment rien. Ben maintenant le fait d'avoir de l'argent, je suis économe. Voilà !

Van der M., mon ex-mari, par contre, c'était quelqu'un de très dépensier. On avait un bar à Bruxelles, et un autre en dehors pas loin, puis on est venus en France. En fait, on a fui pratiquement parce qu'on était couverts de dettes là-bas. Il avait voulu à tout prix acheter une maison et on pouvait pas la payer, tout allait être saisi et on allait se retrouver à la rue, alors on s'est dit... C'est moi qui ai dit : "On s'en va, on part dans le sud de la France." On avait une tante, ma marraine, qui habitait par ici.

On a fait des petits boulots, les vendanges, des machins comme ça et puis il a voulu ouvrir un commerce et il a ouvert une cordonnerie — son père était cordonnier. Il a bricolé un peu, il s'en sortait à peu près, il arrivait à se débrouiller avec ses mains, donc ça allait. Puis évidemment il a fallu que je travaille avec lui parce qu'il ne supportait pas que je reste à la maison sans rien faire. Enfin sans rien faire : avec deux enfants en bas âge c'est beaucoup dire sans rien faire, hein. Mais bon, il fallait que je gagne de l'argent alors j'ai travaillé avec lui mais ça ne suffisait pas : un client n'avait même pas encore payé qu'il avait déjà dépensé l'argent, alors évidemment dans la caisse, il n'y avait jamais rien. Quand je voulais aller faire des courses, j'ouvrais le tiroir et il n'y avait rien. Je lui disais : "Et l'argent ?" "Ah oui, l'argent. J'en ai eu besoin pour payer ça", il répondait... Oui, pour aller boire l'apéritif au bistrot du coin !

Je l'ai supporté quand même pas mal d'années, mais c'est un truc... J'avais pas le choix. Et puis il y a eu un moment où j'étouffais à la maison, je tenais plus. Il s'est aperçu que quand je sortais il m'arrivait de rencontrer des hommes. Je ne sais pas exactement ce qu'il en a pensé mais je sais que... Bon moi, c'était uniquement pour avoir un peu de tendresse, j'avais besoin d'autre chose. Un jour il m'a carrément dit : "Si tu sors avec des hommes t'as qu'à leur prendre de l'argent." Alors il fallait que je leur soutire de l'argent. Au début j'étais tellement perturbée que... Enfin, ça s'est passé comme ça. En plus ça me permettait de sortir donc j'y voyais quand même mon intérêt. Et puis finalement je me suis rendu compte que j'étais pas faite pour ça. Je sortais avec des hommes mais c'était pas pour aller leur soutirer de l'argent. J'étais incapable de leur demander du fric, bon, j'essayais d'avoir quelque chose de... Qu'ils m'achètent des vêtements ou des trucs comme ça, mais en fait je n'y arrivais pas. Alors commc il voyait que je ne ramenais pas d'argent il a dit : "Si c'est comme ça je vais t'enfermer et tu sortiras plus." Il fallait quand même que je trouve une solution alors je suis tombée sur un journal où il y avait des petites annonces, des photographes qui cherchaient des modèles. A l'époque j'avais 23 ou 24 ans, donc j'étais encore passable pour des photos : j'ai dit ben d'accord je vais poser pour des photographes, là, pas de problèmes, ils me payent et voilà ! J'ai fait ça pendant quelque temps. Je ramenais l'argent à la maison et apparemment j'en avais suffisamment à son goût. C'était des photos pour des photographes amateurs, qui faisaient ça pour se faire plaisir quoi... Et puis un jour je suis tombée sur Franck.

Lui, c'était un professionnel et à partir du jour où je suis allée chez lui je ne suis plus retournée aux autres rendez-vous. J'avais plus envie parce que je savais qu'avec lui il y avait quelque chose... Tout de suite, le premier jour. Je m'en rappellerai toujours : c'était un mercredi, on avait rendez-vous à 2 h. Je suis arrivée à deux heures moins trois parce que je suis toujours ponctuelle et on a passé l'après-midi ensemble. Je suis rentrée le soir — je me rappelle, le mercredi soir on mangeait chez ma mère — et ma mère a tout de suite remarqué qu'il y avait quelque chose... Parce que je suis rentrée heureuse.

Avec Van der M., ça s'est très mal passé bien sûr parce qu'il s'est rendu compte que j'étais attachée. Donc, j'ai rencontré Franck au mois de février et au mois de mars j'ai tout dit à Van der M. : "J'ai pas l'intention de te laisser tomber, je vais aller passer de temps en temps une nuit avec lui." Au départ — j'ai pas compris d'ailleurs — il m'a laissée faire sans rien dire. Franck de son côté, il savait pas trop quoi dire non plus, il n'osait pas trop pousser. Il avait peur pour moi. Et puis je suis rentrée un soir, j'étais allée passer la soirée avec Franck et quand j'ai ouvert la porte, j'ai senti une odeur de vin. Il y avait des bouteilles sur la table et effectivement, Van der M. était vautré dans le fauteuil complètement saoul. Il s'est levé et il a commencé à me faire une vie de malheur. Il m'a dit : "Ça peut pas durer comme ça, tu vas faire ta valise et puis tu vas fiche le camp." J'ai dit : "OK, si tu veux." Puis, j'ai dit que j'allais emmener les enfants et il a dit : "Pas question ! Tu pars mais tu laisses les enfants." Là, bien sûr, j'ai dit non. Il m'a attrapée et il m'a dit : "Tu vas aller lui téléphoner à ton connard et lui dire qu'il vienne te chercher." C'était 3 h du matin et on est allés téléphoner à l'atelier de l'autre côté de la rue parce qu'on n'avait pas le téléphone à la maison. Franck s'est douté qu'il y avait un problème pour que je lui téléphone à 3 h du matin et il ne voulait pas venir pour pas que ça dégénère. Alors j'ai voulu rentrer à la maison mais Van der M. m'a dit : "Pas question de rentrer à la maison" : il m'a plaquée contre le mur, il m'a attrapée à la gorge et il a attrapé un marteau et il m'a visée. J'étais coincée et je pouvais rien faire, je me suis débattue, je lui ai envoyé un bon coup bien placé et j'ai réussi comme ça à filer. Je suis partie à la maison. Les enfants dormaient. Quand je suis rentrée il m'a suivie et je l'ai prévenu : "Ne t'avise pas de recommencer ce genre de truc parce que c'est pas moi qui vais y passer c'est toi." Il s'est arrêté parce qu'il savait que ça allait mal finir.

Après je ne sais plus très bien ce qu'il s'est passé et puis un jour je suis partie. J'ai dit à Van der M. que ça suffisait, que c'était terminé. Ça s'est passé comme ça. Je suis partie. Quelques jours après évidemment Monsieur a débarqué, ivre mort, chez Franck : il voulait venir me rechercher. Ça a fait un scandale. Franck m'a prise à part pour me dire : "Tu pourrais peut-être repartir avec lui", mais il n'en était pas question. Je lui ai dit : "Tu ne veux plus de moi, tu veux que je m'en aille ?" Il m'a dit : "Non, c'est pas ça, mais j'ai peur qu'il fasse des bêtises." Non de toutes les façons, j'allais pas retourner avec Van der M. Franck qui est quelqu'un de très diplomate a réussi à le calmer et finalement il est parti. Après il a refait des tentatives et j'ai dû téléphoner aux gendarmes. Il est encore revenu une ou deux fois puis il en a certainement eu marre. Il a disparu de la circulation. Je ne savais pas où il était, je n'avais plus de contact avec lui. Comme il fallait qu'il ait les enfants de temps en temps, j'allais les déposer chez ma mère et il venait les récupérer là-bas. J'avais la garde et il a eu le droit de visite à un moment et puis j'ai fait sauter ce droit de visite parce que ça me causait trop de problèmes. Puis après, comme ma fille est restée avec nous et que mon fils est reparti, il n'y a plus eu de problèmes de droit de visite. C'était coupé en deux. Et ensuite, à 8 ou 9 ans j'ai placé ma fille dans un foyer et je ne la voyais que les week-ends et pendant les vacances. »

JEUDI 23 MAI 1996 — 14 H

Anne et moi avons prévu de ne nous revoir qu'au moment du procès. Notre dernier rendez-vous sera tout entier consacré à Alexandra qui aujourd'hui, après plusieurs tentatives de suicide, est retournée vivre chez son père. Alexandra qui, à l'âge de 13 ans, devait révéler à une éducatrice des services sociaux du département auxquels elle était confiée que sa mère, Anne, et son beau-père, François, l'associaient depuis des années à leurs ébats sexuels.

« Avec ma fille, c'est venu très progressivement, c'est venu petit à petit... Je ne me souviens plus exactement comment ça s'est passé, je sais que le juge m'a interrogée là-dessus, mais bon... Y a des trucs dont je ne me souviens plus... Ça s'est fait comme ça, petit à petit, quand elle venait en vacances à la maison, les week-ends et puis bon... C'était normal pour tout le monde. C'était pas des rapports sexuels entiers, c'était des caresses, des choses comme ça. Il n'y a jamais eu de rapport sexuel, mon mari ne l'a jamais pénétrée. Jamais. Elle, elle l'a souhaité mais il a refusé. Elle lui a demandé. Apparemment elle prenait du plaisir...

Dans le procès c'est marqué que tout avait commencé quand elle avait 6 ans mais moi à mon avis ça n'a pas commencé là, ça a commencé quand elle avait 8 ou 9 ans. C'est venu tout doucement. Déjà le fait de prendre un bain avec nous, des trucs comme ça... C'est venu progressivement... Mais ça s'est passé sur des liens affectifs. Pour resserrer nos liens. Moi j'ai toujours eu le problème de ne pas me sentir mère, je ne me sentais pas suffisamment maternelle avec elle et... Peut-être que je me suis dit que ça pourrait resserrer les liens, des choses que je ne pouvais pas lui donner autrement. Je ne sais pas exactement...

Dans ma tête c'est trop... C'est des choses que j'arrive pas vraiment à... Je ne sais pas. Je peux difficilement l'expliquer. C'est pour ça qu'on demande un psychiatre pour essayer de remettre un peu d'ordre dans nos têtes, mais on veut pas nous en donner. »

Anne passe la main sur son crâne et a comme un sourire d'excuse puis un long silence suit durant lequel elle semble absente. Je n'interviens pas et elle reprend d'elle-même :

« Elle, elle a toujours trouvé ça... Bon, au début c'était un jeu, après à 14 ans, ça a fini par devenir plus important qu'un jeu mais apparemment elle y prenait du plaisir aussi parce qu'elle venait nous demander. C'est elle qui demandait, c'est nous qui refusions. Je sais que j'ai dit ça au juge et mon avocat m'a dit : "Surtout ne dites plus jamais ça." Parce que devant la cour d'assises on pourra jamais dire que c'est elle qui demandait. En fait, comme tout ça, les caresses, les jeux, c'était mis sur photo, sur support vidéo, elle, elle disait : "Tiens, cet après-midi on peut faire un film ?", donc on savait très bien ce qu'elle voulait...

C'était toujours avec film parce que mon mari et moi on est des fanatiques de l'image. Il avait du très beau matériel et même un petit studio de développement en bas. Tous les deux ça nous est aussi arrivé de mettre la caméra parce qu'on voulait quelques plans en particulier mais pour nous, ce n'était pas systématique. Par contre, quand il y avait d'autres personnes, ça se passait toujours avec caméra.

C'est arrivé à mon mari et à ma fille d'avoir des rapports seuls, sans moi parce qu'il y avait des moments où moi je n'avais pas envie. Parfois parce que j'avais du travail et que je n'avais pas le temps et que mon mari eh bien je n'avais rien à lui donner à faire donc... Il est au chômage.

Je n'ai jamais eu de relation sexuelle avec mon mari devant ma fille. Aussi bizarre que cela paraisse, on n'en a jamais eu. Ça se limitait à des caresses, ça n'a jamais été jusque-là... Bien sûr, l'excitation y était autant de la part de ma fille, de mon mari que de moi. Il y avait des jours plus ou moins, ça dépendait selon l'état d'esprit, parfois... Parfois, on acceptait pour lui faire plaisir à elle, nous on n'en avait pas forcément envie. Alors elle faisait des réflexions à mon mari. Elle lui disait : "Ben, tu bandes pas aujourd'hui ?" *(Rires.)* Lui, il le prenait en rigolant, "Je suis fatigué, on a beaucoup travaillé", il lui répondait comme ça.

Pourquoi subitement elle a parlé de tout ça... A cause de cette histoire de cigarette, parce qu'elle avait peur d'être renvoyée du foyer... Dans sa petite tête... Je sais que ce n'est pas une fille super-intelligente mais il y a des choses qui tournent bien dans sa tête quand même, alors elle s'est rendu compte, que ça, c'était un sujet qui permettait d'attirer l'attention sur elle, d'attirer... peut-être pas de la pitié mais un intérêt, un soutien, un réconfort. Parce qu'elle avait une petite copine au foyer qui, elle, avait subi un viol de la part de son père je crois et cette petite avait tenté de se suicider et ça avait rapproché tout le monde dans le foyer. Tout le monde avait fait un cercle autour d'elle, s'en était occupé, alors j'ai l'impression qu'elle a voulu faire la même chose, qu'elle s'est dit, moi si je le dis ce sera pareil, on va s'occuper de moi... »

J'interroge Anne sur le viol : « Le viol c'est une chose que je ne tolère pas. Bon, moi je n'ai jamais vraiment été violée dans ma vie mais Van der M. me faisait subir des rapports sexuels. Ça c'était presque tous les jours, je subissais, pour être tranquille. Je n'y prenais aucun plaisir mais je savais qu'après il dormait, qu'il me laissait tranquille. Ça oui, j'étais obligée de le subir tous les soirs... Avec Franck, jamais ! Lui, il a toujours fait attention à moi, il a toujours été doux, attentionné, il m'a toujours aidée pour le travail comme pour le ménage. Il ne m'a jamais considérée comme une bonne : il ne m'a jamais rien imposé ni dans la vie, ni dans nos rapports sexuels.

... Le viol ça doit être une chose horrible. Je crois

qu'une femme qui a été violée doit se sentir sale... J'ai un sujet qui n'est pas du tout comparable mais que j'ai très mal vécu : un jour on était partis au festival de Cannes en camping et on nous a volés dans la tente et c'est une chose que j'ai pris presque comme un viol. Je me suis sentie mal à l'aise à l'idée qu'il y avait des gens qui étaient rentrés... Au moment de la perquisition chez nous à la maison, aussi ça a été pareil. Bon, c'est déjà un sentiment qui me met vraiment mal à l'aise alors je me dis qu'un viol physique ça doit être quelque chose de vraiment épouvantable à vivre.

Bien sûr il faut voir aussi les circonstances parce que parfois il y a des viols qui n'en sont pas. Il y a eu un cas — j'en ai entendu parler par ma mère —, une gamine là où on habite de 12 ou 15 ans qui allumait les hommes, qui avait des rapports avec eux et qui, après, allait porter plainte pour viol. Là pour moi, il n'y a pas viol. Moi je me dis que la gamine elle devrait avoir une paire de claques... Je crois que le viol peut commencer à partir du moment où il y a le refus. A partir du moment où la personne refuse et où l'autre insiste pour vraiment arriver à ses fins, même s'il n'y a pas de violence : si la femme est quelqu'un qui n'a pas la force de se battre, à mon avis il y a quand même viol, parce que bon, la femme n'a pas la force de réagir, elle subit, ça c'est un truc, c'est quelque chose de... Pour pas avoir de problèmes souvent les femmes subissent.

Le chef d'inculpation, c'est bien le viol mais nous le refusons formellement. Ça m'a choquée, d'ailleurs je l'ai dit aux gendarmes quand j'ai vu sur le papier qu'il y avait marqué viol, j'ai dit : “Mais monsieur écoutez, il n'y a pas viol, c'est horrible de dire ça !” Je l'ai dit au juge aussi. C'est une chose que je n'accepte pas. Je l'ai dit à mon avocat mais lui m'a dit que c'étaient les termes de la loi, qu'à partir du moment où... Bon. Une fellation c'est un viol et comme il y en a eu, eh bien c'est classé comme viol...

Aux assises, je ne compte pas dire qu'elle avait

demandé. On ne peut pas. L'avocat l'a dit. Il m'a dit ce qu'il fallait que je réponde si on me posait la question. Mais j'ai fait l'erreur de le dire au début, dans mes premières dépositions alors il faudra que je dise que c'est vrai, j'ai dit ça mais que c'est nous qui sommes responsables de ça parce que c'est nous qui l'avons incitée... Mais il n'y a pas eu de contrainte.

Dans les dépositions qu'elle a faites, elle ne parle pas de tout ça, elle ne dit pas qu'elle demandait. Elle dit à un moment qu'on l'a forcée. Enfin pas vraiment forcée, elle dit que si elle refusait elle était punie ou un truc comme ça, mais ça c'est des choses qu'on lui a dit de dire, c'est pas possible. C'est faux ! Malheureusement nous, on n'y peut rien. On est obligés de se sentir coupables et de dire que c'est nous qui sommes responsables. C'est un cheminement que depuis le début notre avocat nous dit qu'il faut qu'on se mette dans la tête. On se le met dans la tête mais c'est pas pour ça que... Mon mari en pense la même chose que moi, qu'on subit les lubies d'une gamine. Il ne comprend pas pourquoi elle a parlé, pourquoi elle a agi comme ça, pourquoi elle ne nous en a pas parlé.

Elle nous aurait dit qu'elle en avait marre, il n'y aurait pas eu de problèmes, on se serait arrêtés tout de suite. D'ailleurs mon mari m'a posé la question et ça m'arrivait parfois : je montais dans sa chambre, je discutais avec elle et je lui disais : “Tu sais Alexandra, si t'as plus envie qu'on fasse ce qu'on fait de temps en temps, tu le dis et on arrête.” On l'a jamais forcée. Elle, elle disait : “Mais non, ça me plaît” et la preuve c'est que le jour même ou le lendemain elle venait nous voir et elle nous demandait : “Bon on fait un film cet après-midi ?” Alors c'était vraiment quelque chose dont elle avait envie, non ? En plus, j'avais l'impression que... pas l'impression, je suis sûre que ça lui plaisait parce que bon, il y avait toute une préparation comme c'était sur film, il y avait des mises en scène : elle se maquillait, elle s'habillait... Tout ça, c'est des choses qui lui plaisaient énormément. Elle adorait se maquiller et on la laissait se maquiller comme elle voulait. Parfois elle avait un maquillage... elle avait dix kilos sur le visage *(Rires.)* alors je lui disais : "Mais où tu vas là ?" Elle disait : "C'est bien comme ça, c'est bien."

C'est un truc, je... Vraiment je ne comprends pas pourquoi... Pourquoi elle a été dire... Enfin oui je comprends pourquoi elle a été dire des trucs comme ça, parce qu'on lui a dit qu'il fallait qu'elle les dise... Mais je suis sûre que la plupart des choses qu'elle a dites, elle ne les pensait pas vraiment. Malheureusement... On lui a fait dire tellement de trucs qu'elle a fini par se poser des questions et bien sûr ça l'a troublée. Si les choses s'étaient passées normalement, si personne n'était venu y mettre son nez, je suis sûre qu'elle aurait trouvé ça tout à fait normal et je suis sûre qu'elle en aurait été satisfaite parce qu'elle aurait déjà su ce qu'était une relation sexuelle avec les autres hommes, donc elle n'aurait pas eu ce traumatisme-là que les jeunes filles ont. Je suis sûre que ça lui aurait été favorable. Peut-être ça lui sera favorable... Ça, je ne le saurai jamais...

Aujourd'hui j'aimerais qu'on me démontre l'erreur que j'ai faite. Parce que pour moi c'est pas une erreur. Pour moi ça s'est passé naturellement. C'est sûr, ce sont des choses qui sont très difficiles à expliquer mais pour moi ça ne peut être que quelque chose de bénéfique et mon mari le pense aussi. Il me dit que s'il avait eu des parents comme nous on a été pour elle, il aurait été le plus heureux. Parce que lui a eu une éducation plutôt absente aussi, vous voyez... Si on se retrouve ici aujourd'hui c'est qu'on a enfreint la loi. Pour moi c'est la seule explication que je peux donner parce que je sais même pas si un psy arrivera à me faire admettre quelque chose. C'est ça le problème. J'ai mon opinion.

... Je sais que ce genre de chose n'arrivera plus parce que je ne suis pas débile et je n'ai pas envie de revenir en prison, mais comme j'ai dit l'autre fois, on veut un enfant et je sais qu'on en parlera souvent entre nous et qu'on se dira : "Oui bon, mais cet enfant on peut rien faire mais on en aurait peut-être encore envie, mais on sait très bien qu'on ne le refera plus"... Ça, c'est une chose : c'est terminé ! Ça c'est sûr parce qu'on n'a pas envie de recommencer... Il n'en est pas question. Ce sera un enfant qui sera éduqué comme beaucoup d'autres enfants. Tant pis, hein...

En fait, vous savez, tous les deux on n'a aucun penchant pour les enfants, ça pas du tout. Ça ne s'est passé avec aucun autre enfant et ça ne se serait pas passé de toutes les façons... Par contre, je pense que si mon fils avait été sous notre garde, ça se serait passé de la même manière avec lui parce que c'est mon fils. Je crois d'ailleurs que le juge me l'avait demandé et là je n'avais pas voulu répondre. J'avais dit que je ne savais pas, mais je suis sûre que ça se serait passé pareil. »

Anne se lève et fait quelques pas dans la pièce, les mains sur les hanches. Elle semble extrêmement contrariée : « Vous savez, il n'y a jamais eu de violence. La violence c'est une chose que je n'accepte pas. Je ne suis pas quelqu'un d'endormi mais je ne suis pas du tout violente. Franck non plus d'ailleurs, c'est quelqu'un de très doux. Il s'emporte parfois comme tout le monde... Moi aussi je m'emporte mais ce sont des mots et pas plus. La violence je sais ce que c'est avec Van der M. et je n'en veux plus, c'est quelque chose que je n'accepte pas. Ma fille, je sais que je lui ai envoyé deux claques dans sa vie. D'ailleurs je m'en souviens très bien : une fois c'est qu'elle m'avait tiré la langue dans le dos, en plus, elle avait pas voulu le faire en face. Elle avait 6 ans. Je ne lui ai pas retourné la tête mais elle l'a sentie et elle a été surprise : c'était sa première claque. L'autre fois, c'était peu de temps après, elle m'avait vraiment fait tourner en bourrique. C'est tout, je ne l'ai jamais touchée. Je criais parfois mais qui ne crie pas sur ses enfants ? C'est impossible d'éduquer des enfants sans crier de temps en temps... La violence c'est quelque chose que je n'accepte pas. Ce que je faisais, c'est que je la mettais dans le coin. Je lui disais, tu vas au coin et tu bouges pas, tu restes là pendant dix minutes et dix minutes je peux vous dire que c'était long ! Je prenais pas une cravache ou une ceinture. Jamais. C'est des choses que je ne pourrais pas faire. Même avec un chien... Van der M., lui, il leur envoyait des coups de pied aux chiens. »

LUNDI 16 SEPTEMBRE 1996 — 9 H

Les journaux locaux ont fait bonne publicité à ce procès pour mœurs sur mineure qui se déroule précisément au moment où l'affaire Dutroux défraie la chronique. La salle est comble lorsque Anne et Franck prennent place. Moment de flottement. Les curieux semblent un rien déçus par Anne : elle est un peu trop jeune, un peu trop lisse, un peu trop madame tout-le-monde en somme. L'attention se focalise sur Franck : la peau très mate, le visage sec troué de deux petits yeux noirs, portant bouc et moustache, le cheveu long et rare autour d'une large tonsure fournissent matière à plus amples commentaires. Pourtant la foule restera sur sa faim : le huis clos partiel est prononcé, la salle évacuée et les badauds désappointés de ce lundi matin se retrouvent dans la rue.

Sans un regard pour ce public de passage, Anne et Franck sont assis côte à côte dans le box des accusés. Là, deux jours durant, ils assisteront aux débats, dans une attitude de complète prostration, ne laissant transparaître aucune réaction. Les épaules voûtées, le regard fixe, ils se tiendront la main sans discontinuer, n'acceptant de desserrer cette étreinte obstinée que pour se lever et répondre aux questions du président. A la voix claire d'Anne et à ses yeux rougis succédera le ton mécanique et désincarné de Franck. L'homme est absent. Simple spectateur d'un procès dont il ne semble saisir ni les causes ni les effets possibles.

J'apprends que le mari d'Anne a effectué son service

militaire dans la marine. Qu'il a fait la guerre d'Algérie. Qu'il a toujours vécu chez ses parents moyennant une petite rémunération mensuelle qu'il investissait entièrement dans sa seule passion : l'image. Fils unique, sous la coupe d'une mère dotée d'une forte personnalité, on le décrit comme oisif et de fait, il n'a jamais véritablement exercé de métier. A 43 ans, il a rencontré Anne et ils se sont mariés. Les scellés circulent, albums de photos, vidéos, godemichets, accessoires divers. Le témoignage de la jeune Alexandra appelée à la barre est accablant. Les rapports d'expertise psychiatrique présentés à la Cour décrivent Anne et Franck comme deux individus dotés d'une structure de la personnalité perverse qui ne considèrent les tiers qu'en tant que simples supports de leurs désirs et non comme des individus à part entière. Les experts mettent l'accent sur le fait que ces deux personnalités, extrêmement proches, entretiennent une relation totalement fusionnelle et exclusive dans laquelle Franck a joué, en raison de la différence d'âge, le rôle d'initiateur. Avant de le rencontrer Anne n'avait jamais eu de comportement ambigu avec ses enfants.

MARDI 17 SEPTEMBRE 1996 — 21 H 30

Un silence épais envahit la salle d'audience. Les jambes d'Anne se dérobent sous elle. Réaction physique d'un corps qui plie. Les yeux sont secs. Franck la saisit, la soutient, il lui prend les mains, le bras. Son regard est vide. Il n'est pas certain d'avoir bien entendu. Les larmes arrivent enfin. Le verdict est tombé : vingt années de réclusion criminelle assorties d'une peine de sûreté des deux tiers.

JEUDI 26 SEPTEMBRE 1996 — 14 H

Une dizaine de jours après le procès, j'obtiens un nouveau rendez-vous avec Anne. J'apprends par le per-

sonnel surveillant qu'à l'issue d'une période d'effondrement total, elle paraît avoir remonté la pente. Dans les couloirs, Anne vient à ma rencontre. Elle a maigri et elle est pâle mais semble mue par une espèce de colère froide. La rage a pris le dessus et il s'agit désormais d'une histoire de survie. Elle me dit que si je ne l'avais pas contactée, elle l'aurait fait. Elle tenait à me rencontrer. Elle tenait à me raconter...

« On a fait un pourvoi en cassation. Ça s'est décidé de suite après le verdict. De toutes les façons on a pris le maximum, alors ? Il n'y a plus rien à perdre, plus rien... Les avocats vont essayer de trouver un vice de forme. C'est la seule solution. On a bon espoir puisqu'il y a eu un problème au moment de l'ouverture des scellés. Parfois je me dis que j'ai rêvé ces deux jours, que ce n'est pas possible... Ce n'est pas possible.

Ce n'est pas notre procès qu'on a fait, c'est celui de Marc Dutroux. On n'entendait que ça : Dutroux, Dutroux, Dutroux... L'affaire Dutroux ! Je n'entendais que ça. Si la peine ça avait été trente ans, on aurait pris trente ans. Et si la peine de mort était encore en vigueur, je suis sûre que nos jours seraient comptés à l'heure qu'il est... Maintenant j'aimerais qu'une enquête soit faite dans tous les réseaux de pédophilie et qu'ils cherchent partout dans ces réseaux pour retrouver une cassette ou des photos d'Alexandra parce qu'ils peuvent bien retourner la terre entière, ils ne trouveront rien. Ils n'avaient pas le droit de sous-entendre, de nous accuser comme ça, sans aucune preuve, de pédophilie et de commerce de K7 pédophiles à cause de ces 40 000 francs trouvés dans notre maison. Personne n'a rien trouvé. Il n'y a rien !

Mais moi je m'en doutais... Les vingt ans. Mais je ne croyais quand même pas à la peine de sûreté. Les deux tiers, vous vous rendez compte : treize ans et dix mois, sans rien, ni permission ni rien du tout... Je le savais... je le savais mais si je l'avais dit à mon mari, c'est sûr, il aurait quitté la salle. Quatorze ans !

Avec les deux ans et demi qu'on a déjà faits, il reste encore environ onze ans à tirer... Mon mari n'est plus tout jeune, hein : 53 ans. 53 plus 11... Franck, il a complètement perdu les pédales pendant le procès. Il était incapable de parler, complètement coincé. A la fin, il a parlé comme une machine. Quand je lui ai dit qu'on allait faire un pourvoi, il ne comprenait rien. Il fallait juste qu'il fasse un mot mais il m'a posé quatre fois la question pendant le trajet du tribunal à la prison et en arrivant il m'a encore demandé : "Mais qu'est-ce qu'il faut que je marque ?" Le lendemain il a fait son papier et il l'a perdu ! Il ne savait plus où il en était alors c'est moi qui l'ai fait ce papier et je lui ai simplement donné à signer. Il était dans un état... J'ai vraiment eu peur... A un moment, il s'est mis à dire des trucs... Des trucs complètement... et j'ai pensé qu'il n'allait pas tenir le coup, qu'il allait craquer. Maintenant il va un peu mieux et c'est lui qui me tient parce que j'ai des moments... Des moments d'énervement où je me mets à trembler, à crier... J'ai l'impression que je vais faire une attaque. »

Comme Anne ne semble pas décidée à aborder d'elle-même le sujet, je l'interroge sur Alexandra et sur les sentiments qu'elle a pu éprouver au cours de ce terrible face-à-face :

« Alexandra... En fait je ne l'ai pas reconnue. Ce n'était pas ma fille qui était là, c'était son père. C'est pas elle. C'est pas possible. On lui a fait du bourrage de crâne, un lavage de cerveau, c'est pas elle ! D'abord elle a maigri. Quand elle était avec nous elle avait meilleure mine... Je me demande même si son père ne l'a pas forcée à faire un régime pour paraître encore plus... Mais j'en suis là moi ! J'ai une haine pour son père ! Ils se sont acharnés, acharnés ! Maintenant elle dit que je ne suis pas sa mère, qu'elle n'est pas ma fille, mais c'est quand même bien moi qui l'ai portée dans mon ventre pendant neuf mois, c'est moi qui l'ai nourrie au sein pendant six mois, non ?... Bon, c'est sûr que je ne lui ai peut-être pas prouvé l'amour maternel que j'avais pour elle de la bonne manière mais la nature fait chaque personne différente et on ne peut rien y changer : je ne suis pas une mère poule, je n'ai pas un instinct... Ma mère était pareille, alors... La vie a fait que le noyau familial avec son père a éclaté mais bon, j'en ai reformé un autre avec Franck et lui, il a toujours considéré Alexandra comme sa fille. Je ne sais pas moi... Même si elle ne nous croit pas, nous on connaît les sentiments qu'on a pour elle et ça ne changera pas.

Moi je suis sûre qu'elle a été manipulée parce qu'il y a plein de choses qui font que je me rends compte qu'elle n'a pas le traumatisme qu'elle prétend... Par exemple, elle est encore retournée le lendemain du procès à la maison, mais une enfant qui est traumatisée n'a pas envie de retourner dans la maison où elle a vécu tout ça... Pourtant elle y est retournée et elle nous a véritablement cambriolés : elle a pris tout ce qu'elle pouvait, télévision, tout ! Elle a même vidé notre bureau, là où on faisait les vidéos. Elle a même pris la chaise ! La chaise sur laquelle on a fait... Où on a tout fait, plein de photos d'elle, des vidéos, le seul truc qu'elle n'aurait pas dû prendre si elle avait été traumatisée !

Maintenant, il est vrai que ma fille est peut-être traumatisée mais pas par ce qu'elle a vécu avec nous : par ce qu'elle vit avec son père aujourd'hui. Aujourd'hui elle est dans les mains de son père et aujourd'hui oui, elle risque vraiment d'avoir des problèmes parce que Van der M., il va se servir d'elle au maximum pour pouvoir soutirer le plus possible d'argent. Parce que si *Paris Match* vient sonner à sa porte pour faire un reportage... Enfin ! Ce sont des sentiments difficiles à exprimer mais je sais que j'ai une haine pour son père... Ça, on ne me l'enlèvera jamais !

Aujourd'hui j'estime n'avoir plus aucune raison d'écrire à Alexandra vu qu'elle ne me considère plus comme sa mère. Et puis je ne vois pas ce que je lui dirais... En plus, *a priori,* elle ne veut plus entendre parler de moi donc je ne vais pas lui imposer quelque chose qu'elle ne souhaite pas... Je n'en vois vraiment pas l'utilité et puis je crois que là, c'est vraiment une période de ma vie sur laquelle il faut que je fasse une croix. Je vais faire mes années de prison, en sortir et puis oublier... Enfin, oublier ! Essayer. Et ce sera terminé. Mais je ne peux pas oublier tout ce qu'elle m'a dit. Elle a tout nié de ce qu'on a vécu ensemble, les bons moments... Il y avait une véritable complicité entre nous, mais elle, elle a tout oublié. Elle s'est forcée à tout oublier... »

Nous évoquons encore longuement le procès, la façon dont les débats se sont déroulés et Anne me fait part de la satisfaction qu'elle a éprouvée à la lecture des expertises psychiatriques :

« En fait, j'ai été agréablement surprise par le boulot des psys... OK, ils ont dit qu'on était des pervers mais c'est un terme psychiatrique pas comme les gens l'entendent et puis aussi ils ont vu à quel point on s'aimait Franck et moi et ça... Dès qu'il y a eu une suspension de séance et qu'on s'est retrouvés tous les deux je lui ai dit : “Tu vois ! Même eux ils s'en sont aperçus qu'on s'aimait !”... Mais tout le monde le voit, même ici, même les surveillantes le disent par rapport au courrier et tout ça. Ça transpire de nous. Tout le monde le sait, tout le monde s'en aperçoit et c'est vrai qu'on n'est pas deux personnes, on est une seule personne, une seule et unique personne lui et moi ! En attendant la cassation, on espère rester tous les deux ici... On se fait du souci parce qu'au quartier hommes, ils manquent de place alors peut-être qu'ils risquent de transférer mon mari aux Baumettes. De toutes les façons, s'ils font ça, moi je demande mon transfert de suite... Parce que mon mari il a... Il a des problèmes au quartier hommes bien sûr... Bon... Il ne peut plus sortir, quoi. Aujourd'hui il a peur qu'un de ces jours ils viennent à quatre ou cinq et qu'ils lui tombent dessus. Mais ça c'est la prison : quand il y a une bagarre, les surveillants interviennent quand c'est fini. C'est-à-dire qu'ils laissent faire pendant cinq-dix minutes et ça suffit pour qu'on vous démolisse. Il a peur de se balader dans les couloirs, il ne sort plus, il ne va plus en promenade, il évite les escaliers... Les deux ans et demi qu'on a passés avant le procès, moi je peux vous le dire, c'était deux ans et demi de vacances comparés à ce qu'on va vivre maintenant... »

CHARLOTTE ALIAS MAMIE DALTON

JEUDI 10 OCTOBRE 1996 — 12 H

J'ai rendez-vous avec Charlotte dans les bureaux de l'IBEP, l'organisme de réinsertion sociale et professionnelle qui prend en charge les détenus en placement extérieur sur Rennes. Charlotte, qui ne dépend plus de ce dispositif depuis qu'elle a été définitivement libérée le 17 février dernier, a vu dans ce lieu de rendez-vous l'occasion idéale de retrouver son ancien éducateur le temps d'un brin de causette. Ils continuent d'entretenir des liens de franche camaraderie et comment pourrait-il en être autrement ? Charlotte a le don de séduire tous ceux qui passent à sa portée : du « Cha » chaleureux et chaloupé de son prénom au « lotte », pétillant et rieur plein de malice, telle est Charlotte, pleine, entière et attachante. Celle que les journaux avaient surnommée « la mamie Dalton » n'a rien perdu de sa gouaille ni de cette bonne humeur contagieuse qui ont fait sa réputation dans les murs du Centre pénitentiaire pour femmes, et ce, malgré les six années qu'elle vient de passer en détention. Arrêtée le 29 novembre 1989, inculpée puis jugée en octobre, la petite bonne femme de 54 ans en jupe plissée pull-over sage qui traverse la salle pour venir à ma rencontre a pris part à quelque dix-huit vols à main armée dirigés contre des établissements bancaires.

« Des braquages quoi ! Pour en faire, on en a fait ! Bon, ils sont tous pareils, hein ? J'vais pas faire dans l'détail. D'autant que j'ai oublié les dates et les noms des patelins. C'est que ça fait une sacrée paye maintenant ! Et puis une banque, c'est une banque : elles se ressemblent toutes. BNP, Crédit Agricole, CMBP : c'est simple, on a ratissé tout l'Est. Attention ! Les petites agences uniquement. Ça rapportait déjà pas mal... En six mois on a fait dix-huit banques et la dix-huitième, c'était la bonne : on s'est fait gauler. Flagrant délit. Ça pardonne pas. Grosso modo, on a quand même ramassé la bagatelle de 750 millions. Et oui ma p'tite dame ! Notez qu'avant tout ça... Ben, avant, j'étais fonctionnaire. Et on ne rigole pas ! Ah, on peut dire que j'étais une femme bien : 5 enfants, 47 piges au compteur et un mari CRS. C'est vous dire ! »

Charlotte part d'un éclat de rire sonore comme quelqu'un qui aurait fait une bonne farce : ces six mois de cavale lui apparaissent aujourd'hui comme un épisode lointain de sa vie. « Ça fait de beaux souvenirs ! » *me lance-t-elle dans un clin d'œil avant d'ajouter sur un ton plus grave :* « Vous voyez, ce que je regrette, ce n'est pas l'acte en lui-même, non, ce sont les conséquences, pour mes enfants. Ce que je regrette c'est de leur avoir fait du mal. S'ils n'avaient pas été là, je n'aurais rien regretté du tout. Rien du tout. Mais je sais que ça n'a pas dû être facile tous les jours d'avoir maman en prison. »

Le bout du monde se trouve à cinq minutes à pied de la prison pour femmes de Rennes. Il suffit de traverser la gare SNCF. Pour 60 francs chacun peut y faire ripaille avec une vue imprenable sur l'arrêt des taxis. Le Bout du Monde, *c'est précisément la brasserie que Charlotte a choisie pour notre « déjeuner d'affaires ». Pas farouche pour deux sous, sans état d'âme aucun, Charlotte y racontera sa vie d'un trait dans mon petit magnétophone, sous l'œil intrigué des serveurs.*

« Je me souviens... Tiens ! à partir de l'âge de 4 ans. A c't âge-là, j'ai failli mourir rapport à la diphtérie. On m'a emmenée à l'hôpital et j'y suis restée un bon bout de temps. A mon retour, c'était plus pareil. Peut-être à cause de ma petite sœur : elle était arrivée et il n'y avait plus qu'elle qui comptait. Les derniers, ce sont toujours les préférés et puis moi j'étais déjà l'enfant indésirable. Vous comprenez, je suis née en pleine guerre, ma mère ne voulait pas d'un mioche à cette époque-là. Puis mon père est parti travailler au Maghreb et en Afrique pendant des années, sur les puits de pétrole. Il était mineur. On habitait à 15 km de Haguenau. On était six à la maison : deux frères, trois frangines et moi.

Moi, j'ai toujours été une tête brûlée. Et têtue avec ça : déjà toute petite j'ai toujours su ce que je voulais, je ne me laissais pas marcher sur les pieds et ça ne plaisait pas à tout le monde. J'avais le caractère de mon grand-père et mon grand-père, l'Italien, c'était pas un tendre. Et pis ma mère c'était une méchante. Elle m'a battue comme plâtre. Ce qui fait que je suis partie très tôt. Quand j'étais môme, à 12 ans j'ai même fait une fugue ! Oh mais je ne suis pas allée bien loin ! On m'a rattrapée avant. Je suis allée à l'école jusqu'à 14 ans et puis j'ai commencé à travailler. Ma mère m'avait d'abord mise chez les bonnes sœurs pour me calmer un peu mais les bonnes sœurs, c'était pas mon truc. Par la suite, j'ai travaillé comme garde d'enfants dans le village jusqu'à 18 ans. Je gardais les mômes de la directrice de la coopé. Là, j'ai rencontré un gars. A l'époque je donnais déjà dans la fonction publique : il était garde mobile. Un p'tit copain, un amant, un béguin, comme vous voudrez mais ça n'a pas marché non plus : au bout d'un an je suis tombée enceinte et mon garde mobile, il a détalé comme un lapin. Du coup ma mère m'a placée dans un foyer de filles célibataires. L'ambiance, j'vous dis pas ! D'une certaine manière on peut dire que j'ai eu de la chance puisque j'ai fait une fausse couche. Puis j'ai fait la connaissance d'un autre gars et j'ai mis les bouts avec lui. Mineure ! Eh ! J'étais mineure puisque la majorité, à l'époque, c'était 21 ans. J'ai été recherchée par les poulets, vous voyez, ça commençait bien ! Ils m'ont trouvée et ma mère m'a fait enfermer dans un hôpital psychiatrique. Dans le temps n'importe qui de votre famille pouvait vous faire enfermer chez les dingues sur simple parole. A l'hosto, ils se sont bien aperçus que je n'étais pas plus cinglée qu'eux mais ils ont quand même mis six mois pour me laisser sortir... On m'a placée à nouveau chez les bonnes sœurs, dans un diaconat, et c'est là que j'ai fait la connaissance de mon mari, vous savez, le CRS. C'était pendant la guerre d'Algérie, il est donc parti puis revenu en 62. Six mois après, on s'est mariés. On peut appeler ça le coup de foudre. Il était français mais ses parents étaient d'origine maghrébine. Avec Marcel — c'est son nom —, on est restés vingt-trois ans mariés et on a eu cinq enfants : aujourd'hui, Jean-Michel le plus âgé a 33 ans, et la petite dernière Carla, 13. Les cinq sont du même père. Tir groupé ! C'était un homme gentil au début, un type très bien. On habitait la périphérie de Mulhouse. Ça a commencé à pédaler dans la choucroute à la naissance du premier en 64 : imaginez-vous qu'il était jaloux de son propre fils ! C'est là que j'ai commencé aussi à prendre des coups. Il était jaloux. Maladif quoi. Pour un oui, pour un non : pim, pam ! Mais faut vous dire que quand j'étais jeune, j'étais pas moche du tout... Avec mes jupettes et mes chignons, je faisais la pige à quelques-unes, hein ! Il a commencé à boire. CQFD. Et dans l'Est, on est assez franc du collier côté bouteille, on les met pas dans les chaussures. On aime bien le vin blanc et il cogne le p'tit blanc de par chez nous ! Vous en buvez deux, trois bouteilles et vous êtes, carpaille ! Carpaille ! Bref, le jour où j'ai pris ma première raclée vraie de vraie, je peux vous dire que je m'en souviens : mon fils avait 6 mois, c'était en juillet 64, le jour de la Sainte-Charlotte. Sacré cadeau de fête, vous trouvez pas ? Et c'était parti pour vingt-trois ans cette histoire... Vous vous demandez comment j'ai pu supporter ça moi, hein ?

Cherchez pas, c'était pour les enfants. Ah ! j'ai quand même demandé trois fois le divorce, hein ! Et les trois fois je me suis rétractée. Allez ! Je l'aimais quoi ! D'ailleurs, quand il n'avait pas bu c'était un homme charmant, très charmant... Et puis avec toutes les difficultés que m'avait fait ma mère quand j'ai décidé de l'épouser, je n'allais tout de même pas montrer que j'avais fait une bourde. Trop fière ! Elle n'attendait que ça. Ma mère est morte sans savoir que j'avais pris une seule volée ! Jamais personne n'a su.

En fait je me suis décidée à divorcer quand j'ai eu ma dernière fille, Carla. Une prise de bec de trop ! Elle avait 6 mois, je travaillais, j'avais un bon emploi, j'ai pas voulu qu'elle ait la même enfance que les quatre autres. J'avais rien à perdre. J'étais fonctionnaire. Et à l'Education nationale s'il vous plaît ! Sans commentaire. J'étais agent de labo. J'ai fait dix ans de fonctionnariat. J'ai divorcé en 83 et ça ne s'est pas passé avec des chansons.

Après j'ai rencontré un autre gars chez une copine, un routier cette fois. Ça a duré neuf mois cette petite histoire, le temps pour lui de me faire un enfant dans le dos : je l'ai retrouvé un beau jour au plum' avec ma meilleure amie. Alors là ça n'a pas traîné : les deux à poil sur le palier ! Non, mais ! Je suis restée seule quelque temps puis un jour, je suis allée dans une boîte de nuit, *Le Crocodile* ça s'appelait. C'est là que j'ai rencontré Jean. On a sympathisé. Lui, à l'époque il avait oublié de me préciser qu'il sortait de taule. Il était boulanger-pâtissier. Mon second coup de foudre ! Je l'ai connu en mai et en juin il habitait chez moi. Je peux vous dire qu'on n'a pas perdu de temps. On avait douze ans de différence mais dans le mauvais sens : j'en avais douze de plus. Enfin, pendant trois ans j'ai été très heureuse avec lui jusqu'au jour où son pote est sorti.

C'est là que j'ai appris qu'il avait fait de la cabane, Jean. Pour braquage. Mais bon, on a tous droit à une erreur, non ? Ce type-là, son pote, vous n'allez pas me croire, il s'appelait Claude François et sa spécialité, c'était pas la chansonnette si vous voyez ce que je veux dire. En fait, mon Jean il avait bossé dur, vraiment, il avait tout fait pour se racheter mais du jour où Claude s'est ramené... Au début, on devait l'héberger, le temps qu'il se retourne... C'était d'ailleurs un type bien à première vue. Par la suite j'ai appris qu'il n'était pas seulement tombé pour cette affaire de braquage mais qu'il était également homosexuel et qu'à l'époque il avait zigouillé son compagnon. Enfin, au départ tout se passait bien. Il avait commencé à travailler avec Jean mais au bout de trois mois, le Claude il a commencé à montrer des signes de fatigue... Il a arrêté de bosser et Jean l'a suivi. Alors ma paye c'était bien beau, mais il n'y avait pas de quoi entretenir deux bonshommes à la maison. Un jour j'ai tapé sur la table et j'ai dit maintenant ça suffit, vous allez vous remettre au boulot et dare-dare parce qu'il n'y a plus de sous dans la caisse et sur mon front, y a pas écrit Banque de France !

Alors un dimanche, on venait de rentrer d'une foire expo, j'étais à l'évier en train de nettoyer la salade. Je me revois tiens ! Jean était assis à la table de la cuisine et il avait un drôle d'air. Je lui dis : "Ça va pas." Motus. Pis d'un coup il a dit : "Maintenant je vais tout déballer !" Il m'a dit : "Alors il faut de l'argent ?" Bien sûr qu'il en fallait : dans cinq jours on allait me retirer le loyer, les crédits et pour le mois, c'est des clopinettes qu'il allait rester ! Et c'est là que Claude m'a sorti : "De la monnaie, on va en trouver : on va braquer." Je me suis retournée et j'ai dit : "Pardon ? Vous allez braquer ? Mais vous allez braquer quoi au juste ?" Et il me dit tout naturellement : "Ben une banque ! On sait pas encore laquelle mais une fois qu'on aura trouvé, toi tu iras en repérage." J'ai pas dit oui tout de suite. Mais bon, on était pris à la gorge alors finalement... J'ai dit banco pour le premier mais il n'était pas question que je rentre dans la banque le jour du coup ou même que je reste aux alentours. Repérer les lieux et les pêcher plus loin, ça s'arrêtait là. Le lendemain ils ont trouvé une banque. Le mercredi comme je ne travaillais pas, on est parties se promener, Carla et moi... à la banque. La petite ça ne la gênait pas, hein et puis je n'allais pas la laisser toute seule quand même ! On fait le repérage toutes les deux : les caméras, le comptoir, l'emplacement du coffre, le nombre de types, enfin tout ce qu'il fallait savoir. Ça s'est passé impeccable et le jeudi ils ont fait la banque. Comme je reprenais le boulot à 14 h 30, on a fait le braquage entre midi et deux, à l'ouverture de 14 h en fait. A l'ouverture, c'est le mieux : soit juste après l'ouverture sur le coup des 9 h ou des 14 h, soit juste avant la fermeture de midi mais là c'est déjà plus risqué parce qu'il y a souvent du monde. Ça peut mal tourner. Le soir à la fermeture, c'est pas la peine. On ramasse rien, ils vident les coffres. Bref, on avait chronométré six minutes entre l'arrivée à la banque et le départ. Ils ont mis six minutes trente, chrono en main. Moi je les attendais sur le parking d'un supermarché. Ils avaient des bleus de travail, des lunettes, des fausses moustaches, des casquettes. La panoplie classique, quoi ! Je les ai embarqués et en avant la compagnie ! En sortant du parking on a vu arriver toutes les polices de France et de Navarre avec les gyrophares et tout le tintouin ! Moi j'ai dit : "Tiens voilà les cons qui courent !" J'étais pas plus émue que ça ! Ils étaient arrivés entiers alors y avait pas de quoi se biler. C'était le premier braquage. Le 30 mai 1989 ! Cette date-là, je m'en souviens. On a ramassé 35 000 francs, pas vraiment grand-chose quoi, mais ça nous a permis de couvrir nos premiers frais. On a partagé fifty-fifty, à parts égales : trois parts. On a toujours fonctionné à parts égales avec le fric qu'on ramassait et on a toujours partagé les frais à la maison. Pour ça, c'était réglo. Mais vers la fin juin... Ben on était à nouveau à sec, hein, alors on a remis ça sur le tapis.

Ce coup-là, fallait faire un peu plus gros si on voulait que ça vaille la peine. On a changé de ville et on a fait un nouveau braquage et là on a fait fort : on a ramassé 100 000 francs d'un coup. Pas mal hein ? Il y avait beaucoup de devises et les devises à l'époque, ça crachait. On avait pris l'habitude d'aller les changer tranquille à la gare de Strasbourg. Il y a beaucoup de passage à la gare de Strasbourg. Parfois je mettais une perruque, parfois j'en mettais pas, parfois je parlais français, parfois allemand... On changeait jamais de grosses sommes d'un coup, on se partageait les devises, on y allait à tour de rôle, les guichetiers c'étaient pas les mêmes. Ni vu ni connu ! Voilà. Ça a commencé comme ça. »

Air de baroudeur, yeux rieurs, Charlotte me regarde, la cigarette en coin, un sourire narquois aux lèvres. « Ça vous épate, hein, ma p'tite dame. » *Elle ne l'a pas dit mais c'est tout comme. Elle essaie d'apprécier l'effet qu'a eu son récit sur moi : elle soupèse, elle évalue. Elle prend son temps. Elle ressemble à un curieux croisement entre Arletty et Gabin cette mamie braqueuse, avec ses fausses manières de dur et son cabotinage à fleur de peau. On a envie de lui dire : « Allez, raconte. » On sait qu'elle ne se fera pas prier.*

« Fallait voir comment on se marrait quand on ouvrait le canard le lendemain ! Parce que c'était le premier truc : on allait acheter tous les journaux du coin. "Deux individus masqués et patati et patata... qui sont partis avec une 205 blanche", alors que nous c'était une 305 grise, enfin que des trucs qui ne collaient pas ! Ou encore : "Le banquier était traumatisé..." Traumatisé ? C'est certainement à cause de son traumatisme qu'il avait déclaré qu'on lui avait fauché 100 000 francs alors qu'on n'avait trouvé que 35 000 balles dans ses coffres, hein ? Traumatisé de l'assurance, ouais ! Comme tous les autres d'ailleurs : dans toutes les banques qu'on a faites, ils se sont tous trompés sur le fric qu'on avait fauché et c'est pas la peine que je vous dise dans quel sens, hein ? Ils disaient aussi que le plan épervier avait été mis en place. Tu parles d'un épervier ! Moi je me fendais la pêche. Quand on est revenus du deuxième braquage, ils avaient lancé leur oiseau et bien moi j'avais deux mecs dans la bagnole, 100 000 francs sous la roue de secours, un 45 Magnum et un 9 mm sous le siège et ils ont arrêté toutes les voitures sauf la nôtre ! Celle d'avant, celle d'après et nous que dalle ! Faut le faire, non ? ! Ils recherchaient deux mecs et moi avec ma tronche de presque 50 berges, je suis passée comme une fleur. En fait c'est à partir du troisième braquage qu'ils ont commencé à faire le lien : c'était toujours le même scénario, dans la même région, ils ont compris que c'était la même bande. “Les ratisseurs de banques ont encore frappé”, qu'ils disaient. Ensuite on s'est quand même fait oublier jusqu'au mois d'août. Entre-temps, en juillet, moi je me suis barrée avec ma fille parce que l'autre m'avait ramené un travelo à la maison. Vous voyez un peu ! Enfin, pas la peine de vous faire un dessin : mon Jean et mon Claude, ils ne passaient pas tout leur temps à se regarder dans le blanc des yeux... C'est là que j'ai compris que Claude était homosexuel et que mon Jules marchait avec. Quand on dit que l'amour rend aveugle... Pourtant Jean, il tenait vraiment à moi. C'était pas des paroles en l'air : malgré tout il m'aimait, c'qui fait que de ne pas savoir où j'étais partie, ça l'a rendu fou. Il était déjà pas mal allumé et pour une connerie, une histoire de bruit, il a pété les plombs et il a salement amoché le voisin. Il lui a tiré dessus. Alors les condés ont bien évidemment rappliqué et tous ceux qui se trouvaient chez moi, Claude, le travelo : embarqués ! Sauf Jean qui a réussi à prendre la poudre d'escampette. Il croyait qu'il avait tué le voisin. Il est allé se planquer. Moi, on m'a fait prévenir, je suis rentrée et peu de temps après j'ai retrouvé Jean et je l'ai caché... quatre jours dans un bunker, faut le faire ! Je lui amenais des couvertures, de la boustifaille, un réchaud, enfin ça faisait une bonne petite planque quoi, sauf qu'on était à nouveau ric-rac côté monnaie. Alors rebelotte : on a fait un autre braquage, tous les deux cette fois, en amoureux comme qui dirait, et on a ramassé environ 80 000 francs. Il est rentré seul dans la banque.

Moi je l'attendais dans la bagnole. Huit jours après on a recommencé dans une autre banque... Parce que là, on avait commencé à flamber si vous voulez. Cette fois-là on a fait un bon chiffre : plus de 130 000 francs. Entre-temps, on montait à Paris et on claquait : on louait des R5 Turbo et ça coûte pas des queues de navets ce genre de tire, on descendait dans les hôtels grand luxe, suites et tout le tintouin, les gueuletons dans les restaus, les p'tits plats dans les grands, la belle vie quoi, la vie de château ! On claquait, vous pouvez pas vous faire une idée ! Et dans des conneries. Si vous saviez tout ce que j'ai acheté à ma fille... La môme, elle ne se rendait compte de rien, la seule chose qu'elle savait c'est qu'elle avait six ans et que ça lui plaisait bien.

Ah ! je me souviens ! On a bien dû faucher 90 bagnoles en tout ! On tirait uniquement des Golf, enfin des Volkswagen, parce que ce sont les plus faciles à voler : le neiman il est facile à claquer, il pète en trois coups et surtout il ne rebloque plus. Mais vous avisez pas d'en tirer une, hein ! Une fois, on a braqué une Polo neuve à 100 mètres de la gendarmerie de Colmar, faut le faire ! On a fait ça tout tranquillement. On a planqué la bagnole et le lendemain on est allés se faire une banque avec !

Enfin, entre-temps Claude avait été libéré puisqu'ils n'avaient rien contre lui sauf qu'à l'époque il était toujours en conditionnelle donc il avait dû se retrouver un boulot dare-dare. Il n'avait pas le choix : c'était soit le taf, soit la taule. On a fait une autre banque. Maigre : 75 000 francs. En fait à partir de là, ça allait très vite : on braquait une banque en moyenne toutes les semaines. On n'avait pas plus tôt fini un braquage que j'allais déjà repérer une autre banque. On avait le rythme : en trois minutes top chrono l'affaire était dans le sac ! On allait faire des braquages comme d'autres vont faire leurs courses au supermarché. A la fin c'était même trop facile. Ça pouvait plus durer...

Puis Jean s'est fait arrêter au mois de septembre à

cause de cette histoire avec le voisin. Il est revenu à la maison sans prendre de précautions et on l'a reconnu. J'ai continué avec Claude. A partir de là, Claude s'est mis à diriger les opérations de loin et c'est là que j'ai commencé à rentrer dans les banques. On avait recruté un petit gars, Djellad, et moi j'avais rencontré un mec, Alain, dans un bar. Il m'avait raconté des salades comme quoi il était en cavale, et à l'époque je l'avais cru. Pour le sortir du pétrin on l'avait pris avec nous. Comme Claude restait à l'hôtel, il fallait quelqu'un qui ait du sang-froid pour rentrer et c'est comme ça que j'ai commencé. Avec un 45 Magnum. Et pour vous dire la vérité, ça m'a fait ni chaud ni froid. »

J'interroge Charlotte sur les circonstances de son arrestation :

« Ben c'est grâce à Mohammed ! Ce p'tit gars, c'était un copain à Djellad. On l'avait juste pris deux, trois fois pour tirer une bagnole et c'est comme ça qu'il s'est fait choper. Après avoir tiré une caisse. Les flics l'ont cuisiné et à 8 h, lui, il a tout déballé : "Je braque des bagnoles pour Mme B..." Alors bien sûr, le nom a fait tilt : tout le commissariat connaissait mon ex-mari. Tout le commissariat me connaissait et je vais même vous dire une chose : en fait, tout ce que je savais sur les banques en commençant eh bien c'est grâce aux amis flics de mon ex-mari que je l'avais appris. Quand il y avait des repas à la maison, ils parlaient souvent boulot, des types qu'ils avaient coincés, des hold-up, comment ils faisaient, pourquoi ces gars s'étaient fait pincer. C'est comme ça que j'ai appris que dans les petites banques, à part à la fermeture, il n'y avait pas de système d'alarme. Juste les caméras. Et voilà ! Donc, les poulets, ils n'en revenaient pas : Mme B., tu parles ! Mais le temps qu'ils percutent, nous on avait déjà fait un braquage à neuf heures moins le quart, donc on était tranquilles. Enfin, pas pour très longtemps. Commission rogatoire et tout le bataclan : en milieu de journée, on était tous sur écoute, tous en filature et ils avaient même mis une planque en face de chez moi, c'est vous dire ! Les écoutes c'était moyen. Il paraît qu'ils n'ont rien pigé mais il faut dire qu'on n'était pas assez caves pour annoncer direct au téléphone où et quand on allait faire notre prochaine descente, hein ? ! On avait nos codes à nous. N'empêche qu'ils n'ont pas mis longtemps à s'apercevoir qu'on faisait des allers-retours qui n'étaient pas très... catholiques, genre la gare de Strasbourg pour changer les devises du dernier braquage. Parce qu'on s'était quand même mis 150 000 dans les fouilles sur ce coup-là. Bref six jours après on a fait notre dernier braquage. Ils nous ont gentiment regardés rentrer dans la banque et... Là on a quand même pris 180 000 francs... Mais bon ! On a été obligés de les rendre. Ah ça ! c'était râlant tout de même !

Pour l'arrestation, il y avait cinq voitures de flics à la banque, quatre à l'hôtel où était Claude plus celles qui ont rappliqué après, celles chez moi. Il y avait bien une quinzaine de voitures en tout, et tout ça rien que pour nous ! Ils n'ont pas lambiné, ah ! pour ça, c'est allé très vite : à la seconde où je me suis fait serrer, tout le monde s'est fait serrer, Claude à l'hôtel, Alain qui était resté chez moi... Enfin, impossible de se défiler ! Les carottes étaient cuites ! Ils nous l'ont jouée à la Starsky et Hutch si vous voyez un peu. Alors je peux vous dire que se faire serrer par des potes, parce que c'était presque tous des gars qui étaient venus becqueter à la maison hein, eh bien c'est quelque chose ! Robert, l'inspecteur principal, il était blanc comme un linge ! J'ai raconté des craques jusqu'au bout, comme quoi je ne savais rien, que je me trouvais là parce que j'avais un rendez-vous galant, des salades quoi ! J'ai quand même nié pendant quatre heures, faut pas croire, mais bon... A la fin j'ai tout déballé à Robert et ça l'a quand même laissé sur le cul.

Alors à partir de là : garde à vue, juge d'instruction, direction le placard. Avec mes talons de 8 cm, mon petit manteau bleu et mon écharpe blanche j'avais l'air fin ! Mais même avec des chaussures à talons, c'est pas le truc le plus marrant qui puisse vous arriver dans une vie... La maison d'arrêt, je peux vous dire que ça fait drôle. On vous met dans la cellule de fouille avec votre paquetage et "A poil !". Mais alors à poil complet ! On vous fait mettre un pied sur une chaise, on vous demande de tousser, il vous faut vous baisser et on vous écarte les fesses. Des trucs pas ordinaires. Là, vous prenez une claque. Après : direction la douche à poil et comme en général vous n'avez que ce que vous portiez sur le dos en entrant, on vous refile un pyjama de détention et ça, ça fait vraiment taule. On vous met dans une cellule : trois nanas dans 9 m^2. J'aime autant vous dire que j'ai pas rigolé tous les jours.

Au procès, tout le monde pensait que j'allais me prendre six ans grand max. Eh ben j'ai pris dix ans, madame ! Les gens disaient que je ne l'avais pas mérité mais je les ai quand même pris, hein et j'ai fait six ans, deux mois et dix-sept jours. Pas un de plus, pas un de moins ! Six ans, deux mois et dix-sept jours ! Claude a tout nié, il m'a tout mis sur le dos mais il s'est quand même pris vingt ans. Eh ouais, récidiviste ! Alain, alors celui-là ! Il n'a pas arrêté de raconter des salades : six ans quand même. Jean en a pris quinze et notre petit Arabe, cinq. C'en était fait des ratisseurs de l'Est. Rideau ! »

Le temps a filé. Carla, la petite dernière, va bientôt rentrer à la maison après sa journée de cours. Charlotte troque son Colt pour un panier à provisions : elle doit faire les courses pour le repas du soir. Elle veut être rentrée quand sa fille arrivera.

L'année où sa maman a été arrêtée, Carla avait 7 ans à peine et c'est sa grande sœur qui l'a recueillie. Lorsque Charlotte a été transférée de la maison d'arrêt de Mulhouse à Rennes, la petite Carla a voulu la suivre : à 9 ans, elle a demandé à être placée dans une famille d'accueil, sur Rennes, afin de pouvoir rendre régulièrement visite à sa mère au parloir. Dès que sa mère est sortie elle est revenue vivre avec elle.

« Au départ eh bien... Il m'a d'abord fallu apprendre à vivre avec Carla, ce qui n'est pas chose facile. Je ne savais pas comment m'y prendre. C'est qu'elle avait poussé. J'avais quitté un bébé, une gamine de 6 ans et je retrouvais une petite femme. J'avais intérêt à m'atteler ! Et elle m'a mené la vie dure, hein ! Il a fallu qu'on réapprenne à se connaître. On avait perdu tellement de temps... Vous savez, c'est elle qui m'a sauvée. C'est Carla. Avec elle, j'ai intérêt à me tenir à carreau. C'est une sacrée petite bonne femme. »

VENDREDI 11 OCTOBRE — 20 H

En début d'après-midi, je téléphone à Charlotte pour convenir d'un nouveau rendez-vous. Après une courte hésitation sur le lieu, mamie Dalton me dit de la rejoindre à 20 h devant... la banque qui fait l'angle de la place des Lices avant d'ajouter dans un éclat de rire : « Eh ! Pas d'bêtise, hein, v'nez pas armée ! »

« De l'oseille, bien sûr, on en avait mis de côté pour la soif mais bon... Le copain de Claude, Dédé, celui qui devait garder ça au chaud, il a tout claqué. Je pense qu'à partir du moment où Claude s'est suicidé, il a dû penser... Parce qu'il s'est suicidé en taule, Claude François, au CNO de Fresnes, le centre national d'orientation, l'endroit où on met les mecs en observation pendant quelques semaines avant de les transférer. A mon avis, il se pourrait bien qu'on l'ait un peu aidé... On l'a trouvé pendu dans sa cellule le matin, à la relève. Bref, en sortant de taule quand j'ai téléphoné à ce fameux Dédé : quetchi ! Avec un prénom et un simple numéro de téléphone, je ne l'avais même jamais vu moi ce Dédé, qu'est-ce qu'il fallait faire...

Dans pas longtemps, Jean va sortir. En condi. En principe au début de l'année prochaine. Il est hors de question qu'il me remette le grappin dessus. Eh, vous rigolez ou vous plaisantez, le passé c'est du passé ! La page est tournée. Je sais qu'il va tout faire pour me retrouver, alors j'ai prévenu tout le monde, je me suis fait mettre sur liste rouge, enfin je ne veux plus le voir. Vous savez tout ça, c'est par amour que je l'ai fait. Jamais je ne me serais lancée là-dedans toute seule. Mais voilà : j'étais toquée, j'ai réagi comme une gamine de 18 ans quand elle rencontre son premier béguin. C'était pas vraiment un beau gars mais il était vraiment très gentil avec moi. Très gentil. Et ça c'est le plus important chez un homme, qu'il soit gentil. Bon c'était pas non plus un foudre de guerre. Entre nous, on peut dire que c'était moi qui portais le pantalon : quand il y avait une démarche à faire, n'importe quoi, c'était pour bibi. Il se reposait sur mes épaules, quelque part j'étais sa mère, sa femme, son amante. En fait, ce n'est pas lui qui m'a vraiment influencée, c'est Claude par ricochet à travers Jean, si vous voulez... Tout a basculé quand Claude est sorti. Je ne voulais pas que Jean aille se fourrer dans cette affaire tout seul. Et puis au début c'était seulement un ou deux et ça devait s'arrêter là. Mais ça ne s'est pas arrêté. Et puis on y prend goût. Le risque, l'interdit, l'argent de trois, cinq, six mois gagné en cinq minutes... Ça marchait tellement bien : aucun pépin, pas un blessé, ah parce que ça, j'aurais pas pu ! Les armes pour faire notre petit effet OK, mais tirer sur quelqu'un ça non ! D'ailleurs j'avais prévenu les autres : "Si y en a un qui fait une connerie, il aura affaire à moi à la sortie"... Non, y a pas à dire, Jean, c'était un gentil gars. D'abord, il ne picolait pas... Il ne m'a jamais frappée, jamais ! Par contre il était très dépensier. Poches trouées je l'appelais. Si je l'avais écouté on aurait acheté n'importe quoi. La dernière fois que je l'ai vu c'était en 94. On s'écrivait et comme j'avais eu onze jours de permission, je suis allée le voir au parloir. Tous les jours. Mais là, il faut que je fasse un choix. Si je le revois je sais que je vais retomber et puis mes enfants m'ont mise au pied du mur, c'est lui ou eux. Le choix, il est clair. Et puis maintenant c'est différent : avant je n'aurais pas pu faire ma vie sans homme. Pas possible. Aujourd'hui, oui. Jamais je ne me remettrais à genoux devant un homme. C'est fini ces conneries. J'ai rencontré un autre gars depuis quelques mois mais c'est lui qui passe par où je veux.

Vous savez, la taule ça m'a quand même pas mal changée. Ça vous flingue une bonne femme. Des hystériques, des déglinguées, de tout, et pas beaucoup qui sortent bien d'aplomb. Moi j'ai la chance d'avoir pu tirer mes billes, grâce à Carla. C'est elle qui m'a tenue quand j'étais à l'intérieur, c'est pour elle que j'ai voulu sortir intacte. Aujourd'hui, c'est vrai que j'ai appris à réfléchir, à me dominer, à me contrôler. Je suis moins délurée quoi. Alors qu'avant... Avant, rien ne m'arrêtait, je fonçais. Ah ! j'étais invivable : au moindre truc de travers, je me mettais en boule et je fonçais dans le tas. Ah ! quand il y avait maldonne, si je pouvais faire manger une table à quelqu'un, je ne le loupais pas. Eh ! C'est que je suis quand même Bélier ascendant Taureau, alors vous voyez, deux bêtes à cornes ça cogne, ping ! En taule, si j'étais restée comme ça, j'aurais passé ma vie au mitard. J'ai appris à mettre de l'eau dans mon vin, qu'est-ce que vous voulez... Enfin, ça n'a pas été facile à la sortie. Retrouver une vie normale c'est plutôt duraille. Tiens, par exemple la première fois que je suis sortie, ma première perm après cinq ans de placard, je suis allée avec une copine dans un supermarché eh bien j'ai beau ne pas être une petite nature, les gens, les lumières, le bruit, les chariots, la musique : j'ai tourné de l'œil. Comme ça. Pof. Tout était trop... C'était la foire ! C'est qu'à l'intérieur on est dans un cocon, tout est réglé comme du papier à musique, tout est joué d'avance tandis que dehors... Ceci dit, à l'intérieur j'ai tout fait pour pas être engloutie par la routine. Je travaillais le matin, l'après-midi j'allais aux cours, cours de français, de maths, pour me remettre à niveau — comme ça aujourd'hui je peux aider ma fille à faire ses devoirs. J'ai même appris à me servir d'un ordinateur. J'ai appris l'espagnol, j'ai fait du théâtre. Tout ce que je pouvais faire, je le faisais. La seule chose que je ne faisais pas c'est que je n'allais pas en promenade. Je ne voulais pas voir les tronches qui se baladaient ! Le commun non plus, je fréquentais pas trop. Non je préférais rester chez moi. C'est qu'elles sont pas piquées des hannetons les gonzesses qu'on trouve là-bas ! »

Et Charlotte me raconte sa taule, de La Weber « qui voulait faire sa loi, la Môdame, et qu'était bouffable comme pas deux » *à cette femme très bien, très cultivée, avec qui elle aimait passer du temps même si celle-ci avait fait avaler des lames de rasoir pilées dans de la purée à ses trois enfants avant de les découper en morceaux et de les envoyer dans une valise à ce mari qui l'avait quittée pour une autre.* « Vous savez, la taule c'est rien pour elle. Même, si elle sort un jour, elle a perpète. Son boulet, elle l'a dans le cœur pour l'éternité. » *Elle me parle de ces filles qui sauteraient sur le premier pantalon qui passe et qui se masturbent derrière les fenêtres de leur cellule en espérant qu'on les verra :* « Et y en a des types du dehors qui ont repéré leur petit manège et j'peux vous dire qu'ils en manquent pas une, fidèles au poste de l'autre côté de la rue. » *Elle se souvient aussi de Martine, qui s'est fait opérer en prison pour devenir une vraie femme. Martine qui s'était castrée elle-même avec un couteau de cuisine et qui est aujourd'hui en cavale :* « C'était la première et la seule je crois bien à s'être fait opérer en taule. J'sais pas combien elle avait pris Martine, mais vu qu'elle avait déjà dix-huit années de taule derrière elle, sa peine ça ressemblait à perpète. A sa première perm, elle n'est pas revenue. A c'que j'en sais, il paraît même qu'elle se serait mariée. » *Des transsexuel(le)s, elle en a croisé quelques-un(e)s à Rennes.* « En provenance directe de la Santé. Il y avait Erica, qui s'est tuée, Dalida, pas très commode celle-là, elle avait réglé son compte à son amant, et il y avait José. Ah ! José ! Un sacré lascar : quand il est rentré, c'était presque une femme et quand ils l'ont réexpédié via les quartiers d'hommes, la nature était déjà revenue au galop, si vous voyez ce que je veux dire. En fait on l'a transféré parce qu'on l'a trouvé dans une cellule avec une nana et ils n'étaient pas en train d'enfiler des perles. » *Comme prison rime avec évasion, elle commente également cette tentative manquée :* « Elles avaient démonté les grilles de la fenêtre mais comme leurs cellules se trouvaient côté cour... (!) La première s'est brisé les deux jambes en tombant et l'autre lui est tombée dessus et lui a démoli le dos. Tout ça pour se retrouver dans la cour intérieure, vous parlez d'une évasion ! Autant sortir par la porte, ça fait moins mal ! De toutes les façons, on ne s'évade pas de Rennes, la seule c'était Sarrazin et ils l'ont retrouvée. » *Charlotte raconte, raconte, intarissable, elle laisse parler ses mains tout en sirotant son eau minérale* — « Jamais d'alcool, c'est plus de mon âge ! » *Elle raconte ce qu'elle a vu et parfois aussi ce qu'elle a cru voir. La vérité peut bien s'accommoder de quelques petits arrangements... Et comme Charlotte fait partie d'un de ces films en noir et blanc où les gangsters ont toujours un grand cœur, sagement, en appuyant son beau regard sur moi, elle pose elle-même la touche finale au scénario de ses aventures de braqueuse :*

« Vous savez, "Argent mal acquis ne profite jamais". C'était de l'argent facile, mais au bout du compte on a dû le payer. Et on a payé cash. Quand elle arrive, la note, elle est salée. Je ne souhaite la prison à personne. A personne. Regardez : aujourd'hui je pourrais prendre bien gentiment ma retraite avec vingt ans de bons et loyaux services dans le fonctionnariat derrière moi et au lieu de ça, j'ai six ans de taule dans les rétros, 54 balais dans la vue et je repars à zéro... »

CHRISTINE,
LA PETITE AMIE DE L'ENNEMI PUBLIC...

MARDI 16 JUILLET 1996 — 18 H

Situé au premier étage d'un vaste bâtiment à l'allure austère, l'appartement se trouve à quelques centaines de mètres à peine de la rue de la Monnaie, l'une des principales artères du centre-ville de Rennes. Un couloir dessert deux chambres claires, une salle de bains et des toilettes. A gauche de l'entrée, une vaste pièce dotée d'une cuisine aménagée à l'américaine sert de lieu de vie. Tout est d'une propreté irréprochable et l'endroit, confortable et spacieux, pourrait être coquet avec ses napperons sur ses tables basses, ses gravures épinglées au mur. De cette coquetterie un peu désuète et composite dont s'habillent toujours les meublés de vacances où rien ne manque mais où tout cependant trahit le caractère impersonnel des foyers de transit. En placement extérieur, c'est ici que Christine et Lulu vivent depuis près de cinq mois et elles ont tenu à ne rien changer dans la décoration intérieure de cette antichambre de la liberté. A 25 et 30 ans à peine, patientes et déterminées, mes deux jeunes hôtesses savent avec une joyeuse certitude que l'avenir est là, tout proche, qui les attend, qui les a attendues, aujourd'hui, à portée de la main.

CHRISTINE — « Nous sommes sorties ensemble. A une heure d'intervalle. On se connaissait déjà puisqu'on suivait les mêmes cours en détention. Bon y a aussi que Lulu était là pour tox alors ils devaient absolument pas vouloir mettre une autre tox avec. En fait, moi je l'aide pour la came et elle, comme elle a plus de maturité que moi, elle m'aide dans la vie courante. Mais attention : Lulu a sa vie, moi j'ai la mienne. Vivre à deux ce n'est déjà pas si simple et quand on se connaît à peine... Alors dès le départ, on s'est dit que la première règle c'était de se respecter et du coup, ça marche vraiment très bien entre nous.

LULU — Le placement extérieur c'est quand même marrant parce que, après avoir vécu tout ce qu'on a vécu, on se retrouve à nouveau vissées comme si on avait des parents sur le dos. Bon, c'est vrai que d'un autre côté, on se sent protégées : si on a un problème, on peut lui en parler. *(Lulu fait allusion à Christian, l'éducateur qui les suit.)* On sait qu'il va trouver une solution pour nous aider. Il nous a dit que même après le placement, on pourrait venir le voir encore si on voulait...

CHRISTINE — Oui mais là, on le reverra en tant que pote. Ce ne sera plus les mêmes rapports. Il n'aura plus le rôle de l'éducateur quoi... Moi, au départ, Christian, je l'ai pris comme un mec de la taule, comme un maton, ce qui fait que j'ai eu un premier contact avec lui assez froid... Après, progressivement, j'ai commencé à me détendre, à calmer le jeu et maintenant on fait du footing ensemble, des trucs comme ça... C'est vrai que d'un côté, comme on a perdu l'habitude de se justifier sur nos actes, c'est un peu bizarre aujourd'hui de devoir rendre des comptes... Mais pour qu'il y ait une relation vraiment nette, on joue franco. Quand on dit la vérité on ne se fait pas engueuler parce qu'on est claire. Même si on est en tort au niveau des horaires par exemple...

LULU — Faut dire aussi qu'on n'a pas eu tellement de contrôle[1]... Mais de toutes les façons, Christian nous confond au téléphone !

CHRISTINE — Le jour où on est arrivées en placement ! Oh la la ! C'était fantastique ! Carrément fantastique ! Des tas de trucs mais la première chose, c'est qu'on avait *notre* trousseau de clefs, on ouvrait *notre* porte... *Notre* boîte aux lettres, y avait plus de censure, plus rien... Avoir *notre* trousseau de clefs, les

1. Afin de vérifier que les filles en placement respectent bien les horaires qui leur sont assignés — le règlement prévoyait à l'époque que les détenues devaient être rentrées chez elles à 19 h et ménageait deux permissions de sortie par semaine jusqu'à 23 h... — il arrive que les éducateurs téléphonent à l'improviste.

gens se rendent pas compte mais quand on sort de prison c'est... On n'arrêtait pas de faire ça. *(Et elle secoue le trousseau pour faire s'entrechoquer les clefs.)* Pour nous c'était... le symbole de la liberté ! On ouvrait la porte, on ouvrait les fenêtres...

LULU — On se mettait au balcon, on regardait les voitures qui passaient... Et même quand il faisait froid — parce qu'au mois de mars on se les gelait — eh bien tout était ouvert !

CHRISTINE — Après on a eu les moments d'angoisse. On se tapait de ces flips... C'est normal, parce que d'un coup, on se retrouvait seules. On devait gérer notre vie et... prendre les bus ! Mon Dieu, au début, c'était notre frayeur !

LULU — En fait au début on flippait pour tout, les bus, les horaires, être à la hauteur, ne pas faire de gaffes...

CHRISTINE — C'était l'angoisse, l'angoisse ! En juin, quand on prenait le bus avec tous ces gens, entassés, il faisait chaud : nous, on était carrément prises de panique, on ne pouvait plus respirer. Qu'est-ce qu'on était mal... Et même, se retrouver à côté de ces mecs : on avait perdu ça ! Ce qui fait que les avoir près de nous, ça nous rendait agressives... Bon, maintenant ça fait un petit moment qu'on a pris le pli bien sûr, mais sans bobard, il nous a fallu au moins... Au moins deux bons mois pour se réhabituer. Moi, j'ai dû passer trois ans, trois ans et demi au CD de Rennes... Avant j'ai fait la maison d'arrêt de Lyon. J'ai fait à peu près un an à Montluc. Après j'ai fait Chambéry, puis un petit séjour à Fresnes et Rennes. Je suis arrivée ici en 92, dans ces eaux-là. J'ai pris dix ans. J'avais 19 ans.

... En gros si tu veux, je viens de Cherbourg. J'ai mes deux parents et nous sommes trois filles. Mon père travaille dans un grand hôtel, il est voiturier bagagiste et ma mère s'occupait de nous. Je me suis arrêtée en première. Une première secrétariat-communication. Ensuite, j'ai voulu travailler. J'ai été un an esthéticienne puis vendeuse en confection. J'ai pas mal bougé en France, j'ai fait les saisons quoi... Pour bien "planter le décor", à 13 ans j'ai fait la connaissance d'un garçon qui avait trois ans de plus que moi, qui s'appelle Philippe. On a vécu ensemble de grosses galères, ce qui nous a rapprochés... J'ai commencé à fuguer, à faire pas mal de choses. On n'avait pas de thunes, on n'avait rien du tout donc on dormait dans des parkings, on mangeait n'importe quoi... Moi j'étais complètement amoureuse. C'était le gros coup de foudre. Bon et puis le fait que mes parents m'interdisent de le voir, l'attrait de l'interdit... Mes parents m'avaient interdit cette relation parce qu'ils trouvaient cette personne complètement néfaste pour moi. C'est un garçon qui avait commencé à faire de la prison à l'âge de 14 ans. Très instable, violent, bref, le gros trip quoi. Pour vols, pour agressions... Et moi je l'ai suivi dans toute cette galère : on partait du jour au lendemain, sans savoir où on allait, sans argent. Je me suis retrouvée enceinte deux fois, j'ai avorté, j'ai... Enfin, jusqu'au jour où nous sommes arrivés à Chambéry. C'était pour des emplois saisonniers dans un restau. Là, on a fait la connaissance d'un mec qui travaillait dans une carrosserie et Phil a sympathisé avec lui... Enfin... sympathisé d'un point de vue... intérêt quoi. Parce que ce mec avait de la thune, il n'arrêtait pas de la montrer et... Un jour les frères de Philippe sont venus et ils lui ont proposé une sorte de coup. Au départ, il s'agissait de braquer ce mec, de prendre la thune et puis Ciao !... Ça s'est mal passé...

Il y avait des filles que je ne connaissais pas du tout, des copines à Philippe et au départ ces filles devaient amadouer un peu le mec pour lui piquer son argent. Moi je n'étais pas impliquée. Je me suis impliquée seule dans l'espoir de sauver Philippe et donc... Attention ! Je ne me blanchis pas, je sais ce que j'ai fait... Je l'ai suivi. Je ne me rendais pas compte et lui non plus de ce qu'on faisait parce qu'on était dans un état second à cause de la peur, de l'entraînement, un tas de choses, ce qui fait que je n'ai pas vraiment vu... J'ai rien compris.

Ce soir-là, on avait bu, du moins *ils* avaient bu et c'est moi qui ai amadoué et ça n'a pas pris la tournure que ça devait prendre. Le mec s'est accroché, il a voulu qu'on parte, il a voulu ci, il a voulu ça. Moi j'ai été prise de panique, je suis allée voir Philippe pour lui dire que ça n'allait pas du tout, que le mec s'accrochait enfin bref. Le Philippe c'est un homme qui est de corpulence très, comment dire... athlétique. Il avait 22 ans... Enfin, ils se sont battus et il a eu le dessus. Suite à ça on a pris le mec, on l'a mis dans le coffre de la voiture, on a roulé, roulé, roulé... On savait plus trop quoi... On s'est arrêtés près d'un lac et... Et là j'ai un trou noir parce que... Il y a des choses dont je ne me souviens plus. Je ne sais pas si je fais ça consciemment ou quoi mais c'est le trou. Je sais qu'on l'a, enfin que Phil l'a sorti du coffre. Il lui a mis un coup sur la tête et... Le mec est tombé dans l'eau. Philippe lui a maintenu la tête dans l'eau alors qu'il était déjà moribond, ce qui fait que ça n'a pas... Je sais qu'il s'est passé un tas de trucs mais... C'est le trou, c'est le trou... Et moi je sais que je me suis tournée parce que je ne voulais pas voir et après on est repartis. Je ne sais même plus si on a déposé les filles ou si... Puis on est partis à pied et on a rejoint notre appartement. Ça s'est passé le 5 novembre et on s'est fait arrêter le 9 novembre 1990.

Au commissariat, je ne me souviens plus. Je sais qu'ils nous ont interrogés, qu'ils nous ont demandé s'il n'avait pas essayé de me draguer parce que tu vois les flics essayaient un peu toutes les pistes et comme moi j'étais morte de trouille... Je ne pouvais plus dormir, je dormais plus, je ne mangeais plus, j'étais pratiquement à la folie même et... Donc on est repartis et les seuls souvenirs que j'ai, c'est qu'ils sont venus le 9 novembre sur le coup des 7 h du mat parce que les filles en question nous avaient balancés. Nous sommes allés à la gendarmerie ou au commissariat, je ne sais plus et là, ça a commencé... J'ai été incarcérée le lendemain vers 5 h du matin, à Lyon directement puisqu'on incarcère sur les lieux du fait... Même rétrospectivement, j'ai du mal à analyser ce qui s'est passé. Tant que j'aurai ces trous noirs, je n'arriverai pas à faire le point. De toutes les façons, à mon avis ces trous noirs, c'est volontaire... Peut-être que j'ai peur d'être confrontée à mon image telle qu'elle a été pendant le drame. Je ne sais pas. J'aimerais bien y voir plus clair mais c'est ressasser des choses qui... C'est pas évident. Peut-être que j'aurais besoin d'en parler, de faire le point, de mettre tout à plat. Bon, c'est quand même une histoire qui est lourde et... Je veux pas non plus tomber dans le drame genre... Je ne veux pas y penser tous les jours, ça c'est clair mais il y a par exemple des dates fatidiques comme le 5 et, tous les 5 novembre, je pense à la mort du mec. Ça je peux pas... Je demandais à ma mère qu'elle aille mettre un cierge pour le mec. J'ai un sentiment de culpabilité énorme... Enorme. On peut pas retirer la vie d'un être sans avoir de culpabilité. Je suis pas un monstre quoi ! Je suis humaine, je pleure, je ris, je gueule... Bon et moi j'ai toujours eu un cœur énorme et faire ça... C'est lourd quoi... Je sais qu'il faut que je vive avec et ça fait plus de six ans aussi mais... je le vis très mal. Je peux même pas en parler à ma mère parce qu'elle n'a pas un comportement neutre. Elle va tout de suite prendre ma défense et tout mettre sur le dos de Philippe. Vis-à-vis d'elle, je suis couverte, ça fait que ça ne m'aide pas non plus. Je ne peux pas et je ne veux pas lui en parler, parce qu'elle a assez trimé avec ça. Bon, on n'en parle pas. Elle m'en parle pas et je n'en parle pas non plus.

Le jour de mon procès, j'étais en pleine grève. Je voulais être transférée parce que je ne supportais plus Montluc *(la maison d'arrêt de Lyon)*. Ils ont refusé ce qui fait que j'ai fait une grève de la faim. Le procès s'est déroulé en trois jours. C'était une véritable catastrophe. Et là c'est pareil : le trou ! Je sais qu'il y avait mes parents... C'était un huis clos parce que j'étais considérée comme jeune adulte et qu'il y avait aussi des mineurs. Les filles étaient mineures. Donc il n'y avait pas toute la salle, les gens... Bon, mon juge d'instruction était une femme donc j'en ai pris plein la gueule. Plein la gueule ! En plus, comme je ne me laissais pas abattre, que je faisais du sport, que je faisais ci, que je faisais ça... Enfin, ça m'a pas aidée. D'ailleurs j'ai eu un rapport psychiatrique qui racontait... Enfin vraiment néfaste. Ils m'ont classée comme une malade : ils m'ont cataloguée manipulatrice, perverse, dangereuse, ne peut pas se réinsérer... Ah ! non, ça a été la catastrophe complète. Ils ont même insinué que je faisais de la drague avec les psys, que j'étais narcissique.

LULU — Ouais, mais tu sais, être jolie en prison c'est un sacré défaut...

CHRISTINE — C'est un vrai handicap. Beaucoup de choses qui sont considérées comme des qualités à l'extérieur, être jolie ou intelligente, en prison ça devient des vrais handicaps... Et même par les surveillantes, j'en ai pris plein la tronche. Ça c'est clair. Une fois par exemple, à la fermeture des portes, y a une blouse qui entrouvre ma porte et elle me dit : "Vous avez quel âge Christine ?" J'lui dis : "Ben, 25 ans" et elle dit : "Ça vous fait pas trop chier d'être aussi mignonne et d'être enfermée ici ?" Putain, elle m'a refermé la porte au nez et heureusement pour elle. J'ai hurlé : "Salope ! Salope !" Quelle salope ! »

Il est près de 20 h. Christine et Lulu m'invitent à partager leur repas. Elles insistent et j'accepte. Pendant que les deux jeunes femmes s'affairent autour de la table, je regarde Christine sans douter une seconde que son physique ait pu déchaîner certaines jalousies féminines : avec ses longs cheveux bruns qui encadrent un visage parfait, ses yeux en amande, son teint mat qu'éclaire un sourire chaleureux, Christine, à la silhouette longiligne dans une paire de jeans noirs, correspond en tout point à ces jeunes beautés que l'on peut effeuiller sur papier glacé.

CHRISTINE — « La prison pour moi, c'était la première fois. J'avais une vie qui laissait absolument pas prévoir qu'un jour je m'y retrouverais. Le premier jour c'est... C'est-à-dire que quand tu rentres de nuit en prison c'est atroce. T'entends tous les bruits, tu entends... Bref, je suis rentrée dans une cellule où elles étaient deux : une, d'une cinquantaine d'années qui était là pour came et une autre pour meurtre, elle avait tué son mari, elle avait fait psychiatrie... Moi, je chialais tous les jours, je pouvais plus parler, c'était le blocage... Et puis c'est vrai que quand on rentre jeune c'est vachement dur, parce que tu sais il y a une sorte de hiérarchie. C'est-à-dire que toi, si t'es arrivante, tu connais rien du système, rien du tout, ce qui fait que les premiers temps t'es un peu mise à l'amende quoi. Mais même si je ne connaissais rien, je ne suis pas d'un tempérament à me laisser faire alors au fur et à mesure j'ai pris mes marques et j'avais pas d'emmerdes. J'ai fait plusieurs cellules, j'ai fait plusieurs filles, je me suis tapée des tox qui arrivaient en manque, enfin bref ! Et puis après ça a été le transfert. Mais pour moi, le plus dur ça a été Montluc. J'ai failli me suicider à Luc. En pleine nuit je me suis levée... Et puis je me suis dit que je pouvais pas faire ça à mes parents, à mon mec... Tu sais, j'ai toujours eu des parents formidables. Quand je suis tombée, aussitôt ils ont fait les démarches pour venir me voir au parloir. Côté parloirs, j'ai toujours été privilégiée, ils ont toujours été là, pourtant ça faisait pas mal de bornes de Cherbourg et ma mère venait une fois par mois pour des parloirs d'une heure... Et là c'était... C'était terrible quoi... Parce que moi je me disais : "Il ne faut pas que je montre à quel point je suis mal", ce qui fait que je me blindais. J'arrivais avec un grand sourire alors que je n'avais qu'une envie, c'était de me blottir dans les bras de ma mère et de leur dire : "Emmenez-moi, j'peux pas, j'veux pas, j'en peux plus"... Je frimais mais ma mère savait tout.

A Lyon, j'ai fait un an mais je ne pouvais pas travailler parce qu'en atelier il n'y avait que des balances. En cours je ne pouvais pas non plus y aller parce que par rapport aux autres femmes, j'avais un niveau trop élevé... Comme j'étais bien obligée d'avoir de la thune pour vivre, ne serait-ce qu'un minimum, j'ai demandé à ma mère de m'envoyer 300 francs par mois. Sur les 300 francs il y avait 185 francs pour la télé et le reste je partageais avec Philippe, pour la routine quoi. A Rennes par contre, j'ai travaillé la première année, à l'atelier 20. C'était de la couture et j'étais nulle en couture, tu peux pas savoir ! La surveillante m'avait mise sur une machine à coudre et elle flippait vraiment. Elle m'a changée de place, parce que je la faisais fumer la machine. Dans le mois je me faisais 500 balles ! J'étais nulle ! Aucun rendement. Après, ils m'ont mise au contrôle. Il fallait vérifier le travail des autres et là, je m'éclatais ! Je réglais mes comptes et j'ai même défait des coutures pour les redonner à faire : j'allais vers une fille et je lui disais : "Tiens, c'est mal fait !" *(Elle éclate de rire.)*

Moi ce qui m'a permis de bien tenir en prison, c'est le sport. C'est comme ça aussi qu'on s'est connues, Lulu et moi, parce que je l'ai entraînée dans mon trip footing. En prison, je me suis mise dans le sport à fond. A fond, à fond ! J'ai toujours été très sportive. En détention, je me levais à 6 h 30, je me faisais une petite série d'abdominaux, après j'allais courir pendant une heure avec Lulu. De neuf à dix je me tapais une heure de badminton et l'après-midi de 15 à 17, je faisais deux heures de volley-ball. J'avais une de ces pêches si tu savais ! C'est pour ça qu'on est speed aujourd'hui, on a gardé le rythme, on s'est pas fait avoir par la taule... Quoique... La taule, ça te change quand même. Moi ça m'a fait bouger mais dans deux sens. Bon, c'est pareil, j'ai toujours pris la prison du côté positif, je n'ai jamais pris de fiole, j'ai jamais... Je voulais être lucide parce que j'aime pouvoir contrôler ce qui se passe, savoir où je vais. Mais quand je te parle de double sens, c'est dans mon comportement. Avant c'est vrai, j'étais pas vraiment communicative et là ça m'a carrément coupée. Ouais, d'un côté j'ai mûri mais d'un autre, je me suis complètement enfermée. Complètement, complètement. Et donc là j'essaie. J'essaie de rétablir un contact, j'essaie d'aller vers les gens, mais... C'est difficile hein, je trime. Même avec les mecs... »

Et comme j'interroge Christine au sujet de son petit ami, Philippe :

CHRISTINE — « ... Ben tu vois, c'est pas uniquement mon petit ami. En fait, je me suis mariée avec lui en prison. Juste avant le procès. Je me suis mariée parce qu'il avait besoin d'aide, pour le soutenir, parce qu'il savait qu'il allait prendre gros. Je l'ai fait et je savais les conséquences que ce mariage pouvait avoir sur ma peine, sur le jugement, mais j'en avais rien à foutre. Je voulais être là pour lui. Et pendant toute ma détention, Phil et moi on s'est écrit tous les jours.

Mais tu vois, au fur et à mesure de ma détention pourtant j'ai senti que je me détachais. C'était progressif, parce que moi j'ai évolué dans un sens, avec les cours, avec les études, j'ai voulu vraiment me battre pour ne pas devenir une... une taularde, quoi. Tandis que lui... C'est un peu comme le mec de Lulu, ils ont vécu dans la taule et c'est comme si c'était leur environnement naturel. Ils ne bossent pas, ils reçoivent des mandats à droite à gauche... Alors que moi non, je ne voulais pas devenir une assistée. J'avais envie de m'en sortir. Bon là, comme c'est un mariage blanc, qu'en prison il n'est pas consommé, je pense qu'on peut simplement l'annuler..., mais bon pour le moment... Je crois que je vais le garder. Je vais le garder parce que j'ai encore ce truc de con de vouloir le sauver, alors que je n'ai plus du tout de sentiment, hein... Parce que c'est ça aussi qui m'a séduit en lui : ses problèmes. C'est ses problèmes. Ah !

ouais. Son aspect un peu marginal, parce que moi je n'avais jamais eu de... Enfin j'avais une vie normale, je ne connaissais pas la rue, j'étais vraiment un gros bébé et c'est vrai que ça m'a complètement séduite. J'ai craqué. Ses problèmes, tout, il dormait dehors... J'ai craqué... Ah ! mais attention, là maintenant j'ai rompu avec lui. Enfin, oui et non parce que... C'est-à-dire que... Je sais qu'aujourd'hui il n'y a plus de sentiment en ce qui me concerne. Les sentiments qu'il y a ce sont des sentiments d'attachement pour ce qu'on a vécu ensemble. Il me fait pitié, c'est juste ça. Je n'arrive pas réellement à faire la coupure parce que je me dis que je suis une garce, qu'il est en taule et tout ça... »

Avec le recul, Christine est on ne peut plus lucide sur le coup de foudre sans appel qu'elle a conçu pour un jeune homme en qui elle a cru reconnaître une sorte d'aventurier des temps modernes. L'attrait du danger, de l'interdit et de la marginalité, me confiera-t-elle. Qui dira le charme discret des mauvais garçons... Encore aujourd'hui elle éprouve quelque difficulté à se détacher de son ami quand bien même a-t-elle noué à sa sortie de prison une nouvelle relation.

CHRISTINE — « Les fréquentations de prison, on n'en veut pas trop. On évite, mais là, c'est différent. Mon nouveau copain n'est pas étranger à la prison. Enfin, c'est particulier mais du coup, pour moi, ça a été plus facile. C'est-à-dire que là, on n'a rien à cacher. Avec les femmes en revanche c'est pas pareil. Bon moi faut dire qu'avec les femmes j'ai toujours eu de très mauvais contacts, ça c'est clair. J'ai eu que deux seules amies, une dans mon enfance et une en prison. Elle est sortie une semaine après moi, on garde de super-bons contacts mais c'est les deux seules femmes amies que j'ai pu avoir. Sinon je m'entends très mal avec les femmes. En taule bon, je me rapprochais plus des filles qui me ressemblaient. Steph, ma copine, elle était un peu comme moi, elle était tombée en taule à cause d'un gros trafic de shit et c'était son mec qui l'avait entraînée. Bon j'allais déjà vers des filles qui étaient hétéros, ça c'est sûr, parce que j'ai eu pas mal de problèmes avec l'homosexualité. J'suis pas du tout branchée homo, j'suis hétéro à 100 % et là, j'ai été tellement emmerdée... De toutes les façons, en prison, c'est dur. Les prisons de femmes, c'est l'hypocrisie totale. En prison, tu vois, on juge. On va se permettre de juger des cas, des délits... En fait, on est assez dures envers les autres.

LULU — Déjà moi, je ne supporte pas les infanticides et ce genre de femmes. Faire du mal, torturer un enfant, ah ! non, c'est... Non, en tant que mère, je n'admets pas ça.

CHRISTINE — Ah ! non, ça vraiment... Et elles le savent ! Disons que celles qui sont intelligentes, elles vont s'isoler d'elles-mêmes et celles qui ne le sont pas, c'est à nous de leur faire comprendre qu'elles n'ont pas à venir... Ouais, c'est comme ça. Elles n'ont pas à venir vers nous. Et c'est vrai qu'entre nous, on est vraiment très dures, très, très dures. Bon c'est vrai que chaque délit est différent et puis moche quoi, mais là, ça passe pas. Tout ce qui est enfant, ça ne passe pas !

LULU — Mais ce n'est pas qu'avec nous, c'est en général. Comme chez les mecs ils ne supportent pas les mecs qui sont là pour viol.

CHRISTINE — Ah ! non, les pointeurs, ils supportent pas... En fait on garde toujours en tête la raison, le délit pour lequel une fille se retrouve en taule. On ne les connaît pas au début mais on sait vite. Par exemple, quand une arrivante se met à traîner avec une infanticide, la plupart du temps c'est qu'elle est également infanticide. Elles se regroupent et donc c'est grâce à ça qu'on peut voir...

LULU — Parce que tout le monde ment sur son délit en taule et puis les infanticides quand elles sont intelligentes elles vont pas dire : "Je suis là parce que j'ai tué mon enfant." Elles vont dire : "J'ai tué mon mec ou je suis là pour came..." Mais il suffit d'avoir une petite conversation avec elles sur la came par exemple, pour savoir que c'est faux.

CHRISTINE — Moi je sais que ça m'est arrivé de mentir sur mon délit... C'est par honte. Je disais que j'étais là pour braquage... Comme ma pote Steph, elle ne sait pas que je suis là pour complicité d'homicide. Je ne lui ai jamais dit... J'avais peur que ça casse quelque chose... *(A Lulu.)* En revanche toi, j'ai su que t'étais tombée pour la came en te voyant la première fois. Ah oui ! Maigre ! Toute cernée et maigre... Et complètement speed. C'était clair. Bon en CD, quand quelqu'un arrive on ne va pas dire : "Bon ben tiens, toi si t'es là c'est pour quoi ?" Ah ça non. Les seules choses qu'on demande c'est : "T'as pris combien ?" ou "T'es sur Rennes depuis combien de temps ?" et par rapport à ce qu'elles nous disent, sans savoir réellement le délit, on arrive à voir.

LULU — On sait, quoi ! Par déduction en général... Par exemple on peut reconnaître aussi les terroristes parce que normalement elles sont suivies. A Rennes y en a trois je crois, une d'Action Directe et deux Basques.

CHRISTINE — Oui puis aussi au départ elles sont assez dures. Elles veulent appliquer leurs propres règles. Elles veulent dominer et... bon avec moi ça ne marche pas... Ça aussi, c'est des délits qu'on n'aime pas trop. Tuer des innocents comme ça... Moi j'ai connu une fille en prison, qui était là pour terrorisme, c'était à l'époque des grands trucs chez Tati...

LULU — Par contre moi j'avais sympathisé avec deux qui étaient à Fresnes. Nathalie et Joëlle, d'Action Directe. Je les aimais super-bien. J'ai lu le livre de Joëlle aussi. On allait au sport ensemble. Il n'y avait qu'en sport qu'elles étaient avec nous, sinon pour les promenades elles étaient isolées. Quand elles sortaient, c'était tout le temps gradées-surveillantes. Isolées, quoi. Même pour la bibliothèque elles étaient accompagnées. A Rennes, Carlotta —

c'est une Basque —, il y a une surveillante qui l'amène en cours, qui vient la chercher après le cours... Mais bon on ne sait pas pourquoi elle est là, c'est vraiment confidentiel... Ces derniers temps Carlotta, elle traînait souvent avec Maria, terroriste aussi.

CHRISTINE — Oui mais elles parlent la même langue, elles sont bien obligées. C'est comme nous, on va vers les Françaises. Y a une certaine... Disons qu'on fait la différence entre races quoi... C'est-à-dire que les filles marchent tellement en clan. Elles peuvent être tellement désagréables qu'elles se font elles-mêmes détester des autres. Il faut voir chez les blacks. Y a la mama black et...

LULU — Comme en Afrique avec toutes ses petites servantes : une qui lui fait la cuisine, l'autre qui lui fait sa lessive... C'est une histoire d'âge, les plus vieilles, c'est les mamas et ce qu'elles veulent, c'est que les Françaises adhèrent aussi à leur système. Avec les beurs par contre, ça se passe bien en général. J'ai beaucoup traîné avec des beurs étant jeunes, alors...

CHRISTINE — C'est pas les plus chiantes. Les plus chiantes c'est les blacks. Ça se passe mal aussi avec les détenues d'un certain âge qui ne supportent pas les Arabes parce que les Arabes sont jeunes, pleines de vie, elles déconnent, elles rigolent, elles parlent fort... Puis ça dépend aussi du nombre d'années qu'on a fait. Moi, au fur et à mesure, ça me prenait la tête à force, leurs trucs de parler fort et tout. Elles auraient pu être françaises, c'était pareil...

LULU — Le problème c'est qu'il n'y a pas de respect, rien du tout.

CHRISTINE — C'est à cause de ça que le racisme se forme, c'est pas vraiment sur la couleur, c'est plutôt sur un comportement. C'est vraiment un rapport de forces... »

Je leur annonce qu'une femme, Betty, une « black » écrouée au CPF, a été libérée aujourd'hui et Lulu et Christine poussent ensemble un cri de joie. J'ai croisé

Betty dans l'après-midi alors qu'elle était transférée de sa cellule vers une cellule du vestiaire[1].

LULU — « Génial !

CHRISTINE — Ben elle c'était une des mamas...

LULU — Betty ! Elle est sortie !... Ouais mais ça va être la galère pour elle. Elle est expulsée... C'est dingue, on l'a croisée il y a une semaine ou deux à la gare, avec les menottes, encadrée par deux flics. Elle devait être en extraction parce qu'elle faisait opposition à son jugement d'extradition.

CHRISTINE — Apprendre qu'elle est libérée, ça fait du bien... Même si on n'avait pas de très bons contacts, ça fait toujours plaisir de voir qu'il y a des gens qui sortent...

LULU — Y a quand même un lien qui reste...

CHRISTINE — C'est vrai que si quelqu'un a fait de la prison, on aura plus de facilité à aller vers cette femme ou vers cet homme. »

La conversation dérive sur la façon dont les femmes gèrent leur féminité en prison.

LULU — « Même en prison les femmes prennent vraiment soin d'elles. Se parfumer, se maquiller, mettre des talons...

CHRISTINE — Parce qu'on a envie de vivre et d'être reconnues en tant que femmes et non en tant que...

1. Au deuxième étage de l'entrée « A » du CPF se trouve le vestiaire, sorte de sas constitué de quatre cellules jouxtant le greffe. Premier contact avec « la maison » et dernier souvenir de détention — on y passe sa dernière nuit avant d'être libérée —, ces cellules repeintes de frais dans les tons pastel constituent le passage obligé des détenues à l'entrée comme à la sortie, qu'il s'agisse de permissions, de transfert, d'extraction ou de libération. C'est ici, dans une grande salle attenante, que l'on effectue la fouille des effets personnels des pensionnaires de Rennes (la fouille des détenues elles-mêmes s'effectuant au parloir avocat) avant de les ranger dans des cartons classés par ordre alphabétique sur des étagères de fer. On ne prend que le nécessaire, les effets en cellule étant limités, et l'on vient régulièrement au vestiaire déposer ce dont on n'a plus besoin et retirer ce qui manque, les dates comme la nature et la description de chaque dépôt ou retrait étant scrupuleusement consignées sur des fiches individuelles.

Même à l'intérieur et même si y a pas d'hommes. Parce que même le fait d'être regardée par des yeux de femmes, c'est vrai que ça fait du bien, donc même pour aller en cour de promenade, un coup de rimmel, un coup de truc quoi !

LULU — Pour s'accrocher. Par exemple quand il y a une fête, on se fait belle, on se maquille, on se coiffe, on se parfume, on s'habille sur son trente et un... Comme si on était dehors...

CHRISTINE — Ah ! ouais ! On est excitées comme si on allait en boîte. On se prend la tête sur ce qu'on va mettre : "J'ai rien à me foutre, mais je vais avoir l'air ridicule avec ça !"...

LULU — Le gros trip quoi : on sort toute la garde-robe... Et en perm c'est pire : "Et qu'est-ce que je vais me mettre et comment je vais me coiffer, me maquiller..." C'est l'horreur !

CHRISTINE — Moi je sais qu'une semaine avant ma perm, je ne faisais plus de sport de peur de me péter un truc. J'avais une trouille bleue ! Je ne mangeais pratiquement plus parce que j'avais peur de m'étouffer. Ouais ! J'avais une de ces peurs de m'étouffer ! C'est parce que comme je suis d'une nature très angoissée, ça me serre là et je ne peux plus rien avaler. Mais tu sais qu'une de mes grandes peurs en prison c'était de crever en taule. J'avais peur de mourir en taule. C'était atroce.

LULU — Oui, moi j'avais peur de m'endormir et de ne plus me réveiller...

CHRISTINE — Une peur de la mort mais à un point ! Alors qu'avant, je n'y pensais pas ! Mais là, c'est... C'était grave, mais grave. Chaque fois que je faisais une crise d'angoisse je me disais : "Bon ben ça y est, je vais crever, je vais..." Ah ! ouais, c'est vraiment affreux.

LULU — Ce dont on a énormément peur en prison aussi, c'est de la vieillesse...

CHRISTINE — Ça fait peur. Moi je sais que pour mon premier cheveu blanc, j'ai pleuré. J'ai pleuré ! Et même quand je voyais ma mère au parloir, à chaque fois, je lui demandais : “Est-ce que j'ai vieilli ?” Elle me disait : “Non Chris, tu t'es arrêtée.” Et j'ai repris des photos lorsque j'avais 19 ans, bon d'accord, j'ai pris de la maturité, on a quand même un peu la tronche qui change mais j'ai pratiquement pas bougé. Mais ça arrive à plein de filles en prison. On n'a pas à stresser pour le loyer, pour le boulot, pour les mômes...

LULU — On boit pas d'alcool, même si on a envie de came on n'en a pas... Oui bon, ça tourne mais on va pas aller en chercher tous les jours comme à l'extérieur. La came, moi je sais que j'en ai vu plus circuler en maison d'arrêt qu'au CD. Au CD, j'sais pas, du teush peut-être mais en maison d'arrêt c'est de la came, de l'héroïne, de la cocaïne.

CHRISTINE — On n'a pas le souci de la vie active. On nous apporte notre bouffe tous les jours, quand on n'a pas de thune on peut demander un prêt. Le seul stress qu'on a c'est, pour les filles qu'ont des perms, leurs perms et la grande attente du courrier et des parloirs. Ce sont nos principaux stress. Bon le stress du bruit des serrures, des portes, de devoir appeler pour n'importe quoi ben ça on s'y habitue à une vitesse, si tu savais. A force on n'entend plus aucun bruit... Je crois qu'on ne veut tellement plus les entendre, qu'on ne les entend plus. OK, y a un paquet de filles qui deviennent complètement boulimiques, mais complètement. Y en a d'autres qui arrêtent d'avoir leurs règles, d'autres qui les ont tout le temps. C'est classique, quoi. La fille a son procès ou même un simple rendez-vous avec le juge d'instruction et c'est parti, soit ça bloque, soit c'est la cascade. Moi j'ai eu de la chance, j'ai pas pris un gramme grâce au sport mais je sais que j'ai pas eu mes règles pendant un an... Non, au bout de six ans, les clefs, les portes, je n'entendais plus rien. Je vivais dans mon monde. Mais c'est-à-dire que je vivais en prison mais j'avais toujours ma tête qui était libre. Il y a des trucs qui permettent de s'évader. Par exemple, j'ai fait une pièce de théâtre et...

Mais comme j'ai parfois des problèmes d'élocution... Je bégaye un peu, je bloque quoi... Avant ça ne m'arrivait presque jamais mais depuis la prison, j'ai fait un blocage et je me suis mise à bégayer. Enfin, j'ai fait cette pièce. Je faisais genre reporter et c'était des filles qui avaient écrit la pièce et je me suis éclatée. Bon après j'ai lâché ça à cause des relations avec les filles parce que dès qu'il y a des mecs en taule elles deviennent complètement dingues... Moi me faire remarquer c'est pas trop mon trip donc quand je voyais ça... Devant le prof c'était à celle qui va rire le plus fort, comme quand on a seize ans et qu'on a une vue sur un mec... J'ai fait allez, basta ! Sinon, à part le sport...

LULU — Le sport et la télé.

CHRISTINE — Ouais en taule, ça a un rôle très très important la télé.

LULU — Pour l'info, pour voir un peu ce qui se passe partout, être à la page quoi, pas complètement paumée. Alors qu'ici, tu vois, on ne la regarde même pas. Ce que j'adorais en prison c'était le soir, écrire, faire mon courrier avec la musique mais avec la musique à fond la caisse hein !... Ma cellule, je l'avais bien arrangée, il y avait du tissu et tout ça...

CHRISTINE — Moi, j'avais le couvre-lit, les rideaux et puis stop. Je sais que je ne voulais rien sur les murs. Rien. Je ne voulais pas mettre les membres de ma famille sur les murs... Non.

LULU — Moi au début j'avais mis les photos de ma fille puis je les ai enlevées, ça me faisait trop mal...

CHRISTINE — Y a ça, puis faut dire que quand les surveillantes rentrent pour le contrôle des fenêtres, elles regardent. Et ça c'est chiant.

LULU — Ouais pour le sondage. Le contrôle des fenêtres ça s'appelle le sondage. Tous les jours. Moi tu vois, ça m'est resté ça. Ça et les fouilles. Au début j'en ai eu pas mal mais après ça s'est estompé.

CHRISTINE — Ben ça dépend des parloirs parce que quand on a des parloirs, à chaque sortie on a la fouille corporelle sinon moi je sais qu'en trois ans j'ai eu quoi... trois fouilles de cellule à peine. Puis y a aussi la censure, des deux côtés et ça on s'y fait pas. Autant les fouilles, mais la censure... Y a des moyens de l'éviter : faire passer son courrier par les visiteurs ou l'écrire au citron par exemple. Bon, moi avec le citron je passais du temps à faire ma lettre, mais au moins quand j'avais quelque chose de personnel à écrire... A Phil par exemple, des choses intimes qui permettent de conserver une petite vie sexuelle et qui ont pas besoin d'être lues par d'autres. Et ça passe impec !

LULU — Moi c'était par ma visiteuse. Pour ma mère, mon frère. Je voulais pas qu'on lise ce que j'écrivais sur ma vie là-bas, sur ce qu'ils faisaient à l'intérieur, plein de trucs comme ça qui ne seraient pas passés... Y a pas des centaines de gens à qui on a envie de raconter des trucs vraiment perso, de toutes les manières...

CHRISTINE — C'est comme le système des correspondants, c'est un truc en vase clos, c'est... J'ai toujours refusé d'avoir un correspondant. J'voulais faire ma prison seule, pas qu'on m'prenne la tête. Je suis très indépendante, je suis très secrète, réservée. Y avait ma famille et bon, pendant mes perms j'allais voir Phil au parloir. D'ailleurs au parloir, il n'y avait que des femmes. Que ça. Je ne sais pas du tout pourquoi les femmes vont vachement voir leurs mecs en taule et pas le contraire. Peut-être que c'est par sentiment de maternité... Même pour les correspondances, c'est pareil, les femmes écrivent beaucoup et elles n'ont pas toujours de réponses. Il faut savoir aussi que t'as des femmes qui vont en taule pour voir leur mec rien que pour... pour tirer un coup quoi. Bien sûr le règlement l'interdit mais... C'est-à-dire que chez les mecs c'est différent. Les hommes sans sexe ils ne peuvent pas vivre tandis qu'une femme de ce point de vue-là ce n'est pas pareil... Pourtant on a les mêmes envies, on a les mêmes désirs mais bon, nous on peut maîtriser alors que les mecs ça va jouer sur l'agressivité, sur leur comportement. Ce qui fait que les surveillants savent que si un mec voit sa femme il va être plus calme. Moi je sais que j'ai eu de gros problèmes par rapport à ça. Quand j'allais voir Phil au parloir lors de mes permissions, il voulait absolument qu'on ait des relations, qu'on... Moi je ne voulais pas. J'ai pas cette mentalité-là, de m'afficher, de faire ça... Pour moi c'est dégradant. Et puis même, nous, on n'est pas à la recherche de sexe, on est à la recherche de tendresse... »

Au cours de sa détention et dès qu'elle a pu obtenir des permissions, Christine n'a pas hésité à aller rendre visite à son petit ami en prison. Les difficultés qu'elle éprouve aujourd'hui encore, à retourner en milieu carcéral ne serait-ce que pour accomplir certaines formalités administratives, constituent peut-être la meilleure mesure de l'attachement presque inconditionnel qui la liait à Philippe.

CHRISTINE — « On a 200 francs par semaine, tous les lundis, on doit aller les chercher à la prison et signer et là c'est l'angoisse totale ! Rien que... A peine arrivées à la gare, on tremble de peur[1]. On est mal, c'est dingue ! On transpire, on... En plus on nous fait parfois des remarques... C'est comme l'autre jour, à la comptabilité, quand on a dit nos noms, ils nous ont répondu qu'ils nous connaissaient mieux par nos numéros d'écrou. Des petits trucs comme ça, pour bien nous faire comprendre qu'on n'est pas encore réellement libres, tu vois. Mais nous on s'en fout, on sait qu'on reste là juste cinq minutes et puis qu'on se casse... De toutes les façons, les filles délirent sur les blouses en disant qu'elles, elles ont pris perpète ! Perpète en semi-liberté... Ouais, c'est quand même pas pareil. Par exemple, tu vois, aujourd'hui, à cause de la taule, on se sent en décalage complet avec les gens de notre âge. C'est-à-dire qu'on a vécu des trucs que... Moi je vois les jeunes de mon âge et je les trouve cons. Je les trouve immatures, naïfs, bêtes

1. Le CPF se trouve derrière la gare de Rennes.

quoi et vraiment sans intérêt. Sans intérêt ! Ils ne se rendent pas compte, ils ont papa, maman, pas de problèmes !

LULU — Oui on se sent parfois en décalage... mais même au niveau tu sais de la techno, des soirées rave et tout ça, je... On m'a déjà fait la remarque et j'ai dit : "Ben non, je sais pas ce que c'est, j'y suis jamais allée." Je ne sais pas moi...

CHRISTINE — C'est vrai qu'avant qu'on soit ensemble elle n'écoutait pas du tout de techno alors que moi quand je suis arrivée, j'étais techno mais à fond ! En fait, c'est grâce à ma petite sœur que j'ai pu rester... branchée quoi. De ce point de vue je ne suis pas en décalage. Et puis même quand je suis en perm, je sors, je vais dans les boîtes. C'est vrai que la première fois que j'ai mis un pied dans une boîte j'me suis dit : "Mais qu'est-ce que je fous là ? !" Je me faisais chier ! Je ne comprenais pas le but de s'enfermer dans une pièce et de se la donner... Aujourd'hui, ça a changé ! D'ailleurs un de ces quatre je vais l'emmener ! C'est comme là : je l'ai emmenée au cinéma. Et elle a passé tout le temps à dire d'un air halluciné : "Que c'est beau ! Que c'est beau !" »

Christine et Lulu éclatent à nouveau de rire. Dehors, la nuit est tombée. Je les regarde tour à tour une dernière fois avant de prendre congé et je m'interroge : de quoi peuvent-elles donc avoir l'air pour des gens qui ignorent tout de leur histoire ? De deux amies partageant un appartement ? De deux étudiantes ? Deux jeunes femmes débutant dans la vie active avec des préoccupations de jeunes femmes, des fous rires et des angoisses de jeunes femmes... Qu'est-ce qui en somme serait susceptible de les distinguer de celles qui déambulaient dans les rues de Rennes ce soir-là ? La gravité d'un regard au détour d'une phrase... Ou peut-être plus sûrement cette volonté tenace de ne pas sombrer.

CHRISTINE — « Je suis libérable en octobre et j'ai l'intention de rester sur Rennes. A Cherbourg, tout le monde est au courant alors pour trouver du boulot... Et puis même, repartir sur Rennes dans une ville où on n'est pas connu, où on n'a pas besoin de se justifier. On est plus libre quoi. De toutes les façons, la plupart des filles du CD qui ont été placées sur Rennes y restent. On fait table rase du passé, on repart à zéro... On a tout fait pour que ça marche et je peux te dire qu'on en veut. »

QUATRIÈME PARTIE

Maraudeuses sous contraintes, maraudeuses hors contraintes

MASCULIN, FÉMININ

Avec plus de 253 600 personnes appréhendées en 2000, parmi lesquelles 35 793 femmes et 217 877 hommes, le vol, sans distinction de registre, reste, pour l'un comme pour l'autre des sexes, l'un des premiers motifs de mise en cause. A fortiori *lorsqu'en s'émancipant des catégories légales on le couple avec ces infractions économiques et financières — escroqueries, faux et contrefaçons — qui sont ses sœurs jumelles. Mais le parallélisme entre les sexes s'arrête là et les écarts constatés au gré des statistiques détaillées se passent de commentaires : représentées à hauteur d'environ 3 % en ce qui concerne les vols liés à l'automobile, les femmes le sont à hauteur de près de 33 % en matière de vols à l'étalage ; constituant moins de 5 % des personnes mises en cause lors de vols à main armée et 6 % seulement de celles mises en cause pour vols avec violences sans arme à feu, elles constituent plus de 15 % des personnes mises en cause pour vols avec violences sans arme à feu contre d'autres femmes et plus de 22 % de celles mises en cause pour vols au préjudice de particuliers dans des lieux privés. En un chiffre comme en cent, elles sont près de 28 % des personnes appréhendées pour vols simples contre 14 % de celles appréhendées tous vols confondus et, si les séries statistiques en matière de vol trahissent l'existence de « spécialités féminines », il en va également ainsi des chiffres relatifs aux infractions économiques et financières quand bien même ce créneau semble constituer, toutes proportions gardées mais tous postes confondus, un domaine de prédilection délinquantielle des femmes.*

Ici, les infractions à la législation sur les chèques (37,48 % de femmes mises en cause) et les falsifications et usages de chèques et de cartes de crédit volés — respectivement 35,73 % et 31,61 % de femmes mises en cause — conservent leur préférence sans toutefois qu'elles négligent les escroqueries et abus de confiance (25,03 %) ou encore les faux en écritures publique et privée (27,29 % et 31,83 %). Rien de bien nouveau sous le soleil en somme, et pourtant : en matière de délinquance économique et financière, les femmes n'ont-elles pas conquis, en même temps qu'une indépendance professionnelle, l'accès à certains postes de responsabilités et, de fait, l'accès à certaines infractions ? En 2000, elles étaient ainsi plus de 19 % parmi les mis en cause pour abus de biens sociaux et autres délits de société et plus de 17 % parmi les personnes appréhendées pour délits économiques ayant trait à l'urbanisme et à la construction.

Vols en tout genre ou escroqueries diverses et variées, petites voleuses et grandes escroqueuses sont-elles demeurées fidèles à « l'éternel féminin » ou ont-elles consommé leur affranchissement criminel ? Ici, les jeux sont loin d'être faits. Le présent chapitre s'intéresse au vol, à l'escroquerie comme il s'intéresse au proxénétisme car, par-delà les catégories pénales, il donne la parole à ces maraudeuses « sous contraintes » qui ne sont ni tout à fait émancipées — les infractions dites astucieuses contre les biens ont toujours enregistré de fortes participations féminines et le proxénétisme (28,08 % de femmes parmi les mis en cause) a de tout temps fonctionné avec des relais féminins —, ni, une fois affranchies de certaines complicités masculines, tout à fait dominées. Joyeuses kamikazes des rayons de grandes enseignes, Joëlle et Nina, rencontrées sur leur terrain de chasse, volent à l'étalage selon la tradition classique, encourant de petites peines, bénéficiant parfois de la bienveillance des responsables de grands magasins et passant sou-

vent au travers des mailles du filet. Hélène, escroc ès CAF, travaille seule ou avec des femmes mais c'est encore et toujours les allocations familiales qu'elle a choisi d'escroquer. Quant à Adeline, si elle joue certes les proxénètes par délégation, c'est cependant à elle qu'incombent l'intendance et la lourde tâche de faire respecter l'ordre. De ces maraudeuses sous contraintes aux maraudeuses hors contraintes, il n'y avait qu'un pas que Kiki ou encore les fameuses Amazones auront franchi sans autre forme de procès, pulvérisant par là même les stéréotypes criminels traditionnels et réinventant le modèle féminin en criminalité. Kiki, les Amazones mais aussi Isabelle et dans un certain sens Dédée, toutes semblent partager au moins ce point commun d'avoir été un peu plus maîtresse de leur destinée criminelle que ne l'étaient la plupart de leurs aînées.

Et précisément que penser du procès des Amazones qui s'ouvrira en septembre 1996 devant une salle comble à Carpentras ? Le procès de cinq jeunes femmes et d'un garçon dont le périple à main armée aura défrayé la chronique au début des années 90 pour monopoliser à nouveau trois jours durant l'attention des médias. Les nombreux journalistes dépêchés sur les lieux avaient-ils véritablement été attirés par la nature des faits commis, en l'état une série de sept braquages des plus orthodoxes assortis d'un ultime cambriolage avorté ? Ni les méthodes employées, qui relevaient d'un classicisme sans surprise malgré une certaine désinvolture — inconscience ? — ni les sommes dérobées (environ 300 000 francs au total) n'étant susceptibles de déchaîner un tel enthousiasme, il est manifeste que le seul intérêt de l'affaire semblait bel et bien résider tout entier dans le fait que ces braqueurs-là n'étaient autres que des braqueuses. Cinq jeunes femmes qui avaient sans état d'âme aucun jeté au feu l'habit immémorial de la complice pour prendre les choses en main. Mieux, ce faisant, c'est précisément à un homme qu'elles avaient choisi de déléguer cet éternel second rôle :

« Il est vrai que l'affaire des Amazones est apparue totalement atypique aux yeux du grand public, *devait commenter le procureur Jean-Michel Tissot, peu de temps après le procès.* Pourtant j'ai l'intime conviction que ce sont des affaires qui sont appelées à se multiplier. La société a changé et l'on imagine mal comment des femmes qui ont conquis leur égalité dans tant de domaines devraient rester en retrait dans le seul champ criminel. Pour ma part, je n'ai pas été surpris et je ne pense pas que le cas des Amazones revête un caractère extraordinaire. Des modèles de comportements sont en train de se mettre en place, nous sommes dans une époque de transition mais qui va toucher à sa fin. A vrai dire, je suis même persuadé qu'au fur et à mesure que les effectifs féminins progresseront dans les rangs des professions en contact avec la délinquance et la criminalité pour atteindre une véritable parité — qu'il s'agisse de la police, comme des magistrats —, ce sont des affaires qui seront de plus en plus nombreuses à "sortir" puisque plus aucun filtre ne jouera, puisque toute discrimination sexiste, qu'elle soit positive ou négative, ne sévira. »

Qu'en est-il exactement de ces modèles de comportements ? Pour certains psychologues, l'éclatement du modèle familial traditionnel comme la confusion à l'œuvre des rôles masculins et féminins n'est pas sans incidence. En charge de l'expertise psychiatrique des Amazones tel expert près de la cour d'assises constate : « En ce qui concerne les Amazones, on remarque que pour les six protagonistes, la fonction paternelle avait fait défaut. Parents absents, mères toutes-puissantes, pères démissionnaires, figures monoparentales : tel avait été le lot de tous les membres de cette petite bande. » *Une bande à la tête de laquelle officiait une jeune femme dont les experts s'accorderont à dire « qu'elle ne savait pas qu'elle était une femme »...*

HÉLÈNE : ESCROC, IRRÉSISTIBLEMENT ESCROC

VENDREDI 17 MAI 1996 — 14 H

Hélène tourne et tournicote, ses mains s'agitent, elle vous submerge de paroles, deux ou trois gros mots lui échappent puis elle fuit en avant dans quelque complexe et interminable explication dont elle oublie très vite l'objet. C'est de cette manière, m'a-t-on dit, qu'elle est venue à bout d'un ou deux avocats. Car Hélène, ce n'est un secret pour personne, fréquente assidûment les cellules des maisons d'arrêt de France et de Navarre. De Fleury aux Baumettes, c'est avec la même nonchalance feinte qu'elle continue de promener dans les coursives son épaisse chevelure blonde et son large sourire agrémenté des dents de la chance. Infatigable bavarde, elle accueillera avec gourmandise ma visite et ne sera jamais à court de détails tandis que, d'anecdotes à rallonges en digressions intempestives, nos entretiens prendront dangereusement l'allure de romans-fleuves. Difficile en effet de canaliser ce flot de paroles ou de suivre la logique pour le moins singulière des récits d'Hélène. Difficile également de savoir où elle cesse de relater la stricte réalité et où elle commence à l'émailler de quelques coquetteries de son cru, propres à la rendre plus distrayante.

Qu'importe : la femme que j'ai en face de moi n'a-t-elle pas fait précisément carrière grâce à ce bagou désordonné ? On prétend même que, à l'aube de ses 70 printemps — qu'elle porte fort lestement au demeurant —, elle serait la doyenne des femmes escrocs de l'Hexagone. On dit aussi qu'elle est la « mamie » des détenues de France et force est de constater, en effet, que son autobiographie semble tenir tout entière dans l'énumération de son casier judiciaire. Un casier judiciaire à géométrie variable cependant, soumis à d'étranges fluctuations selon l'humeur de mon interlocutrice.

« Alors que je vous explique : tout a commencé en 75, les chèques et tout le reste d'ailleurs, les recels, les faux papiers, les machins, les trucs... Après mon divorce, quoi ! Avant, j'avais jamais eu de problèmes. Jamais. J'avais jamais eu de problèmes parce que d'abord j'avais connu cet homme à Paris qui m'avait laissé un très bel appartement. Je ne vous cache pas que c'était un homosexuel mais bien sûr il ne me l'avait pas dit au départ. Bref, j'avais vendu cet appartement et ça faisait quand même une bonne petite somme. Après, par un ami, j'avais eu un très beau bar-plat du jour. Cet ami me l'avait laissé parce qu'il savait que j'étais commerçante, que je parlais facilement et tout ça. Il m'avait dit qu'il me ferait toutes les facilités de paiement que je voudrais, vous voyez... N'empêche que finalement j'ai tout payé, hein. C'est parce que le mari de sa fille s'était suicidé et comme elle avait un petit de 6 ans, elle ne pouvait pas tenir le café bien sûr, et...

— *C'est donc vous qui avez repris l'affaire ?*

— Eh bien oui j'ai pris son café mais j'avais déjà eu un autre café avant... A l'époque de... Non, que je ne vous raconte pas de bêtises : mon tout premier bar, que je vous dise, je l'avais pris avec ma mère. C'était rue de la Guerre, 74, rue de la Guerre, près de Montparnasse, dans le XIVe. Ma mère faisait des frites et moi je faisais le plat du jour. J'avais pris une serveuse. Tout allait bien. Il s'appelait *L'Arlequin* ce bar. C'était deux pédés qui tenaient ça avant que je le prenne. Et puis voilà, je ne suis pas restée longtemps : après ma mère était fatiguée et elle a voulu changer. Ça lui plaisait pas trop. Bon j'avais quand même gagné un peu d'argent là-dessus.

— *Vous êtes parisienne ?*

— Oh non, non : je suis bretonne de naissance mais enfin j'ai toujours vécu à Paris. Au départ, on est venu chez ma sœur... C'est-à-dire que ma sœur était infirmière. Elle était l'assistante d'un grand chirurgien à Paris, mais elle est morte de la leucémie à 25 ans. Ils n'ont pas pu la sauver alors... Mais où j'en étais... Ah oui ! Donc son appartement de la rue Parmentier, eh ben on a pu le récupérer et on est venu habiter là. Alors j'ai eu une autre sœur qui a voulu venir à Paris, la sœur qui est venue après, qui est chef dans les assurances V. et une autre sœur encore qui est standardiste aux PTT, rue de La Boétie. On est toutes venues. Et puis il y avait mon frère qui était policier. Ah ! celui-là, il avait mal tourné ! On était cinq en tout. Mon père était receveur des postes et il s'est suicidé un jour de désespoir quand j'étais petite. Bon, à un moment il s'était mis à boire aussi. Ma mère était ménagère. On habitait au bord de la mer, on avait un grand jardin, on avait tout : des arbres fruitiers, un potager... Une très belle maison en Bretagne, à Paimpol. Sur une presqu'île de Paimpol.

— *Vous avez tenu des bars dès que vous êtes arrivée à Paris ?*

— Oh ! non, non, non ! Quand je suis venue à Paris j'avais à peu près 18, 19 ans et j'ai été un an à l'école Duguay pour perfectionner mes études : secrétariat, sténodactylo. J'ai passé tous mes diplômes et puis après j'ai travaillé dans le privé. J'étais secrétaire. J'ai travaillé à *Moto Revue.* J'ai travaillé dans un autre journal aussi. A *Moto Revue,* rue Cléry, dans le IIe. Après j'ai eu une autre étape. J'ai trouvé que je ne gagnais pas assez alors j'avais un ami qui était ami avec le fils R., vous savez, celui qui avait les Laboratoires R. à Romainville, près de Pantin... Enfin, là j'ai travaillé cinq ans comme agent de maîtrise. Le laboratoire achat-conditionnement. J'allais voir les imprimeurs pour les notices, pour les limes et je faisais les petites maquettes et les prémaquettes pour les petites boîtes, pour la pénicilline et pour tout. Je suis restée cinq ans là et c'est après que j'ai pris ce bar... En fait, j'ai toujours été très bien avec les marchands de bars alors... J'ai toujours fait ça. Reprendre des cafés, des bars. J'en ai eu quatre en tout.

— *C'est après avoir tenu ces bars que vous vous êtes mariée ?*

— Après je me suis... Non, non, qu'est-ce que vous me faites dire ! Je me suis mariée avant, en... en 1966 ! J'avais 30 ans. Eh oui ! Mais j'aurais pu encore attendre un peu. Je vous le dis franchement : je me suis mariée pour avoir des enfants. J'ai eu un garçon et une fille mais je suis tombée sur un pourri d'Espagnol. C'est pire qu'un Arabe !... Oh ! il avait un beau métier remarquez : quand je l'ai connu il travaillait dans une imprimerie qui imprimait des pochettes de disques. Seulement après, quand moi j'avais vendu mon premier bar de la rue de... Enfin, c'est là qu'il a commencé à me voler. Déjà ! Même dans mon bar ! Il invitait tous ses copains à boire le champagne et tout ça, il me trompait sans arrêt... Il me volait ! Bon, sept ans après j'ai divorcé. C'est à cette époque que j'ai commencé avec les chèques et le reste. Eh oui ! J'étais vraiment écœurée de la vie parce que j'avais pas besoin d'argent je peux vous le dire, vous pouvez me croire... Mais il y avait eu trop de choses. Mes enfants par exemple, ils m'avaient été confiés à moi et je les lui avais donnés... Lui c'était un vrai pourri : il faisait des escroqueries pire que moi mais autrement vous voyez et puis... heu, et puis il ne m'a jamais ramené mes enfants. Jamais. J'ai essayé de les retrouver et ma pauvre petite, j'ai pris détective sur détective. C'est bien simple : j'ai dépensé un argent fou ! Fou ! Tiens : un détective rue Saint-Lazare, je m'en souviens : le détective D. Ô Dieu ! En fait mon mari changeait de département sans arrêt. De département et *d'appartement*. Et un jour je l'ai trouvé dans le XIVe, rue d'Alésia, à Paris. Et je partais, et je mettais une perruque, tout ! Avec une autre copine, en voiture, on se mettait en planque et on le suivait. On a même retrouvé les enfants : ils étaient dans une école religieuse du XIVe arrondissement. Mais bon, les sœurs n'ont pas voulu me les rendre... Alors je suis partie... Après encore je les ai retrouvés par des amis. Je venais des fois en week-end en province et j'ai su par ces amis que mon bonhomme habitait à Marseille. Enfin, j'ai revu ma fille et elle m'a dit qu'elle avait été malheureuse avec son père et puis elle est venue avec moi. Bon, elle savait que je faisais des escroqueries et tout mais elle s'en fichait. Elle avait l'habitude avec son père. Mais là, elle s'est mise aussi à aller avec des garçons et machin et tout ça, enfin je pouvais pas l'empêcher...

Aujourd'hui je ne les vois plus. Mon fils a choisi de rester avec son père. Les jeunes vous savez comment c'est : il avait sa voiture, de l'argent. J'ai revu ma fille mais ça c'est encore une autre étape. Elle était installée à Cannes. Elle était partie là-bas. Alors elle, c'était quand même une fainéante ! Elle avait pourtant passé son bac quand elle était à Marseille. Avec ma fille, on s'adorait. Je lui donnais tout : mon briquet Cartier, ma bague et tout. Je lui payais tout ce qu'elle voulait, je lui envoyais des mandats et puis un jour, on s'est fâchées. Pour une histoire d'argent. Elle était enceinte de même pas cinq mois et moi j'avais des frais avec les avocats et tout ça, alors un jour quand elle m'a téléphoné pour me demander des sous — 8 000 francs elle voulait —, je lui ai dit que je ne pouvais pas ce mois-ci. Elle s'est fâchée pour ça. Je ne sais pas ce qui m'a pris mais j'ai pas voulu céder. J'ai regretté mais j'ai pensé aussi que comme ça je verrais bien si c'était moi qu'elle aimait ou simplement qu'elle voulait de l'argent. Elle m'a même envoyé un mot pour me dire que j'étais une mauvaise mère et que je ne verrais jamais ma petite-fille. Oh ! mais elle, elle avait eu aussi de graves problèmes avec son père... avec mon mari quoi. A sa majorité il avait monté une espèce de société à son nom, de... pour mettre dans les cafés vous savez, des appareils, des flippers des choses comme ça et puis il mettait des fausses vignettes, il a fait des tas d'escroqueries avec l'argent des caisses. Des tas ! Vous pouvez pas savoir !

— *Il ne s'est jamais fait arrêter ?*

— Non, non, non ! Mais par les impôts j'ai essayé de... Moi j'ai été leur demander aux impôts de contrôler, hein. Enfin ! Faire du mal à des enfants !

Ma fille a été interdit bancaire à Cannes à cause de cette société. Et quand il s'est marié avec moi, il avait déjà abandonné un enfant de trois ans, Corinne, et il payait même pas la pension alimentaire ! Et moi, pour pas qu'il ait d'ennui, moi, j'avais fait encore la bêtise pendant un an de payer les 3 000 F !

— *Vous étiez amoureuse...*

— Ah ! ça non, j'étais même pas amoureuse ! Je le faisais parce que j'aime trop les enfants et... Ah ! mais je l'ai viré, un jour, hein ! Je l'ai pris avec une valise et vous me croirez si vous voulez mais tout ce qu'il y avait dans la valise, j'l'ai mis à la poubelle, les slips — je lui avais acheté des slips Eminence —, tout, les chemises, les... C'est bien simple, il était habillé comme un... Comme ils étaient habillés mes enfants. Comme des princes ! J'avais tellement d'argent. J'avais mes cafés. Je logeais au-dessus. Je devais rien à personne. Je comptais même pas ma caisse le soir tellement j'avais de l'argent. J'avais une boîte, j'avais de l'argent, je gagnais ma pauvre, si vous saviez ! J'avais tous les professionnels réunis qui venaient chez moi : les déménageurs, les routiers, les... J'avais des clients comme c'est pas possible. Ils me demandaient même d'ouvrir le dimanche matin pour le tiercé. Bon ! J'ouvrais le dimanche matin ! Je n'avais pas de vacances, je travaillais comme une dingue. Alors j'amassais bien sûr ! Mais c'était pas pour l'argent, hein, c'était par plaisir d'arriver et tout ça... Moi, j'avais tellement d'argent.

— *Mais si vous aviez tant d'argent qu'est-ce qui vous a amenée à...*

— Ben qu'est-ce qui m'a amenée, qu'est-ce qui m'a amenée, je vais vous l'dire moi : j'en veux à personne, j'en veux à ma connerie humaine ! Et mon avocat, celui de Paris, eh ben il me l'avait dit : "Tant que vous serez vulnérable comme ça...", tant que je saurais pas dire non... Parce que j'invitais tout le monde. Quand je vais manger au restaurant avec un homme, avec vous tiens, n'importe qui que je connais à peine, eh bien je paye toujours ! J'ai toujours le chéquier à la main. Voilà ! J'attends pas, c'est comme ça. Mais pour vous dire comment ça a commencé avec les chèques, ça a commencé quand j'avais mon deuxième café. Là, j'ai connu une femme — on connaît de tout d'ailleurs aussi bien des drogués que de tout. C'était dans mon café que j'avais dans les années 70, rue Cambronne à Paris. Alors il faut bien voir une chose : je n'ai rien fait pour avoir de l'argent, je ne suis pas allée faire des hold-up, hein ! Mais ce que j'ai eu, c'est pire qu'une drogue. Maintenant je le reconnais, c'est comme une maladie... Donc, j'ai connu cette femme et une fois elle m'apporte des affaires : elle m'apporte du parfum, elle m'apporte des bijoux... et pour moi elle était devenue presque une copine, une camarade enfin bon je sais pas comment on peut appeler ça dans le commerce. Elle venait tous les matins, elle venait le soir et on s'était liées d'amitié un peu et elle me dit : "Je vais te dire la vérité, j'ai confiance en toi. Je fais ça avec des chèques. On me donne des chèques et je fais ça avec des chèques..." Alors je lui dis : "Mais c'est pas possible ! Si tu prends un chèque, t'as pas ma carte d'identité, tu sais pas comment que je signe..." Elle me dit : "Mais non, tu n'y connais rien !" Et elle m'a expliqué. C'est des petits Arabes qui lui vendaient les chéquiers ou d'autres personnes, je ne sais pas, ça fait qu'elle avait des chéquiers et des cartes d'identité et qu'elle falsifiait tout ça avec sa photo dessus. A l'époque, je peux vous dire que c'était plus facile que maintenant vu qu'aujourd'hui c'est plus dur avec les... enfin bon, bref, j'vais pas rentrer dans les détails... Avant c'était vachement facile. »

Facile ou pas, Hélène semble avoir eu tôt fait de piger la combine : seule ou en duo avec cette amie supposée être son initiatrice, elle se met à écumer les boutiques parisiennes munie de chéquiers et de cartes d'identité « empruntées ». Se fait-elle arrêter ? Certainement. Plusieurs fois ? Certainement. Mais elle ne se rappelle plus exactement des dates, ni des conditions d'arrestation. Disons que tout cela est flou. Elle a également oublié à vrai dire le montant des sommes qu'elle a ainsi détournées. Elle se rappelle seulement qu'à cette époque-là, le shopping était son activité favorite, qu'il améliorait sensiblement l'ordinaire et que le cercle de ses amis n'a pas eu à s'en plaindre...

MERCREDI 22 MAI 1996 — 16 H

Aujourd'hui Hélène semble avoir retrouvé la mémoire, ou à défaut, pallier les défaillances de celle-ci par un accès enthousiaste d'imagination. Mettant une bonne volonté toute particulière à combler ce qu'elle croit être mes attentes, elle aligne des chiffres un tantinet fantaisistes et ânonne des dates d'interpellation. Elle énonce toute une série de verdicts allant de peines assorties du sursis à des peines d'emprisonnement ferme pour des périodes plus ou moins longues de quelques mois... à quelques années.

« *On peut prendre quatre ans pour des histoires de chèques falsifiés comme les vôtres ?*

— Non, non, les quatre ans, c'est pas pour ça. La peine de quatre ans, c'est autre chose. C'est avec un homme, de Paris... Jacques Cartier... Non c'est même pas Cartier... Comment qu'il s'appelait ce Jacques... Carton ! Jacky Carton ! Alors Jacky c'était en 80... c'était en quelle année ça ?... J'sais pas... Parce que c'était après mon grave accident de 79 où j'ai été renversée par une moto sur un passage piéton. J'ai été attrapée, attendez voir en... début 85, donc oui voilà : ça devait être en 83 ou en 84. Une amie — c'était une ancienne prostituée mais qui s'était recasée et tout ça — vivait avec ce type-là et s'était séparée. Donc j'étais bien avec elle, elle m'invitait, elle était très gentille et... On faisait rien de mal hein, c'était une femme bien, c'est pas parce qu'elle avait été prostituée que... Un jour elle me dit : "Tiens je vais te présenter mon ex-mari, Jacky, tu vas voir, il est bien." Elle m'avait dit : "Tu sais, tu risques rien avec lui. S'il te propose quelque chose je te mets la main à couper et bref, tu risques rien. » Il m'a expliqué que ce qu'il voulait — parce que j'étais une femme qui présentait bien et à qui il pouvait faire confiance — c'est que je lui serve de secrétaire. Enfin que je fasse *comme si* j'étais sa secrétaire quoi. Il disait qu'il voulait faire des achats pour monter un grand restaurant et il avait besoin de beaucoup de marchandises et tout ça, pour faire la cuisine, et il voulait une femme pas trop jeune pour l'accompagner. Moi j'ai marché, je me suis dit que s'il n'y avait que ça ! Ma copine, elle m'avait dit : "Bon, il te paiera le restaurant, si t'as envie d'acheter quelque chose il t'achètera ce que tu veux et patati et patata." Et lui en fait, son truc, c'était les chèques de société. Ce qu'il faisait, c'est qu'il achetait des marchandises, des robots et tous ces trucs pour la cuisine et qu'il les revendait à ses copains restaurateurs. Il allait dans les restaurants, dans les bars et il disait aux proprios : "Si vous avez besoin de quelque chose, vous n'avez qu'à me le dire, je m'en occuperai." C'était des copains qu'il connaissait, et il achetait de gros trucs pour eux. Ouais, de gros trucs avec les chèques de société parce qu'il connaissait aussi une femme de ménage qui travaillait dans une grosse boîte et il avait un paquet de chéquiers de société. Alors ça je m'en rappelle, des chéquiers de la Société Générale avec le talon long et tout. Donc il disait aux gens chez qui on allait acheter des choses, les grossistes : "C'est ma secrétaire qui a tous les papiers", ça faisait sérieux et lui il m'avait tout préparé. En plus, il était d'accord avec une petite imprimerie qui faisait tous les papiers : des cartes d'identité impeccables ! Je sais pas d'où ça venait, mais tout était im-pec-cable ! Il m'avait dit : "T'as rien à craindre, c'est des papiers comme si c'était à nous. Tu m'accompagnes simplement et tu signes. Puis je t'achète ce que tu veux et machin, je te paierai des chambres d'hôtel si on part deux ou trois jours... Il m'avait même emmenée à Tours, vous voyez, dans un bel hôtel.

— *Ça vous rapportait de l'argent ?*

— Non. Moi je faisais ça parce que je m'amusais. Je partais en week-end ! Et je ne couchais pas ni rien avec lui, hein ! Après mon mari, il n'y a plus eu d'hommes dans ma vie. Jamais ! J'étais trop dégoûtée, ça ne me disait rien. Et lui je suis sûre que si j'avais voulu... Non, j'sais pas, j'étais dégoûtée des hommes. En plus que mon ex-mari je l'ai jamais aimé, et en plus avec tout ce qu'il m'a fait... J'avais plus confiance du tout. Oh ! si. J'ai bien eu comme ça une aventure avec un Suisse mais... Il travaillait à Paris celui-là, dans les voitures Mercedes. Ça a duré deux-trois jours et après il est reparti. De toutes les façons il était marié et ça ne m'intéressait pas. Aller au restaurant et tout... Non, plus du tout. Les hommes, c'était fini ! Et je ne suis jamais devenue lesbienne pour autant, hein ! Je voulais vivre pour mes enfants et être indépendante. Et m'amuser. Enfin, m'amuser plus ou moins parce que je vais vous dire que les années où j'ai travaillé dans mes restaurants, j'ai pas pris beaucoup de bon temps. Après j'ai fait les chèques et tout ça sous forme de jeu, sous forme de vice, je sais pas comment on peut appeler ça et voilà !

— *Dans cette affaire avec Jacky, comment est-ce que cela s'est terminé ?*

— Je lui avais dit : “Je pars en week-end à Marseille” et il me dit : “Pendant que tu vas là-bas eh ben essaye d'acheter ça.” Je m'en souviendrai toujours, c'était deux survêtements pour les enfants d'un ami restaurateur, pour aller à la neige. Et je suis tombée. C'était je crois au mois de janvier 86 et j'ai été arrêtée à Marseille en achetant ces deux survêtements.

— *Et vous n'avez rien dit au sujet de Jacky ?*

— Mais, si ! J'ai tout raconté mais lui évidemment il a nié. Bref, il a pris quatre ans mais il avait déjà pris huit ans pour de la fausse monnaie et il était déjà tombé pour proxénétisme... Il a eu toujours des grosses peines et moi je suis tombée dans son truc, alors... Il aurait eu que des petites peines d'un an, j'aurais eu pareil mais bon. Il a eu quatre ans, j'étais complice et voilà j'ai eu quatre ans aussi ! Oh ! mais il y a eu un tas d'autres trucs en fait. Mais bon... D'abord par exemple, avant même que je commence tout ça, j'avais déjà les flics sur le dos parce qu'une bonne femme avait fait des escroqueries en se servant de mes papiers, elle allait dans les... Si, si, je vous assure, même qu'ils n'ont jamais rien pu prouver, alors vous voyez, c'était pas moi ! C'était une femme que j'avais pris à Bourges pour garder mes petits, par pitié, parce qu'elle avait le cancer et elle, elle avait volé mes papiers et elle a fait un tas de trucs avec mon nom, mais c'était pas moi. Bon et puis après ça, il y a eu toutes les affaires avec la Morelli. Une salope celle-là ! D'ailleurs elle est venue en prison ici et il a fallu nous séparer à la promenade et tout. J'ai même failli me battre avec elle devant le juge, à la confrontation. Ouais et d'ailleurs, la dernière fois que je suis tombée, c'était justement à cause de la Morelli. Vous allez voir encore si j'ai de la chance ! A l'époque, je sortais de rééducation après mon accident avec la moto, j'avais des béquilles et tout, c'est pour vous dire. Nous, on se voyait comme ça. Moi je l'avais connue par sa mère, enfin, un jour elle me dit : "Ne t'inquiète pas, je vais mettre des faux numéros sur ta voiture — parce que la mienne elle est très vieille, la tienne elle est récente et ça paraîtra pas... — et on va aller faire des courses." Enfin bon ! Alors, elle m'emmenait dans les grands magasins ou j'sais plus où et elle me laissait devant la boutique avec une liste où elle me mettait "magnétoscope" ou "caméscope, deux têtes, trois têtes", machin tout ça. Elle, elle avait déjà la vente de ces marchandises et c'est son concubin Guy P. qui allait les fourguer le soir même pour pas qu'il y ait de trace chez elle, vous voyez. Quand je me suis fait pincer avec la liste dans la poche, moi j'ai demandé la confrontation, parce que les gens du magasin ils ont bien vu que je n'étais pas toute seule, hein ! En fait, moi je voulais lui faire plaisir à la Morelli parce que, pour revenir en arrière, pendant que j'étais en rééducation après mon accident, elle s'était occupée de moi, mais enfin, elle m'en a fait là aussi alors... Non seulement d'abord elle m'a escroquée quand j'étais en rééducation mais en plus après, elle est venue avec des faux billets de cinquante francs qu'elle a voulu me refiler pour que je les écoule. Mais là j'ai pas été si bête. Enfin pas si bête, ça m'a rien rapporté remarquez parce que le gendarme n'a pas voulu témoigner... J'avais téléphoné à mon collègue gendarme de Marseille, parce que je suis très bien avec lui. Je suis très bien avec deux gendarmes : B. et N. Alors j'ai dit à ce gendarme : "Voilà ce qu'elle m'a collé la Morelli !" C'est qu'elle est connue comme le loup blanc, elle, son frère le rouquin, tous ! Je voulais qu'il relève les numéros de série et qu'il essaye de voir. Eh, normal : c'est B. et son autre copain gendarme qui m'avaient fait sortir rapport à une autre affaire en 90... Ils avaient été sympa quand même hein ? Ils avaient dit : "On sait qu'Hélène elle dit toujours la vérité, autant les autres ils nient mais pas elle !" »

J'émets quelques réserves au sujet de cette dernière déclaration et Hélène fait mine de se fâcher, déversant un flot d'arguments plus obscurs les uns que les autres pour me prouver sa bonne foi. Mais ce petit accès de colère de pure forme ne dure pas : elle est bien trop pressée de me raconter la suite de ses péripéties avec cette fameuse Morelli. Une dame à la moralité douteuse à qui Hélène voue une rancune des plus tenaces tout comme, d'ailleurs, à deux ou trois autres personnes, compères d'anciens forfaits, et dont les deux principales occupations semblent être, aujourd'hui, d'escroquer Hélène et de s'escroquer mutuellement :

« C'est comme ça que quand j'étais en rééducation, elle s'occupait de moi et un jour — pour vous dire comme je suis naïve — j'avais besoin de 1 000 francs pour payer mon forfait journalier. Je n'avais que mon chéquier heu... Non, mon chéquier, je l'avais pas sur moi. Un chéquier c'était pas la peine, hein, il valait mieux que je l'ai pas alors il était à la maison. J'avais ma carte de crédit donc, et elle me dit : "Si tu veux, je vais te chercher de l'argent." Et comme une imbécile, en rééducation, qu'est-ce que je fais : je lui donne mon code. Et voilà ! Elle me dit : "Je te rapporterai l'argent dans deux ou trois jours." Elle est venue le lendemain me rapporter l'argent et elle m'a dit : "Tiens, j'ai oublié ta carte, je te la rapporterai dans quelques jours." Et ça c'était donc... C'était le 27 novembre. Quand j'y pense, heureusement qu'on a été arrêtés deux jours après ! Elle a commencé le 27 novembre et on a été arrêtés le 29 novembre, pour une autre histoire et par exemple le 28 novembre, entre 9 h 30 et 11 h, elle a fait 52 000 francs d'achat ! Avec ma carte ! Et le Crédit Agricole aussi ils sont allés vérifier, ils ont bien vu que je ne mentais pas, que ça ne pouvait pas être moi puisque j'étais à la rééducation, mais comme j'avais pas à donner mon code, j'étais responsable et j'ai perdu encore 52 000 francs, en plus de tout le reste. »

Hélène a vraisemblablement décidé de me « balader » au gré de petites affaires plus rocambolesques les unes que les autres. Sachant qu'elle est actuellement incarcérée pour une affaire plus importante d'escroquerie concernant les caisses d'allocations familiales de plusieurs départements, je tente de la remettre autant que faire se peut sur les rails de notre entretien et la questionne à ce propos :

« Ah oui, il y a aussi cette histoire de CAF *(Caisse d'allocations familiales)*. Que je vous explique. En 92 pendant que j'étais ici *(en prison)*, j'ai rencontré l'autre : Danièle D. Quand même ! Cette grosse-là, au début elle me disait que son père avait été commissaire alors qu'elle avait plein de jugements sur le dos ! Enfin ! Danièle D. ! Putain si je la trouve celle-là un jour ! Quand je pense que quand elle a été transférée aux Baumettes, je lui ai envoyé de tout, des mandats, de tout ! Je vous jure, je lui avais fait une attestation pour qu'elle passe le Noël 93-94 dehors, je lui ai envoyé des mandats, j'ai téléphoné à l'assistante sociale, à des avocats, qu'ils essayent de lui donner la confusion de peines... Pour tout faire, j'ai tout fait... Mais que je vous explique surtout pour la CAF. Cette Danièle, je l'ai hébergée à la maison et c'était une voyante en plus celle-là ! D'ailleurs elle m'a dit de ces trucs ! Enfin, jamais elle m'a dit qu'elle allait me voler, hein ! Je l'ai prise chez moi. Moi j'avais un beau lit avec un beau matelas Epéda Multispire, et tout ça. J'avais mon matelas. La première nuit, elle dort avec moi. Elle ronflait tellement que je lui dis : "Ecoute, moi je vais aller dormir sur le canapé." Elle me dit : "Oh ! non, c'est moi qui vais aller dormir sur le canapé." Bref, une nuit, je fais une hémorragie. Je perds ! J'étais inondée de sang. Elle appelle un docteur de nuit, qui vient, qui me fait une piqûre et qui me dit : "Demain matin, faut vite aller à l'hôpital." Le lendemain, j'appelle Francine, mon amie qui travaillait dans le social, pour qu'elle m'accompagne. En partant, vers 10 h 30, je dis à Danièle : "Ecoute, prends un lapin dans le congélateur" et... Je lui avais laissé mon petit chien, Chouqui et tout, et comme c'est une très bonne cuisinière je lui dis : "Prépare pour 12 h 30, 13 h"... Alors on s'en va et on revient à une heure moins le quart. Plus personne. Plus de clefs, plus rien. Mon appartement : fermé. Heureusement que comme je vivais seule j'avais laissé un trousseau de clefs à mon gardien qui est quelqu'un de très bien. En rentrant dans l'appartement, qu'est-ce que je vois ? ! Mon Chouqui qui était sur la terrasse, enfermé et qui aboyait. Et *plus rien* ! Parce que je vous dis pas, c'était une femme qui vivait qu'avec des chéquiers volés, elle allait de chambre d'hôtel en chambre d'hôtel... Elle allait chez des personnes âgées, elle leur volait tout : leur argent, leurs chéquiers, tout ! Elle avait, oh ! j'sais pas, c'était la caverne d'Ali Baba au point de vue chéquiers ! Ouais, elle vivait comme ça. Elle volait. Ah ! elle travaillait pas de la voyance hein ! Et donc elle m'a volée : j'avais deux beaux colliers en or, elle est partie avec, enfin, il me manquait plein d'affaires. Un sac que j'avais acheté au Maroc et puis un beau sac en box — je m'en souviendrai toujours — que j'avais payé 2 500 francs avenue de l'Opéra, à Paris, mon parfum Montana... Elle m'a embarqué tous mes produits de beauté, toutes mes crèmes, elle m'a pris des vêtements, et elle a rempli mon sac qu'elle m'a volé avec tout ça. Et elle est partie avec mes clefs ! Pour savoir où elle était partie, mon amie qui est peut-être moins bête que moi, elle m'a dit : "Ben on va téléphoner à Allô Taxi. Elle a pu prendre que le train. Où veux-tu qu'elle parte avec tous ces sacs, sans voiture sans rien." Et c'est vrai la Danièle, elle est à moitié miro et elle faisait 120 kilos en plus ! Allô Taxi nous dit : "On va faire des appels, des appels." Une demi-heure après, on reçoit un coup de téléphone : "Oui, oui, il y a un chauffeur qui reconnaît qu'il a bien été à 11 h 15, je crois, chercher une femme très forte en effet, avec plein de sacs de voyage. Le taxi était rempli et on l'a déposée à la gare." Pour vous expliquer la vacherie après, elle a fait tout mon chéquier Crédit-Agricole-que-je-devais-leur-rendre-parce-qu'ils-voulaient-plus-de-moi-à-cause-des-cartes-de-crédit-de-l'autre-que-moi-je-certifiais-que-c'était-pas-moi. Vous comprenez ça vous ? !

— *Je croyais que vous deviez me parler de cette affaire avec la CAF...*

— Ah ben oui, ça c'était juste avant qu'elle me fasse ce coup. Elle m'avait demandé de lui faire faire des faux papiers par une amie que je connaissais qui faisait ça très bien d'ailleurs. Mais Danièle, elle voulait mettre ma photo sur ses papiers parce qu'elle était recherchée dans les commissariats. Je crois qu'elle était vraiment recherchée, avec des mandats d'arrêt de partout. Et moi, je lui ai donné ma photo.

— ... ?!

— Je vous le jure sur les yeux de mes enfants ! Je la lui ai donnée. Elle avait besoin de ces papiers pour avoir le RMI, alors... Donc je me suis fait attraper pour ça aussi mais après, pour me venger, moi, c'est avec son nom que j'ai fait des trucs avec le RMI et les CAF. J'avais ses papiers et j'ai mis ma photo. Comme un échange quoi. Mais je l'ai fait ailleurs, pas dans la même ville. Je l'ai fait dans plusieurs villes. Et dans plusieurs départements aussi. Alors je faisais le bail et la quittance de loyer, tout bien, je donnais plein d'adresses et je prenais son identité et ma photo et voilà. Je touchais le RMI et l'allocation logement et d'autres allocations. »

... A combien de reprises ? Sous combien d'identités différentes ? Pour quelles sommes ? Ce sont là des précisions dont Hélène ne s'embarrassera pas. A quoi bon chipoter ? « Quand on l'a fait, on l'a fait, hein ? ! Dans le journal ils ont dit 2 ou 300 000 francs, je crois. » *Et je repense à cette histoire de magnétoscopes : Hélène m'avait vaguement parlé d'un vol de magnétoscope sans préciser toutefois qu'il ne s'agissait pas d'un appareil mais plutôt... du détournement d'une cargaison entière. A moins que nous ne nous soyons mal comprises. Qui sait, il est parfois tellement difficile de suivre Hélène dans les circonvolutions de ses récits et dans les méandres de sa mémoire gommeuse. Embrigadée dans un réseau serré d'escrocs à la petite semaine, elle éprouve bien du mal à se sortir d'affaire. D'autant que ses penchants propres semblent la pousser irrésistiblement de l'avant même si elle me déclare n'aspirer à ce jour qu'à une chose :* « retrouver Chouqui le chien et Jessie le chat, le beau matelas Epéda Multispire et mes disques de Brel, de Piaf ou d'Aznavour »...

« Je vous le dis, c'est comme une drogue. Et ça a été beaucoup aussi par connaissances, par relations. Et puis à moi, on me fait confiance, il y a plein de gens que j'ai escroqués et qui viennent après dire en parlant de moi : "Mais moi, cette dame, j'aurais jamais cru qu'elle fasse des choses comme ça." Alors peut-être que si j'avais eu moins de facilités, si j'avais été prise tout de suite... Peut-être que j'aurais arrêté. Parce que j'étais tellement sûre de moi : c'était comme si ces chèques ils étaient à moi, hein. Et puis je prenais que du sursis ou des petites peines et après je suis allée en prison et là, j'ai rencontré des gens aussi alors... Peut-être que si j'avais pas été en prison, de moi-même j'aurais jamais recommencé, je crois. Je dis bien "Je crois". Mais en prison il y a plein de gens qui vous disent : "Ben moi je connais les cartes bleues, et c'est mieux que les chèques et je t'expliquerai avec les codes et patin et coufin", et voilà. Mais moi je voudrais bien m'arrêter, hein. J'en ai marre maintenant d'être toujours en prison ! Je voudrais bien vivre tranquille, récupérer mes bêtes, mon Chouqui et mon chat aussi, parce que j'ai une chatte, une très belle persan, Jessie, et en ce moment elle est en pension. Ça me coûte quand même 2 000 francs par trimestre, hein ! Il me faudrait changer de région et... Je veux pas recommencer, et si c'était à refaire, non, sincèrement, je le referais pas, non... Mais par exemple, vous, vous m'êtes sympathique eh ben vous me diriez : "Ça va pas, j'ai besoin de ça et tout", eh bien comme vous présentez bien, vous et moi on pourrait... Bref, je sais pas si je pourrais vous dire non, quoi. Vous voyez ! »

ADELINE ET « CETTE FILLE-LÀ »

MARDI 20 MAI 1997 — 14 H

« Elle nous donnait l'argent comme ça. J'sais pas pourquoi. Moi j'ai vu que l'argent arrivait vachement vite, vachement bien et franchement... Ben je m'y suis habituée, quoi. Déjà, la vie elle est dure alors quand on a de l'argent comme ça dans les mains, je peux te dire que ça fait du bien. On claquait. Le frigidaire c'est clair, il y avait toujours à manger pour les enfants. J'achetais beaucoup de nouveautés pour eux, des bonbons, des gâteaux... Tout ce qui était nouveau, fallait qu'on achète. Même les fringues.

Beaucoup de fringues et des marques. De toute façon moi c'était réglé : il n'y avait pas un jour où j'achetais rien. Fallait que j'achète et beaucoup de choses pour la maison : rideaux, doubles rideaux, couette, dessus-de-lit. J'adore énormément ça. Mais elle nous donnait pas toute la thune qu'elle avait, hein. Non, elle avait une petite partie pour elle quand même parce que moi j'estime que c'est aussi bien son argent que... Que le nôtre j'allais dire, mais non, quand même pas... Bref, c'est elle qui travaillait et il lui fallait un peu d'argent, pour qu'elle mange. Elle travaillait pas chez moi, hein, elle avait ses coins. Elle ramenait pas trop. 800 à 2 000. 2 600 des fois. Par jour. Mais ça dépend déjà du temps primo, et de la place. Souvent quand il fait beau, ça marche et quand il pleut, ça marche pas. Mais elle avait déjà ses coins à elle, gare de l'Est, gare du Nord, parce que c'est sa mère qui a commencé à lui faire faire ce travail-là, c'est pas moi. Elle faisait déjà ça depuis l'âge de 14 ans. C'est sa mère qui l'avait mise sur le trottoir et moi au départ je savais pas, je pensais que ça venait d'elle. Mais non. Faut savoir qu'elle a été violée par son père et son beau-père. Elle a pas porté plainte en plus, c'est ça le pire. Moi j'ai pas compris de toutes les façons et franchement quand on la voit, elle a pas l'air de... Elle a jamais porté plainte et elle continue à faire la prostituée, alors quand elle se fait passer pour quelqu'un de psychologiquement pas bien, moi je suis désolée, mais je suis pas du tout d'accord. Enfin, on avait cette fille-là et on la faisait travailler, quoi. Mon conjoint et moi. Et moi je l'ai tapée. On a été arrêtés. Les dépositions... Il y a des trucs qui étaient même pas vrais. Il a fallu déballer tout pendant la garde à vue et puis moi j'étais fatiguée. Je pensais plus qu'à mes gamins. Je pensais qu'à ça. Ce qui m'a énervée, c'est qu'ils m'ont demandé si moi, personnellement, j'avais les cuisses propres. La première chose qu'ils m'ont demandée, c'était ça. Alors de là, je me suis énervée avec eux dans les bureaux. Ça m'a choquée. Franchement, quand ils m'ont demandé si *moi* je faisais le tapin, ça m'a choquée. Enfin chacun est libre de faire ce qu'il veut mais moi, personnellement, c'est pas un travail que je ferais... Bon, des prostituées il y en a des bien, il faut dire ce qui est, il y en a qui sont sympa mais elle, elle est bizarre. Si tu préfères, une prostituée, elle travaille mais en dehors du travail c'est fini, on n'en parle plus tandis qu'elle c'était constamment. Constamment. Elle nous retournait le cerveau avec ça : moi j'ai fait ça, j'ai fait ci, j'ai un client il m'a fait ça, elle mesurait tant de mètres... Moi je lui ai dit : "Ce que tu fais dans la journée, j'en ai rien à branler", comme ça je lui ai fait. Elle avait pas à nous raconter ce genre de chose. Après les flics, ils m'ont demandé combien on lui donnait par jour et j'ai dit 100 à 150 francs, la vérité quoi, alors qu'elle, elle a dit à peine 50 francs et c'était même pas vrai. Et comme j'ai dit : un proxénète c'est tout pour lui et rien pour la prostituée. Un proxénète c'est ça, c'est quelqu'un qui serre la vis alors qu'elle, elle avait ses week-ends. Moi j'étais cool avec elle.

Tout ça, ça m'a énervée pourtant ça m'arrive pas souvent de m'énerver, honnêtement. Le juge m'a demandé si j'étais violente mais moi, pas du tout. Je suis quelqu'un de très calme. J'aime bien rester chez moi, j'aime pas trop sortir, pourtant je suis jeune, mais non. J'aime mieux m'occuper de mon intérieur, de mes gosses, ça c'est un truc que j'aime bien. »

A travers les parois vitrées du parloir j'avais aperçu Adeline avant même de savoir qu'il s'agissait de mon premier rendez-vous cet après-midi-là. Persuadée qu'elle faisait partie des mineures détenues dans les murs de la maison d'arrêt pour femmes de Fleury-Mérogis, mon étonnement avait été complet lorsqu'elle avait poussé la porte de la cabine avocat. Et comment reconnaître en effet, au fond de ce regard candide, sous cette frange blonde, dans ces manières timides, la femme de 28 ans que j'étais venue rencontrer, condamnée en novembre dernier pour proxénétisme aggravé ? L'image que me renvoyait Adeline à l'instar de son timbre de voix tout enfantin avait quelque chose d'« anachronique » au regard de son récit.

« J'ai un frère seulement qui est à côté, je veux dire à Fleury. Lui c'est plutôt vols avec effraction, vols de voiture... On a passé pratiquement toute notre enfance en Bretagne. Jusqu'à l'âge de 10 ans. Mon père lui, il a fait plutôt pas mal de petits boulots. Il était dans le port, cariste, et puis ma mère, ben elle travaillait pas... Mère au foyer. Enfin, si on peut dire parce que... Déjà d'une, elle nous a pratiquement pas élevés et on a été placés à la DDASS, alors... C'est-à-dire que c'est une femme qui fait beaucoup les cafés donc... Elle buvait pas mal. Beaucoup, quoi. Quand elle rentrait, elle nous tapait et puis elle en a eu marre et elle nous a mis carrément à la DDASS. On était petits, on devait avoir 5 ans. A la fin ma grand-mère a fait les papiers nécessaires et puis on est montés chez elle, sur Bobigny. Ça a beaucoup traîné avec l'éducateur, le juge et tout ça. On nous a demandé avec qui on voulait aller et nous, automatiquement, on a dit avec ma grand-mère parce qu'on voulait pas retourner avec ma mère, c'était clair. Le pire c'est que ma mère a fait un papier au juge comme quoi elle se désintéressait totalement de ses enfants. Ça, ça nous a fait mal quand même à mon frère et à moi. C'est pas facile à vivre, quoi. Enfin on était tous les trois : ma grand-mère, mon frère et moi. Et il y avait mon grand-père aussi. C'était bien, moi j'étais contente d'être avec ma grand-mère. Partir du foyer, ça... J'étais contente, hein. Vraiment contente. D'ailleurs je vais la voir jeudi. C'est exceptionnel, cette perm qu'ils m'ont donnée. J'y croyais pas. Je te le dis franchement, moi j'y croyais pas du tout. Même encore là maintenant... Ils m'ont donné une perm parce qu'elle se fait opérer des artères. Elle a 84 ans, elle est en mauvaise santé et depuis que je suis ici, ça va pas. Puis mon père il a quand même deux cancers aussi, donc... Ça a été dur quand je suis rentrée ici parce qu'elle était pas au courant.

Avec ma mère, j'ai essayé d'avoir des contacts mais

il y a un sacré bout de temps. Elle bosse pas. Elle est remariée avec quelqu'un d'autre. Elle a eu une autre petite fille avec cette personne-là, avec qui je ne m'entends pas du tout d'ailleurs. En plus comme mon frère a fait de la prison pas mal, elle remettait ça sur le tapis en disant que c'était un voyou et patali et patala. Là, elle sait même pas que je suis en prison. Moi je veux plus rien avoir à faire avec elle. C'est-à-dire que moi je suis primaire mais mon frère non, il est multirécidiviste. On se voit ici, on a parloirs intérieurs depuis que j'ai été jugée. Avant on n'avait pas le droit. J'ai été condamnée à quatre ans. Je vais les faire ici. Normalement, quand on prend une grosse peine comme ça, on doit être transféré mais moi je ne veux pas par rapport à ma grand-mère, mon père et puis j'ai deux enfants en plus. Alors moi j'peux pas. Mes enfants, eux, ils sont du côté de la Normandie. Depuis que je suis ici mes gosses sont chez ma belle-sœur. Heureusement. Je les vois une fois par mois mais c'est dur.

Moi je suis allée à l'école mais bon, vu les problèmes que j'avais, j'ai fait une scolarité nulle. J'ai été dans une classe de rattrapage et là, ça m'a pris la tête. J'allais deux jours à l'école et après je partais une semaine avec des copains, traîner... Franchement, je l'ai même pas fait ce cours parce que ça m'intéressait plus. Je voulais faire autre chose. Pour moi, je voulais travailler, avoir de l'argent. Mais j'avais pas d'idée fixe. Je voulais faire un peu de tout, un peu de rien. Je savais pas, quoi. Donc déjà, ma grand-mère m'a mise avec des éducateurs à Pantin. C'était un centre avec plein d'éducateurs pour aider les jeunes en difficulté, discuter de leurs problèmes et tout. Franchement c'était bien. Je passais mes journées là-bas et on discutait de ce que je voulais faire, de ce qui n'allait pas, de pourquoi j'avais arrêté l'école, plein de choses. Je suis restée pas mal de temps avec eux. Ils m'ont suivie, ils m'ont trouvé un job. C'est-à-dire que je voulais être coiffeuse au départ et eux ils m'ont trouvé des personnes qui travaillaient dans la coiffure. Coiffeur à domicile quoi, et on avait une petite paye. J'avais 15 ou 16 ans et j'étais contente. Ça me plaisait mais j'ai tout arrêté parce que j'ai trouvé un petit copain. C'était le premier et je voulais rester avec lui, ça fait que... J'ai tout foutu par terre moi. Maintenant je regrette. Beaucoup.

C'est juste après que j'ai connu celui avec qui je suis tombée. Francisco, il s'appelle. Il sortait de prison pour vol d'autoradio mais j'étais pas au courant. Je l'ai su longtemps après. Je l'ai connu un jour, on était dehors dans la cité avec une copine, lui passait en voiture et il voulait nous inviter en boîte mais comme je le connaissais pas et que je ne vais pas avec n'importe qui comme ça... En plus il routait vite avec la voiture, la musique à fond, on l'a pris pour un fou, quoi. En fin de compte, on a fait connaissance et ça a été sympa. Il a bien parlé et tout, et moi je me suis dit que c'était pas un fou au fond. Au fil du temps on est sortis ensemble et je suis restée avec lui. Ça fait plus de 10 ans. On a eu deux enfants.

A l'époque il travaillait sur les marchés. Il vendait pommes de terre, ail, oignon, échalote, tous les légumes quoi. Moi, j'allais au marché juste pour le voir. C'était marrant ! Je sortais avec lui le soir et ça a fait des histoires avec ma grand-mère parce qu'elle me disait : "Allez, à 10 h faut voir à être là" et moi je rentrais le lendemain matin. Et puis un jour, j'ai pris mes affaires et je suis partie. Je voulais rester avec Francisco. Ça a fait beaucoup de problèmes dans ma famille. Surtout avec ma grand-mère et un peu avec mon père. Mon père, lui, il prenait quand même de nos nouvelles, tu vois, voir comment qu'on allait au niveau scolaire puisqu'il croyait qu'on était encore à l'école. Il venait parfois nous voir et il téléphonait souvent. Avec mon père je m'entends bien. On a eu une période où on se parlait plus mais moi j'essaye toujours de renouer. Mon père nous a pas pris parce que déjà il avait un appartement beaucoup plus petit et c'était un appartement, pas sale mais... C'était comme un genre de squatt, c'était crade quoi. Lui, il voulait nous prendre, tu vois, mais comme entretemps il a trouvé quelqu'un... De toutes les façons, ça ne m'intéressait pas de vivre dans un appartement comme ça. Parce que chez ma grand-mère, c'est vraiment le luxe. Ah ! ouais. C'est un appartement qu'elle a acheté elle et moi je voulais rester là parce que son appart était très clean. J'avais ma chambre à moi, tout ça.

Après, avec Francisco, on a habité chez ses patrons, en caravane. Le patron avait sa maison si tu veux, et il avait une caravane dans la cour, parce que c'était immense. Il y avait quand même une vingtaine d'ouvriers, hein. Donc nous on a vécu dans la caravane. Pas mal de temps. Mais il a fallu qu'on arrête d'habiter là-dedans parce que j'étais malade. Je faisais bronchite sur bronchite à cause de l'humidité et de la poussière des pommes de terre. Je pouvais plus.

Franchement, j'étais très amoureuse de Francisco. Mais moi je m'accroche trop vite aux gens. C'est ça mon défaut. Je m'accroche trop trop vite aux gens. On s'entendait bien. Ça a été. Puis je suis tombée enceinte. J'avais 18 ans. Mais je l'ai perdu ce bébé-là. J'étais enceinte de sept mois, presque huit, et j'ai pas pu le garder. Il est décédé mais de quoi, je sais pas. C'était dur parce qu'en plus Francisco, il a perdu son père. Le matin, on l'a appelé pour qu'il aille voir son père qui était décédé et le soir même, je faisais la fausse couche. Franchement, c'était une mauvaise journée. Alors après, la caravane on a arrêté. Déjà... C'est-à-dire que chez ma grand-mère, j'avais mon lit qui était fait, le repas, j'avais rien à faire, ni le ménage, ni faire cuire un œuf, rien du tout mais avec Francisco dans la caravane, ça n'a pas marché. Il m'a crié dessus, il voulait que je fasse le ménage parce que c'était le vrai bordel. Je ne foutais rien puisque chez ma grand-mère, c'était elle qui faisait tout. Tous les jours, à Francisco, je lui disais que j'allais bosser et je partais, j'allais faire les magasins, je me promenais, j'allais voir mes copines jusqu'au jour où les éducateurs ont téléphoné chez son patron. Alors là, je peux te dire que ça a été ma fête. Son patron m'a dit : "Tu veux bosser ? Eh ben tu fais le ménage à la maison et s'il le faut, le dimanche, tu viendras faire le marché avec nous." Je lui ai dit : "Pas de problèmes" mais je lui ai demandé par contre d'avoir une paye quand même. Parce que je veux bien bosser mais pas pour rien.

Il me payait, donc ça allait mais j'ai arrêté là aussi. J'arrête tout ce que je fais. Ça me prenait la tête et en plus il fallait faire à manger pour les ouvriers alors moi qui savais rien faire, c'était mal barré. Et puis ça n'allait pas. La caravane, les ouvriers, faire le ménage plus le dimanche se lever à 3 h du matin, faire le café pour tout le monde, charger le camion, décharger, faire l'étalage... Ça n'allait pas. Moi, je pouvais plus tenir. On est quand même restés trois ou quatre ans chez ce patron-là, parce que le temps de trouver un logement, ça s'est pas fait du jour au lendemain. Entre-temps, je suis retournée chez ma grand-mère parce que la caravane, c'était fini, j'en voulais plus. J'étais trop malade. Mais quand Francisco est venu chez ma grand-mère, comme ça, le week-end, il a dit : "Non, non, je peux pas rester là-dedans." C'est-à-dire que Francisco c'était un gitan. D'ailleurs, ma grand-mère au départ elle l'aimait pas trop pour ça. Mais bon à part le vol de radio, il faisait rien du tout. Il est pas drogué, il fume pas de shit, il fait rien du tout, au contraire, il est contre ça lui. Bref, on n'est pas restés chez ma grand-mère.

D'abord on a habité chez mon père et on est restés un bout de temps chez mon père, un an et demi environ, même deux ans. Francisco donnait la moitié de sa paye. Et puis là... Comme mon père, sa copine, elle a eu beaucoup d'enfants. C'est-à-dire que ses deux premiers, c'est pas de mon père et puis après, elle est partie, elle est revenue, elle était enceinte, enfin, c'était un peu la panique alors nous on a dit : "Il est hors de question qu'on mette les pieds là." Et puis même je voulais avoir quelque chose à moi, comme tout le monde. Entre-temps je suis tombée enceinte de Renaud. C'était pas un accident, hein, on l'a voulu. Bon, je prenais pas la pilule, rien. Francisco voulait pas et puis moi non plus d'ailleurs. La pilule, je la prenais quand j'avais le temps. Et puis je pensais pas tomber enceinte comme ça, si vite, comme j'avais perdu le premier... Mais j'étais contente. Et là, je voulais avoir mon appartement, je ne voulais pas accoucher n'importe où.

Quand ils m'ont vue débarquer à la mairie, ils m'ont dit : "Mais vous êtes pas enceinte, vous avez vu l'âge que vous avez ?" Moi j'avais 18 ans et il y en a qui sont enceintes bien plus jeunes que moi. Bon, il faut dire déjà que je fais jeune. Quand je suis rentrée à Fleury, j'ai 28 ans hein, mais les surveillantes croyaient que j'étais mineure et là en plus comme j'étais beaucoup plus jeune, mon visage et tout. Enfin, elle voulait pas me le donner mon appartement et donc on a fait des pieds et des mains. Un jour j'ai pris mes valises, je me suis pointée à la mairie et j'ai dit : "Tant que j'ai pas les clefs de l'appartement je bougerai pas d'ici" et elle a bien été obligée de faire quelque chose. J'ai eu mon appartement à Bobigny. A la cité. Là c'était dur parce qu'on n'avait pas de meubles ni rien. On a fait une table avec une planche et deux tréteaux que le patron nous a donnés, on a pris un canapé des poubelles, on s'est démerdés comme ça quoi. Moi, je peux te dire qu'il a fallu ramer. Mais la première priorité qu'on a fait, ça a été la chambre du petit. Tout de suite. Nous on s'en foutait du reste. On a acheté le lit, on a fait le papier peint, les peintures et puis moi je voulais tout avoir. Les biberons, les habits, tout, tout, tout. Le même jour, je voulais tout, mais bon, chaque chose en son temps. Enfin quand le bébé est arrivé, tout était prêt, j'avais même trop d'affaires mais il vaut mieux en avoir trop que pas assez, hein ? Et puis ça m'a servi pour le second. Nicolas, il est arrivé cinq ans après.

De toutes les façons on en voulait un deuxième. On voulait une fille pour faire un couple, quoi, mais par contre ça a été un garçon. Au départ, d'avoir un garçon, je l'ai mal pris parce que je m'étais trop mis dans la tête que c'était une fille. Et puis quand on a fait l'échographie... Alors là, la totale. J'étais drôlement déçue. J'étais pas bien dans ma peau, pas bien du tout. J'en voulais plus. Je pleurais pour un oui, pour un non, j'en avais marre de tout...

Entre le deuxième et le troisième *(entre Renaud et Nicolas puisque Adeline prend en compte l'enfant de sa fausse couche)*, j'ai travaillé. A Beaubourg, dans le prêt-à-porter. C'était bien. Je faisais tout, la vente, je mettais en rayon, je faisais les vitrines. Non, c'était intéressant mais au bout de six mois ils m'ont licenciée pour cause économique. En fin de compte la boîte, elle a complètement coulé parce qu'ils achetaient trop de choses. Il y avait une cousine à mon mari — enfin à mon concubin mais c'est pareil — qui habitait dans le coin et je lui ai donné Renaud à garder et ça fait que je l'ai pas vu grandir. Ça, ça m'a... Je l'ai pas vu grandir du tout. Parce qu'on commençait à 8 h le matin mais on finissait tard le soir, à 8 h 30, 9 h, donc tu rajoutes une heure pour rentrer à Bobigny... Je le voyais pas du tout sauf le week-end mais le week-end, j'avais plein de choses à faire. Ç'était dur. Ça fait que quand je suis retombée enceinte, j'ai dit là, il est hors de question que je travaille, Nicolas, je veux le voir grandir. C'était Francisco qui travaillait. Il a toujours travaillé mais il avait changé des légumes parce que ça n'allait plus avec le patron et moi je voulais qu'il arrête. Ils se disputaient et ça marchait beaucoup au niveau de l'alcool là-bas. Il buvait, Francisco. Il est arrivé un moment donné où il buvait beaucoup. Et là, je m'entendais plus du tout avec lui. Il rentrait tard, il était complètement saoul, je pouvais même pas lui parler parce que sinon j'en prenais plein la tronche... Il me frappait énormément. Et moi je suis restée. Je l'aimais quand même. A chaque fois que j'avais des problèmes, j'allais vers ma grand-mère. Ma grand-mère, elle a toujours été là pour moi. Il partait de la maison. Il partait deux jours, il revenait, il se changeait et il repartait. J'en avais marre. Et bon, mon frère... Parce que avec mon frère on s'est jamais lâchés. On est très proches tous les deux. Quand ça va pas, il se confie à moi et moi je me confie aussi à lui. Mais comme il était plus jeune que Francisco, il n'osait pas trop lui dire d'arrêter.

Tu sais, mon frère, c'était pareil, il allait plus à l'école et il a commencé, les voitures, tout ça. Moi, je n'osais trop rien lui dire. Je laissais courir. Après son armée, c'est là qu'il a commencé vraiment à faire ses grosses bêtises parce qu'il a eu de mauvaises fréquentations. Jusqu'au jour où on m'a téléphoné : "Vous êtes bien madame L., vous êtes bien la sœur de Christian L.", j'ai dit oui et elle m'a répondu : "Moi, je suis l'assistante sociale de Fleury-Mérogis." Alors là... C'est comme ça que j'ai appris qu'il était tombé et ça a été dur pour moi. Là, j'ai pleuré. J'ai pas voulu aller le voir à Fleury, cette fois-là. Je voulais pas mettre les pieds en prison. Il est resté six mois. Je lui écrivais tout le temps, je lui envoyais des mandats.

Quand il est sorti, je lui ai dit : "Maintenant il faut que t'arrêtes les conneries." Il me disait : "Oui, oui, t'inquiète pas, j'arrêterai bien un jour" et tout, mais il a recommencé à refaire ses mêmes fréquentations et faut voir aussi avec qui il traîne, La Courneuve, Les Bosquets, Clichy, c'est la zone, quoi. En fin de compte jamais il s'est arrêté, parce que après il est encore retombé pour dix-huit mois, et puis encore huit mois... Je lui disais même plus d'arrêter parce qu'il disait : "De toute façon, ma vie ce sera ça." Il est un peu dégoûté mon frère, tu vois. Il a pas une vie comme moi, l'appartement, les gamins. Lui c'est pas son truc. Il ressasse toujours les trucs de quand on était petits, les foyers, la DDASS. C'est un gosse de la rue, quoi et c'est vrai que mon frère, il sait plus se débrouiller que moi. Enfin, quand il était dehors, il venait me voir et il ramenait des copains. Pendant ce temps, Francisco continuait à boire et moi, comme j'en avais marre, je suis sortie avec un copain à mon frère, Carlos. Jusqu'au jour où je me suis fait attraper par Francisco et là, je t'explique même pas... Non seulement j'ai pris une bonne toise par lui, une raclée quoi, et même par mon frère. J'avais fait ça parce que Francisco n'était jamais là, toujours entre les cafés et moi j'en avais marre, quoi. J'étais toujours toute seule. Il fallait que je m'occupe de la maison, des gamins, des courses, des papiers, je pouvais plus vivre. C'était trop pour moi. Pendant deux ans il m'a pris la tête avec cette histoire-là, Francisco. C'était l'enfer.

A une époque aussi, mon frère est venu habiter chez moi avec Francisco. Ça a été jusqu'au jour où ils ont commencé à faire des petits trucs ensemble, mon frère et Francisco. Ils ont commencé à faucher et je peux te dire que mon frère, les pavillons, les cambriolages, ça c'est son truc. Même si les gens sont en train de dormir, il va te le faire sans que les gens se réveillent. Je sais pas comment il s'y prend, mais avec lui, même les systèmes d'alarme ils sautent en moins de deux. Donc il a branché Francisco et là c'était un ou deux pavillons par jour. Sans problèmes. Je te dis pas tout ce qu'ils ramenaient. C'était grave. Même les voitures, les vols de voitures : on désosse, on resosse, et voilà. Moi j'osais trop rien dire. Ils me racontaient que c'était des trucs de copains et tout mais c'était trop clair que c'était du vol. Je leur disais quand même de faire gaffe mais franchement, je leur disais certainement pas "Faut arrêter" parce que bon, y avait de l'argent qui rentrait, quoi.

Après quand Nicolas est arrivé, j'ai dit à Francisco que ça pouvait plus continuer et là, par mon père, il a trouvé un travail dans une boulangerie industrielle à Romainville. Donc il a arrêté. Il se faisait des bonnes payes, faut dire ce qu'il en était : un million trois, un million quatre. C'était bien, quoi. Enfin bref, c'est à ce moment-là qu'on a connu l'autre. Elle s'appelait Cora, elle avait 31 ans... Quand je pense à comment c'est arrivé cette histoire... J'y crois même pas. C'est-à-dire que mon frère a rencontré cette fille à Paris. Elle faisait le trottoir. C'était juste comme ça, pour un soir, quoi. Il avait un petit coup dans le nez et voilà. Mais elle s'est mise à téléphoner tous les matins pour avoir mon frère parce qu'elle était carrément amoureuse. Lui, il était pas du tout amoureux, loin de là. Tu sais, moi j'ai jamais accepté ses copines parce que mon frère, moi je le veux que pour moi toute seule. Dans ma tête, si mon frère se marie, c'est fini, quoi et elle, elle arrêtait pas d'appeler et ça me prenait la tête. Mais j'avais quand même dit à mon frère que j'aimerais bien qu'il me la présente. Lui, jamais il voulait. C'est parce qu'il savait comment qu'elle était, prostituée et tout ça...

Pourtant un jour Francisco est sorti avec mon frère et des copains à lui et ils l'ont vue cette fille-là et... Ils sont sortis ensemble et il y a un truc qui s'est passé. Elle leur a fait un truc qui m'a pas plu. C'est-à-dire qu'elle est montée dans la voiture et qu'elle leur a fait... une... Une fellation, quoi. A tous. Ils étaient un peu bourrés et... Bon, moi quand mon frère m'a dit ça, ben je me suis énervée quoi. Je me suis embrouillée avec tout le monde et... J'étais jalouse moi. Et elle a retéléphoné, alors là ! Je l'ai insultée. Et puis mon frère est retombé et elle a encore téléphoné et... C'est-à-dire que cette fille-là, moi je voulais la connaître. Je voulais la voir, je voulais voir comment qu'elle était, comment que... Enfin la voir, quoi. Pour Francisco, c'était hors de question qu'elle mette les pieds à la maison alors j'ai attendu qu'il parte pour faire une de ces voitures. Francisco c'est un mec qui fait beaucoup de mécanique, il trifouille et tout. D'ailleurs un jour il s'est fait attraper comme ça. Il avait été à Créteil avec des copains parce qu'il avait besoin d'une 406, pour prendre certaines choses sur cette voiture-là, pour mettre sur une autre voiture qu'il avait à faire. Pour sa mécanique, quoi. Il s'est fait attraper mais moi, j'ai pris un avocat qui assurait bien et en fin de compte il a eu du sursis. Ça va. Et 5 000 francs d'amende aussi... Qu'on n'a toujours pas payés d'ailleurs et qui vont nous tomber sur le coin du nez. Bref j'ai profité d'un jour où Francisco était pas là pour dire à cette fille : "Eh ben viens à la maison si tu veux" et elle est venue, et quand je l'ai vue... C'est dur, hein, c'était vraiment la prostituée, habillée comme une prostituée, trucs courts et tout... Je pensais pas qu'elle aurait été tant que ça mais quand j'ai vu le tas... Laisse tomber, quoi. On a discuté et moi j'étais gentille avec elle, je lui offrais un chocolat, des choses comme ça... Je sais pas pourquoi je faisais ça... Je voulais savoir ce qu'elle avait, savoir si elle savait bien parler, si elle parlait pas comme une prostituée. C'était plutôt de la curiosité qu'autre chose parce que moi, j'avais jamais rencontré de prostituée.

Après ça, elle a téléphoné un jour en disant : "C'est mon anniversaire, est-ce que je peux le fêter chez toi ?" J'ai dit oui et j'ai dit à Francisco : "Surtout gueule pas sur elle, sois cool" et ça s'est passé. On a fêté ça bien et elle m'a demandé si je pouvais pas l'héberger à dormir. Moi, d'abord, je lui ai dit qu'elle m'en demandait trop. Puis un jour elle m'a redemandé et c'est là que je lui ai dit oui. Francisco l'a accepté aussi et... Francisco lui a demandé si elle voulait pas travailler pour nous. Elle a dit : "Je sais pas, il faut que j'en parle à Christian avant." Je lui ai dit : "Ecoute, tu fais un permis de visite et tu lui demandes." Elle a fait un permis de visite et on a été voir mon frère ensemble. Il lui a dit : "Si tu veux travailler, tu fais ce que tu veux, moi je t'oblige pas. Je suis pas ta mère pour te dire ce que t'as à faire." Et elle a fait : "Bon ben je vais travailler." Et voilà, elle a travaillé.

D'abord elle est venue habiter à la maison mais c'était l'enfer et puis moi je voulais pas d'elle à la maison. On avait un copain qui connaissait bien le milieu. Proxénétisme, proxénètes, tout ça, il connaissait bien. Lui, il nous a donné des places pour elle, des bonnes places : Porte Dorée, Porte de Vincennes. On lui a dit de... tapiner là, quoi. Et puis on a expliqué à ce copain qu'il nous fallait un logement pour elle et lui, il avait un truc Porte de Pantin. C'était un petit logement mais très clean. Franchement, c'était bien. Donc on a dit oui tout de suite. On a fait les peintures, papiers peints, je lui ai donné un lit, une commode et avec l'argent qu'elle gardait, elle a acheté la vaisselle, une table, elle s'est meublée, quoi. Après moi je lui ai fait faire ses papiers parce qu'elle avait rien, hein. Je lui ai fait faire sa carte d'identité, son RMI, l'acte médical gratuit... Comme elle tapine depuis l'âge de 14 ans, son bassin, tu sais, il commençait à descendre et elle avait, comment on appelle ça... Elle avait de l'incontinence cette femme-là et donc elle a fait son examen, son opération, j'sais pas quoi, et ça a été.

Ça a été jusqu'au jour où elle a commencé à mal travailler. Elle ramenait plus beaucoup d'argent et puis même, elle était partie deux semaines en vacances sans nous prévenir. Elle nous donnait l'argent et c'était 1 400 francs par jour, des fois presque rien même. Des fois il y avait 700 francs donc on a commencé à se fâcher et à lui demander ce qu'elle foutait. Elle disait : "Oui mais les clients, ils viennent pas", et patali et patala, bref, elle trouvait des excuses, quoi. Donc des fois j'envoyais Francisco pour voir si elle était bien au travail et lui il rentrait et il me disait je l'ai pas vue. Où elle était ? A cette époque Francisco travaillait plus dans la boulangerie, il travaillait comme agent de sécurité et moi je travaillais pas. Bon Francisco ça allait, il avait un salaire... Ça allait quoi mais on avait quand même besoin d'argent parce que l'argent, on l'avait trop vu arriver vite et on avait pris l'habitude. Alors quand elle a commencé à mal travailler, ça a dégénéré. On arrêtait pas de l'engueuler, on allait la voir aussi chez elle. Enfin jusqu'au jour où on est allés la voir chez elle et où il y avait un client dans l'appartement, alors là... Déjà, on est restés au moins cinq minutes devant la porte et moi je lui ai fait : "Ouvre, sinon je vais défoncer la porte." Là, je me suis embrouillée avec elle. On lui avait formellement interdit d'amener les clients chez elle et apparemment c'était pas la première fois. Le propriétaire il voulait aucun client dans l'appart et lui c'est pas un mec facile, quand il dit ça, c'est pas autrement. Moi je voulais pas de problèmes avec lui. Mais c'est pas là que je l'ai tapée. Pas encore.

C'est-à-dire qu'un autre soir, j'ai été la voir et je lui parlais et elle se foutait de moi et moi, ça, ça m'énerve alors je lui ai dit : "Quand je te parle tu réponds et tu rigoles pas" et elle a commencé à se lever : "Ouais espèce de conne." Alors là ! Elle avait un bol où il y avait des yaourts, j'ai pris le bol et je le lui ai écrasé en pleine figure. Ouais, j'ai fait ça. Mais je lui ai pas... Je lui ai pas éclaté le bol sur elle, hein, je lui ai juste mis la tête dessus, c'est tout. Déjà, elle avait dit à Francisco : "Moi je m'en vais, je veux plus rester ici." Francisco lui avait dit : "Ecoute, t'as un logement qui est bien, il est vachement bien meublé et tout. Le papier peint, il est bien, c'est toi qui l'as choisi alors pourquoi tu vas partir, pour aller où ? Dans un hôtel pourri ?" Mais elle voulait quand même partir. Francisco me l'a dit et moi j'ai dit : "Ben qu'elle parte." J'm'en foutais, j'en avais marre. C'est vrai que j'en avais marre de tout ça. Ça m'énervait plutôt qu'autre chose. Fallait la surveiller tout le temps, fallait aller chercher l'argent, ça me fatiguait moi. Mais Francisco il a pas voulu, il a dit : "Non, non, on a besoin de thune. On a encore ci à payer, ça à payer." J'ai dit : "Mais ça c'est pas grave, même s'il le faut, je rebosse moi."

Et puis un soir je suis allée chez elle avec un copain. On avait un jeu de clefs mais on n'arrivait pas à ouvrir la porte. Je l'ai menacée de tout casser et finalement elle a ouvert et elle était au lit ! En plus elle avait fait toutes ses affaires. Tout était emballé, tout, tout, tout. Alors j'ai dit : "Tiens, tu t'en vas ?"

elle me fait : "Oui, j'en ai marre. Je veux plus rester dans cet appartement, vous m'énervez" et elle a continué de mal me parler et c'est là que je l'ai tapée. Je l'ai attrapée par les cheveux et je lui ai mis des gifles, quoi. Je l'ai tapée. Après elle m'a traitée de conne. A un moment ce copain m'a dit : "Bon vas-y, arrête" et j'ai arrêté de la frapper et j'ai dit : "Bon excuse-moi Cora." Elle m'a même dit : "C'est pas grave, j'ai abusé" et tout et j'ai dit : "Laisse tomber on oublie." Mais elle voulait partir alors j'ai dit : "OK tu veux partir, barre-toi mais tout ce qui est ici, tu laisses sinon le jour où je te retrouve, c'est même pas la peine." Parce que quand on l'a repris cette fille-là, elle avait juste ses affaires sur elle. Elle a tout défait et le lendemain elle est partie. On a laissé les choses une semaine, croyant qu'elle allait revenir, mais non. On a rendu l'appart. Donc on a repris la vaisselle. Les vêtements qui restaient, j'ai tout jeté. J'ai pris la table, les chaises, le micro-ondes, les rideaux, les doubles rideaux, j'ai tout pris. Le lit je l'ai laissé, la commode, la machine à laver j'ai laissé parce que c'est ma machine à laver que je lui avais donnée. Tout ça j'ai laissé.

On n'a eu aucune nouvelle d'elle jusqu'au jour où Francisco, en allant dresser le chien à Vincennes, il l'a vue sur le trottoir. Lui, pour s'amuser, il l'a fait courir devant la voiture. Juste courir, pas l'écraser ni rien, juste s'amuser à la faire courir. Une fois. Deux semaines après, il a recommencé. Elle a porté plainte et la troisième fois que Francisco il a recommencé, il y avait les flics derrière et il s'est fait attraper. De là ils sont allés au poste de police de Paris et ils sont venus chez moi. Je m'en rappelle bien. Je venais juste de finir mon ménage et c'était *Dallas* qui commençait. Ils sont venus m'arrêter chez moi carrément et je suis rentrée le 6 mars 96. Un flic a dit : "Perquisition" et moi j'ai commencé à bouillir parce que le petit était en train de dormir dans sa chambre et l'autre, il jouait avec ses copains dehors alors je les ai insultés les flics. Je les ai traités mais vraiment de tous les noms. Ils m'ont scotchée par l'épaule, ils m'ont dit : "Toi, t'as une grande gueule et ben tu vas venir avec nous au poste"... Ils ont tout fouillé chez nous, ils ont tout mis sens dessus dessous. C'est la pute qui m'a... Enfin excuse-moi, c'est Cora qui m'a balancée. »

VENDREDI 23 MAI 1997 — 16 H

Au lendemain de la permission exceptionnelle qui lui a été accordée pour aller rendre visite à sa grand-mère à l'hôpital, Adeline est tout à la fois excitée et déprimée, partagée entre la joie d'avoir pu renouer ne serait-ce que quelques heures avec l'agitation du monde extérieur et l'amertume d'être à nouveau enfermée, comme si cet avant-goût de liberté n'avait fait qu'exacerber encore le poids des contraintes carcérales. C'est avec minutie qu'elle me racontera par le détail cette première permission.

« Normalement c'était prévu de 11 h à 7 h la perm, et à la dernière minute, ils ont téléphoné à mon père comme quoi c'était modifié de 2 h à 6 h. Ils m'ont fait sortir de division à 1 h et je suis carrément sortie du grand quartier pour aller dehors à 2 h 10. Ils m'ont pris les empreintes, fait remplir et signer des papiers... Ils ont tout écrit, tout relevé, la couleur de mes baskets, la marque, mon jean bleu, mon petit polo blanc, les dessous, les chaussettes, tout, tout, tout, ils ont tout noté. C'est dingue ! Ils m'ont dit : "Vous revenez comme ça, exactement sans rien en plus, ni cigarette, ni rien." Mon père m'avait acheté un paquet de cigarettes et j'ai même pas pu le garder. Moi je pensais sortir carrément d'ici, de la MAF, mais ils t'emmènent d'abord chez les hommes en fourgon cellulaire. En plus j'étais toute seule. Ça fait bizarre. Dans une toute petite cellule, juste assis, on peut même pas allonger les jambes ni rien.

Je pensais pas que c'était comme ça. Et quand on est libérée, c'est pareil, il faut passer au quartier hommes et on te libère de là-bas. C'est parce que ici, il n'y a pas de greffe. En plus c'était jour de visite chez les hommes, alors je te dis pas le peuple. Avec ma petite feuille de permission, tout le monde m'a vue.

... C'est se foutre de la gueule du monde, franchement, j'étais dégoûtée. J'voulais refuser, hein. Même ma grand-mère elle a dit : “Pour deux heures, c'est pas la peine.” Mais j'aurais refusé, après, si j'avais voulu avoir une perm à Noël eh ben elle me serait passée sous le nez, alors j'ai dit oui quand même. C'est la JAP qui a décidé de raccourcir au dernier moment. Moi j'ai rien compris. C'est vrai que c'était une permission exceptionnelle puisque normalement on y a droit qu'à mi-peine, mais vu que ma grand-mère était hospitalisée... De toute façon, ils me laissaient sortir alors ils auraient pu au moins faire l'effort de me laisser sortir à 11 h. Là, avec le voyage de Fleury à Paris, ça prend une heure, en plus il y avait du monde sur la route... J'suis arrivée à 3 h là-bas. C'était trop court, franchement trop court.

Ma grand-mère, elle était fatiguée mais qu'est-ce qu'elle a été contente de me voir. A peine je suis arrivée dans la chambre elle avait déjà les bras grands ouverts et elle m'a dit : “Viens vite m'embrasser.” Bon elle vient me voir tous les mercredis au parloir depuis que je suis à Fleury, mais c'est pas pareil, là on était dans une chambre et tout et c'était bien. Ah ouais ! J'ai mangé plein de cochonneries, un Bounty, des gâteaux, des bonbons... Ça m'a quand même fait bizarre de sortir. Au bout de 14 mois... Aller dans une voiture, aller sur l'autoroute, mettre la ceinture, c'est... Ouah... Ah il faut que je reparte, hein ! Et puis mon père il m'a dit : “Allez ! Pour fêter ta permission on va aller boire un petit coup.” J'ai quand même eu le temps d'aller au café, boire. J'ai pris un Coca-fraise, un jus d'abricot, j'ai bu un cappuccino. Un vrai café ! Ah ! ouais, boire un café à Vincennes, c'était chouette. Il y avait tellement de gens... Moi j'avais l'impression, parce que les gens ils me regardaient, que sur mon front c'était marqué Fleury-Mérogis. Ça m'a fait... oh la la ! — J'avais l'impression de rêver éveillée. Complètement. Puis je sais pas ce que j'ai fait quand on est arrivés au café, mais le café était derrière mon dos et moi je suis sortie de la voiture et j'ai commencé à marcher sur la route, tout droit. J'étais complètement...

Le soir je suis arrivée 10 minutes en avance et j'ai galéré pendant je sais pas combien de temps. Je suis arrivée à 6 h moins 10 et il était 8 h quand je suis rentrée en cellule. Re-empreintes et re-tout parce que tout ce qui se passe quand tu pars, quand t'arrives, c'est le même cinéma. Et puis moi, je voulais pas rentrer. J'voulais pas. Mon père m'a ramenée jusqu'à la porte tellement je voulais pas rentrer. Mais, quand on reste longtemps ici, dès qu'on met les pieds à l'extérieur, on veut plus revenir. On n'a qu'une idée, c'est sortir, sortir, sortir. Revoir les magasins, revoir des gens, la circulation, des voitures... Le monde, quoi. Là, je suis dégoûtée. Depuis hier, je suis dégoûtée. Ça ira mieux dans trois ou quatre jours... Re-rentrer ici, c'est dur. Moi j'ai pleuré.

Bon, maintenant, je suis dans une cellule de deux et ça va mieux. J'ai une bonne entente avec la fille qui est avec moi. Parce que quand je suis arrivée ici, ils m'ont mise avec des filles qui avaient rien à voir avec moi, déjà des droguées, bourrées de cachets, qui sont complètement défoncées et ça n'allait pas, quoi. J'ai demandé mon changement de cellule. Après j'ai atterri en 3R avec une fille. Je suis restée huit mois avec elle et par contre c'était formidable, on s'entendait bien, mais elle a été libérée. Elle était là pour attouchements sur sa fille de moins de 15 ans. Et elle a été libérée. La loi, je la comprends pas... Il y en a aussi qui savent pourquoi je suis là bien sûr et ça doit leur faire bizarre aussi parce que j'ai pas du tout le physique de l'emploi mais... C'est-à-dire que je suis pas la seule fille qui est là pour proxénétisme, hein, il y en a quelques autres. Il y en a une d'ailleurs qui est dans le même cas que moi pour proxénétisme *aggravé,* sur *une* fille, avec *son copain* multirécidiviste en plus et ce que je comprends pas c'est qu'elle, elle a pris deux ans dont dix-huit mois de sursis, 20 000 francs d'amende et elle sort au mois de juillet. Elle est passée au même tribunal que moi à Bobigny et moi j'ai eu la même affaire qu'elle et j'ai pris *quatre ans* et *5,5 millions d'amende.* En plus mes comptes sont saisis ainsi que la voiture de mon conjoint alors qu'elle non. Je comprends pas... Mais cette avocate je la reprendrai plus, c'est clair. D'abord avant le jugement, elle m'a envoyé un papier comme quoi il lui fallait 7 000 francs de suite sinon elle laissait tomber au procès, donc ma grand-mère a payé les 7 000 francs. Elle est venue en correctionnelle et quand ça a été son tour de parler, elle a dit comme ça, clair et net : "Moi je veux que Mme L. soit libérée ce soir même, parce que j'ai sa grand-mère qui me casse les pieds tous les jours pour savoir quand est-ce que sa petite-fille va sortir." Et puis elle a regardé sa montre et elle a dit : "Oh ! la la, je pensais pas que le procès allait prendre autant de temps, faut que je vous laisse parce que j'ai un autre rendez-vous" et elle est partie. Ni plus, ni moins. Alors moi déjà, ça m'a pas plu du tout. Après à l'appel, ils ont reposé les mêmes questions que la première fois plus ils ont rajouté d'autres choses qui n'avaient rien à voir, soi-disant que j'avais trois comptes alors que j'en ai qu'un, que mon conjoint en avait sept alors qu'il en a que trois. Moi j'ai dit qu'on aimerait bien savoir d'où ils viennent ces comptes parce qu'on n'en a pas connaissance et le procureur général il s'est levé en me montrant du doigt devant tout le monde et il m'a dit : "Vous, vous êtes une grosse salope." Ça, ça m'a pas plu du tout non plus. Le procureur c'était une femme, elle a demandé trois ans et aux délibérés ils m'ont augmentée d'un an. On a eu la même peine Francisco et moi. Ils ont dit qu'on était pareil responsables, même si lui il l'a jamais tapée. Ça a été 50 % pour tous les deux. En plus, au jugement, Cora elle a pas voulu venir. Elle a fait des lettres comme quoi elle avait peur de moi mais pourquoi qu'elle aurait peur, j'étais entourée de gendarmes, menottée, qu'est-ce que tu voulais que je lui fasse ? Bref, elle n'est jamais venue et moi j'ai demandé au juge comment il pouvait défendre quelqu'un alors qu'il savait même pas comment elle était physiquement ni ce qu'elle avait dans la tête. J'étais outrée.

D'accord, ce qu'on a fait ça méritait quand même une peine parce que c'était pas bien et je regrette. Ça c'est clair. Qu'ils me punissent c'est bien parce qu'au moins ça m'apprendra à plus faire de connerie mais une grosse peine pour ça, non quand même pas. Qu'ils me mettent peut-être dix-huit mois, d'accord, au maximum deux ans mais quatre, faut pas abuser. En plus c'est inadmissible qu'ils nous vident des comptes alors que cet argent était à nous, c'était pas de l'argent de Cora, c'était de l'argent qui n'avait rien à voir et qui était pour les enfants.

Francisco il est parti à Villepinte, parce que comme moi je suis venue à Fleury, que mon frère y était déjà, ça faisait un peu beaucoup, pour le juge du moins. A la sortie, je sais pas avec Francisco si... On correspond mais déjà je vais beaucoup parler avec lui, mettre les points sur les *i*, les barres sur les *t* et voir par la suite, quoi. Voir s'il a vraiment changé parce que moi, je veux changer totalement. Déjà je veux plus rester sur le 93, je veux partir, soit à Deauville ou même ailleurs, récupérer mes enfants. Ils savent que je suis en prison et pourquoi j'y suis. Moi je leur ai dit clair et net, je leur ai pas menti, j'ai dit : "Papa et maman sont en prison parce qu'ils faisaient travailler Cora et qu'ils lui prenaient son argent." Mais ils ont beaucoup souffert, hein, surtout le grand. Il parlait plus. J'arrête pas de penser à eux. "Et qu'est-ce qu'ils font, et qu'est-ce qu'ils vont devenir ?" Là dimanche, c'est la fête des mères et je vais pas arrêter de pleurer. Les autres, ils auront leur maman à côté d'eux et eux... Ici je les vois une fois par mois mais pas au parloir-enfants parce que la dame du Relais Parents-Enfants, quand j'ai fait la demande elle m'a dit que ce serait que pour un enfant et ça ne va pas comme ça. Chez moi quand on donne pour un, on donne pour deux, il n'y a pas de bâtard, ou c'est les deux ou c'est rien. Je sais pas pourquoi elle a réagi comme ça, peut-être que ça l'embêtait d'avoir à prendre les deux... Encore là, ils ont arrêté de me couper mes parloirs avec les enfants. Parce que normalement le parloir c'est 30 min alors moi, comme mes enfants viennent qu'une fois par mois, à chaque fois, je fais une lettre au directeur pour avoir 1 h avec eux et avant ils nous laissaient 30 min puis ils nous enlevaient, il fallait attendre 10 min et on avait l'autre demi-heure. Ils faisaient une coupure quoi.

Oh ! mais il y a plein de choses ici. Moi comme je travaille j'ai la douche tous les jours — normalement c'est deux fois par semaine — mais la douche c'est 10 min et c'est trop court. Je travaille au G1, c'est l'atelier manutention, cartonnage, collage. On commence à 8 h 15 pour finir à 11 h 15 et on reprend à 2 h 15 pour finir à 5 h 10, 5 h 15 mais je peux te dire que c'est de l'esclavage, on gagne rien. Le mois dernier par exemple, j'ai touché 1 300 francs brut et net ça m'a fait 600 francs de cantinable. Ils m'enlèvent 300 francs de produits d'entretien collectivité, 240 francs de pécule libérable et 240 francs de partie civile. Moi, le plus que j'ai fait, c'est 1 600 brut. Ça dépend des prix de l'atelier et de la cadence parce qu'il faut un rendement. Je suis à la filmeuse mais celles qui font des pochettes à plier, c'est 0,008 centime la pochette, t'en fais mille pour 8 francs donc il faut vraiment speeder un maximum. Et les cantines, n'en parlons pas, c'est horriblement cher. Tout ce que tu trouves, c'est, je sais pas moi, deux fois plus cher qu'à l'extérieur. Mais y a pas que ça... Il y a certaines matonnes, je te jure, il faut se les faire. Des vraies portes de prison. Et puis on n'a aucune vie privée, le courrier il est lu, quand il y a des fouilles, elles foutent tout par terre, quand elles regardent par l'œilleton elles nous voient en train de faire notre toilette ou d'être aux WC et quand elles ouvrent la cellule, elles frappent pas... C'est énervant, quoi, c'est énervant. Comme par exemple ici on est fouillée au parloir. Et à poil, jusqu'au slip, et même quand on est indisposée il faut enlever la serviette. Bon depuis quatorze mois que je suis là, ça va, je suis rodée maintenant mais au départ c'est trop dur de te foutre à poil comme ça devant des matonnes... Il y a aussi qu'ici on peut pas ouvrir les fenêtres même avec les barreaux, on peut pas, juste 3 cm, c'est pas beaucoup. Ça fait que l'été on crève de chaud, c'est irrespirable. Moi ce que je rêve, c'est de tirer les rideaux, ouvrir les fenêtres, descendre chercher le courrier à la boîte aux lettres...

... Moi j'ai peur aussi hein. A la fois j'ai envie de sortir mais j'ai peur. J'ai peur des gens, j'ai peur d'être dans un nouvel appartement et récupérer mes enfants, ça aussi, ça me fait énormément peur. Faire les papiers, les courses, surtout avoir de l'argent parce que j'ai plus du tout la notion de l'argent. Mais je compte travailler, je compte avoir un pavillon, ça c'est une idée déjà depuis longtemps, avoir mon propre pavillon. Ma grand-mère elle m'a dit qu'une fois que tout serait réglé, elle me ferait construire *mon* pavillon, "Je veux que tu sois heureuse avant ma mort", elle m'a dit et ça c'est clair, c'est un but qu'elle s'est mis dans la tête.

Enfin maintenant que j'ai goûté à la prison, je vais y arriver peut-être dans la vie. J'ai beaucoup mûri depuis que j'ai mis les pieds ici, j'ai beaucoup grandi. Avant je faisais un peu gamine, je faisais la fofolle. Déjà je parle mieux qu'avant parce qu'au départ j'ai lu beaucoup et puis parce que je me suis débrouillée pour traîner avec des filles qui sont grandes, au niveau langage, au niveau comportement, au niveau esprit. J'essaie d'aller avec des gens comme ça parce que c'est vrai qu'avant je traînais plutôt avec la zone, c'était un peu racaille mais maintenant c'est fini, j'essaie de grandir. J'ai quand même 28 ans. Ici, ça m'a appris à vivre, ça m'a dressée beaucoup. Ça m'a forci le caractère. Déjà, j'étais un peu dure mais maintenant je suis beaucoup plus dure, j'ai aucune pitié pour personne. C'est terminé parce que ici, t'as pas intérêt à te laisser marcher sur les pieds sinon c'est fini pour toi. »

DÉDÉE ET LA CAVALERIE

MARDI 9 JUILLET 1996 — 15 H

Cavalerie : Action qui consiste à entretenir un roulement constant entre divers comptes et livrets par utilisation frauduleuse de chéquiers et de comptes bancaires. Selon le principe de la cavalerie, un chèque est déposé sur un compte et retiré en liquide dans un autre établissement bancaire. Les croisements des dépôts, souvent fictifs, et des retraits, toujours réels, peuvent s'enchaîner très rapidement et confiner à la jonglerie selon le nombre de comptes ouverts, le nombre d'identités empruntées et la diligence des utilisateurs.

« Ah ! c'est qu'il faut voir tout ce qu'ils ont mis dans les journaux, c'était quelque chose : “Dallas dans le Gers”, “La principale actrice n'est pas si belle que Sue Ellen”, et patati et patata et que la robe de communion de ma fille avait coûté 26 millions, 26 millions ! N'importe quoi ! C'était une robe à 260 francs achetée à la boutique de chez Pingouin, là-haut. C'était cousu de mensonges, cette affaire. Mais vous n'avez qu'à demander l'article du journal. Mais si, demandez l'article du journal. Demandez-le à *La Dépêche du Midi*. Je suis en photo et tout dedans. Même que sur la photo, ils ont dit que je faisais un bras d'honneur alors que je me relevais la manche. Ces journalistes je vous jure, ce sont des dangereux, tout de même !

Enfin bon, ce qui fait que moi je me suis fait arrêter. J'ai perdu mon sac dans une cabine téléphonique — avec toutes les cartes d'identité et tout bien sûr —, et on l'a retrouvé. Parce que autrement, ils l'auraient jamais su que c'était moi. Je suis arrivée en prison le 26 octobre 90. Ah ! c'est qu'ils m'ont pas attrapée de suite, hein. Quand j'ai vu que j'allais être prise, je me suis cachée. Je suis restée cachée tout un an. J'étais allée me cacher à L., au ras de la gendarmerie ! En vérité, c'est une copine qui m'a donnée aux gendarmes. Pour pas être embêtée. Elle m'a dit qu'elle voulait pas être dans une "association de malfaiteurs". Ma foi ! Je me suis fait attraper chez elle. Ils sont arrivés de tous les côtés comme si... Ils étaient dix-sept : ils avaient peur de me louper, ou quoi ? ! Quand je les ai vus je me suis dit : qu'est-ce qu'il y en a des poulets, c'est toute la basse-cour qui débarque, ma parole ! Après, ils m'ont gardée en garde à vue trois ou quatre jours. "Qu'est-ce que vous avez à nous dire ?" Et moi : "Rien." "Qu'est-ce que vous avez à nous dire ?" Et moi : "Rien." Rien, rien, rien ! Ils tapaient de tous les côtés sur les tables, ils lançaient les képis en l'air et moi j'avais toujours rien à dire. Ah, ça non, j'ai rien dit. Et devant la juge pareil. Et puis après je me suis dit : "Eh merde, j'en ai marre !" Mon ami, ils arrêtaient pas de l'emmerder alors qu'il y était pour rien lui, le pauvre.

Mais attention, lui, il y était pour rien mais y en a d'autres qui étaient pas si blancs. Moi, j'ai donné personne mais on se doute bien que je l'ai pas fait toute seule, je suis pas si intelligente. D'ailleurs ils le disent là, que je suis bête *(Dédée agite le procès-verbal de son arrêt correctionnel sous mon nez)* et ils ont bien raison. Eh pardi ! et moi j'étais bien toute prête à faire la bête tant qu'ils voudraient ! C'est que j'ai essayé de m'en sortir par tous les moyens. J'ai même essayé de me faire passer pour folle. Quand j'avais été à l'hôpital psychiatrique pour ma dépression, là j'avais observé les gens comment ils étaient et comment ils faisaient, mais ça n'a pas marché. La psychiatre m'a dit : "Quand vous êtes rentrée madame, vous étiez très déprimée mais maintenant je crois que vous êtes très observatrice et que c'est tout ce que vous êtes." Pourtant à la maison d'arrêt, le psychiatre il avait manqué s'y laisser prendre. Moi j'avais simplement parlé comme une folle : ou je riais, ou je pleurais, ou les deux en même temps. Seulement là où j'ai pas été intelligente non plus, c'est que je l'ai dit à une fille dans ma cellule et qu'elle l'a répété, sinon je m'en sortais avec l'article 64. Enfin ! j'ai bien failli réussir tout de même. »

Dans un soupir mais le sourire aux lèvres, Dédée hausse les épaules. « Que voulez-vous que l'on y fasse ? » et je ne peux m'empêcher de douter que quiconque ait pu la prendre même un seul instant pour une folle. Son accent du Gers aux « r » roulants et aux « e » paresseux, son imposante stature comme ses airs de paysan roué donnent à voir sans détour tout l'enracinement de Dédée dans ce bon sens qu'on dit terrien. A vrai dire nulle personne ici ne me semble moins déraisonnable ou plus lucide que cette dame aux faux airs d'une certaine Maïté. Au détour du demi-siècle de sa vie, elle semble jeter un regard à la fois amusé et las sur ses péripéties passées tout en se gardant bien de « perdre le Nord » quant à la réalité de certaines choses toutes matérielles. Des événements et des faits qu'elle m'exposera d'une manière fort confuse au demeurant, mais uniquement pour mieux m'emmener là où elle veut :

« J'avais des biens partout, partout ! Et on ne sait même pas ce qu'ils sont devenus. Je vous assure partout ! Il faut attendre que je revienne dans le Sud-Ouest pour voir avec les hypothèques quel est exactement, enfin, quel *était* exactement le montant de mon patrimoine, puisque tout a été dilapidé, je sais pas comment ou par qui. C'est bien pour vous dire : je n'ai plus rien ! Mais vous allez voir, c'est pas si simple. Ça a commencé qu'un jour, ma sœur est allée trouver le notaire. A cette époque-là, mon mari m'avait quittée alors évidemment j'étais désespérée. Il me tapait. Il était stérile. Il pouvait pas avoir d'enfant et il me reprochait qu'on pouvait pas avoir d'enfant, et patati et patata... Enfin, il était toujours là avec des maîtresses jusqu'au jour où, bon... Il est parti. Moi, j'ai fait une dépression et pendant qu'on me soignait, ma sœur en a profité pour faire signer mon grand-père qui ne savait plus ce qu'il faisait et elle s'est fait donner les caves et les biens, dont 80 hectares de terres. Quand mon grand-père est décédé à 97 ans, j'ai été au notaire. Je ne savais rien et le notaire m'a dit : "Mais vous, vous n'avez presque rien à payer, c'est tout à votre sœur." Ça a commencé comme ça. Après, ça a été le tour de mon mari parce qu'il est revenu et que moi je l'ai repris. Bon, il me restait une petite maison quand même avec un peu de terre autour alors il m'a dit : "J'ai besoin d'un prêt mais on me le prête que si j'hypothèque quelque chose, tu as qu'à signer, porte-toi caution pour moi." Moi je ne voulais pas. Il est allé voir le notaire en disant que j'étais encore dépressive, que je perdais la tête, que je savais pas ce que je disais, que je savais pas ce que je faisais, que patati, que patata et voilà qu'on m'a mise sous tutelle. Il était mon tuteur. »

Devant ma mine sceptique et sans que j'aie dit un seul mot Dédée s'insurge :

« Ah non ! parce que je vais vous raconter ma vie jusqu'au bout et vous allez voir ce qu'elle est ma vie. C'est pour ça que j'en ai quand même gros sur la patate. Je vais vous expliquer tout du long. Du bout jusqu'à la fin et je ne mens pas : tout peut être contrôlé quand on voudra... Je sais plus où j'en étais d'ailleurs. Ah oui ! l'hypothèque ! Il a pas payé et ma maison s'est vendue. Ça fait que je me suis retrouvée avec rien du tout. Donc j'ai fait une autre dépression quand même, parce que quand on se voit comme ça, avec tout ce qu'il vous arrive et tout. Ce qui fait qu'on m'a mise dans l'hôpital psychiatrique. J'étais coupée de tout là-bas dedans. C'est à force, une fille qui sortait, je lui ai dit : "Tu peux me poster cette lettre." Comme ce sont des gens malades, j'avais pas trop confiance mais comme par hasard, elle l'a postée et ma sœur et ma grand-tante l'ont reçue et sont venues. Alors après, quand il a vu ça, mon mari, il faisait l'attristé pour me sortir de l'hôpital. Enfin bref ! Ça n'allait pas tellement parce qu'il me battait. C'était infernal, puis je ne possédais plus rien, j'avais plus rien ! J'ai divorcé.

Seulement au moment où je divorce on lui sort la tutelle à mon mari et c'est le mari de ma sœur qui prend ma tutelle et c'est encore pire ! Et moi je disais toujours : "Mais est-ce que je pourrais pas avoir ce terrain qu'a laissé notre grand-père, il est mort depuis 1971 maintenant ?" Elle disait : "Oh ! ben, je sais pas, écoute avec le juge des tutelles tu sais, c'est pas facile, patati, patata." Comme moi après j'ai fait un infarctus, j'ai touché une pension d'invalidité et voilà pas que c'est elle qui la touche sur un compte. Elle me donnait jamais rien : une fois c'était pour payer les impôts, une autre fois c'était parce que j'avais des dettes... Je comprenais plus rien à rien...

A ce moment-là, j'ai rencontré le père de mes filles. J'étais très bien avec lui mais finalement il est mort à 39 ans de la rupture de l'anévrisme. Je suis restée avec mes petites... C'est que j'ai eu deux petites avec cet homme-là. Il travaillait aux Ponts et Chaussées et comme nous n'étions pas mariés, j'ai eu droit à rien du tout. J'ai été voir une assistante sociale et elle m'a dit : "Eh bien écoutez, il y a la DDASS et les familles d'accueil..." Elle a rien voulu faire pour moi ! J'avais 33 ans. A cette époque-là, j'avais pas encore eu de problèmes avec la justice. Non, rien... Enfin j'avais eu des problèmes parce que mon mari, le premier là... Disons que c'était surtout mon mari, les gendarmes me l'avaient dit, il me donnait jamais rien pour vivre alors moi je lui piquais des chèques et je faisais des chèques et des fois bon... Il s'est trouvé que j'ai eu fait quelques chèques sans provision... Bon ça s'arrêtait là, c'était pas... Mais puis après avec mes filles, ça a été différent. J'ai dit : "Mes filles, je les donnerai jamais à la DDASS !" Et ce qu'il s'est passé, c'est que là, j'ai connu une dame âgée.

Une dame que j'ai jamais quittée, qui même avant de mourir a dit : "Laissez-la tranquille la pauvre, elle a été trop gentille avec moi." Moi je m'occupais d'elle mais voilà, je me servais de son argent. Ça aurait été mieux que je lui demande carrément de l'argent. Je crois que ça aurait été mieux mais j'ai pas osé. Donc, je lui disais que je connaissais quelqu'un que si vous donnez de l'argent, on pourrait vous le placer et vous donner les intérêts tous les mois. Elle m'a dit OK ! Et je lui portais les intérêts tous les mois, hein ! Mais bon, je me servais de son argent et ça a été un engrenage comme ça. Elle, elle a pas porté plainte. C'est sa nièce après, et j'ai fait sept mois de prison à Toulouse.

Comme j'allais en prison ma sœur s'est proposée pour garder les petites. Elles étaient toutes jeunes, et bien sûr elle a pris les allocations familiales. Quand je suis ressortie, j'ai dit : "Bon ben moi je prends mes filles." Elle m'a dit : "Oui, oui, reprends-les pour les vacances, mais maintenant, on est à moitié de l'année de l'école, on va pas leur faire manquer tout." Et bien sûr elle a continué à toucher les allocations ! Et elle les habillait pas, elle payait même pas la cantine alors qu'est-ce qu'il fallait que je fasse, dites-moi-le ? Moi je vendais des canards pour m'en sortir. Elle me donnait pas la pension la moitié du temps. Elle m'a même fait un trou pendant que j'étais en prison : j'avais un compte sous tutelle et ils m'ont fait un trou de 59 000 francs !

Et puis un jour, il s'est trouvé qu'elle est venue chez moi en pleurant, en disant : "On va me vendre la résidence secondaire, on va me la saisir, il faut que tu m'aides, toi tu sais comment t'y prendre, il faut que tu me trouves deux millions de suite." Moi je savais où ils étaient les millions, je connaissais quelqu'un, je suis allée les chercher, je lui ai porté. C'était sentimental vous comprenez, c'était une maison du grand-père. Comme je connaissais des gens qui avaient de l'argent je leur ai demandé s'ils pouvaient me les prêter. Enfin je leur ai pas demandé s'ils pouvaient me les prêter comme ça, je leur ai dit que je pouvais les leur placer. J'avais mon ancien système, ils m'ont fait confiance, c'est tout.

Après il y a eu l'histoire du sac que j'ai perdu dans la cabine téléphonique d'une autre affaire, puis les gendarmes me sont tombés dessus et ces gens-là ont porté plainte. Ça il faut pas... Il faut pas rêver. C'est là que j'ai pris dix ans. En tout j'ai pris quatorze ans parce que j'avais des sursis qui me sont tombés dessus et que j'étais récidiviste, quoi. La cour d'appel me l'a baissée à dix ans, la peine, et voilà.

Ces gens-là, ils ont même porté plainte contre leur fils, alors. C'est-à-dire que quand le père de mes filles est mort, après je me suis remise avec quelqu'un et ces gens c'étaient les parents de cet homme-là et, comme on leur avait demandé de l'argent tous les deux... En tout ils nous ont donné 56 millions. Ils avaient hérité de la grand-mère et elle avait vendu des propriétés. En tout, mais c'est tout ce qu'on a dérobé. On leur disait : "Si vous nous donnez ça, ça vous rapportera 5 000 francs par mois." A Noël on les mettait les 5 000 par mois, sur le livret, tous les mois quand même. On les laissait pas dans la misère ces gens-là. Ils ont porté quand même plainte, à cause des frères et des sœurs de mon ami et puis parce qu'ils sont pas très... Même son père à mon ami il a pas voulu aller à l'enterrement de son fils après. On avait pris le carnet de chèques et on s'en servait. Enfin, j'avais pris le carnet de chèques. Enfin lui il avait la procuration. Il a pris dix-huit mois mais il avait jamais rien fait dans sa vie alors il a été choqué et aussitôt qu'il est sorti de prison, il est mort. Crise cardiaque.

Dire qu'au procès ils ont encore félicité ma sœur ! Ils m'ont dit : "Heureusement que votre sœur n'est pas comme vous et qu'elle pourra s'occuper de vos filles." Là, je n'en veux pas au président ni au procureur, parce que c'est moi qui ai tout fait pendant l'instruction. Je me suis dit quitte à aller en prison, il vaut mieux qu'il y en ait une qui reste dehors et j'ai rien dit. Parce que si j'avais tout raconté, elle allait rentrer avec moi, ça ! Alors quand elle a été déchargée, qu'elle a eu son non-lieu, elle a mis mes filles à la rue et elle s'est gardé les allocations, vous suivez ce que je vous dis ? J'ai porté plainte — parce que c'est pas fini l'histoire — mais le procureur m'a répondu que si je n'avais pas d'autres arguments que ça, je n'avais qu'à classer l'affaire, vous me suivez ? Alors quand je suis sortie à ma première permission, je suis allée chercher les preuves comme quoi elle touchait les allocations. Ma sœur a dit que c'était faux, que je voulais lui extorquer de l'argent. Mais effectivement les allocations ont répondu qu'elle avait toujours touché les allocations familiales alors que mes filles sont restées pendant cinq ans sans rien. Elles vivaient sur ce que leur donnait leur oncle. Comme il pouvait, quoi. Alors j'ai reporté plainte à nouveau avec les preuves et on a essayé de me noyer le poisson devant le nez. Maintenant j'ai un avocat qui est sur l'affaire. Je sais pas qu'est-ce que je vais faire... Parce que moi on a fait un scandale sur les journaux, les médias s'en sont bien chargés et je voudrais qu'ils se chargent un peu d'elle aussi parce que vous croyez que c'est bien de laisser deux filles seules comme ça, avec tout le malheur qu'elles avaient sur les épaules, moi en prison, le père mort et même pas un sou pour la rentrée scolaire ? Qu'est-ce que vous en pensez ? Est-ce que j'ai tort ? Est-ce que j'ai raison ? C'est pas possible que ma sœur elle reste avec la tête haute alors qu'elle a mis mes filles à la rue comme deux chiennes.

C'est ce que je disais à la psychologue aussi, quand ma mère nous a laissées et que mon père est mort, ma sœur et moi, on a galéré toutes les deux, on a souffert ENSEMBLE. Alors pourquoi ? Moi, je crois qu'elle a vraiment pardonné à ma mère. Moi, pas tellement. Je lui souhaite pas la mort ni rien à ma mère, mais... je suis quand même sa fille et, elle a oublié. Elle a deux petites-filles et elle les a oubliées aussi.

C'est-à-dire que ma mère nous a abandonnées

dans un café. C'est mon père qui nous a élevées et ensuite mon père est mort quand j'avais 15 ans et on est restées avec mes grands-parents. Je savais que j'avais ma mère parce qu'elle venait chez mes tantes et qu'elle portait des vêtements à mes cousines. Elle leur portait de tout et elle venait jamais nous voir ma sœur et moi. Alors un jour, quand j'ai eu 16 ans, comme elle travaillait à l'hôpital à Toulouse — eh bien, j'ai été la voir. Elle avait refait sa vie, elle avait deux filles et on m'a dit : "C'est pas possible que vous soyez la fille de Mme M !" J'ai dit : "Je vous dis que je suis la fille de Mme M. " Alors ils l'ont appelée et elle, elle savait bien qu'elle avait deux autres filles et je vous assure, le couloir, il était long, mais elle s'est appuyée tout du long et puis quand elle est arrivée à moi, elle s'est mise à pleurer un peu comme ça et à me dire que si elle était partie, c'était parce que mon père buvait et patati, et patata. Je lui ai dit qu'il buvait, d'accord il buvait, mais il était pas ivre tous les jours, c'était pas l'ivrogne du quartier. Bon, je sais pas mais même, nous, on n'y était pour rien.

Enfin, mes grands-parents étaient vieux et moi je me suis mariée. Je me suis mariée à 17 ans. L'année 1958. Il était agriculteur. Un riche agriculteur. Mais j'étais jeune. Trop jeune. J'ai vécu quatorze ans avec cet homme-là avant de divorcer. Ma sœur et moi, nous étions mariées deux sœurs avec deux frères. »

MERCREDI 10 JUILLET 1996 — 17 H

Dédée arrive avec un peu de retard. Elle était prête depuis un petit moment déjà, mais voilà, il n'y avait personne pour lui ouvrir la porte de sa division et l'accompagner jusqu'au vestiaire qui se trouve de l'autre côté du palier.

« Ah ! cette prison, je vous jure, quel bordel des fois ! Quand je suis arrivée en prison, à côté, dans ma cellule, il y avait une personne pour infanticide et c'était ma voisine en plus ! On habitait à sept kilomètres l'une de l'autre. On était à l'école ensemble, mais elle est pas très... très, très, comment dirais-je, elle n'a pas un niveau très haut... Moi peut-être je me trompe en parlant français aussi, je veux pas dire, parce que j'ai eu que mon certificat d'études, mais elle... Elle dit des fois "il" pour "elle" par exemple ou... Enfin, là elle est sortie.

Ici, de toutes les manières, on est obligé de fréquenter tout le monde même si vous savez bien à qui vous pouvez parler et à qui vous ne pouvez pas parler. Mais avec elle on est du même coin, alors quand elle va en permission elle me porte des nouvelles. Les infanticides aussi, elles sont un peu agressives, elles vont se couper à tout moment. C'est normal avec un poids pareil sur la conscience... En général, c'est des gens qu'on évite un peu. Elles sont mal vues dans la maison mais il y a tellement de choses. On dit rien mais il y en a qui ont des délits quand même importants et on est obligé de cohabiter quand même. L'histoire de certaines on va l'apprendre par un article ou par une fille et là des fois... Il y a une femme dans ma division, j'ai appris son histoire comme ça. Elle m'avait dit qu'elle était là pour trafic d'armes alors vous savez quand j'ai appris ce qu'elle avait fait en vérité, j'en ai été toute bleue. Une vraie boucherie. Ça m'a renversée. Je suis pas née de la dernière pluie, mais ça m'a renversée terriblement. Je lui ai dit : "Ben dis donc, t'aurais pu me le dire." Elle s'est plus ou moins expliquée mais les faits sont là... Ici on est toujours dans le doute avec les gens. En prison tout le monde ment sur son affaire. Peut-être parce que, en réalité, ils ont un peu honte de ce qu'ils ont fait. Et cette fille par exemple, elle m'a dit qu'elle méritait pas sa peine, qu'elle méritait même pas quinze ans alors moi je suis partie, j'ai dit : "Merde alors, si toi tu mérites pas quinze ans, alors moi je mérite pas dix ans non plus." Si on part toutes comme ça... Enfin, il y a des délits moins moches que d'autres et moi j'aime mieux être dans ma peau que dans celle de certaines.

Vous voyez, ma sœur, je la déteste mais je voudrais pas qu'elle aille en prison, est-ce que vous pouvez comprendre ça, ce que ça veut dire ? Moi, je mérite la prison et je fais ma peine le mieux possible tant que vous voulez mais il y a tant de choses que je vois et je me dis : "Et merde, tu as la même punition, le même règlement, tout pareil, fermée à la même heure, ouverte à la même heure..." Et parfois encore moins de considération que certaines. Alors on a quand même le moral qui est un peu bancal. Quand je suis enfermée toute seule dans ma cellule le soir, je repense à toute ma vie et c'est pas beau.

Enfin, je vais bientôt sortir maintenant hein ! Normalement je sors là, au mois d'avril. Tiens, aujourd'hui j'ai signé ma grâce du président. En tout j'aurai fait six ans. J'ai huit mois de grâce par an parce que j'ai essayé de faire ma détention dans le cadre, quoi : les mois de la maison pour bonne conduite, les mois du travail... Je travaille à la régie 2, on a dû vous en parler, le collage, les places sont chères là-bas parce que c'est là où on gagne des sous. Enfin, moi je ne suis ni violente ni rien. Je n'ai fait du mal à personne, je n'ai jamais tapé personne, je ne me suis jamais fait remettre de l'argent par la violence, je n'ai jamais touché une arme, j'ai jamais rien fait du tout mais voilà : escroquerie, abus de confiance, faux et usage de faux. Voilà les trois inculpations que j'ai. Ils me disent qu'en dix ans, j'ai escroqué 1 milliard 400 millions. En dix ans. Eh ! C'est ça qu'ils ont dit et c'est pour ça qu'ils m'ont mis une peine si lourde. Mais ils m'ont emmerdée aussi et ils n'ont jamais voulu m'aider ni pour vivre ni pour quoi que ce soit non plus, hem ? ! Et vous croyez que c'est logique ça ? Ah non ! hein !

Vous savez ce que m'a dit le juge d'instruction ? Il m'a dit : "Vous êtes un escroc en col blanc et votre vie mériterait un livre." Parce que je vais vous la dire la vérité, comment que je m'y suis prise pour l'affaire du sac. Moi je l'ai pas fait toute seule tout ça. Quand je me suis fait arrêter, ils ont trouvé que j'avais soixante-dix cartes d'identité tout de même. Et vous vous demandez pas comment je les avais ces cartes d'identité ? Eh bien parce qu'on me les donnait pardi. Quelqu'un qui travaillait à la préfecture et que je n'ai jamais donné et quelqu'un qui travaillait à la Banque de France. Autrement, comment j'aurais fait ? Eh oui ! Au tribunal ils étaient tous gênés parce qu'ils le savaient qu'il y en avait d'autres derrière moi mais moi je les ai pas donnés. Moi j'ai rien dit. Je voulais être tranquille quand je sortirai parce qu'ils étaient bien capables de me foutre une balle dans la tête aussi. Vous croyez quoi vous, c'est pas des rigolos ces gens-là.

Ça fait que j'ai ouvert des comptes dans toute la France. Partout. Avec des fausses cartes, sous des noms différents. Ça a commencé que je suis tombée sur l'assistante sociale du tribunal d'Auch. Elle a le même âge et la même image que moi. Donc j'ai pris son nom et je suis devenue assistante sociale et voilà. Mais elle a porté plainte contre moi. Quand elle m'a vue, elle m'a dit : “Je porte pas plainte contre vous, madame L., je porte plainte contre ceux qui vous ont donné ces faux papiers.” Et les gendarmes qui me demandaient : “Mais qui protégez-vous ? Où avez-vous mis l'argent ?”

Il y en avait un à la Banque de France parce qu'il faut bien garder le chèque sous le bras, il faut pas le faire passer. Si on le savait comment ça marche ! Moi je vais vous le dire comment ça marche avec les chèques : quand c'est des chèques postaux il met quatre jours pour arriver le chèque et il en remet quatre pour le retour. Ça fait huit jours et donc dans les huit jours ils peuvent savoir qu'il est sans provision. Si on le retient trois jours, il a passé les huit jours et le gars du guichet vous donne l'argent. »

Comme j'ai du mal à saisir la combine, et que je pose une ou deux questions de béotien, Andrée me lance :

« Mais vous n'êtes pas un escroc vous, vous ne pouvez pas comprendre ! Je sais ce que je dis, je vous assure que je sais tout ce que je dis. J'ai escroqué personne, j'ai escroqué que ces gens-là en tant que victimes et cette personne âgée sinon après j'ai escroqué que des banques qui ont des assurances. Bon, les assurances de banques, c'est vrai que je les ai malmenées. Ça !

Moi, je faisais ça : j'arrivais dans une ville, j'allais à la banque et je disais : "Voilà, je vais habiter ici et je voudrais ouvrir un compte." D'abord j'ouvrais un compte avec 5 000 francs et je les laissais quatre ou cinq mois. J'allais partout, partout, ouvrir des comptes dans toutes les agences bancaires de France. J'ouvrais un numéro de boîte postale. Je disais que j'allais aménager bientôt, que j'étais ceci cela, assistante sociale, ça donnait confiance. Alors après, je revenais et je disais que j'avais hérité de mes parents telle somme et que je voulais placer ça. Ils me faisaient un placement mais je mettais pas tout sur le même placement. Comme le chèque était assez gros, j'en mettais une partie de manière à pouvoir la retirer vite. Après un peu plus tard je revenais et je disais : "Voilà je veux acheter une voiture à un monsieur qui est très âgé et ce monsieur ne veut pas de chèque" et ils me disaient : "Mais c'est pas un problème, on va vous le donner en liquide, revenez demain." Ça fait que je reprenais six ou sept unités et le reste je le laissais... Enfin, il y avait pas de reste puisque c'était du bois. Ça a toujours marché mais j'ai eu peur une paire de fois. C'est quand même très pénible à la longue. L'avion, le train... C'est fatigant parce que vous dormez pas toutes les nuits avant d'aller relever l'argent, hein et puis raconter toujours la même histoire de l'héritage et du pépé qui veut être payé en liquide, à la fin, c'est pénible.

Et puis je me suis fait péter tous les cheveux quand même hein ! A force de me décaper. Parce que je changeais de couleur de cheveux à chaque fois. Eh oui ! C'est moi qui me le faisais. Je m'habillais pas pareil non plus, ça dépendait quel métier j'étais : si j'étais bouchère par exemple, j'étais plus simple, si j'étais assistante sociale j'étais un peu plus chic...

Oh ! j'ai été postière, j'ai été agricultrice, je sais pas tout ce que j'ai été, j'ai été 70, alors vous voyez ! J'ai été la dame qui tient l'immobilier à Auch aussi... Et ça marchait.

C'est eux qui choisissaient mes identités parce que moi comment vouliez-vous que je fasse pour savoir s'ils étaient pas interdits bancaires ces gens-là. C'est eux qui voyaient tout ça. Donc moi j'apportais des chèques en bois, j'attendais, on me donnait de l'argent liquide et les autres m'attendaient et moi je donnais dans une enveloppe une autre partie qu'ils me demandaient. Parce que vous croyez pas qu'ils me donnaient les cartes d'identité pour rien quand même. Je leur reversais de l'argent après. 10 % à chacun. Ça me faisait 20 % de moins. Je leur ai porté au moins... Je sais pas combien de millions. Il y en a un qui est un homme important maintenant, hein... J'ai fait la prison seule mais je les ai bien eus moi aussi hein : je leur ai pas toujours donné l'argent liquide. Des fois je disais que je pouvais pas venir et je leur envoyais un mandat, ça fait que j'ai une preuve moi aussi. Les mandats, je les ai mis dans une boîte en fer et je les ai enterrés. Il faudrait pas qu'ils me fassent un sale coup, pardi. Ils le savent que j'ai la preuve du mandat.

En premier lieu, ces deux, ils avaient contacté une fille qui a pas osé le faire et elle m'a parlé. Moi je me suis dit : "Merde alors, j'ai besoin d'argent, je vais les contacter." Je les ai contactés et ça a marché. Mais je vais vous dire entre ma sœur et eux, moi je suis pigeon là-dedans. Pour moi l'argent, ça représente rien du tout. J'aurais eu seulement 5 000 francs par mois, j'aurais jamais fait quoi que ce soit, j'y serais arrivée. A l'époque, ce qui était important pour moi, c'était que mes filles manquent de rien et qu'elles soient comme les autres parce que qu'est-ce que vous croyez vous, que j'étais riche ?!! J'avais 900 francs par mois avec mes deux filles !!! Je m'appelle pas Bernard Tapie moi, je sais quand même ce que je dis : quand je vois qu'on n'en finit pas avec ce Tapie et qu'il refait appel à la chambre ou je ne sais quoi. Carignon, il a quatorze mois à faire mais moi j'avais pris quatorze ans. Alors vous voyez, c'est pas la même chose. Je suis pigeon, je vous dis.

C'est-à-dire qu'il faut être honnête : l'escroquerie aussi, on se laisse prendre vous savez et plus on en a, plus on en veut et plus on en dépense. Je dis pas : je suis pas innocente, ce que j'ai fait, je l'ai fait parce que j'ai bien voulu le faire. Oh ! je me souviens, j'avais acheté une jolie 405 turbo et tout, même que je l'ai fait mettre au nom de l'oncle et qu'heureusement parce que quand les gendarmes sont venus réquisitionner, ils ont dit : "On va réquisitionner cette voiture, donnez-nous la carte grise", et voilà qu'elle était pas à mon nom, donc ils ont pas pu la réquisitionner ! Ils ont dit : "Ah ! la pute, elle nous a encore eus !" Mais j'en ai gardé aussi, hein, faut voir. Eh ! j'ai gardé un peu d'argent aussi, j'ai pas fait que déconner. J'ai des maisons dehors qui sont sur le nom de mes filles bien sûr, sinon on me les volerait. Avec toutes ces parties civiles que j'ai, il faudrait que je vive encore 150 ans pour toutes les rembourser ! Je pourrai jamais les rembourser. Jamais, je suis insolvable, ils vont me faire quoi ? Je vais vous dire quelque chose... Appuyez sur le bouton là, arrêtez-moi cette machine. »

LUNDI 15 JUILLET 1996 — 17 H

« Mes filles, avec mes permissions, je les vois. Elles m'écrivent toutes les semaines, elles me souhaitent la fête des mères... Marie-Pierre, c'est l'aînée et Sandrine c'est la petite. La plus grande elle est au Samu. Elle fait une formation d'ambulancière et en même temps elle répond au standard et tout pour se payer un peu parce qu'ils les font payer cette formation. Elle travaille à l'usine de broderie aussi. Elle espère qu'ils vont la garder. Elle fait beaucoup d'heures supplémentaires. La petite, elle va faire une formation d'aide-soignante à l'hôpital. Quand je pense qu'elles sont restées sans rien, qu'elles auraient pu se droguer, se prostituer, n'importe quoi, mais c'est laisser quelqu'un en danger ça ! C'est pour ça que j'en veux à mort à ma sœur de les avoir laissées. Je lui en veux à mort mais pas au point de la tuer ni même de l'envoyer en prison. Vous voyez comme je suis. Mais je veux me venger d'elle. Je veux lui faire du mal, faire passer un article où on dira la vérité. Parce que nous on vient pas de la ville, hein, on vient de la campagne et dans le Gers, c'est des paysans, quoi et moi j'ai une très mauvaise renommée là-bas, je suis un gros escroc, hein ! Et même quand je vais sur la tombe de mon père, hein, eh bien les gens ne me saluent pas alors qu'Adeline ma sœur, ils l'adorent !

C'est quand même quelque chose d'éprouvant, j'ai fait de la prison pour l'aider et voilà ! Tout le monde savait qu'elle était en faillite, qu'on allait lui saisir la maison, et comment elle l'a sauvée ? Les gens ils le savent pas. Moi je le sais comment elle l'a sauvée sa maison. Je ne dis pas que je suis ici pour rien mais je dis que si on veut faire payer les gens, il faut faire payer tous les gens qui ont quelque chose à payer, que ce soit ma sœur ou qu'ils s'appellent Bernard Tapie ou monsieur le ministre. Voilà ce que je dis moi et je l'ai dit à cet avocat sur son fauteuil qui tournait un peu de côté là, moi je lui ai dit que c'était un avocat d'opérette : je lui ai donné trois millions pour prendre quatorze ans, c'est pas de l'opérette ça ? !

Enfin, aujourd'hui Marie-Pierre elle a 21 ans et elle sort quelque peu en boîte mais presque pas. Elle est très bien. Elle va travailler, ceci, cela. La petite, c'est pas pareil, elle a un copain mais elle est très bien aussi. Si vous saviez en plus l'ironie du sort ! C'est le fils du patron de la partie civile d'un de ceux que j'avais escroqués. Il est tombé amoureux de ma fille et ma fille vit avec lui, la plus petite. Que voulez-vous que j'y fasse moi, ironie du sort ! La grande, elle est plus grande que moi. C'est une grande fille. Et ma sœur, elle sait même pas comment elles sont faites !

Ma fille elle a été hospitalisée pendant un an et elle est même pas venue la voir, alors ! Elle était à l'hôpital pour des problèmes endocrinologiques. Elle a perdu 50 kilos. Elle pesait 100 kilos et maintenant elle pèse 52 kilos. C'était plutôt psychologique si vous voulez...

Enfin, là j'ai ma permission bientôt : du 10 au 15 août. Et d'ailleurs vous pourrez me téléphoner comme ça mes filles elles seront bien fières qu'une journaliste me téléphone à la maison. Ben, té, c'est une bonne idée ça, faites-moi penser à vous laisser le numéro. Ça fait deux ans à peu près que j'ai droit à mes permissions. Les permissions, ils les donnent en commission et ça dépend de votre comportement. Moi je respecte tout ce qu'on me dit et quand ça va pas, j'en parle avec l'orientateur. On parle aussi de tout et de rien, de politique, d'actualité, on échange des idées, on parle de tout ce qu'il se passe dehors.

Mais ici ce qui nous aide beaucoup tout de même, c'est qu'on peut parler avec le prêtre. Parce que des gens sûrs avec qui parler ici, il n'y en a pas. Je trouve qu'il y a beaucoup trop d'hypocrisie. Attention, je dis pas que moi je suis parfaite ! Je ne dois pas plaire à tout le monde moi non plus mais je m'entends avec tout le monde même si ça s'arrête là. Je n'ai aucune confiance parce que je les vois trop faire. De la maison d'arrêt j'ai gardé des amies, ça oui. Des amies qu'on se téléphone quand je suis en permission et tout. Tenez, par exemple, je corresponds avec la maîtresse du plus grand bandit de France, B. Elle m'a envoyé une carte encore l'autre jour. Je corresponds comme ça mais bon elle me fait un peu peur à moi. Je lui dis pas trop quand je vais en permission parce qu'elle me fait un peu peur. Je suis franche, j'ai peur de ses fréquentations. Elle était tombée pour recel de malfaiteur et à ce qu'il paraît qu'elle l'aurait aidé à s'évader et tout quand elle était sortie en provisoire mais que la corde aurait pété et qu'il se serait cassé les jambes. Il s'est évadé pour la septième fois quand même, hein ! Il s'est évadé de Fresnes, de la Santé, de partout. Je sais pas comment il a fait son compte. Moi je l'ai en photo sur le journal... Je crois pas que je laisserai mon adresse aux filles d'ici. Je crois pas trop que je garderai des contacts. J'ai pas confiance. Je vous le dis franchement : j'ai pas confiance. Je parle avec elles, je ris, ceci, cela mais je les vois faire. Elles viennent chez moi manger des gâteaux et elles critiquent, elles critiquent. Moi je comprends pas, je suis pas faite comme ça, je suis pas parfaite mais moi, comme ça, je suis pas faite. Je me dis : ce qu'elles font avec les autres, elles le font avec toi aussi. Je serais menteuse aussi si je vous disais que je vois pas les filles entre elles. Je m'en occupe pas de ça, de l'homosexualité mais je les vois bien. C'est une majorité de filles. Beaucoup plus qu'avant. Quand je suis arrivée, c'était pas pareil, c'était beaucoup moins que maintenant... C'est surtout pour les cantines, pour les... Je sais pas ce que c'est parce que ici, c'est vraiment pas des lesbiennes non plus. C'est des filles qui s'embrassent dans la cour et puis qu'est-ce qu'elles peuvent faire de plus, hein ? Je sais pas trop mais vous savez, elles en ont tellement marre les surveillantes. Qu'est-ce que vous voulez, on peut pas mettre tous les jours au mitard celles qui s'embrassent sur les lèvres. Les mitards seraient pleins. Avant ils mettaient des rapports mais maintenant, ils laissent faire. Mais il y a des intouchables ici. La fille que je vous ai dit par exemple, celle qui était trafiquante *soi-disant* d'armes, elle, il faut pas la toucher beaucoup. A la radio, on a des messages par les gens du Genépi : il y a des messages qui passent au poste de la part des petits copains ou des copines des filles détenues, alors ici bien sûr on écoute l'émission, des fois qu'il y aurait un message pour nous. Eh ben hier, il y a un gars qui a dit sur cette fille qu'elle avait le visage jaune, et alors je vous dis pas ce qu'on a passé à cause de ça ! Elle a fait monter les gradées et tout, hein ! Il faut pas la toucher. Elle est intouchable. Un cinglé aussi qui n'avait qu'à s'occuper de lui. Quel con de dire ça à la radio !

Du coup elle avait audience avec la directrice aujourd'hui. Elle se prend pour une diva parce qu'elle parle bien, qu'elle sait bien s'exprimer. Elle nous prend pour des caves. Moi je l'ai dit un jour à la surveillante, je lui ai dit : "Pourquoi avec Mme Chancelaur — je l'appelle comme ça moi, comme celle du feuilleton *Les Feux de l'amour* —, pourquoi avec elle tout passe, qu'elle peut faire tout ce qu'elle veut ? Parce qu'elle vous porte des brioches ? Mais moi je vais vous faire une tarte", je lui ai dit alors elles ont rigolé les surveillantes. »

Dédée doit se rendre à l'infirmerie pour une consultation et notre entretien s'en trouve écourté. Après m'avoir fait promettre de lui téléphoner en août chez ses filles, elle s'éloigne d'un pas décidé, une surveillante à ses trousses, puis se retourne vivement tandis que les clés cliquettent dans la serrure et m'adresse un signe de la main du fond du couloir. « On se revoit à la rentrée, hein ? Je vous parlerai de mes vacances dans le Gers ! »

MARDI 8 OCTOBRE 1996 — 16 H

« Je suis malade depuis que je suis rentrée de permission tellement j'ai mangé du foie gras ! Mais ça n'empêche pas que je repasse en commission aujourd'hui pour savoir si je repars en permission le 28 octobre. Je sais pas si je l'aurai ou pas mais de toutes les façons je sors bientôt maintenant. Ouais ! Je m'en vais. D'un côté je suis contente de retrouver mes enfants mais sinon, ça me dit rien de sortir... Pour mes filles oui, mais pour la vie non. La vie m'intéresse plus. Que je sois ici ou ailleurs, c'est pareil pour moi. Moi, ce que je souhaiterais, c'est d'aller au cimetière mais comme j'ai pas le courage d'y aller tout droit... C'est vrai, vous voulez la franchise alors je vous le dis. Je vous dis pas ça parce que je suis déprimée hein, je perds pas la boule. Maintenant mes filles sont habituées sans moi. Bien sûr elles me disent : “Maman, vivement que tu reviennes”, mais moi je... Quand elles ont eu besoin de moi j'étais pas là et maintenant qu'elles ont plus besoin de moi, je vais arriver là au milieu. En plus à ma fille regardez qu'est-ce qu'il lui est arrivé : elle va aux WC — vous vous rendez compte un peu — aux toilettes publiques à G. et il y a un gars qui vient s'exhiber devant elle ! Morte de peur, elle se met à crier. Il a fallu la porter au docteur, elle tremblait de partout. Alors tout ça peut-être, si j'avais été dehors ça serait pas arrivé. J'en sais rien. Comme ça serait peut-être arrivé pareil. Il y a des gens qui sont fous dehors maintenant. Il y a des fous hein ? Ça me fait peur ça. Oh ! mais dedans non plus, il y en a qui sont pas bien. Il y en a beaucoup plus que de sensés...

Moi je leur ai fait du mal à mes filles. Ma grande, elle fréquentait quelqu'un de très bien aussi et quand il a su que j'étais en prison, il l'a laissée tomber. Elle ne m'en a jamais parlé et moi je n'ose même pas lui en parler. Vous croyez quand même pas que je leur ai fait du bien à mes filles avec tout ça ? Tandis que celui de la petite par contre, il est bien comme tout. Quand je vais en permission, il vient me chercher à la gare et il me raccompagne et tout. Il est vraiment sympa. Je l'aime bien. Ah ! mais je vous ai pas dit, la grande, ça y est, elle a été embauchée définitivement. Elle gagne 8 000 francs par mois, c'est pas mal hein ?

Et puis il y a des gens au village aussi. Quand je passe, s'ils avaient des mitraillettes dans les yeux, ils me tueraient net. Morte ! Vous comprenez que c'est pas une vie ça. Par exemple, la voisine, elle est restée toute une journée derrière la haie à faire le planton pour vraiment voir si c'était moi ou pas moi ! Comme j'y vois pas trop bien, j'ai appelé ma fille et je lui ai dit : “Viens voir par là, qu'est-ce que c'est ça la-bas, ce truc sur la haie ?” Elle m'a dit : “Tais-toi maman, c'est la vieille de là-haut !” Alors ce que j'ai fait c'est que j'ai fait le tour de la maison bien comme il faut, pour qu'elle me voie un peu mieux. Mais je sors pas vous savez. Quand je vais à l'épicerie, c'est tellement vieux l'histoire, qu'il y en a qui croient que je suis sortie depuis longtemps. Il y en a qui ne me saluent pas puis il y en a qui me saluent en souriant, qui embrassent mes filles et qui m'embrassent moi et je sais même pas qui c'est. Mes filles me disent : "C'est le fils d'untel, d'untel." Des fois il y en a avec qui on parle comme si de rien n'était.

... Bien sûr, d'un autre côté, il me tarde de sortir d'ici aussi, je serais une menteuse si je vous disais que ça me tarde pas. J'en ai tellement marre d'être au milieu de ces folles. La prison elle a bien changé en quatre ou cinq ans. Il faut pas croire que c'est le rêve malgré tout ce qu'ils font voir à la télé, et le sport, et le gymnase. La mentalité a changé. L'éducation des filles... elles ont plus d'éducation, elles sont de plus en plus jeunes, c'est de plus en plus des droguées. Vous savez, je vais vous dire quelque chose : quelqu'un qui se drogue ou qui fait des trucs, des mœurs, des choses comme ça, c'est pas comme... Quelqu'un qui tue un mari, par exemple, ça peut arriver. Mon premier mari — attention, pas le père de mes filles, mon mari, le premier — eh ben, j'ai bien failli le tuer. Je l'ai attendu quatre heures durant avec le fusil armé. Il me battait, il emmenait des maîtresses, j'ai dit : "J'en ai assez ! Quand il va passer la porte, je le tue." Et puis quand j'ai entendu la voiture, j'ai pas eu le courage, j'ai posé le fusil. Ah mais ! il serait arrivé la première heure que j'attendais, je faisais splash sur la porte et je le manquais pas. Peut-être que mon jugement est erroné mais moi je dis que quelqu'un qui tue son mari, c'est un accident parce que les hommes ne valent rien. Le meilleur des hommes ne vaut rien. Ils ont tous que des défauts. Les hommes, je veux plus en entendre parler. Ni en noir, ni en blanc, ni en vert ! Même qu'ils auraient des millions à me donner, je les veux pas.

Non, décidément il vaut mieux partir de cet endroit de fous. Surtout que maintenant il n'y aura même plus le prêtre. Mais c'est vrai, on avait un prêtre et il était bien, il écoutait tout le monde mais il était aidé par une espèce d'aumônière là, qui l'a fait partir. A l'évêché, ils ont dit que le prêtre ne faisait pas un travail d'équipe avec cette aumônière, parce que quand nous on allait le voir pour lui confier nos problèmes, lui, il le répétait pas à cette dame, et comme elle était curieuse elle s'est plainte à l'évêché et voilà ! Il est parti. On sait pas si on l'a vraiment foutu dehors ou quoi, mais tout le monde est en colère maintenant, même les surveillantes. Moi, samedi, quand elle est passée dans la cour cette espèce d'aumônière, je l'ai traitée de salope. "Vieille salope", je lui ai dit. Tout le monde s'est retourné et les autres filles, elles ont pris le relais. Une émeute en deux minutes. Tout le monde l'engueulait. Moi je lui ai crié : "Vieille salope ! Salope !" et une autre lui a dit : "Va en enfer sucer des bites." Les surveillantes ont rien dit. Elles ont fait comme si elles n'avaient rien entendu. C'est sa faute à elle. Elle se dit aumônière celle-là et elle est mariée, qu'est-ce que vous y comprenez vous à ça ? ! Qu'est-ce qu'elle vient nous emmerder ? Heureusement que je m'en vais moi, parce que je l'aurais décalquée autrement, hein ! Je me bats jamais mais quand je suis en colère, je suis méchante. Et elle le sait d'ailleurs parce qu'elle s'approche plus de moi. Je suis pas allée arroser le jardin aujourd'hui, ils me l'ont interdit : ils savent que si elle passe devant moi je lui fous en pleine gueule le tuyau ! Le tuyau d'arrosage, je le tire, je mets pleine force là-bas et je vais la faire reculer l'aumônière ! Pardi ! Pourtant j'ai jamais touché personne mais ça c'est trop injuste. Faire partir ce pauvre père qu'il a rien fait, c'est injuste et nous on peut rien faire. On est là entre quatre murs et on peut même pas se défendre. On n'a pas d'adresse où lui écrire, on n'a rien. On va pas le revoir... C'est ça la vie carcérale, on croit qu'on est heureux et qu'il y a de la justice mais y a pas de justice putain de merde ! Regardez ce maire de Paris qui a détourné de l'argent : tout de suite non-lieu. Le père ici il fait rien : tout de suite à la porte... L'aumônière elle va se recevoir une dégelée un de ces jours à la chapelle ! Y a pas grand monde à la chapelle et vous allez voir ça ! C'est sûr que les longues peines, elles vont pas se gêner. Moi je le ferai pas parce que je sors bientôt et avec les permissions et tout, mais les longues peines, elles le feront. Il y en a une qui a une très longue peine, elle m'a dit : “Je laisse les choses se calmer, je lui laisse prendre confiance et tu vas voir, ça...” Elles vont pas la tuer mais elles vont lui foutre une bonne raclée.

Ça, ça arrive parfois. Les roustes entre filles. Personne dit rien. Elles sont tombées ou elles ont glissé. Y en a une, une fois, elle avait un nez comme ça. Elle avait reçu un pain dans la tronche, hein ! Je lui ai dit : “Mais qu'est-ce que tu t'es fait là ?” Elle a dit : “J'ai glissé à la douche.” Après j'ai vu une autre fille et je lui ai dit : “Mais tu l'as vu ce qu'on lui a fait à elle ?!” et cette fille m'a dit : “C'est moi qui lui ai fait. Il y avait personne. Ni vu, ni connu.”

Si on vous voit pas, on peut dire ce qu'on voudra, on peut vous confronter, il y a pas de preuve. Ni vu, ni connu. Il faut qu'une surveillante vous voie. Ouais, des règlements de comptes ça arrive quelquefois. Quand vous en avez ras-la-casquette, ça arrive. Moi j'en ai chopé une, une fois... Elle s'est jamais plainte, hein. Je l'ai chopée comme j'ai pu mais je l'ai chopée. Elle m'avait volé plein de trucs et tout. Ça arrive aussi les vols. L'autre jour ils ont trouvé dix kilos de linge volés dans une canalisation. Pour pas se faire choper la fille les avait planqués là. Moi bien sûr mes habits on me les volerait pas qu'est-ce que vous voulez qu'ils en fassent, ils rentrent à dix dedans. Il faut être d'une taille normale pour qu'on vous les vole. Par contre moi mon linge, on me l'a brûlé à la Javel pour se venger, pour embêter. Va savoir... Mais moi vous savez on me roule une fois mais pas deux. Les choses, je les vois venir de loin, de très loin et toutes les combines ici, je les connais. Toutes : les petits trafics, les coups en douce, les entourloupettes, je les connais toutes et je peux vous dire qu'il y en a et que c'est pas toujours celles qu'on croit qui sont mouillées. C'est pas celles qui parlent le mieux qui sont les dernières, hein ! Avec moi les gens, ils marchent droit ou ils font pas un pli. Elles le savent.

Tout de même, j'aurai vécu l'enfer dans cette putain de prison, moi... »

ISABELLE OU L'ANATOMIE D'UN COUPLE

MARDI 20 MAI 1997 — 16 H

« Je suis originaire de province, de Lorraine, un petit village. Je vais avoir 39 ans. J'ai un garçon qui est en 1re ES. Il va passer son bac français dans quelques semaines. Je suis donc arrivée à Fleury début 95 où je purge actuellement deux peines, l'une de quatre ans et l'autre de deux ans. J'ai fait une demande de confusion de peines qui a été acceptée partiellement. Ma peine globale a donc été ramenée à cinq ans, ce qui fait que je suis en principe conditionnable en octobre de cette année. J'ai été arrêtée pour escroquerie. J'effectuais des détournements dans le cadre de mes activités professionnelles. J'ai toujours exercé une activité professionnelle. En tant que comptable. Pendant dix-sept ans. Il s'agissait de gros détournements. Ce qui est extrêmement grave c'est que je suis récidiviste dans mon délit. Disons que j'ai commis deux sortes d'escroqueries différentes mais nous pourrions peut-être procéder de manière chronologique, vous comprendrez mieux. »

Isabelle me regarde d'un air sérieux derrière ses lunettes à fine monture et il émane de sa personne comme de sa tenue vestimentaire tout à la fois quelque chose de sévère, d'austère et de doux, de moderne et d'ancien. Il est vraisemblable qu'elle entend « procé-

der » avec rigueur et, je le constaterai au fil de notre conversation, avec minutie. Après m'avoir demandé de lui expliquer plus précisément l'objet de ma visite et avoir sollicité quelques explications concernant la nature de mon travail, c'est elle qui mènera de main de maître le cours de nos entretiens, me ramenant doucement mais néanmoins fermement à la chronologie de son récit chaque fois que mes questions l'en écarteront mais sans jamais pourtant en éluder aucune.

« Je suis arrivée à Paris à l'âge de 18 ans. J'avais passé des concours administratifs directement après le bac. C'est-à-dire que je n'ai pas eu la possibilité de poursuivre des études supérieures. Les études me passionnaient mais ma mère étant veuve, ayant plusieurs enfants à charge — j'ai 2 sœurs — elle ne pouvait effectivement pas se permettre de me payer des études. Lorsque je suis arrivée à Paris, je suis entrée en tant que fonctionnaire aux PTT. Je n'y suis restée qu'un an et demi. La position de fonctionnaire ne me convenait pas du tout. J'ai démissionné. Entre-temps j'ai rencontré l'homme que je croyais aimer toute ma vie. Rétrospectivement je me rends compte que... Enfin c'est tout de même le père de mon fils. Il avait 27 ans et c'était le grand amour. Nous ne nous sommes jamais mariés. Nous étions concubins. Il est d'origine italienne. Sicilienne, il faut que je le précise. A cette époque-là, il avait la nostalgie du pays donc après avoir démissionné j'ai accepté, par amour, de le suivre jusqu'en Sicile. C'est assez spécial, disons que c'était une expérience. Nous y sommes restés six mois et au bout de six mois j'ai découvert que j'étais enceinte. Il était hors de question pour moi que cet enfant vienne au monde en Sicile. Je n'avais pas de carte de séjour, aucun droit et puis la mentalité y est particulière. Moi j'ai toujours été très active et puis j'aime mon indépendance bien que, d'un point de vue affectif, je sois tout à fait consciente d'avoir un gros problème mais ça c'est autre chose. Bref, il y avait un tas de choses que je ne supportais plus du tout. Être la femme au foyer, cela ne correspondait pas à mon profil. Lorsque j'ai su que j'étais enceinte, j'ai pris la décision de retourner en France. En général les décisions sont prises assez rapidement en ce qui me concerne et cela ne m'a pas demandé des heures. Avec le recul je me demande si ma vie avec ce compagnon aurait duré aussi longtemps s'il n'y avait pas eu cet enfant... J'ai appris que j'étais enceinte tardivement, ayant eu auparavant des problèmes de menstruations je ne m'étais pas alarmée de suite. Peut-être que si j'avais appris ma grossesse en temps voulu, j'aurais avorté parce que je commençais à réaliser qu'il y avait des problèmes entre nous. Ceci dit je suis très très maternelle et je suis contente d'avoir eu Patrick. C'est tout autre chose.

Je suis donc rentrée en France avec 200 francs en poche, ça je m'en souviendrai toujours. Et puis comme à son habitude il m'a laissée me dépatouiller parce que ça c'est emblématique de ma vie avec lui : il m'a toujours laissée me débrouiller seule. Il a toujours été d'une lâcheté infâme. Vous savez j'ai eu dix-sept ans de vie commune avec lui, eh bien en dix-sept ans il n'a jamais travaillé, c'est moi qui l'ai toujours entretenu. C'est certainement cela qui m'a amenée à passer de l'autre côté de la barrière, à devenir marginale. Il est donc resté en Sicile en attendant que je prépare le terrain, que je trouve un travail, un appartement. Ce que j'ai réussi à faire. Je suis rentrée en France un 31 juillet et le 2 août j'avais trouvé un travail, le 3, un logement.

Je suis entrée dans le service comptable d'un grand magasin. Je n'avais pas du tout de diplôme de comptable, ça a été une véritable formation sur le tas et puis bon c'est quelque chose qui m'a aussi passionnée, la comptabilité. Je suis restée cinq ans dans cette société. Entre-temps, une fois que tout a été réglé, que j'ai été établie, il est venu me rejoindre en France. J'allais oublier : à cette époque il a effectivement travaillé deux mois... En tout et pour tout il a dû travailler un an dans sa vie. Il ne savait pas ce que c'était que de dépendre d'un encadrement, de recevoir des ordres, de faire une vraie journée de travail. Il ne souhaitait pas travailler, un point c'est tout. Je suppose que j'étais follement amoureuse pour accepter cela et, pour être totalement honnête, je l'étais encore certainement jusqu'à il y a très peu de temps. C'est véritablement un fonctionnement de couple pathologique en ce qui nous concerne.

J'ai eu des problèmes de grossesse assez importants et je suis restée deux mois en clinique. Patrick est arrivé avant terme. C'est un prématuré. Je peux difficilement dire que j'ai eu une grossesse épanouie. Mais enfin j'étais très heureuse d'avoir Patrick parce que j'aime mon fils par-dessus tout. Je suis très très maternelle. A un point c'est... C'est peut-être ce qui a plu à mon compagnon parce que ce qu'il recherchait, c'était une femme et surtout une mère. Donc le fait de tout prendre sur mes épaules... Parce que j'ai toujours tout assumé avec lui, il n'a jamais eu aucune responsabilité à prendre et de toutes les façons il en aurait été incapable. Chaque fois qu'il fallait prendre une décision c'était la panique, l'angoisse pour lui.

Au départ, nous avons connu la misère parce que, débutant, je n'avais pas, bien sûr, un salaire mirobolant. J'étais payée au SMIC et donc il me fallait effectivement nourrir trois bouches avec ce salaire-là, payer le loyer... Je m'en souviens très précisément : tous les ans, chaque fois qu'on commençait à avoir des problèmes financiers, des dettes qui commençaient à devenir un peu insurmontables, il trouvait systématiquement des excuses, il prétextait une dispute pour me quitter. Pendant deux ou trois mois il retournait vivre chez papa-maman en Sicile, le temps que moi je renfloue les comptes du ménage, que je solde les dettes en me serrant la ceinture un maximum. Lorsque la situation était apurée et que l'on était en mesure de reprendre un train de vie normal, il revenait. Et à chaque fois, moi, je l'acceptais, pensant que ça s'arrangerait, que ça irait mieux...

Bref, au bout de quelques années j'ai quitté mon premier employeur et j'ai été embauchée par une société américaine de travaux publics en tant que comptable au service comptabilité fournisseurs. C'était en 83 et j'ai commencé à détourner des fonds deux ans après. J'ai procédé ainsi sur une période de quatre ans. De gros détournements. 5 millions en quatre ans. J'ai fait cela de ma propre initiative. Seule. Le processus qui a déclenché ça... C'était en mai 85. Il était parti chez ses parents parce qu'à ce moment-là, on avait plus de dettes que jamais. J'avais les huissiers sur le dos, je ne parvenais même plus à payer les factures de gaz et d'électricité. Je ne voyais pas de solution, je ne savais plus comment faire. Et dans la semaine qui a suivi, dans la société où je travaillais, quelqu'un m'a parlé au cours d'une discussion, d'un trésorier qui avait effectué il y a X années de cela un détournement. Moi qui cherchais désespérément un moyen de m'en sortir, qui ne voyais pas d'issue... C'est là que m'est venue l'idée de... Et cette idée ne me quittait pas. J'ai eu l'idée de faire des fausses factures, ce qui en fait est très simple à faire. Au début, ces détournements n'étaient pas du tout faits dans l'état d'esprit d'en profiter. Non. C'était pour rembourser mes dettes. J'avais fait pendant le week-end l'addition de toutes les dettes que j'avais. Je m'en souviendrai toujours j'avais 19 980 francs de dettes. J'ai décidé d'établir un chèque de 20 000 francs. Pas plus. Chose que j'ai faite. J'ai fait ma fausse facture et j'ai encaissé le chèque. J'établissais les chèques à un faux nom et je complétais l'ordre par la suite. Je ne voulais pas profiter de cet argent-là. Au début, j'avais encore une certaine honnêteté, enfin, entre parenthèses. En fait c'est très paradoxal parce que je suis une personne très honnête. C'est comme si j'avais en fin de compte une double personnalité. Je n'ai pas récidivé de suite et je ne voulais pour rien au monde recommencer. J'étais contente parce que j'avais réussi à rembourser tout ce que je devais, qu'entre-temps Marcello était revenu... Mais pendant les mois qui ont suivi, il n'a pas arrêté de me talonner à propos des vacances. Ce qui est aberrant c'est que même ne travaillant pas, il était incapable de s'imaginer ne pas partir en vacances. Il n'arrêtait pas avec ça et moi je me suis dit pourquoi ne pas refaire un autre deuxième petit chèque... Et voilà. J'ai refait un deuxième chèque, quelques mois plus tard. 40 000 francs. Pour nous payer les vacances. Mais cette fois-là, je l'ai mis au courant. La première fois je n'avais rien dit mais là, je lui ai dit d'où venait cet argent. Je lui ai présenté le chèque. Sa réaction ? Panique à bord. Il s'est affolé, il ne voulait pas et ainsi de suite mais je savais pertinemment qu'en fin de compte... Je lui ai dit : "Alors qu'est-ce que tu veux faire, on annule les vacances", eh bien évidemment il a accepté d'endosser le chèque. Il a eu une réaction complètement paranoïaque. Il était malade à l'idée de se retrouver dans cette situation, une angoisse, une tension... Tant et si bien que je me suis dit qu'à l'avenir, à chaque fois que je ferais une opération, je ne lui dirais plus rien.

Ponctuellement, je faisais des fausses factures mais de montants très importants. Grosso modo, tous les six mois à peu près, je faisais un chèque de l'ordre de 500 000 à 600 000 francs. Je ne sais pas, je me suis rendu compte qu'on avait passé de bonnes vacances, que ça lui avait plu, on n'avait plus les soucis de fins de mois, la vie était devenue plus facile dans le fonctionnement du couple. J'étais en mesure de lui payer tous les cadeaux qu'il souhaitait et... Parce qu'il faut savoir qu'il adore tout ce qui est luxueux, vous ne pouvez pas vous imaginer, les bijoux, les costumes, c'est de la folie. Et j'ai continué comme ça. Personne ne se rendait compte de rien dans ma société. Je ne me faisais pas trop de soucis, j'organisais cela de façon cohérente... Non, j'ai eu plusieurs contrôles d'audit et je n'ai jamais eu de problèmes à ce niveau. Aucun. J'étais seule, je ne risquais rien. Si ça ne m'avait pas été possible de le faire seule, je ne l'aurais pas fait... Le problème c'est qu'à l'époque j'étais ignorante des lois et je pensais qu'étant donné que j'avais agi seule, lui ne serait pas véritablement incriminé mais lors de cette première affaire, il a été inculpé pour recel, puisqu'il a profité de cet argent-là.

C'est-à-dire qu'en 89, j'ai posé ma démission dans cette société. Malgré tout, notre couple allait à la dérive et je voulais à tout prix trouver une solution pour... Il était de plus en plus dans l'alcool et... Je voulais créer une société ou une boutique. Je me disais que la seule solution pour le sortir de là, c'était qu'il travaille avec moi. Qu'il puisse être à mes côtés, s'occuper. Je me disais comme ça il ne boira plus et il se sentira beaucoup mieux. J'avais mis de l'argent de côté, je n'avais pas tout dilapidé. J'avais investi dans des appartements, on louait et puis j'avais placé de l'argent.

J'avais pour objectif d'ouvrir une boutique FNAC en franchise, je pensais que cela n'aurait pas été trop compliqué pour lui... Quand j'y repense aujourd'hui, je me dis que ça aussi, ça aurait été une erreur. Avec le recul je suis persuadée qu'on se serait cassé la figure. Bref, j'avais posé ma démission, j'avais deux mois de préavis, j'avais pris mes renseignements concernant le montant des franchises, l'investissement nécessaire afin de voir si je disposais d'assez d'argent, et je me suis dit qu'on ne savait jamais, qu'il était plus prudent de faire un dernier chèque au cas où, pour avoir une sécurité supplémentaire. Et cette dernière opération s'est mal passée. J'ai émis un chèque sur un compte qui venait juste d'être clôturé donc la banque a téléphoné. Bien évidemment ils ont vu qu'il y avait une facture qui ne correspondait à rien et ils sont remontés jusqu'à moi. J'ai été arrêtée directement sur mon lieu de travail. J'ai avoué tout de suite parce que je ne suis pas du genre à... Enfin je sais prendre mes responsabilités. On a commis quelque chose, un point c'est tout, il faut assumer. Je trouve que c'est complètement idiot de nier l'évidence. Mon compagnon a été arrêté le lendemain lors de la perquisition qui a eu lieu à mon domicile et nous avons été incarcérés en préventive. A ce moment-là notre fils avait 10 ans donc c'est ma sœur qui s'en est occupée. Ma sœur aînée. Elle l'a gardé le temps de notre détention, six mois. Là par contre je dois dire que je suis tombée sur une juge d'instruction qui a été formidable, très humaine et très compréhensive et je peux vous dire qu'elle a monté un dossier mettant toutes les chances de mon côté. Bon, c'est sûr qu'elle ne pouvait pas voir mon compagnon. C'est vrai qu'il n'avait pas le bon profil. Il était assez exécrable.

J'ai donc comparu en barre libre parce qu'on ne pouvait pas me maintenir en détention plus de six mois. C'est-à-dire que ma juge d'instruction a fait en sorte de ne pas transmettre mon dossier immédiatement au parquet, elle l'a retenu pour que je puisse sortir, avoir le temps de retrouver un travail et un logement puisque j'avais tout perdu, afin que je fasse mes preuves en somme. J'ai retrouvé un travail en tant que comptable dans une compagnie aérienne. Deux mois après ma sortie. Je suis sortie de ma préventive en avril 90 et je suis passée en jugement en février 91. J'ai été condamnée à une peine de deux ans dont dix-huit mois avec sursis plus trois ans de mise à l'épreuve. J'ai donc été placée sous contrôle et je pointais chez une JAP pendant les trois années qui ont suivi. Lui a été condamné à six mois ferme et six mois de sursis. Je n'ai pas recommencé directement. Je n'ai recommencé qu'en 93. Toujours pour les mêmes raisons.

Pendant mon incarcération j'avais décidé de ne pas revivre avec lui parce que je commençais à me rendre compte du danger de la chose. Mais bon six mois de détention n'ont pas été suffisants et puis je me suis pas remise en question en fin de compte. Pendant l'instruction, la juge avait demandé un rapport psychiatrique, pour savoir exactement comment je fonctionnais, ce qui m'avait amenée à agir de cette façon. J'ai donc rencontré un psychiatre qui m'a très très bien cernée. Il m'a d'ailleurs trouvé des circonstances atténuantes parce que j'avais un problème affectif qui démontrait bien qu'il y avait une manipulation affective... Un rapport... ce qu'on appelle un rapport sado-maso. Affectif. Parce que moi de mon côté j'ai vraiment accepté l'inacceptable. Il me frappait et puis bon c'était une espèce de cruauté mentale. C'est ça, mentale. Surtout mentale. Et qui faisait que... Bon déjà je suis... enfin je l'ai découvert maintenant, là, il n'y a pas longtemps, je suis une personne qui ne sait pas s'aimer donc je ne devais pas m'aimer pour accepter.

Mon père est décédé quand j'avais 8 ans. J'en ai gardé des souvenirs. De très bons souvenirs mais le problème vient de ma mère. Mais bon c'est... Et plus je donnais, plus Marcello était insatisfait. C'est comme un système d'entonnoir, vous donnez, vous donnez et vous avez un être devant vous qui est continuellement insatisfait et il n'y a pas de solution possible. Il est pervers, en fin de compte, il prend un malin plaisir à toujours me faire du mal... Je ne sais pas ce qui m'a attirée chez lui... Ce côté fragile. J'avais besoin de materner, de protéger. Son côté écorché. C'était un enfant. C'est que c'était un homme... Oh ! il a du charme, il avait du charme, il avait un certain humour. C'était un bel homme. Un très bel homme... qui ne correspondait pas du tout en fin de compte à... C'est vrai que par rapport à moi, à ma personne on formait un couple... J'avais eu une relation avec un garçon avant lui. Très courte. La séparation a été très dure. Je n'ai pas compris pourquoi il m'avait quittée donc peut-être que c'est ça qui a fait que j'ai accepté énormément de choses de mon second compagnon. J'avais une telle crainte que ça se répète, que ça se reproduise. Voilà. Je me suis accrochée. On ne peut pas dire que j'ai une très grande expérience amoureuse. J'ai été fidèle, ça je ne l'ai jamais trompé.

Enfin pour en revenir au déroulement des faits, à

ma sortie je suis allée vivre chez ma sœur un temps et j'ai donc très vite retrouvé un travail et un logement. J'ai récupéré Patrick de suite. L'aspect matériel, ça ne m'a jamais posé de problèmes. Là, même si je suis consciente du fait que la conjoncture économique est extrêmement difficile, qu'il y a énormément de chômage, je sais pertinemment que j'arriverai à trouver du travail. N'importe quoi, femme de ménage ou... mais j'y arriverai. D'autant plus que je suis très tenace, très patiente et le fait de travailler même pour le SMIC, ça ne me fait pas peur. Je ne suis pas le style de femme à baisser les bras, j'ai horreur de vivre avec ce système d'assistanat qu'on est en train de créer actuellement. Même ici, je ne suis pas assistée. Du tout. Je m'assume, je travaille, je ne me fais pas envoyer de mandat. Dans mon esprit, il est hors de question que je me fasse entretenir par qui que ce soit. C'est une question d'amour-propre. Ici je gagne entre 600 et 650 francs cantinables par mois en travaillant à plein temps à la bibliothèque, ça me permet de vivre. Et ça me plaît beaucoup. Bon j'ai également travaillé en atelier ce qui rapporte beaucoup plus quand on est performant. Moi je gagnais très bien. Dans les bons mois je me faisais 3 200 francs à 3 500 francs cantinables, net. Je faisais du pliage, façonnage. Six heures par jour, cinq heures et demie exactement si on enlève les pauses. J'étais très performante mais l'atelier a fait faillite. Heureusement d'ailleurs que j'avais fait des économies les autres mois sinon... Parce que dans la mesure du possible j'essaie d'envoyer régulièrement des mandats à mon fils. C'est un adolescent, je suis sa mère et j'estime qu'il a besoin d'argent de poche et que c'est mon rôle. Et puis ça fait partie de ma fierté de pouvoir lui envoyer des petits mandats. Il n'a pas à payer les pots cassés. Déjà qu'il les paye suffisamment. Donc comme je ne savais pas si, et quand, l'atelier reprendrait, à l'époque j'ai d'abord tablé sur une formation. C'est-à-dire que je pense qu'il serait souhaitable de me diriger sur une autre voie professionnelle à ma sortie. On ne m'a jamais interdit d'exercer ma profession mais ce serait préférable de bifurquer. Donc ces six mois de formation en secrétariat m'auront permis de préparer ma reconversion. Et puis, indépendamment de l'argent, c'est vrai que lorsque vous travaillez en atelier, du côté récidivistes, vous êtes dans des cellules de six et je n'ai plus du tout envie de revivre ça surtout en sachant que j'en ai pour un certain temps. Cela dit, je me suis très bien adaptée ici, en prison. Je suis une personne très ouverte. Bon c'est vrai que je joue un peu le rôle d'une assistante sociale mais j'aime bien être à l'écoute des gens de toute façon. Moi j'ai beaucoup appris ici, par exemple concernant la toxicomanie. Je ne savais rien à propos de la toxicomanie et ici j'ai vraiment fait mon b.a.-ba.

Bref, je vais en revenir à ma chronologie. A ma sortie de cette première incarcération, j'étais dans mon appartement, avec mon fils, j'avais un travail, tout allait bien mais il y a eu une pression telle de la part de sa famille... Je l'ai eu lui plus sa famille sicilienne sur le dos. C'était une horreur, une horreur. Ils ont fait une pression psychologique sur mon fils aussi. La grand-mère sicilienne n'arrêtait pas de lui téléphoner en lui faisant une sorte de chantage affectif, en lui disant : "Dis à maman, supplie-la, il ne faut surtout pas qu'elle quitte papa. Si elle le quitte, tu ne te rends pas compte, qu'est-ce qu'il va devenir, il va se tuer..." Enfin vraiment l'horreur. Ça fait que... J'ai plus ou moins repris mes relations avec lui mais je ne souhaitais pas qu'il revienne vivre avec nous car je voulais garder malgré tout mon indépendance. Entre-temps je lui avais trouvé un appartement et un travail. Il avait son appartement moi le mien, on se voyait comme ça de temps en temps, c'était très bien. Ça a duré jusqu'au jugement, il se tenait à carreau, et pour vous dire à quel point il a été infect, infect ! Quinze jours après le jugement, il s'est débrouillé pour se faire licencier donc chômage, donc il vient me pleurer dans les bras... Et moi j'ai cédé, je l'ai repris. Mais il était hors de question qu'il continue de vivre sans travailler et je lui ai donné deux mois pour trouver un emploi. Entre-temps nous avons eu un contrôle fiscal sur dénonciation anonyme, sur les fonds détournés qui ont transité sur nos comptes et nous devions des sommes mirobolantes.

C'est là qu'a commencé notre calvaire parce que nous avions continuellement des saisies. Il continuait à ne pas vouloir travailler et un jour je l'ai mis à la porte. C'était la première fois que je faisais ça. Il y a eu une sorte de déclic. Il faut que je vous dise qu'à l'époque, je menais de front ma vie professionnelle, ma vie de mère, ma vie de femme ménagère et je n'arrêtais pas et la veille au soir, j'étais extrêmement fatiguée et j'avais laissé la vaisselle. Je n'avais pas eu le temps de m'en occuper le matin avant de partir au travail. J'avais laissé la vaisselle sale dans l'évier. Et donc ce soir-là, il était venu me chercher au travail et en rentrant je lui dis en rigolant : "Je te parie que tu n'as pas fait la vaisselle." En rigolant. Qu'est-ce que je n'avais pas dit. Je me reçois une paire de gifles en pleine rue. Il s'est mis à m'insulter à me dire : "Je ne te permets pas, je suis un homme, tu ne veux pas que je mette le tablier..." Un homme ! Il faut le dire vite parce qu'un homme qui se fait entretenir par une femme, je n'appelle pas ça un homme. Enfin, bon. J'ai pas accepté, ça a été la goutte d'eau qui a fait déborder le vase. Je suis rentrée à la maison, j'ai fait ses valises je lui ai réservé une place dans le premier vol pour Palerme le lendemain matin et je l'ai réexpédié en Sicile. Il y est resté trois mois et il ne m'a pas manqué une seule seconde. J'étais heureuse, c'était la première fois que *moi* je le quittais. Il téléphonait tous les jours en prenant le prétexte de son fils mais moi je ne souhaitais même pas l'entendre. »

A son arrivée Isabelle est de fort bonne humeur, elle a assisté à une pièce donnée par les détenues de Fleury et le résultat l'a enthousiasmée :

« C'est un intervenant extérieur qui fait travailler les filles et ce n'est pas évident à monter une pièce de théâtre parce que le problème ici, c'est que c'est une maison d'arrêt donc il ne faut pas oublier que les filles sont en principe là pour de courtes périodes, deux ou trois mois, voire quatre. Il commence le travail avec telles détenues qui sont des prévenues et qui sont libérées en provisoire donc ça laisse le travail en plan et jusqu'au dernier moment, on ne sait jamais qui jouera effectivement. Et puis c'est vrai que Genet... Ce n'était pas une pièce évidente à monter, je trouve. Elles ont fait un très bon travail, elles ont réussi à faire passer beaucoup de choses et c'était vraiment passionnant. Voilà. *(Isabelle marque une pause.)* Bon, on reprend ? Je crois que je m'étais arrêtée au moment où je l'avais mis à la porte.

Il est donc parti le 28 novembre et sa famille me l'a remis en paquet cadeau sur le paillasson le 28 février. Je l'ai laissé à la porte toute la nuit mais comme il faisait un scandale sur le palier j'ai été obligée de le laisser entrer. J'ai cédé encore une fois. Puis voilà ça a repris. Et à l'époque j'étais quand même dans une situation difficile. J'avais été embauchée au départ à 7 500 francs dans cette société aérienne, avec un loyer de 4 500 francs, les remboursements de la partie civile de 2 000 francs par mois... Parce que, malgré les saisies effectuées sur nos placements immobiliers, il manquait encore une partie. C'était la sentence qui avait été rendue et je ne critique absolument pas, j'avais détourné des fonds donc il était tout à fait normal que je rembourse. Ceci dit, c'est vrai que les conditions financières étaient extrêmement difficiles... Mais en fin de compte, c'est plus ou moins par rage que j'ai recommencé. Ça n'avait rien à voir avec la justice et toutes ces contraintes financières : je lui en voulais *à lui* de ne rien faire pour m'aider, je l'avais à nouveau sur les bras et je ne voyais aucune solution pour m'en débarrasser. Alors j'ai recommencé.

Dans cette compagnie aérienne. Je procédais d'une tout autre façon et là c'était tous les mois. Je détournais en moyenne environ... 200 000 à 250 000 francs par mois que je dilapidais tous les mois. C'était vraiment frénétique, démentiel. C'est-à-dire que sur vingt mois j'ai détourné 5 millions que j'ai vraiment, réellement, dilapidés. Il ne restait rien. Pas un centime. J'en suis heureuse. En fait, je créais de faux dossiers de remboursement de billet d'avion, des dossiers fictifs par le système de carte bleue. Je me disais, il le veut cet argent, il veut vivre dans le luxe eh bien il va l'avoir et j'ai réellement tout dépensé pour lui. Bon, mon fils en a profité également mais en ce qui me concerne moi, non. Tout ce côté luxe, ce n'est pas quelque chose qui m'attire. Je n'ai pas besoin de ça. A partir du moment où j'arrive à payer mon loyer, à avoir ma petite vie, me payer de temps en temps un petit restau ou de temps en temps ma petite place de cinéma, je suis heureuse. En fin de compte c'est tout ce que je demandais dans la vie. Et j'ai pas eu ça... C'est aberrant... Lorsque les flics sont venus lors de la perquisition, ils n'en revenaient pas ; d'un côté il y avait sa garde-robe à lui, bijoux, costumes, cachemire, et tout ce que vous voulez et de mon côté c'était... Je veux dire j'allais m'habiller chez *1, 2, 3,* des petits trucs en solde à 99 francs, pas de bijoux. Lui me demandait de m'habiller mieux, ça participait de son goût pour le luxe, avoir une femme... mais moi je lui disais que ce n'était pas possible sinon ça allait attirer l'attention au travail. C'était un prétexte parce que je n'y tenais pas, d'autant plus que ce n'était pas mon élément. J'aurais été mal à l'aise. La seule chose dont j'ai effectivement pleinement profité, c'est le côté voyages. On a fait énormément de voyages, Amérique, Europe... On descendait dans des palaces pas possibles et voyager en fin de compte ça a été ma passion, ça je le reconnais. Il fallait que je lui paye les plus belles suites du monde, dans les plus beaux hôtels du monde, et voilà.

Je ne sais pas comment mon employeur s'en est douté. Ça n'a pas été déterminé. Je pense que c'est mon compagnon, ses tenues vestimentaires très... voyantes. Il venait souvent m'attendre à la sortie de mon travail et elle me faisait des remarques sur lui. Elle a commencé à me poser des questions et je me suis dit : "Ça y est, elle a compris" et je ne suis pas retournée le lendemain travailler. J'ai pris la fuite. Il faut vous dire que pendant tout ce temps-là, de façon à ce que mon compagnon ne se doute pas que j'avais recommencé, je lui avais raconté que j'avais mis de l'argent de côté sur ma première affaire mais je pense qu'inconsciemment il savait que j'avais recommencé. Il adoptait le principe de l'autruche en somme, parce que même mon fils, à 14 ans, avait compris. Lorsque je lui ai annoncé un beau jour que voilà, il fallait prendre la fuite, ça a été la catastrophe. Bon il m'engueule, il me traite de tous les noms, il est abject, pas moyen de le calmer ni de lui faire entendre raison. Moi, je voulais avoir la tête très calme, pour savoir exactement ce que j'allais faire mais je l'avais toujours sur le dos et donc j'ai accepté l'idée qu'il avait derrière la tête, de partir en Italie.

En fait il est parti d'abord avec notre enfant, notre fils, de manière à ce que moi je règle tous les problèmes en France, trop heureux de ne pas avoir à s'en charger. Je suis restée environ un mois seule à Paris, le mois de septembre pour vider l'appartement, organiser le déménagement et il faut savoir qu'on n'avait pas d'argent d'avance, on mangeait tout donc... Donc j'y suis allée au culot, qui ne tente rien n'a rien. J'ai fait un chèque sans provision à la société de déménagement et durant tout le mois, j'ai vécu comme cela en émettant énormément de chèques sans provision. Une fois tout réglé, j'ai rejoint mon compagnon en Italie. Lui avait comme mission normalement de trouver un appartement là-bas mais il n'a pas même été capable de faire ça et j'ai dû m'en charger aussi. Cela ne m'a pas pris huit jours même n'étant pas dans mon pays. »

Et comme je l'interroge sur la raison qui, après cette nouvelle faillite, la pousse à rejoindre encore une fois Marcello en Italie :

« Il avait mon fils... Bon d'accord, il y a aussi que j'éprouvais toujours un sentiment amoureux pour lui. Même aujourd'hui, je n'éprouve pas de haine à son endroit. Toujours pas. Oui, je l'ai méprisé, ce serait mentir que de dire le contraire. Je ne l'admirais pas, je le méprisais... Je ne sais pas. C'est pour cela aussi que je ne regrette pas totalement cette nouvelle incarcération parce que tout de suite je me suis lancée dans une psychothérapie et c'est grâce à ce travail sur moi que j'ai compris notre fonctionnement de couple et ce qui n'allait pas chez moi. Mais je le répète il n'est pas le seul fautif et si je dois mesurer la marge d'erreur dans le fonctionnement de notre couple, je pense qu'on a 50/50. Nous avions des rapports sado-masochistes, il entretenait mon côté masochiste. J'étais une personne qui ne m'aimait pas et il savait très bien me manipuler affectivement, vous ne pouvez pas vous imaginer. Il m'a traitée comme une moins que rien mais comme moi de mon côté, je me suis toujours trouvée et considérée comme une moins que rien... C'est pour cette raison que j'avais toujours besoin de donner, de donner... C'est ça qui n'est pas normal, pourquoi moi, intègre, travailleuse, avoir accepté toutes ces choses-là et pendant des années ? Bref, en Italie je me suis vite rendu compte que je ne parviendrais pas à m'en sortir, et puis j'avais fait une bêtise à l'encontre de mon fils en lui cassant ses études, en l'arrachant à son environnement naturel, à ses copains... Il était dans une déprime inimaginable et je me suis dit qu'il fallait arrêter mon délire parce que Patrick je l'adore plus que tout et je tiens à le préserver de notre fonctionnement de couple. Patrick malgré tout j'ai réussi à le préserver de ça. Je me suis encore disputée pendant plus d'un mois avec mon compagnon. Et puis le 8 janvier je me suis réveillée, je suis partie à l'agence de voyages et j'ai pris un billet pour mon fils et pour moi. J'ai réveillé mon compagnon une heure avant le départ du vol pour Paris, je lui ai expliqué que je retournais en France. Soit il me suit, soit il ne me suit pas, peu importe.

Je suis donc partie. J'avais bien entendu falsifié mes pièces d'identité puisque je savais être recherchée. C'était facile à faire, j'ai changé une lettre de mon nom, tout simplement. La première lettre puisque je savais que les recherches informatiques se faisaient sur les trois premières lettres du nom. J'ai changé le "T" en "I". J'ai fait ça très proprement, ça ne s'est pas vu. J'ai ouvert un compte et tout avec. J'ai trouvé un appartement et bien entendu pour ce faire j'ai été obligée de produire des fiches de paye, fausses bien sûr, mais bon, ça ne me posait pas de problèmes. J'ai tout simplement continué sur ma lancée. Le pire, c'est que j'étais partie avec l'idée de redémarrer à zéro une vie honnête. C'est vrai que c'était mal parti, mais enfin, bon ! Mon compagnon m'a rejointe et on a été arrêtés trois semaines après. Quelqu'un m'a reconnue dans la rue. Tout simplement. Quelqu'un qui travaillait dans cette société aérienne. Il a été au commissariat et j'ai été embarquée. Un samedi après-midi, le jour de la Sainte-Isabelle en plus ! J'étais en train de regarder une vitrine juste à côté du commissariat du Forum des Halles et voilà. Cette fois-là bien entendu, la justice a été moins clémente à mon égard, ce que je comprends tout à fait : j'ai été jugée en correctionnelle d'une part pour escroquerie et j'ai eu quatre ans fermes. J'ai fait appel mais cette peine a été confirmée. Pour mon autre affaire, c'est-à-dire falsification de pièces d'identité, j'ai écopé deux ans fermes. Dans l'histoire, cette fois-ci mon compagnon a eu la même peine que moi mais pour recel.

... Ce qui fait qu'en ce moment mon fils vit seul. Il

est sous la responsabilité d'une association spécialisée. Il a une chambre meublée, indépendante, sur Paris. L'association pourvoit au paiement du loyer, lui donne chaque semaine un budget pour la nourriture... Elle est très bien sa chambre. J'ai obtenu pour la première fois trois jours de permission au week-end de Pâques et donc j'ai pu profiter pleinement de mon fils et voir exactement comment il vivait et c'est très bien. Bon il ne faut pas croire, c'est difficile à gérer. A 17 ans il lui faut gérer les cours, sa lessive, le ménage à faire, les courses, la cuisine. Il vient me voir tous les mois ici. Il ne m'en a pas voulu. J'ai un enfant qui est formidable. Patrick a toujours compris en fin de compte, et les problèmes de son père et mes problèmes à moi. On a toujours été très proches. Il s'est toujours ouvert à moi, même ici, et moi mes parloirs sont exclusivement consacrés à lui, donc pendant une demi-heure, il me raconte tout ce qui ne va pas et moi je m'assoiffe de ses paroles. Il me raconte ses petites bêtises, ses petites histoires d'amour, ses copains, ses copines.

Patrick savait déjà depuis plusieurs mois que j'avais l'intention de quitter son père et bon il a très bien pris la chose. Il m'a dit qu'il n'avait jamais compris que je... Attention, c'est son père et il l'aime bien, jamais je n'ai joué le rôle de la mère qui se sert de son enfant pour renier le père. Son père n'est peut-être pas l'homme idéal mais il a besoin d'un père. J'ai tout de même commis une erreur puisque j'ai dit à Patrick que je souhaitais quitter son père mais que je ne souhaitais pas l'en informer tout de suite et en fin de compte, Patrick s'est trouvé en porte-à-faux. En fait, il a été obligé de lui mentir et ce n'était pas sain. Il a passé une très mauvaise période et au niveau de la scolarité ça a été une chute catastrophique. Ce sont ses éducatrices qui m'ont ouvert les yeux en me faisant comprendre que Patrick vivait très mal cette situation et que je devais clarifier la chose. Ça a été très dur pour moi de réaliser qu'involontairement j'étais en train de détruire la vie de mon fils donc illico presto, suite à cet entretien, j'ai envoyé une lettre de rupture au père. J'ai envoyé cette lettre de rupture et, comment vous dire, je me suis sentie légère, légère... Libre ! Cela faisait déjà longtemps que la rupture était faite dans ma tête mais j'entretenais ces relations hypocrites parce que... Et puis je vais vous dire, c'est un être qui peut devenir extrêmement dangereux. Il n'a plus rien à perdre cet homme-là et je crois qu'il en arrivera même peut-être à vouloir me tuer... Il n'a plus rien à perdre. Je suis sûre et certaine qu'il va me poursuivre. Pourtant aujourd'hui cela ne me fait plus peur. Vous savez, suite à cette lettre de rupture il m'a envoyé une lettre de haine mais de haine véritable. Je ne sais pas comment vous expliquer mais en quelque sorte il a accepté son incarcération parce que dans sa tête, c'était une sorte d'avance sur ce que je devais lui rembourser après, à sa sortie, en recommençant à m'occuper de lui. Et je sais qu'à ma sortie je l'aurai sur le dos mais cette fois je l'affronterai. Je suis prête à faire appel à la justice. Aujourd'hui je me sens beaucoup plus forte.

Je pense que je referai ma vie, que je renouerai une relation mais ce sera une relation normale, saine. J'ai appris que l'amour, ce n'était pas un sens unique, que ça devait être un échange. Et c'est ici que je l'ai appris. Je me sens même plus épanouie, parce que auparavant je n'aurais même jamais eu l'idée de refaire ma vie, j'étais d'une fidélité vous ne pouvez pas imaginer. Jamais je n'aurais eu l'idée de le tromper, pas une idée frivole. C'est fou, c'est fou. A lui, je lui laissais entière liberté, je n'étais absolument pas jalouse. Tout ce que je lui demandais c'est que si d'aventure il lui arrivait de me tromper, je ne le sache jamais. C'est peut-être hypocrite, j'en sais trop rien mais je pense qu'il ne m'a jamais trompée. De toutes les façons, j'ai horreur de ce sentiment de possession, il me l'a trop fait ressentir, il m'a trop empêchée de vivre.

Ma mère c'est une personne à qui j'ai toujours

donné, donné, et mon compagnon ça a été la suite logique de ce comportement-là. Disons qu'avec ma mère, je me suis toujours sacrifiée et, j'utilise le mot sacrifice sciemment, c'est réellement ça. Je n'ai pas eu d'enfance, je n'ai pas eu d'adolescence, j'ai été adulte dès la mort de mon père. Dès 8 ans, je me suis toujours occupée de ma mère, je me suis privée de tout pour qu'elle soit heureuse et elle ne m'a jamais donné en contrepartie de chaleur. Donc j'avais déjà ce processus-là, de toujours donner pour que les gens soient heureux parce que ma mère c'était quelqu'un d'extrêmement malheureux. C'était une personne qui était dépressive, et je n'ai jamais réussi à la rendre heureuse. En fin de compte ça a été pour moi un échec puisque je suis partie du domicile familial, parce qu'elle est décédée... Bon j'ai pu mettre un terme à ce fonctionnement du jour où j'ai réalisé comment je fonctionnais parce que auparavant je pensais que je fonctionnais normalement. Moi j'étais complètement asservie affectivement à cet homme. Je donnais l'apparence d'une femme indépendante, battante et en fait quelque part, j'étais sa prisonnière.

J'ai décidé de ne pas brûler les étapes, ça c'est un fait. D'abord m'occuper de mon fils, de l'aspect professionnel de ma vie, me réinstaller et après on verra bien. Et puis il faudra que je fasse mes preuves, ne serait-ce que pour ma famille parce que pour l'instant je n'ai pas encore renoué véritablement les liens. Mes sœurs n'ont pas encore fait la paix avec moi, tout du moins l'une d'elles et bon je ne leur en veux pas. C'est comme si elles avaient été trahies lorsque j'ai repris la vie avec mon compagnon, alors que lors de ma première incarcération elles avaient tout fait pour m'en écarter. »

MARDI 12 NOVEMBRE 1996 — 10 H

« Je me suis évadée de la maison d'arrêt de Valence le 24 décembre 1989. Avec le père Noël. J'avais tout juste 26 ans. Je me suis enfuie avec Paul, mon ami de l'époque. Il avait été incarcéré en même temps que moi et pour le même motif. Je ne sais pas si vous vous en souvenez mais l'année 89 a été un bon cru pour les évasions[1]. Je suis partie à l'étranger. Les Pays-Bas, Amsterdam. Je connaissais la ville, j'y étais allée plusieurs fois... Ce n'était pas un choix innocent : la plupart des gens qui s'évadent vont en général au soleil et la première destination qu'ils choisissent, c'est l'Espagne. C'est donc là en priorité que l'on va les prendre. Tout le monde cherchait le soleil et moi je suis allée au nord. Pour être tranquille. La cavale a duré un an presque jour pour jour. Elle s'est terminée de manière assez classique. Dans un aéroport. »

Deux yeux noirs en amande finement étirés me jaugent. Calmes. Attentifs. Enigmatiques. Kiki a 33 ans, des allures de beau chat sombre, et les quelque six années de prison qu'elle vient de purger n'ont pas entamé sa tranquille assurance. Un ton mesuré et une distinction naturelle tout à fait inattendus au fond de ce couloir vétuste où le vacarme des gamelles qui s'entrechoquent sur le chariot de service couvre la voix de la jeune femme. Elle est arrivée à Sainte-M. il y a

1. Selon le rapport annuel d'activité 1996 de l'administration pénitentiaire, 27 évasions ont été recensées en 1989 qui concernaient effectivement 52 détenus. Mais l'année 89 n'est pas le meilleur cru en la matière. Ainsi en 1985 ce sont 101 détenus qui se sont évadés au cours de 36 évasions et, en 1990, 68 au cours de 31 évasions. En 1999, selon les chiffres les plus récents émanant de l'administration pénitentiaire, 25 évasions ont eu lieu au cours desquelles 31 détenus se sont évadés. Par ailleurs on enregistrait la même année 33 tentatives d'évasion concernant 67 détenus.

deux ans et son étiquette de DPS — détenue particulièrement surveillée — n'est aujourd'hui plus qu'un lointain souvenir car ici, comme partout ailleurs semble-t-il, elle a su faire sa place. Plus de fouilles systématiques, plus de surveillance rapprochée, elle a même conquis un statut privilégié au sein de cette maison d'arrêt puisque sa porte reste ouverte. « La confiance, c'est une chose qui se gagne. Il faut savoir faire son trou », *m'expliquera-t-elle. Et puis elle l'a décidé : elle veut tourner la page, ce qui signifie entre autres choses couper les ponts avec le Milieu, tirer un trait sur certains aspects de son passé. Pourtant la page résiste : alors même qu'elle a fini de purger la peine à laquelle elle avait été condamnée pour vols à main armée, Kiki reste en cage. Une nouvelle instruction a été ouverte, pour une autre affaire, plus grave cette fois. En l'état, Kiki est suspectée de complicité d'assassinat, une complicité qu'elle réfute avec autant de calme que de fermeté.*

« J'ai rencontré Paul alors qu'il sortait de prison. Il avait été condamné pour braquages. Des amis communs m'avaient demandé de le prendre en charge un temps. Il ne savait pas où aller. Par amitié pour ces personnes, je l'ai aidé en l'hébergeant. Pour les braquages, j'agissais avec lui mais ce n'est pas lui qui m'a entraînée dans le processus. Le rencontrer n'a été qu'un starter... En fait, faire des braquages, c'était un projet que j'avais avant de rencontrer Paul. A l'époque j'avais un emploi puisque j'étais infirmière, mais un salaire d'infirmière ça ne va pas chercher bien loin. D'autant plus que j'exerçais en intérimaire. Je voulais avoir un niveau de vie décent et même plus que décent : je voulais avoir un train de vie. Un bon train de vie. Le braquage était un moyen d'y arriver et j'étais prête à le faire. Paul avait déjà fait ce type de choses et j'ai en fait profité de son expérience en la matière. Je voulais avoir quelqu'un d'expérimenté à mes côtés pour éviter de me fourvoyer... Cela aurait pu être lui ou un autre. Ça a été lui. Parce que agir seule, c'est impossible. Surtout sans expérience. Il ne faut pas oublier que des braqueurs ont une arme à la main et que, lorsqu'on a une arme à la main, on ne sait pas ce qu'il peut se passer. Un coup, c'est vite parti. Surtout avec un amateur. Une parole ferme et une arme doivent suffire pour obtenir ce que l'on veut. On n'a pas besoin de tirer. Par la suite, si ça tourne mal, que la police rapplique eh bien c'est tout simple : on pose son arme, on lève les bras et on se laisse arrêter. Jamais, jamais l'idée de tirer ne me serait venue. Je respecte trop la vie. C'est la raison également pour laquelle je n'aurais pas agi avec quelqu'un d'inexpérimenté. »

J'interroge Kiki sur la façon dont Paul et elle procédaient.

« Nous choisissions des banques qui ne se trouvaient pas dans le secteur où nous habitions et, après un premier repérage, je prenais rendez-vous pour un prêt ou un emprunt. Nous y allions, moi, grimée avec un maquillage un peu forcé qui accentue les traits, et lui, à visage découvert. Tout commençait en général dans le bureau, nous braquions notre interlocuteur et nous le prenions en otage pour circuler dans la banque. Ensuite nous vidions les coffres. Nous faisions tout ensemble. Nous partions en repérage ensemble, nous agissions ensemble, nous prenions les mêmes risques et nous n'avons jamais eu de problèmes. Jamais. Paul était quelqu'un d'assez impressionnant, il avait une voix très grave, une stature. Les gens obtempéraient. Tout s'est toujours bien passé et si nous n'avions pas été arrêtés, nous aurions certainement continué mais, suite à un coup de fil anonyme, nous nous sommes fait serrer. C'est vraisemblablement Paul qui avait trop parlé. De mon côté, je n'avais rien dit, à personne, donc... Nous n'avons jamais su qui nous avait dénoncés. Mais rétrospectivement cela ne m'étonne pas. Paul était... Enfin c'était quelqu'un d'assez marginal. Notamment par rapport au Milieu et ce n'est qu'après coup que j'ai compris pourquoi : il était excessivement dangereux. Son système de pensée était dangereux... Comment vous expliquer... Il nous est arrivé un jour de faire un braquage avec une autre personne. Nous avions gardé l'argent mais bien entendu nous devions le partager et Paul avait décidé de ne pas donner sa part à cette personne. C'est une attitude éminemment dangereuse. Faire une chose pareille équivaut à une condamnation à mort. Paul n'était pas correct. Il n'était pas droit. Quelle que soit la vie que l'on choisit, qu'il s'agisse d'une existence "normale" ou d'une existence marginale, il y a toujours un code minimal à respecter et lui prenait un malin plaisir, un plaisir pervers, à déjouer les règles et à se mettre en porte-à-faux... J'en ai d'ailleurs moi-même fait les frais puisque, à la minute où il m'a rencontrée, Paul a commencé à me mentir. C'est en consultant nos dossiers, lors de notre première incarcération en 89, en vue de notre passage devant les assises que j'ai compris *qui* il était en réalité. J'ai découvert beaucoup de choses le concernant. Pas uniquement des choses occultées, car ça, j'aurais pu le comprendre. Non, j'ai découvert qu'il m'avait menti sciemment pour m'induire en erreur. A partir de là nos relations ont commencé à se dégrader...

... Il m'a donné des explications. Enfin, des explications ! Disons qu'il a tâché de justifier son comportement et que dans un premier temps j'ai... Je suppose que j'en étais tombée amoureuse et que lorsqu'on aime, on pardonne. Ou tout du moins on essaie. Et puis j'avoue que je l'ai aussi certainement idéalisé au départ. Disons que je n'ai pas échappé au stéréotype du gangster marginal et charmeur ! C'est vrai que cette évasion a été motivée principalement par le fait que Paul était récidiviste, en récidive légale, et qu'il risquait par conséquent une lourde condamnation. Pour ma part étant primaire, c'était différent. Mais à l'époque je n'ai pas pensé à moi... Nous nous sommes évadés une quinzaine de mois après être arrivés à la maison d'arrêt de Valence... »

Et comme je questionne Kiki sur les circonstances de cette évasion :

« Vous savez, une arme, cela se fait rentrer. Il suffit d'avoir un contact solide à l'extérieur et... Moyennant finances, on fait tout rentrer en prison. Tout. Enfin, je m'entends : il faut d'abord voir si la personne que l'on a en face de soi est corruptible ou pas et il y a plus de personnes corruptibles qu'on ne le croit... A partir de là, on passe un accord et voilà, ça n'a rien d'extraordinaire. C'est lui qui a agi. En réalité, la partie la plus épineuse de cette entreprise, c'était que Paul sorte. Il a fait tout le travail. Le quartier femmes était près de la sortie, il est venu me chercher, on a braqué la surveillante et on est partis. Terminé. Dehors, on a volé une voiture. Amsterdam, ça s'est décidé par la suite. On est allés récupérer de l'argent. De l'argent que j'avais laissé à l'extérieur. C'est moi qui ai financé la cavale. Pas lui. Moi. Par la suite, à Amsterdam, tout s'est passé très vite. J'ai passé quelques nuits à l'hôtel et en une semaine j'ai trouvé un appartement. Contre plusieurs mois payables d'avance — très cher bien évidemment — il y a toujours des gens pour vous fournir un logement sans se préoccuper de savoir si vous avez des papiers ou non... Enfin, nous y sommes restés environ un an et puis j'ai décidé de changer de pays, d'aller encore plus loin et c'est à l'aéroport que tout a basculé. Je me suis fait arrêter à l'aéroport le 14 décembre 90 à cause du passeport qui était bien évidemment faux. Je comptais partir en Thaïlande et faire d'abord une escale en Tunisie mais je me suis retrouvée incarcérée à la maison d'arrêt de Breda.

Paul s'est fait serrer avec moi... En fait, après l'évasion, j'avais continué à apprendre des choses sur son compte et... Enfin, quelque chose s'était définitivement cassé entre nous mais j'étais arrivée à un point de non-retour : en situation d'évasion, en cavale à l'étranger, c'était devenu très difficile de le quitter, voire impossible. Gérer une cavale seule, c'est très dur, ne serait-ce que matériellement. Nous avons dû refaire deux autres braquages. Nous sommes tout spécialement rentrés en France pour les faire. Avec notre accent et notre néerlandais approximatif, les guichetiers d'Amsterdam ne nous auraient certainement pas pris au sérieux. Mais nos rapports continuaient à se dégrader jusqu'à un point tel que je ne pouvais plus le supporter. Je ne supportais plus ses mensonges, sa manière d'être. En ce qui me concerne, une relation de couple, c'est d'abord une relation de confiance. Et puis c'était quelqu'un d'ordinaire en fait. De très ordinaire. Dans sa manière de vivre, dans ses goûts. On ne vivait pas ensemble. On vivait l'un à côté de l'autre. Il était devenu violent. Je me suis mise à avoir peur de lui...

Il lui est arrivé de me battre. Un jour, j'ai même failli le tuer à cause de ça... Ce n'était pas pour la douleur, c'était une question d'orgueil. Il n'avait pas le droit de me toucher. Il n'avait pas le droit de me battre. Je vivais tout cela de plus en plus mal, tant et si bien que je me demande si je n'avais pas quelque part, au fond de moi, envie d'être arrêtée pour en finir, pour le quitter... Ceci dit, après notre arrestation j'ai tout de même dû garder le contact avec lui jusqu'à la fin de notre procès, en 93 : je n'avais plus du tout confiance et j'avais peur qu'il me fasse porter le chapeau. Paul est quelqu'un de rancunier, de très revanchard, j'ai donc préféré jouer le jeu. J'ai simulé un lien affectif pour me protéger mais je peux vous assurer que les parloirs internes que nous avions pendant cette période ont été de véritables épreuves pour moi. Un cauchemar. C'est après le procès que j'ai définitivement rompu. Il y a environ deux ans de cela. Mais ce n'est pas terminé puisque aujourd'hui, si je suis encore en prison à l'heure actuelle, c'est à cause de lui. Il aurait pu me dégager par une simple déclaration. Je pourrais être libre mais je suis en instruction pour une affaire de complicité d'assassinat. Paul est accusé d'avoir tué le concubin de sa sœur. Ça se serait passé durant l'été 90, alors même que nous étions à Amsterdam mais je n'ai aucun repère. Nous n'étions pas sans arrêt ensemble : il m'arrivait de partir deux ou trois jours et lui aussi. Je ne sais pas ce qu'il a pu faire lorsqu'il s'absentait, d'autant plus qu'à l'époque, la discussion entre nous était plutôt limitée... C'est sa sœur elle-même qui aurait déclaré à la police que Paul était l'auteur de cet assassinat. Pour ma part, je n'en sais rien et je ne veux pas le savoir. Lors de la confrontation, il est apparu que ce serait pour de sordides histoires d'argent ou je ne sais quoi. Quoi qu'il en soit, comme Paul et moi étions associés pour les braquages, comme nous nous sommes évadés ensemble et que nous nous sommes fait arrêter tous les deux, le juge nous associe également dans cet assassinat. En fait, je crois que le juge me maintient en détention parce qu'il voudrait que je lui fasse des confidences concernant cette affaire, mais je ne peux pas : il est vrai que ce n'est déjà pas dans ma nature, mais en l'occurrence, je ne sais rien. En somme je n'en ai pas encore fini avec lui mais tout se passera désormais uniquement par avocats interposés. J'éprouve un tel mépris pour lui que... Avec le recul, aujourd'hui, je pourrais résumer Paul en un mot : c'est un suborneur. Quelqu'un qui se sert des gens, qui manipule constamment son entourage, sans scrupule. Moi, c'est sentimentalement qu'il m'a manipulée, dans notre vie de couple. Il a certainement également cru me manipuler pour les braquages mais dans ce domaine au moins, ce n'était pas le cas. Le pas, je l'ai sauté toute seule. »

Lorsque je fais remarquer à Kiki qu'elle insiste beaucoup sur ce point :

« Vous savez, je crois qu'on cherche toujours des gens qui pourraient expliquer nos décisions ou nos actes. En les responsabilisant, on se décharge. Pour ma part, je suis convaincue que les personnes agissent seules et qu'elles doivent assumer. Je suis quelqu'un d'indépendant et j'ai fait ce que j'avais décidé. Je ne sais même pas si le milieu d'où on vient... Je ne sais pas. Un de mes amis a fait quelques années de taule pour vols à main armée : sa mère était surveillante-chef et son père surveillant des prisons... Je ne crois pas qu'il y ait de règle. Pour ma part, je n'étais pas particulièrement prédisposée ni à devenir une braqueuse ni à entrer dans le Milieu. J'ai passé mon bac, j'ai fait l'école d'infirmières, j'ai fait un an de sciences éco à la fac... Enfin je ne corresponds pas au profil type du délinquant : pas de père alcoolique, pas d'enfants battus, une famille qui est encore aujourd'hui très soudée. Mes parents sont d'origine algérienne. Je suis la huitième d'une fratrie de treize enfants. Contrairement à ce que l'on pourrait croire, chez moi il n'y avait pas toute cette lourdeur des traditions musulmanes, ces pressions que les femmes subissent parfois dans les familles maghrébines. Absolument pas. Mon père est venu en France très tôt. Il avait seize ans donc il a quand même une conception différente des choses, c'est quelqu'un de très ouvert. Je ne vois pas grand-chose à dire. J'ai eu une enfance sans histoires. Mon père travaillait à la voirie, j'ai une sœur restauratrice, un frère prospecteur de pétrole, une sœur comptable... Enfin rien que de très normal. En outre, je n'avais pas le profil d'une braqueuse non plus : aucun passé de petit délinquant. Je n'ai pas suivi le parcours classique qui mène des petits vols aux petits cambriolages pour arriver en fin de compte au gros coup : le braquage, le vol à main armée qui se situe en haut de l'échelle... Enfin je ne crois pas avoir de "prédispositions". Pas du tout. Aujourd'hui d'ailleurs, dans notre société, je pense que la criminalité ou la délinquance est en chacun de nous, quelles que soient les raisons, qu'elles soient financières ou autres, je crois qu'on peut tous sauter le pas et passer à l'acte. Il y a un tueur qui sommeille en chacun de nous : qui ne tuerait pas pour protéger son enfant ? »

Mais quand je demandais à mon interlocutrice si elle fréquentait le Milieu avant de se lancer dans les braquages :

« Eh bien disons que j'avais déjà eu un rapport avec la prison. Un rapport extrêmement pénible : quelqu'un qui m'était très proche y purgeait une peine, précisément pour vols à main armée et j'allais régulièrement aux parloirs. C'est très douloureux comme expérience et peut-être, en pareils cas, on ne peut pas s'empêcher de nourrir certains griefs vis-à-vis de la société. Cela m'a peut-être amenée à me tourner vers des milieux plus... marginaux. Et comme je suis quelqu'un de décidé... Oui, je fréquentais déjà le Milieu. »

JEUDI 14 NOVEMBRE 1996 — 16 H

Je retrouve Kiki dans la salle commune du rez-de-chaussée, frileusement emmitouflée dans un long gilet de laine. Elle a les traits tirés et semble un rien tendue. Ayant appris au hasard des couloirs que sa compagne de cellule venait d'être libérée, je me doute que son état n'est pas étranger à ce départ : lors de notre première entrevue Kiki m'avait parlé d'Agnès avec beaucoup d'affection.

« En quelques mois à peine, nous avons réussi à construire quelque chose de solide. Cela va déboucher sur une grande amitié, c'est sûr et certain. Je l'ai senti d'emblée. Vous savez, il m'est arrivé de vivre avec la même personne dans les mêmes quelques mètres carrés pendant plusieurs longs mois sans que rien ne se passe jamais. Avec Agnès en revanche, nous sommes devenues très proches très vite. Tous les soirs, nous discutions jusqu'à 1 ou 2 h du matin alors qu'avec d'autres... Avec d'autres, il y avait des journées entières où l'on n'échangeait pas un seul mot ou alors simplement "Passe-moi le sel" à table. C'est une aventure que j'ai vécue tout de même deux ou trois fois : j'ai rencontré quelques femmes en prison qui valaient la peine d'être connues... Le fait qu'elle soit partie hier après-midi, c'est... Enfin, c'est très difficile pour moi. Hier soir, c'était très dur, très pénible et ce matin... Même inconsciemment... Comme elle travaillait, elle se levait à 6 h 30 et moi je me levais également tous les matins, avant que le réveil sonne, pour préparer le petit déjeuner. Ce matin je n'ai même pas entendu le réveil... Ça fait un tel vide. L'impression de tourner en rond, de l'attendre d'une certaine manière... Mais la prison, c'est d'abord la séparation. C'est ce qui m'a été le plus difficile au départ : être séparée de mes parents, de ma famille. Je n'ai plus eu aucun contact avec eux pendant deux mois au début de mon incarcération. Le juge s'y opposait... Mais avec Agnès, je sais que notre amitié ne se résumera pas à une relation de prison et qu'elle se perpétuera parce que nous l'avons décidé. Par notre cursus, on avait déjà des points communs, Agnès et moi. Des repères communs : elle venait du Milieu, moi aussi... C'est d'ailleurs une des raisons qui ont fait qu'au début les surveillantes n'étaient pas très chaudes pour nous mettre ensemble dans la même cellule. »

Il y a ce que Kiki veut bien dire et ce qu'elle préfère taire : comment exactement elle a été introduite dans le Milieu fait partie de ces choses à propos desquelles elle tient à rester discrète même si par ailleurs, me raconter de quelle manière elle y a trouvé une position privilégiée ne semble pas lui poser de difficultés. Kiki a le goût des « belles et bonnes choses » et ne s'en cache pas : les vêtements coupés sur mesure, ceux que personne d'autre qu'elle ne portera, les voyages au long cours pour des destinations lointaines et exotiques, les appartements luxueux aux salles de bains hollywoodiennes qu'elle me décrira par le détail, les grands hôtels et les grands restaurants où elle aura frayé un temps, autant de choses en somme qui font un train de vie, celui-là même que le Milieu lui avait précisément offert.

« Avant de rencontrer Paul, j'avais eu une histoire d'amour. Une véritable histoire d'amour. Parmi toutes les relations que j'ai pu avoir, si je devais en retenir une, ce serait celle-là. Il s'agissait de quelqu'un du Milieu. Quelqu'un qui était beaucoup plus âgé que moi. Quelqu'un dont je pourrais encore partager la vie s'il n'était pas décédé. Il a été tué au cours d'un règlement de comptes il y a quelques années... C'est un homme qui m'a beaucoup appris, beaucoup apporté. Dans tous les domaines. De par sa position dans le Milieu et de par ses activités, il voyageait beaucoup bien entendu, donc nous ne vivions pas continuellement ensemble. Nous n'étions ensemble que pour le meilleur : partir, voyager, un mois ici, une semaine là... Notre relation a duré deux ans... Disons que c'était un homme bien implanté et très respecté. Par-delà les stéréotypes que servent en général les films sur le sujet, c'est vrai qu'il y a dans le Milieu une hiérarchie très claire, un code particulier et que chacun sait où est sa position. On voit tout de suite qui est qui. C'est une histoire de comportement, on comprend rapidement qui sont les gens importants et qui sont ceux qui gravitent autour d'eux en cercles concentriques et en fait, on se positionne soi-même. C'est très structuré mais il n'y a pas de mode d'emploi. Tout est dans le feeling. Mon ami était un très grand Monsieur. Le voyou ancienne école dans toute sa splendeur si vous voulez : beaucoup de classe, beaucoup de savoir-vivre, un homme très fin. Pour moi, l'homme idéal. Calme, réfléchi, une grande maturité et beaucoup d'expérience. A l'époque, il avait 45 ans et moi 20. Notre histoire a commencé le jour de mon anniversaire.

Ses activités ? J'étais au courant. C'est quelque chose que j'ai découvert au fil du temps, avec la confiance qui s'est instaurée entre nous. Et puis il était difficile de ne pas s'en rendre compte : son train de vie, ses déplacements, la vie qu'il m'offrait... Il croquait la vie à pleines dents. Enfin, je n'ai pas été étonnée. Par ailleurs il ne m'a jamais fait prendre part à ses affaires. Au contraire, il m'a tenue à l'écart. Pas parce qu'il me sous-estimait mais pour me protéger... Vous savez, on dit que le Milieu est terriblement machiste mais il y a des femmes qui y tiennent leur place. Cela dépend de la femme. C'est à elle de gagner la considération qu'on lui portera. Moi, j'ai le sentiment d'avoir toujours été mise sur un pied d'égalité par mon ami : partout où nous allions, j'étais là, bien présente, je n'étais pas mise à l'écart ou escamotée. Je ne crois pas que le Milieu soit plus machiste que ne l'est notre société d'une manière générale et je ne crois pas non plus que ce soit par machisme que les hommes du Milieu tiennent leurs femmes à l'écart de leurs affaires. C'est uniquement pour les protéger. C'est une affaire de prudence aussi : dans tous les cas elles ne parleront pas et on ne les importunera pas tout simplement parce qu'elles ne savent pas. En ce qui concerne la prostitution bien sûr... Et même. Je ne sais pas... J'ai connu beaucoup de proxénètes et de prostituées. A partir du moment où la fille est d'accord, où c'est le moyen qu'elle a choisi pour gagner sa vie... Mais je trouve que c'est très dévalorisant pour un homme d'exploiter la prostitution. Bon ceci dit, je n'ai pas connu les “travailleuses de force”, mais plutôt celles qui font ça pour avoir un certain train de vie. Des marginales de la prostitution si l'on peut dire, des dames, de grandes dames même et je peux vous assurer qu'elles n'avaient rien de commun avec ce que l'on appelle une femme objet. La prostitution est un commerce comme un autre et s'il y a quelque chose de moche dans cette histoire, c'est le proxénète. Mais il faut aussi voir que dans le Milieu, il y a des hommes qui ont deux ou trois filles qui travaillent pour eux et qu'ils protègent moyennant un impôt symbolique : ce ne sont pas des proxénètes à proprement parler puisqu'ils ne font pas ça pour l'argent mais bien plutôt parce que cela fait partie de leur prestige.

Enfin bref, suite à la disparition de mon ami... Disons que de ce jour-là, les choses ont changé. Je n'ai eu aucun soutien, à quelques rares exceptions près, de la part de ses soi-disant amis qui se sont avérés n'être en fait que des personnes purement intéressées. Mon ami attirait beaucoup de monde d'abord parce que c'était quelqu'un d'intéressant par sa personnalité, quelqu'un de charismatique et ensuite parce que financièrement bien sûr, l'ampleur de ses affaires l'amenait à faire intervenir d'autres personnes. Tous ces gens qui ont profité de son expérience, de son savoir-faire et de ses relations, qui ont gagné beaucoup d'argent grâce à lui, n'ont exprimé aucune gratitude vis-à-vis de sa mémoire. Ils se sont détournés et m'ont laissée seule face à la mort. En fin de compte, c'est quelqu'un de très inattendu qui m'a tendu la main, quelqu'un qui avait des contacts avec le Milieu de par sa position puisqu'il tenait un restaurant de nuit. C'est ce qu'on appelle un dessalé, un homme qui rend des services, qui fait des commissions mais sans se mouiller. Enfin, je ne m'attendais pas à trouver de l'aide auprès de lui et pourtant c'est le seul qui m'ait épaulé... Mais vous savez cette fameuse image des gens du Milieu soudés dans l'adversité, ce n'est plus aujourd'hui qu'un souvenir. C'est du passé. Il y a bien encore quelques dinosaures mais... Tous ceux qui avaient fait l'âge d'or du Milieu sont morts ou se sont retirés. Et puis la came est venue tout gangrener. Quand la came a commencé à apparaître n'importe qui s'est mis à faire n'importe quoi avec l'héroïne et ça a été fini... Les petits dealers et les toxicos se sont mis à revendre et c'est là que tout a basculé. Je ne vais pas dire bien sûr que le Milieu ne vivait pas aussi de ça mais dans le Milieu c'est de grosses transactions et surtout de la transaction propre dont il s'agissait, pas de ces deals où la came arrive coupée et recoupée avec n'importe quoi. Je pense qu'à l'époque où le Milieu avait le monopole de ce commerce, il se faisait de manière plus propre que maintenant.

Ceci dit couper les ponts n'a pas été difficile. Je suis partie depuis longtemps et... Je vivais à Nice et je n'ai pas du tout l'intention d'y retourner. Je ne retournerai pas dans les endroits où je risque de tomber inévitablement sur certaines personnes, donc, à partir de là... Abandonner le train de vie que j'avais, bien sûr... J'aime le raffinement, j'aime les belles choses, les bonnes choses mais il faut savoir que je suis aussi et peut-être paradoxalement capable de me passer de beaucoup de choses. De presque tout. En détention par exemple, j'ai fait une grève de la faim[1] pendant un mois. Un mois en me passant de toute nourriture. Un mois sans rien avaler. Je ne sais pas comment expliquer cela mais d'une certaine façon on accumule une telle force en soi qu'on a l'impression de pouvoir faire tomber des montagnes. A l'époque, j'avais entamé cette grève de la faim parce que je refusais mon extradition des Pays-Bas. J'avais peur de la condamnation. En ce qui concerne une évasion les peines sont en général très lourdes et non confusionnables, c'est-à-dire qu'elles s'ajoutent. Donc pour une évasion à main armée, je risquais de prendre une très grosse peine en France alors qu'aux Pays-Bas, il est prévu que toute personne détenue a le *droit* de s'évader et lorsqu'il y a une évasion, ce sont les surveillants de service qui payent les pots cassés. En fait le vol à main armée est un délit donc on extrade mais l'évasion n'en est pas un donc on n'a pas le droit d'extrader pour ça. J'avais essayé tous les moyens légaux et la dernière chose à mettre en jeu, c'était ma vie. Alors j'ai arrêté de manger. Physiquement, c'est difficile à vivre bien sûr. On a des vertiges, des malaises, on est au ralenti, on n'arrive plus à se concentrer, on a des troubles du sommeil... Mais dans ta tête... Ça c'est la force ! On te met le plateau-repas sous le nez et toi, tu n'y touches pas. Au début tu essaies de ne pas le regarder mais après tu peux même aller le contempler, le

1. Sachant que seules les grèves de la faim supérieures à une durée de 7 jours sont signalées à l'administration centrale, 783 grèves de la faim ont été enregistrées en 1995 dont 8 dépassaient les 100 jours, 18 les deux mois, 83 les 30 jours. 312 étaient le fait de prévenus, 479 celui de condamnés. 8 condamnés à la réclusion à perpétuité ont ainsi fait une grève de la faim en 1995. Dans les dernières statistiques communiquées par l'administration pénitentiaire, aucune donnée chiffrée concernant les grèves de la faim n'apparaissait. Au titre « incidents collectifs ou individuels », elles semblaient avoir fait l'objet d'une assimilation et étaient recensées sous l'intitulé « refus d'alimentation ou automutilations » sans autre forme de détail.

reposer et les mépriser en te disant : "Alors c'est avec ça qu'ils pensent pouvoir m'avoir ?" Ma seule inquiétude pendant que je faisais la grève de la faim, c'était de perdre la boule alors je me suis mise à lire de manière compulsive. Je me concentrais sur tout, sur des émissions télévisées, sur... C'est d'ailleurs comme ça que j'ai appris le néerlandais, en prison, grâce aux films français ou anglais sous-titrés dans la langue. En fin de compte, je n'ai pas été jugée en France pour évasion. J'ai eu un non-lieu en vertu du droit européen. Je n'ai été jugée que pour les braquages.

On m'a condamnée à six ans. Certains peuvent considérer que c'est peu au regard de ce que j'ai fait mais c'est six ans de perdus. Un tel gâchis : j'ai 33 ans et depuis l'âge de 26 ans... C'est vraiment du temps gaspillé, un temps sur lequel je ne pourrai pas revenir, des choses et des choses qui sont définitivement manquées, loupées... Sans compter par ailleurs toutes les choses inhérentes à l'incarcération : la promiscuité, se déshabiller devant des gens, aller à la douche quand on le décide pour vous... La prison reste quelque chose que l'on subit. On se trouve dépossédé de sa vie, parfois même de son identité... Pourtant je crois que cela ne dépend que de soi : c'est vrai qu'il ne nous reste pas grand-chose ici mais conserver son intégrité, pour moi, c'est primordial. Il y a beaucoup de gens qui la perdent ne serait-ce que sexuellement : cette sexualité des prisons que l'on pratique à la sauvette, en se touchant vite fait dans les douches, je trouve cela sordide. Je suis une hétéro pure et dure et même ces histoires d'attouchements entre deux rondes dans les parloirs, ça me révulse. Non, je préfère me coucher avec un regret que me lever avec des remords. Surtout dans ce domaine. C'est sacré. Mais garder son identité ou son intégrité, ce n'est pas un problème qui se pose uniquement en prison : à l'extérieur, c'est une chose pour laquelle il est parfois aussi nécessaire de lutter, de se battre. C'est tellement facile de se faire abîmer par les autres, par la vie, par son travail... et ici, tout se trouve exacerbé parce que l'on vit en vase clos. D'un autre côté, on a aussi le temps : on a le temps de prendre du recul, de revenir sur soi, de regarder les autres vivre. Surtout lorsqu'on est enfermé dans quelques mètres carrés avec une personne qu'on ne connaît pratiquement pas vingt-quatre heures sur vingt-quatre ! Je peux vous dire qu'on apprend beaucoup de choses sur la nature humaine... A l'extérieur, la vie fait qu'on n'a pas le temps de s'arrêter sur les gens qu'on croise. On les effleure à peine, tandis qu'ici c'est différent : un jour ou l'autre, le masque tombe. Et cela ne concerne pas uniquement les détenues : on en apprend aussi beaucoup sur les surveillantes. On se rend compte que l'idée préconçue selon laquelle on devient surveillant parce qu'on a un désir viscéral de faire de la répression, c'est totalement ridicule... J'ai croisé des surveillantes qui seraient certainement devenues des amies si je les avais rencontrées à l'extérieur. Les surveillantes sont des femmes avant d'être des "matonnes". Mais cela dépend aussi des prisons : à Fresnes, par exemple, le personnel était quasi exclusivement composé de stagiaires et là-bas, la seule chose que j'ai entendue, c'était le claquement des portes, les barreaux qui se ferment... Elles ne s'arrêtaient pas. Elles ne prenaient pas le temps. Peut-être aussi parce qu'elles avaient peur. Dans les petits quartiers comme ici, en revanche, tout est plus humain. On parle, il y a un véritable échange...

Cela va peut-être vous paraître étrange, mais d'une certaine manière, j'ai le sentiment de bien l'avoir vécue ma prison. Oui, je la vis positif dans ma tête. Il y a des jours où ça ne va pas, mais à aucun moment je ne me laisse abattre : il faut que ça aille. Il y a des gens dehors qui sont certainement plus malheureux que moi. Et puis je suis patiente. D'une patience à toutes épreuves. C'est certainement mon côté oriental. Attention, c'est une patience qui n'a rien à voir avec de la résignation, c'est de la détermination. Et puis parfois, quand je jette un regard en arrière je me dis que tout ça devait faire partie de ma vie et que maintenant je vais passer à autre chose. D'une certaine manière, je crois que je savais qu'un jour ou l'autre je connaîtrais la prison. Une intuition. Il y a des choses dans la vie que l'on sait confusément. Je pense que les gens portent en eux ce qui leur arrivera. Mon côté mystique peut-être ! Alors si j'ai des regrets par rapport aux choses qui se sont passées sans moi à l'extérieur, je n'en ai pas quant à mes actes, ou à ce que j'ai vécu. J'ai décidé, j'ai fait, j'ai payé, j'ai expié. Il n'y a pas de regret à avoir. Vous savez, ce n'est pas difficile de vivre avec quelque chose qu'on assume. Le contraire est beaucoup plus délicat. Et puis moi je ne regarde pas en arrière. Je n'ai plus le temps de me retourner. Je veux changer de vie. »

Et comme je demande à Kiki quels sont ses projets à la sortie :

« Rencontrer quelqu'un. Un homme, bien sûr parce que j'ai besoin de passion pour vivre, je suis ce qu'on appelle une grande amoureuse. Même si j'ai choisi de vivre seule à certaines périodes de ma vie et que je tiens par-dessus tout à mon indépendance, j'ai du mal à imaginer ma vie sans homme. Vivre une histoire d'amour entière, partir, voyager, c'est primordial pour moi. En revanche, je n'ai pas de désir d'enfant. A vrai dire, je n'en ai jamais eu : avant c'était parce qu'au vu de mes activités j'avais toutes les chances de me retrouver un jour en prison et que je ne pouvais pas imaginer laisser derrière moi un enfant. Aujourd'hui c'est parce que j'ai 33 ans et que je ne sais pas encore quand je sortirai. De toutes les façons, je crois qu'à la sortie j'aurai envie de vivre pour moi, vivre de grandes choses avec un homme qui ne sera là que pour moi. Un enfant c'est beaucoup de contraintes et bien que j'aime les enfants, je n'ai pas ce désir-là, d'enfanter. Je ne pense pas reprendre mon activité d'infirmière non plus. Un couloir d'hôpital ça ressemble trop à un couloir de prison. Mais je peux faire des tas de choses. Je suis une battante et ça ne m'inquiète pas. Je sais que je trouverai quelque chose à faire. J'en suis sûre. »

CINQUIÈME PARTIE

Paradis artificiels
ou
l'enfer d'une certaine égalité

SERINGUES UNISEXES

Dans les murs de la maison d'arrêt pour femmes de Fleury-Mérogis, le premier motif d'entrée, à défaut d'être une infraction particulière, était à l'époque de la présente enquête un état : qu'il s'agisse de vols, d'agressions ou encore d'infraction à la législation des étrangers, c'est en premier lieu « pour cause de toxicomanie » que l'on semblait faire naufrage ici. Dans ce sens, il va sans dire que les statistiques produites par l'administration pénitentiaire au 1er janvier 1997, qui ne faisaient état que de 250 femmes effectivement incarcérées et condamnées en France à titre principal pour infraction à la législation sur les stupéfiants (ILS) ou celles de janvier 2001 recensant seulement 139 femmes incarcérées et condamnées pour trafic de stupéfiants rendent mal compte d'une réalité toute multiforme où les stupéfiants, précisément, sévissent en empruntant d'autres chemins délictueux[1].

Ainsi, parmi les toxicomanes recensés en milieu fermé, certaines estimations suggèrent que, si 40 % d'entre eux avaient commis un délit en rapport avec les stupéfiants, 50 % étaient sous écrou pour d'autres motifs que l'usage, la revente ou le trafic de drogues.

1. Pour mémoire et selon les statistiques du ministère de l'Intérieur, elles étaient, en 2000, 8 288 femmes à avoir été mises en cause pour ILS, qu'il s'agisse de trafic (revente sans usage), d'usage-revente, de consommation ou d'autres infractions à la législation sur les stupéfiants.

Des affaires ayant trait aux stupéfiants qui, au regard des dernières statistiques de police faisant état de 104 146 personnes mises en cause pour ILS en 2000, accusent depuis 1996 — 79 271 mises en cause pour ce motif cette année-là — une sensible augmentation même s'il en va différemment des condamnations effectives[1].

Dans le quartier des primaires de la MAF de Fleury — entendez des femmes incarcérées pour la première fois —, certaines sources établissent à 30 % le nombre de toxicomanes. Chez les récidivistes — pour la plupart multirécidivistes ainsi qu'en témoigne le cas de telle détenue de Fleury qui cumule quelque soixante incarcérations successives —, les proportions peuvent s'élever jusqu'à 80 %. A la tête de l'établissement depuis quatre ans après avoir été en poste dans les quartiers d'hommes, Thierry Landais, directeur de la MAF à l'époque de la présente enquête, ne pouvait que constater : « Chez nous les populations toxicomanes constituent des populations très vulnérables et, s'il me fallait effectuer une comparaison entre les hommes et les femmes toxicomanes, je dirais que ces dernières me semblent souvent arriver à Fleury au terme de parcours beaucoup plus difficiles que ceux empruntés par les hommes. Des parcours dont l'inceste, le viol et les mauvais traitements en général ne sont pas exempts. Il convient de noter par ailleurs que la prison constitue, de fait, le lieu d'une prise de conscience très douloureuse pour les femmes toxicomanes, d'abord parce qu'il s'agit pour

1. En 1999, une étude publiée par l'administration pénitentiaire laissait apparaître qu'au 1er janvier 1997, un cinquième des condamnations était lié à titre principal aux ILS. Ce type d'infractions représentant le deuxième motif de condamnation après le vol simple et/ou qualifié et avant le viol ou autres agressions sexuelles. Selon les chiffres de l'année 2000 néanmoins, il apparaissait que le nombre de personnes effectivement condamnées pour ILS n'avait cessé de diminuer depuis 1994, le viol et les agressions sexuelles constituant en 2000 la première cause d'incarcération des condamnés avant les ILS et le vol simple et/ou qualifié.

elles d'un lieu de désintoxication obligée et ensuite, en ce qui concerne celles qui ont des enfants, parce qu'elles prennent parfois ici la mesure de leurs manquements au rôle de mère », *et d'ajouter :* « D'une manière générale, à l'intérieur des murs, les femmes toxicomanes reportent souvent leurs conduites addictives sur des surconsommations médicamenteuses qui ne sont bien évidemment pas sans nous poser problème et ce, notamment à cause des rapports de force et des luttes d'influence que ce phénomène génère entre détenues à l'occasion de trafics et d'échanges de médicaments. »

Et c'est bien de cela dont il s'agit : les médecins qui travaillent en milieu carcéral en général, et ceux officiant au sein des antennes de soins spécialisés, en particulier, savent quels sont les corollaires de la toxicomanie en milieu fermé. Si différents rapports nationaux sur la question ont laissé apparaître qu'en moyenne 32 % des détenus dépendaient de drogues à leur entrée en prison — au premier titre desquelles le cannabis (25,6 %) suivi de l'héroïne (14,4 %) et de polytoxicomanies[1] *—, ils auront également montré qu'au cours de leur incarcération les reports s'effectuaient massivement sur les médicaments psychotropes, débouchant pareillement sur des conduites addictives. A titre d'exemple, il ressortait d'une enquête*

1. Selon le dernier rapport d'activité de l'administration pénitentiaire, les populations carcérales sont particulièrement touchées par les conduites addictives, qu'il s'agisse de dépendance aux stupéfiants comme au tabac, à l'alcool ou aux médicaments. Une enquête publiée par la Drees en 1999 pointe que, si les femmes déclarent une moindre dépendance à une drogue à leur entrée en détention, la proportion d'entrants polytoxicomanes (utilisateurs d'au moins deux substances hors alcool associé) est voisine pour les deux sexes (14,3 % chez les femmes et 14,7 % chez les hommes). La drogue touche 3 fois plus d'hommes arrivant en prison et 2,7 fois plus de femmes que d'hommes dans la population générale. Or il faut savoir que dans la population générale, la proportion de femmes toxicomanes est deux fois plus faible que celle des hommes. Cette situation serait en partie liée à la surreprésentation des femmes incarcérées pour ILS.

ponctuelle menée dans le quartier des femmes de la maison d'arrêt de Lyon que près d'une détenue sur deux était sous traitement psychotrope.

Un état de fait qui, avec les nouvelles modalités de distribution des traitements thérapeutiques, conduit à de fréquents dérapages. Ainsi, depuis que les traditionnelles fioles — préparations « prêtes à boire » absorbées sous le contrôle des surveillantes — ont été remplacées, dans un souci de responsabilisation des détenus, par les classiques comprimés, l'administration est confrontée à des problèmes de racket et de stockage des médicaments. Des stockages qui, s'ils ne conduisent que rarement chez les hommes à ce que l'on appelle le « mésusage », débouchent beaucoup plus fréquemment chez les femmes sur des intoxications médicamenteuses : à la MAF de Fleury, dans les années 95/97, on dénombrait chaque mois cinq à six extractions pour cause d'intoxication. Un constat tempéré par Valérie Stempfer, actuelle directrice de la MAF, qui note une amélioration de la situation, due notamment à l'adaptation des prescripteurs à la nouvelle donne thérapeutique.

Mais là n'est peut-être pas le problème majeur auquel doivent faire face les médecins des antennes carcérales : parmi les toxicomanes usagers de drogues par voie intraveineuse passant par leurs services, rien moins que 9,8 % déclaraient une séropositivité au test HIV et l'on estime d'une manière générale que le taux de prévalence du VIH est, en détention, trois à quatre fois supérieur en à celui constaté dans la population générale. Si, depuis le début des années 90, le nombre de détenus infestés par le VIH en milieu fermé semble avoir diminué de manière sensible[1]*, il en va fort différemment du nombre de détenus infectés par le VHC :*

1. Le taux de détenus infestés par le VIH et connus des services médicaux est passé de 5,7 % en 1990 à 1,56 % en 1998, une baisse sans doute due au renforcement des campagnes de prévention à l'extérieur et à la régression du nombre de contaminations, notamment parmi les toxicomanes.

6 % de la population en détention (contre 1 % dans la population générale) et près de 32 % des usagers de drogues par voie intraveineuse. Des chiffres qui demeurent indicatifs puisque le dépistage n'étant pas obligatoire, ils ne recouvrent que les patients connus des services médicaux. La moitié des personnes détenues n'a jamais fait l'objet d'un test de dépistage du VIH et que le dépistage est encore moins fréquent s'agissant du VHC[1].

SOPHIA EN SURSIS

JEUDI 12 DÉCEMBRE 1996 — 15 H

« On était dans ce bar et la dame, elle laisse son sac à la vue de tout le monde. Qu'est-ce qu'il a fait le mec qui était avec moi ? Il l'a pris quoi ! Il s'est cassé et moi j'ai suivi. Lui s'est fait attraper, il m'a balancée et voilà. Comme j'étais sous contrôle... J'avais déjà été condamnée mais j'étais libérée, j'étais sous contrôle judiciaire quoi, et ça fait que je suis tombée direct. Ça, c'était en novembre et ils m'ont attrapée et foutue en taule en décembre. En fait, je suis restée qu'un mois dehors... Et ouais puisque

1. En août 2001, le Rapport Mission Santé Justice sur la réduction des risques de transmission du VIH et des hépatites virales en milieu carcéral faisait état des chiffres suivants : au 1er juin 1998, 866 détenus étaient atteints du VIH parmi lesquels 165 au stade du sida. En se basant sur les taux de séropositivité déclarée, ce même rapport note par ailleurs que les femmes seraient sensiblement plus touchées que les hommes — 3,1 % de femmes contre 1,6 % d'hommes s'agissant du VIH et 6 % de femmes contre 4,3 % d'hommes s'agissant du VHC — et que les établissements pénitentiaires français seraient en outre très inégalement touchés par ces maladies infectieuses, les deux seules régions Paca et Ile-de-France regroupant en 1998 57 % des patients infectés par le VIH et connus des services médicaux alors qu'elles ne rassemblaient que 31 % des personnes incarcérées.

déjà en août j'étais rentrée pour cambriolage. Attends voir... Ils m'ont libérée fin octobre et moi je suis re-rentrée le 6 décembre, donc tu vois... Ce cambriolage, c'était un pote avec qui j'étais en virée, un tox aussi. Il est rentré dans un appart, comme ça au pif, il a chouravé trois sacs et il s'est cassé. Moi sur le coup, j'ai rien compris et je suis restée. J'ai vraiment rien compris et donc j'ai attendu, quoi. Les condés sont venus et ils m'ont pécho comme ça, à l'arrêt de bus. Bon, ça fait quelque temps que je fais que ça. Rentrer, sortir.

La première fois, c'était en 93. J'allais dans les magasins pour voler des fringues, pour les revendre. Pour me payer ma dose, quoi. Je suis tombée pour un vol à l'étalage. Deux bodies. 400 balles le body, y en avait pour 800 ou 1 000 balles... Mais les mecs me connaissaient. J'ai pris quatre mois. Le mec du magasin a dit que je l'avais griffé et il s'est fait faire des ITT, des incapacités temporaires de travail. N'importe quoi. Quatre mois fermes. J'ai fait trois mois et demi. En taule on m'a donné des fioles. Ici, ils donnent toujours des fioles pour qu'on stocke pas les cachetons parce qu'il y a des filles qui se font des OD comme ça. Enfin des OD, elles essaient de se faire un vrai trip et elles se foutent en l'air. Ça fait qu'avec les fioles, quand je suis ressortie, je suis retombée dans la came direct. J'ai recommencé à voler et tout. Toute seule. Toujours toute seule. J'ai pas de copains, j'ai pas de copines. J'aime pas en avoir. Je préfère être seule. Les potes dans la came, à chaque fois que tu les croises, t'es sûre que ça va t'attirer que des emmerdes. La preuve... D'ailleurs, en 94 c'est encore à cause de potes que je suis tombée. Pour une bagarre à la con. On faisait la fête dans un bar en ville : j'étais un peu bourrée et pas mal défoncée et je voulais rentrer. Je rencontre deux mecs de la cité qui me disent qu'ils vont rentrer avec moi mais moi je voulais pas rentrer à pied. Je voulais trouver quelqu'un pour me raccompagner en caisse. Je demande à un type qui passe en voiture et il accepte de me ramener alors j'ai dit à mes potes de venir bien sûr. Le type nous ramène et qu'est-ce qu'ils ont fait ces cons une fois arrivés à la cité ? Ils lui ont arraché ses clefs de contact et ils ont commencé à le bomber, à le fracasser. Ils lui ont volé les bottes, le blouson, de la thune... C'était vraiment pas cool. J'ai fait deux mois ou trois pour ça, le temps que les condés attrapent les deux autres. Je suis tombée en premier parce que le mec qu'ils avaient tabassé est allé porter plainte et comme j'étais fichée, il m'a d'abord reconnue sur les photos. Bon je suis tombée comme ça pour des vols, j'ai fait de la garde à vue pour d'autres trucs, enfin... Des conneries ! Toutes mes emmerdes, elles ont commencé quand j'ai commencé à toucher à la came. C'était en 89-90 à peu près puisque j'ai eu ma fille un an après, en 91. J'avais 24 ans. Avant j'avais jamais eu de problèmes. Jamais. Bon ça a été la descente classique hein : je fume un joint, j'en fume deux, on fait des soirées entre copains et copines, il se présente ça, on te dit : "Vas-y, fais-toi une petite ligne, c'est bon" et voilà... J'ai sniffé pendant un an environ et après j'ai shooté. Avec le père de ma fille on est restés six ans ensemble. On s'est rencontrés clean et on est devenus tox ensemble. Il voulait pas que j'y touche mais je l'ai trop fait chier. Lui, il s'est mis à vendre mais moi j'ai jamais dealé. Les sacs à l'arraché, attaquer les vieilles, les cambriolages tout ça, j'ai jamais fait. Tout ce que je faisais moi, c'est que je volais des fringues et que je les revendais. Pour les tapins par exemple : je volais des dessous, des trucs comme ça et j'allais les revendre aux filles qui faisaient le trottoir... Ouais. C'est même le jour où j'ai compris que j'allais tomber là-dedans, dans le tapin, que j'ai dit stop la came.

J'ai décidé d'arrêter, c'était un dimanche. J'avais pas de came, pas de thune, c'était vraiment la zone, la galère, les dealers voulaient pas m'avancer... Une pote à moi est venue me dire qu'elle connaissait un endroit où on pouvait gagner de la thune, en faisant deux-trois passes. C'est là que j'ai dit non. Ça a fait tilt dans ma tête et ça m'a fait vachement réfléchir. Toutes les tox font ça, le tapin, pour s'en sortir. Un jour ou l'autre. Mais quand tu shootes et que t'es accro, putain, il te faut environ 2 000 balles par jour ! Au moins. A 200 balles la passe, t'imagines... Mais si t'embrayes là-dedans, c'est la descente : tu fais des passes pour avoir ta dose et t'as encore plus besoin de ta dose parce que t'en peux plus de faire des passes. Tu t'en sors plus. C'est ça qui m'a filé le déclic parce que bien sûr avant, ma famille m'avait dit d'arrêter mais...

Ma sœur, ma mère, ma famille, tous ils en avaient marre, ils étaient dégoûtés. Ouais, ils en avaient ras-le-bol. Ils n'arrêtaient pas de me dire : “Faut que tu t'arrêtes, faut que tu t'arrêtes” mais moi c'était pas la peine de me le dire. C'était pas la peine de me prendre la tête avec ça parce que quand on me dit un truc, moi je fais le contraire, c'est simple. Je leur ai dit que le jour où moi je le déciderai, ce sera du concret et ce sera terminé. Et voilà, un matin ça a fait tilt.

Là, depuis le mois de mars, j'ai complètement décroché. Je suis sous Subitex. Mais je veux, j'ai la volonté. Ma fille, elle va avoir six ans et j'ai envie de la retrouver. Parce que quand je me suis vue trop partir, je suis allée voir ma sœur et je lui ai dit que j'y arrivais plus. Je lui ai demandé de prendre ma fille et de la garder. Ma gamine, elle avait un an et demi, deux ans. J'étais seule puisque j'avais quitté mon copain et vraiment, j'y arrivais plus. J'ai préféré que ça se passe comme ça pour la petite. C'était mieux pour elle. Mais j'allais la voir tout le temps... Aujourd'hui, je lui ai pas dit que j'étais en prison, je lui ai simplement dit : “Maman a fait une bêtise et elle est punie.” Autrement, je lui dis que je travaille. Je lui dirai la vérité, hein, mais pas encore, plus tard. Quand je serai avec elle, je lui dirai toute la vérité pour pas qu'elle fasse les conneries que j'ai faites.

Aujourd'hui, elle est bien, vraiment bien : elle fait de la danse, c'est une belle gamine, elle est très éveillée, elle travaille bien à l'école, elle manque de rien. J'ai des photos, je te les ferai voir... C'était bien comme ça. Mieux quoi... Sauf que ce que j'ai pas apprécié, c'est que ma sœur s'est tellement laissé monter la tête par son mari qu'elle est allée voir le juge et qu'elle m'a mise au juge des enfants... Ouais. Ça va faire deux ans environ et j'arrive pas à comprendre pourquoi elle a fait ça. Enfin si : elle la veut parce qu'elle arrive pas à avoir de gosse, alors elle veut la garder, quoi. Ma fille. Mais bon tu sais, ma sœur elle a toujours été là. Elle m'envoie des mandats, elle m'écrit. C'est elle qui m'a amenée voir un médecin, c'est ma sœur. On a discuté ensemble, un toubib très très cool et grâce à lui, grâce à moi, on y est arrivés. Il m'a mise sous traitement et j'ai décroché direct. J'ai pas eu de manque de came, pas de mal de reins ou de jambes rien du tout. J'ai décroché.

Ma sœur, c'est l'aînée. Là, elle travaille dans un centre pour handicapés. J'ai aussi deux frères : mon petit frère il travaillait dans un bar mais maintenant il est au chômdu, l'autre, il est en Nouvelle-Calédonie et on a plus eu de ses nouvelles depuis quatre ou cinq mois. Eux, ils n'ont jamais eu de problèmes avec la justice. Jamais. Personne dans ma famille. Il y a toujours un tordu dans les familles tu sais et là, c'est moi. »

Sophia égrène d'une voix rauque les événements de sa vie, le regard dans le vague, comme s'il s'agissait de la vie de quelqu'un d'autre, avec cet air de tristesse infinie et une note de résignation dans le ton. Grande jeune femme brune aux yeux cernés, courbée sur sa chaise, elle affiche un air las et ses mouvements sont au ralenti : « Je ne sais pas ce qu'ils foutent dans les fioles mais ça me bombarde. Tu crois qu'ils forcent les doses ou quoi ? » *Elle m'interroge sans véritablement attendre de réponse de ma part. Elle est venue me voir à tout hasard, aiguillée par une certaine curiosité et tellement étonnée que je désire la rencontrer. Pourquoi moi ? Cette question muette flottera durant tout l'entretien. Elle connaît tant et tant de filles ici, occasionnelles sur les trottoirs de la ville et régulières dans les planques des cités, tant et tant de filles que la came a englouties. Pourquoi elle ? Après tout, elle s'en est sortie... Ou presque.*

« Mais tu sais, avec mon copain au départ, tout allait bien. On avait notre appart, il bossait — et c'était un vrai bosseur — il était clariste à l'époque et moi je faisais un TUC. Il n'y avait pas de came au milieu, c'était impeccable. Pendant trois ou quatre ans ça a été comme ça, super quoi. La came ça nous a foutus en l'air. Ça a tout foutu en l'air parce qu'on était super-bien avant. On avait tout : l'appart, le boulot, la voiture, tout et lui c'était un mec adorable, mais voilà...

Moi à 16 ans j'avais arrêté l'école, je l'avais rencontré, on avait fréquenté un peu quelques mois et puis on s'était mis ensemble... Mais c'était même pas une école... Je veux dire : t'arrivais, tu foutais les pieds sur la table et tu fumais ta clope. C'est l'école de la cité, si tu vois. Je me suis cassée, j'en avais ras-le-bol. Moi je voulais faire animatrice d'enfants et d'ailleurs je l'ai fait mais il faut encore que je passe le BAFA et tout ça. Je veux trouver du taf là-dedans. Bref, c'est après qu'on a eu des problèmes. Il faisait venir trop de monde à la maison, j'en ai eu marre, je voulais me barrer. Il faisait trop la teuf : le teush et tout, les voisins qui gueulaient. On a quand même changé d'appart. On avait rencontré un couple de copains qui étaient dans la came et c'est là qu'on a commencé vraiment.

Moi, à cette époque-là, je suis tombée enceinte. Je voulais pas garder le bébé à cause de la came. Je voulais vraiment pas. Je flippais : à l'époque je carburais comme une folle. Je shootais comme une malade. Il me fallait cinq grammes par jour. J'étais tox à mort et j'en voulais pas de la gamine mais son père voulait pas que je l'enlève. Je suis allée pour me faire avorter et lui, il m'a sortie de l'hôpital... Je l'ai gardée... Pourtant j'ai tout fait pour la faire tomber, je me défonçais encore plus, je... j'en voulais pas moi. Aujourd'hui — je touche du bois — elle a rien. Je te jure : rien. Rien. Elle est juste née prématurée à 8 mois. 2,250 kg. J'ai flippé vraiment... Enfin, après, je suis restée avec mon copain encore un peu, par rapport à la gamine. Je voulais pas que ma fille ne voie pas son père. Je suis restée, restée, restée mais j'en pouvais plus. Je l'ai quitté et comme c'était lui qui avait la thune et la came, j'ai dû me démerder pour trouver ma dose. Alors j'ai galéré un maximum. Je peux te dire que j'en ai fait des vertes et des pas mûres... J'ai volé, j'ai arnaqué les mecs... Je sais pas moi : j'allais voir les dealers, je leur prenais cinq ou dix grammes et je leur disais : "J'ai pas de sous, je te paierai plus tard" et voilà. Je payais pas. Ça marchait comme ça... Parce que *eux,* ils sont bien contents quand tu leur amènes des 100 000 ou des 200 000 balles par jour mais le jour où tu es malade comme un chien, quand tu leur demandes un truc pour t'enlever le queman, ils te donnent rien. Ils lâchent pas ça ! Il y a de quoi avoir la haine.

... Non c'est vrai, il n'y a que ma famille qui m'a aidée. Enfin ma sœur et ma mère surtout. Ma mère est italienne et moi je suis d'origine algérienne-italienne puisque mon père est algérien. Mon père avant, il avait un bar mais aujourd'hui il fait plus rien. Mes parents sont séparés maintenant. Ma mère non plus fait plus rien : elle est hémiplégique depuis 86. On mangeait à table et tout d'un coup elle est tombée. Elle a fait un truc... Comment on appelle ça... Un truc cervical qui a éclaté, quoi. Je sais plus, quelque chose de cérébral... Enfin elle a tout le côté droit paralysé. Comme elle est malade, elle peut pas venir me voir ici. Elle peut même pas écrire. Ma sœur vient pas non plus me voir aux parloirs. C'était pas possible à cause de son mari, de son boulot, de ma fille... Mon père non plus et de toutes les façons je ne le vois presque plus. Je crois que ma mère l'aime toujours. Je crois, ouais. Mais ma mère, je lui en ai fait baver pendant tout ce temps à cause de la prison et surtout de la came. J'ai fait deux overdoses chez moi. Elle m'a retrouvée avec la pompe dans le bras et tout... C'est ma sœur qui a enlevé la pompe et qui m'a réanimée. Mais à partir du moment où on m'a mise sous Subitex, tu sais, j'étais chez elle et ça se passait super-bien. Je touchais le RMI et elle sa pension et on partageait tout. C'était cool.

On s'entend bien ma mère et moi : je l'adore et elle m'adore... Je regretterai trop toute ma vie de l'avoir fait souffrir comme ça. Ça a pas été facile pour elle, ni avec mon père d'ailleurs. Il la battait. C'était un alcoolique quand il avait le bar. Des matins il arrivait à 5 h, il attrapait ma mère par les cheveux et il la traînait dans le couloir. Mauvais quoi. Et moi pour pas qu'il la frappe, je me mettais au milieu. Je préférais qu'il me fracasse moi. Il m'a tabassée quand j'étais gamine... Mais il frappait que moi. Il touchait pas aux autres enfants. J'sais pas. J'ai jamais porté son nom. Il m'a reconnue en 87 ou en 88 mais j'ai jamais porté son nom. Je ne sais pas pourquoi. J'en sais rien... »

Le ton de Sophia reste égal mais ses yeux se sont embués et les larmes coulent le long de ses joues en silence. Je lui propose d'interrompre notre entretien et de le reprendre plus tard mais elle me fait signe de la main que non :

« Ça va. Ça va aller. Ça fait du bien d'en parler. Avant j'en parlais pas tu vois, jamais, mais depuis que je vois ce psy... Ça fait pas longtemps mais je peux en parler, quoi.

Avant je m'appelais Sophia L. L., c'était le nom du premier mari de ma mère et j'ai gardé ce nom jusqu'à la majorité. Quand j'ai été majeure, j'ai pris le nom de ma mère. Je lui ai toujours demandé de m'expliquer ce qu'il s'était passé, comment ça se faisait que moi j'ai un nom et que mes frères et sœurs aient un autre nom... Ils ont tous le nom de mon père sauf moi. Elle, elle me raconte toujours que... Enfin des trucs qui tiennent pas la route comme quoi le jour où je suis née, mon père était pas là et que la sage-femme a mis le nom de ma mère ou des choses comme ça... Mais bon, c'est vrai que je ressemble à ma sœur, que je ressemble à mes frères... Même avec mon père, il y a une ressemblance mais pourquoi j'ai jamais porté son nom ou pourquoi il m'a pas reconnue au début, ça... Ma mère de son premier mariage, elle a eu quatre petits je crois. Enfin, je les connais pas. Quand ma mère s'est mise avec mon père, elle a tout abandonné et ses enfants, elle ne les a jamais revus. Moi je pense qu'elle a quelque chose en elle qu'elle ne veut pas me dire. Un problème. Je me doute de ça. Elle a peut-être peur que je sache quelque chose ou... Mais je m'en fous moi, qu'elle me dise au moins... Ça, ça m'a fait chier. Enfin j'ai pas eu une enfance terrible quoi. Moi c'est sûr, c'est mon enfance qui m'a foutue en l'air. Je crois que... Mais je peux pas dire, hein, personne m'a mis le couteau sur la gorge pour que je me came. J'avais une ligne devant moi et je l'ai faite. Personne m'a vraiment poussée à shooter, c'est moi qui me suis foutue dedans... Toute seule.

A part les bons moments au début avec le père de ma fille, ma vie, c'est du gâchis... Mais je vais remonter la pente. Maintenant il va me falloir décrocher des médocs : je baisse les doses progressivement. J'étais à huit Subitex par jour, aujourd'hui je suis à six, bientôt on passera à quatre. Après je partirai en postcure. C'est le centre social de désintox qui m'a proposé ça, dans une sorte de ferme pour les ex-toxicos. La nature et tout, ça aide. Ouais. J'ai décroché depuis mars. Depuis mars, je suis clean... C'est vrai que je prends parfois des Rups, des Rohypnols quoi. Bon, je vais pas te dire n'importe quoi... Mais je fais gaffe parce que je veux pas sortir d'un truc pour rentrer dans un autre. Avant on en avait comme on voulait des Rups mais maintenant avec les contrôles, les docteurs ils te les marquent plus comme ça, alors... Le jour du sac à l'arraché par exemple, j'en avais pris. C'est ce pote que j'avais rencontré au centre. Il m'avait invitée à boire un coup et il m'en avait refilé un ou deux. Après il s'est tiré avec le sac...

Pour être complètement honnête, c'est vrai que je

me suis fait une fête au mois de juin mais voilà stop. Je me suis refait un shoot mais ça a été le seul depuis mars. Cette fête j'avais envie de la faire mais je suis claire avec moi : c'était un coup et basta. »

Sophia sirote son café en fumant une énième Marlboro. Son parcours, sa solitude, son désir d'en finir et ses petites victoires sur la came mêlées de faiblesses avouées, elle m'a confié tout cela simplement, sans détour. D'autres l'ont fait et leur histoire ressemblait à s'y méprendre à celle de Sophia, semée des mêmes embûches, aiguillée par cette même volonté si souvent défaillante. Peut-être est-ce aussi la raison pour laquelle, contre l'étonnement même de Sophia, j'ai choisi de retenir son témoignage, précisément parce que de son extrême conformité naissait toute son exemplarité.

« J'avais des projets avec le centre social : ils devaient me trouver un appart et tout, ça devait se faire mais voilà, je suis retombée en taule. J'étais en train de faire toutes mes démarches, elles étaient faites les démarches mais bon... Je vais passer en correctionnelle fin janvier pour une de mes affaires. Pour les autres, je sais pas encore. J'ai pas été jugée pour tout mais je sais que j'ai un an de sursis qui risque de tomber. Je sais pas... Mais ouais je vais remonter la pente. J'ai trop envie. »

INÈS HORS LA SOCIÉTÉ

JEUDI 24 AVRIL 1997 — 22 H 30

« Je l'ai appris en taule. Ouais. A la visite d'entrée. Ils m'ont demandé si j'avais fait le test et moi je ne l'avais pas fait. Ils m'ont proposé de le faire et je me suis dit qu'après tout... Je l'ai fait et c'était bon. Positif. J'veux dire ça m'a pas étonnée tant que ça. Bien sûr ça fait un choc mais quelque part au fond de moi je savais que j'avais toutes les chances de... Oh ! mais on est pas mal de toxicos dans ce cas en taule, hein. Sida, hépatite, MST et j'en passe. Au début t'es en état de choc. T'y crois pas, enfin surtout tu veux pas y croire. Après t'essaies d'oublier et la came ça t'aide au moins à oublier... Moi, là, ça fait bientôt deux ans, hein, un an et demi, presque deux ans et ça va, je veux dire, j'ai aucun problème. C'est sûr je suis pas épaisse mais ça c'est de nature j'ai jamais été bien grosse et même je suis peut-être maigre mais pas maigre du sida, j'ai pas la figure comme ça, quoi. Pour l'instant j'ai aucun problème. C'est-à-dire qu'avec cette saloperie, t'as rien, et puis un beau jour ça se met à déconner et là... Ouais. J'connais pas mal de filles qui sont parties comme ça et ça n'a pas traîné. Du moment où elles ont commencé à avoir des symptômes, Kaposi et compagnie, ça n'a pas traîné. C'est une chance tu vas me dire parce qu'il y en a d'autres... Bref, moi de toutes les façons, je ne me fais pas d'illusions, entre ça et la seringue, j'ai toutes les chances de ne pas faire de vieux os ici et, vu le tableau, qui s'en plaindrait, hein ? Un truc qu'est sûr, c'est qu'il y aura pas beaucoup de monde pour me regretter. Je dis pas ça pour qu'on me plaigne. C'est la réalité, c'est tout. Et en plus je m'en fous parce qu'il y a pas beaucoup de monde que je regretterai non plus. »

Sous les néons de son petit troquet préféré Inès allume sa cigarette avec une grimace et commande une autre pression. Elle a décidé de « faire relâche » pour moi quelques heures ce soir. Inès, c'est son nom de travailleuse, un surnom que les filles du bitume lui ont donné en raison de son étrange ressemblance avec un certain mannequin. Longue silhouette à fleur d'os, yeux aux cernes démesurés, mains nerveuses, Inès tente de trouver sa place sur la banquette de skaï vert d'eau sans jamais y parvenir tout comme elle ne cessera de balancer au cours de notre entretien entre confiance et réticence, me livrant soudainement et d'une manière abrupte autant que passionnée certaines confidences parmi les plus intimes pour se retrancher, la minute d'après, derrière une espèce d'indifférence épaisse quant à sa propre histoire, de sorte qu'il me sera difficile de parvenir à rétablir une véritable continuité dans son itinéraire.

« On est sept en tout dont quatre filles et trois garçons. On vient du côté de Laval, d'un milieu ouvrier donc problèmes d'argent. Y a toujours eu des problèmes d'argent chez moi, tu vois. Bon y a plein d'trucs qui m'ont marquée, comme par exemple quand on était mômes on a jamais eu de goûter quoi, on mangeait direct quand on rentrait de l'école comme ça, ça nous tenait jusqu'au coucher. Ça fait que ma mère économisait le goûter. Les Noëls, les anniversaires, tout ça, j'te raconte même pas, en plus comme on était sept... Enfin c'était pas évident quoi, parce que mon père a chopé un truc aux poumons et qu'il pouvait plus travailler. Il touchait juste une petite pension d'invalidité alors elle, elle faisait bien des ménages, elle gardait des enfants mais ça suffisait pas. En plus mon père bien sûr, il supportait pas d'être comme ça, donc il nous gueulait dessus sans arrêt et ma mère encaissait, genre soumise, qui dit jamais rien, qui élève ses mômes, qui turbine tant qu'elle peut et qui moufte pas. Bonniche, quoi.

Donc moi je suis la petite dernière tu vois et en plus j'étais un peu garçon manqué sur les bords. J'arrêtais pas d'imiter mon père, j'étais en totale admiration, j'voulais faire tout comme lui : je le suivais au bistro, au jardin. Je l'admirais, quoi et malgré tout j'ai plein de super-souvenirs avec lui, il me faisait faire des trucs au jardin, il me donnait des petites responsabilités, arroser, arracher les herbes... J'me rappelle, j'allais lui chercher ses cigarettes parce qu'en plus qu'il avait des problèmes de poumons ça l'empêchait pas de fumer sa goldo bien sûr.

Ouais... il paraît que c'est classique. Le coup de la "préférée". Il en a profité et voilà. Bon le plus dur c'est que d'une certaine façon ma mère laissait faire, tu vois. Lui, il a jamais touché aux autres... Enfin je croyais parce que, après coup, j'ai bien l'impression que Flo, ma sœur, la troisième, elle y est passée aussi. Plusieurs fois mon père a essayé de la choper. Seulement elle, elle veut pas lâcher le morceau. Elle est mariée, elle a des gamins... Je lui en ai parlé mais... Elle dit que je mens, que je me suis imaginé tout ça, enfin elle est pas claire parce que moi, quand il venait me chercher dans mon lit, ou quand il rentrait dans la salle de bains, c'était pas histoire de se raser, j'veux dire. J'l'ai pas rêvé. Chaque fois que je me lavais, chaque fois, automatiquement, il se ramenait parce que dans la chambre bien sûr c'était plus compliqué vu qu'il y avait mes sœurs. En plus c'est ma mère qui nous avait interdit de fermer la porte de la salle de bains à clef sous prétexte que s'il nous arrivait un truc... Moi j'avais quoi, 11 ans, 10 ou 11 ans quand ça a commencé. Ça a duré plus d'un an et un jour, il est rentré à l'hosto et quand il est revenu, j'sais pas pourquoi, du jour au lendemain ça s'est arrêté. C'était terminé. J'ai pas cherché à comprendre. Je sais que j'avais juste peur que ça recommence. Tous les jours, tous les jours j'avais peur que ça recommence.

Il me touchait, il me demandait de le toucher, de l'embrasser là, il disait : "Tu verras c'est là qu'il est le plus doux papa" et moi... Je le faisais, je veux dire c'était mon père et il avait l'autorité... Ça allait jusqu'à la fellation, quoi... Jusqu'à la fellation. Il me demandait de le sucer. Au début je comprenais pas bien... Attention, j'étais consciente qu'il y avait un truc pas normal puisque j'en voulais à ma mère. Je lui en voulais, parce qu'elle était forcément au courant je veux dire, ça se passait à côté, des fois elle était là, elle se posait pas de questions ou quoi ? En plus j'avais honte moi, alors tu vois je sentais bien que c'était pas bien mais à l'époque... Aujourd'hui c'est pas pareil, avec toutes ces affaires qui sortent, Dutroux, etc., les gens sont plus... Disons qu'ils font plus attention et que les mômes peuvent plus parler.

A l'époque c'était différent. Encore que, même aujourd'hui je suis persuadée qu'il y a un tas de trucs qui se passent sans que personne dise rien.

Je les détestais. Je me suis mise à les détester tous les deux et je vais te dire, des deux c'est ma mère que je détestais le plus. Je sais pas, peut-être parce que c'était une femme, qu'elle aurait dû... J'en sais rien. Elle a jamais rien su, enfin, je suis sûre qu'elle savait mais en tout cas moi je lui ai jamais rien dit. Ouais, elle a même fait une dépression et moi je crois que c'est à cause de ça. Elle savait. Jusqu'où, ça, je sais pas, mais elle était au courant. Elle est morte et je lui ai rien dit. Jamais. Peut-être avant qu'elle meure, là, j'ai failli le lui dire, j'allais lui demander pourquoi, pourquoi elle avait pas réagi, pourquoi elle m'avait laissée... Finalement j'ai pensé que ça servirait à rien. J'ai jamais rien dit à personne, ni à mes frères, ni à mes sœurs sauf à celle dont je t'ai parlé mais c'était longtemps après de toute façon. Ça sortait pas. J'avais honte je crois. Non, la première personne à qui je l'ai dit ça a été un jour à un mec, mon mec. J'sais pas pourquoi d'ailleurs...

Mon père c'était un type qui était très porté sur le cul et apparemment ma mère, elle lui suffisait pas parce que je vais te dire, dans le coin où on habitait, il a dû baiser toutes les voisines. Les vieilles, les jeunes, les belles, les moches... Parce qu'en plus c'était un homme... charmant, quoi, je peux pas dire autrement. Il plaisait aux femmes, tu vois. Je me demande comment il a pas quitté ma mère... Il l'a pas quittée parce qu'il était malade et qu'il savait bien que personne s'occuperait de lui comme ma mère elle s'en occupait. C'est uniquement ça. Je veux dire ma mère c'était une vraie bonne pour lui. Mais moi j'ai souhaité sa mort, hein, et quand il est mort, à 47 ans, eh ben j'ai pleuré... Pourtant il était mauvais. Il buvait et il nous tapait. Il buvait parce qu'il supportait pas de devoir rester à la maison mais c'était pas de notre faute, il était pas obligé de nous tabasser. Moins les filles peut-être mais je peux te dire que mes frères, ils en ont pris dans la tronche et à coups de poing. Je sais pas, un jour c'était tout beau, tout gentil et le lendemain il voulait tous nous fracasser. Enfin, tout ça...

Moi je faisais tout pour être le moins possible à la maison. Des fois je prenais un bus et je faisais la ligne complète jusqu'au terminus. J'avais pas de but précis, juste être dehors de la maison. Et puis faut dire qu'on a tous commencé à bosser très tôt, des petits jobs, pour aider, histoire de ramener un peu de thune. Moi, dès l'âge de 10 ans j'ai commencé à aider ma mère avec ses ménages après l'école. On bossait tous plus ou moins, deux de mes frères étaient en apprentissage, j'avais une sœur qui bossait dans un restau, l'autre elle gardait des mômes... On se démerdait, quoi. Bon côté école, c'était pas ça. J'suis allée jusqu'en 5e en redoublant quinze fois et on m'a collée sur une voie de garage. De toutes les façons l'école c'était pas mon truc, c'est pas une histoire de capacités intellectuelles c'est juste que dans ma vie il y avait d'autres priorités. A part le français peut-être. Ça j'ai regretté... Une année, on avait eu un jeune prof bien cool en français et les bouquins moi, ça m'a toujours plu. J'aime bien lire. J'aime bien lire mais maintenant... Quand t'es défoncé... Et puis de là, j'ai commencé à bien fuguer. Je me barrais des fois deux trois jours puis je rentrais. Des fois c'était quinze jours, un mois. A la maison ça chiait mais c'était comme ça et pas autrement. Ma mère pleurait, mon père gueulait, il me menaçait, mais pour moi ça changeait rien. Enfin bref, j'ai rencontré des mecs qui zonaient et qu'avaient pas eu une vie facile non plus, l'enchaînement classique jusqu'à ma première dose, quoi.

Ma première dose, ça m'a fait un putain de flash. De toute ma vie jamais j'avais été aussi... Je sais pas comment t'expliquer mais j'étais bien. Vraiment bien. De toute façon tant qu'on n'en a pas pris on peut pas comprendre. Avant j'avais tout pris, teush, coke, LSD, amphés, médocs, tout mais rien comme ça. Bien sûr j'avais sniffé mais en shoot c'est pas comparable. Rien est comparable à ça. Rien. Et puis faut pas croire, les camés, je veux dire, les vrais, ils savent ce qu'ils font. Ils savent qu'ils vont plonger et quelque part, c'est ce qu'ils veulent, parce qu'au moins là, ils décident comment et quand ils vont plonger. Enfin, au début, quoi. Moi, avant, j'avais encore cette illusion de me dire un jour... Un jour j'arrêterai, un jour je décrocherai et je ferai une vie normale. Un jour mon prince viendra, quoi. Tu parles ! En fait je me disais jamais ça *avant,* je me disais ça uniquement après, je veux dire une fois que je m'étais fait un bon vieux shoot. Les toxicos ils délirent tous sur ça mais seulement *après* leur dose. Mais tout ça c'était avant, les envies de décrocher, d'en finir, croire que toi aussi tu peux te caser, avoir ton p'tit boulot, ton p'tit appart, ton p'tit mari... Attention j'dis pas que c'est facile la came, que tout est rose et que tu planes vingt-quatre heures sur vingt-quatre. La vérité c'est que t'en baves. T'arrêtes pas de flipper pour savoir si t'auras ton shoot, assez de thune pour te payer ta dose et c'est comme ça tous les jours... Tu fais un client, deux clients, trois clients et dès que t'as assez, tu cours acheter du matos. Moi j'ai commencé à faire des passes à 17, 18 ans. Au début c'était juste comme ça, histoire d'avoir un peu de thune pour une dose et une dose ça nous faisait plusieurs fois, mais très vite je suis tombée accro et c'est devenu plus ou moins régulier... Enfin plutôt plus que moins. De toutes les façons avant les prostituées c'étaient quasiment que des professionnelles mais depuis qu'il y a la came, tout a changé : il y a un maximum de toxicos et pas mal de mecs aussi.

Le trottoir j'y suis pas venue toute seule. En fait j'ai commencé à tapiner à cause d'un mec, celui que je t'ai parlé. Il est toxico aussi et au départ c'est pour nous deux que j'ai fait des passes. Ouais, pour nous deux. Ce mec... Enfin pour t'expliquer moi, quand j'ai commencé à fuguer j'ai rencontré un garçon et je suis tombée amoureuse. Lui il était clean. Pas de drogue rien du tout. Bon, c'était quand même pas un saint, je veux dire, les caisses, les autoradios, tout ça, ça le connaissait mais la came, pas touche. On s'est mis ensemble et j'étais pas mal amoureuse. Vraiment, quoi. Mais ça a pas marché. Moi j'y croyais et tout allait bien jusqu'au jour où je suis tombée enceinte et là... Là le mec il a pas encaissé. On était jeunes, ça l'a fait flipper. Moi j'étais gamine, j'avais 16 ans et j'y croyais mais lui, pas question. Il voulait "vivre". Il a voulu que j'avorte. Il a commencé à me parler de l'Angleterre parce que comme j'étais mineure il disait qu'il fallait que j'aille là-bas pour me faire avorter. Enfin bref, il a commencé à tout arranger, à tout préparer dans sa tête pour moi et moi j'ai pas voulu. Je lui ai dit que j'avais décidé de garder le bébé. Il m'a plaquée. De là... Ben de là, je me suis dit que c'était vraiment pas la peine. J'ai rencontré l'autre un jour de virée à Paris et je me suis mise plus ou moins avec lui. Avec lui, c'est là que j'ai commencé la came, vraiment je veux dire, c'était plus un petit joint par-ci, par-là. Entre-temps j'ai fait une fausse couche. A quatre mois. Tu me diras, ça réglait le problème mais ça m'a quand même... Disons que déjà, j'étais pas très bien et tout ça, ça en a rajouté, quoi. J'avais pas besoin.

Ce mec, Marc il s'appelle, il était saisonnier au départ. Cuistot, quoi. Donc il faisait les saisons, c'était l'été et je l'ai suivi. On est partis chez des potes à lui du côté de Nice. Il avait trouvé du taf là-bas dans un petit restau genre snack. On habitait chez eux une espèce de squatt plus ou moins et moi d'abord, j'ai fait un peu de service dans des troquets. Mais ça a pas marché longtemps parce que lui, il devenait de plus en plus accro et donc il était incapable de bosser. Au début, quand on s'est rencontrés, encore, il tenait la route mais après... On est tombés accros à peu près ensemble mais lui il avait un peu d'avance sur moi, tu vois. Enfin bref, est-ce que c'est lui qui s'est tiré ou est-ce que c'est eux qui l'ont viré, j'en sais rien n'empêche que c'est là qu'il m'a branchée sur les passes. C'est venu doucement, au départ c'était juste pour dépanner, quoi. Déjà lui, Nice, Cannes, Saint-Trop, Toulon, ces coins-là, il connaissait puisqu'il était de là-bas et il connaissait bien les cafés, les boîtes, les bars genre bars échangistes... Je sais pas comment t'expliquer mais la première fois que c'est venu, ça avait rien d'extraordinaire. On avait plus un rond, on était à sec et quand il m'a proposé un plan, comme en plus c'était un plan avec lui, ben moi j'y suis allée. Bon c'est sûr, j'y allais pas en chantant quoi, mais vu qu'on était tous les deux et puis même ça faisait pas "prostitution" je veux dire. C'est-à-dire que c'était un trip voyeur, un mec dans une boîte comme ça qui voulait simplement mater pendant que Marc et moi on ferait l'amour. Mater c'est tout. J'étais pas la première parce que Marc avant que je le rencontre il était sur Paris et il vivait avec une prostituée et à mon avis, c'était plutôt elle qu'autre chose qui les faisait vivre parce que c'est pas avec ses petits casses minables que... Alors je sais pas, c'est peut-être cette vie avec cette fille qui lui a donné l'idée...

Bon les premiers clients je les ai faits comme ça, dans ces boîtes à Nice. En fait, les premiers c'est lui qui les branchait pour moi. Ça nous est arrivé d'en faire à deux mais très vite ça a été moi toute seule. Moi, quand je me suis retrouvée avec mes premiers billets de 200 balles dans la main et dans un contexte comme ça, avec le mec qui arrivait tout cuit... C'est vrai que c'était facile surtout que la plupart du temps Marc et moi on avait pris des trucs avant alors, ça passait mieux. C'est-à-dire qu'au début je l'ai fait par facilité et après, quand j'ai été vraiment accro, je l'ai fait parce que je pouvais pas faire autrement, par nécessité, quoi... De toutes les façons quand t'es toxico t'as pas tellement de solutions, faut que tu ramènes de la thune un point c'est tout. Faut que tu te démerdes et comment tu veux te démerder autrement parce que c'est pas cent sacs qu'il te faut, ni deux cents sacs, c'est 2 500, 3 000 par jour minimum et puis la prostitution, à la limite c'est ça qui craint le moins. »

Inès se tait et s'absorbe dans la contemplation de son verre vide. Je lui demande ce qu'est devenu Marc.

« Ma foi... On s'est quittés à Paris. On est remontés à Paris et ça a foiré pour une histoire de fric, pour une histoire de came. Ça aussi c'est classique je connais pas beaucoup de couples de toxicos qui tiennent la route. Dans la came à un moment donné t'as plus d'amis, y en a toujours un pour essayer de baiser l'autre et puis à Paris c'était beaucoup plus dur pour tout, tu vois. Moi j'ai commencé à me faire ramasser par les keufs et puis un jour je suis tombée à cause de la came. La première fois c'était en 91. Là, j'ai fait trois mois, j'ai... Et puis j'en avais marre de bosser pour lui, quoi. J'y arrivais plus et le déclic ça a été un jour où Marc m'avait branchée avec un mec soi-disant bien, un bourge qui devait allonger un maximum de thune. C'était peu de temps après qu'on soit arrivés à Paris et ce mec en fait c'était un vrai malade, un taré, quoi et... Ça s'est très très mal passé pour moi. Très mal. Le mec a allongé la thune mais avant il m'en a fait baver un maximum et moi je suis sûre que Marc savait de quoi ce type était capable, je veux dire ce qu'il m'a fait, j'en ai encore des séquelles, quoi. Enfin bref, de là j'ai compris. Je suis tombée juste après et pendant les trois mois que j'ai passés à Fleury j'ai pas arrêté de cogiter et à la sortie c'était fini. Marc, je lui ai dit d'aller se faire foutre.

En fait, la taule m'aura au moins servi à ça, à me débarrasser de ce mec. Quand je suis tombée, il savait, hein mais il est pas venu me voir une seule fois, il m'a pas écrit une seule lettre, rien, que dalle. Je veux dire, moi je suis rentrée comme ça, sans rien et heureusement qu'une fille qui me connaissait et qui savait que je m'étais fait embarquer m'a aidée sinon, je sais pas comment j'aurais fait. Elle m'a amené des fringues, elle est venue me voir, elle m'a envoyé des mandats, bon c'était des petits mandats mais c'était des mandats quand même et ça m'a aidée à vivre... Sans elle je sais pas comment j'aurais fait... Parce que ma famille... Mes frères, mes sœurs... Avec eux c'est chacun sa merde. C'est beau la famille, non ? Je peux te dire que moi, la famille... Ça veut rien dire, déjà à la base... Non, vraiment, c'est chacun sa merde... Et tu vois c'est bizarre, dans ma vie j'ai fait que me planter sur les gens. D'abord y a eu mon père, ma mère, Axel — c'était mon premier mec —, et après Marc... Et je me suis plantée dans les deux sens parce que cette fille par exemple, elle s'appelait Chantal, eh ben ça faisait pas mal de temps que je la connaissais. Elle, elle faisait le trottoir aussi et on se voyait comme ça, sans plus eh ben je me serais jamais doutée qu'elle était... Je veux dire jamais j'aurais pensé qu'elle ferait tout ça pour moi. Jamais. En plus quel intérêt elle avait ? Aucun. Aucun, elle m'a jamais rien demandé en échange au contraire, quand je suis sortie, comme il était pas question que je retourne avec Marc, elle m'a hébergée. Et je peux te dire que ça a pas dû être facile pour elle parce qu'elle, elle était clean et héberger une toxico, ça a pas dû être le pied tous les jours. Parce que moi quand je suis sortie de Fleury, j'ai remis ça. Ils te racontent qu'en taule ils vont te désintoxiquer mais c'est pas vrai. En taule c'est fiole et compagnie et quand tu ressors t'es tout autant accro. J'ai replongé de suite... Elle avait aucun intérêt et elle l'a fait. Elle l'a fait pour moi. »

La voix d'Inès s'éteint. Deux ou trois grosses larmes roulent, lourdes, sur ses joues et tombent dans sa bière. Deux ou trois. Seulement. Elle se lève sans un mot et va cacher tout au fond des toilettes du bar et sa rage et son chagrin. Chantal est morte il y a de cela presque trois ans maintenant.

« Je peux tout dire, à toi justement qu'es une inconnue et je sais que tu vas en faire quelque chose, j'espère quelque chose de bien parce que, bon, mon histoire c'est pas bien quoi, et puis tout ce qui paraît dans les journaux... Ils disent jamais tout, ils disent toxicomane, droguée, camée, prostituée, elle a pris tant, elle a fait tant, elle s'injecte tant et pour eux on est des déchets de la société mais c'est leur société qui nous a fabriquées et qui nous a baisées. Faut voir les filles ici, je veux dire, t'as pas idée de ce que ça a été leur vie, de ce qu'elles ont morflé. Non, les gens savent pas ou ils veulent pas savoir. Alors moi ça me fait marrer tous leurs discours. Ils étaient où les gens quand mon père me coinçait dans la salle de bains et ils étaient où quand Chantal elle se faisait défoncer la gueule par son mec ? Connerie. Connerie de merde. Faut les voir les filles, à Fleury et ailleurs parce que j'en ai fait des taules moi, et c'est pas fini et j'irai jusqu'au bout, parce que ma vie à moi c'est ça, la came et la taule. Y a de place nulle part pour moi à part dans la came et dans la taule.

Chantal, elle s'est suicidée. Moi j'étais encore à zoner pour ma dose, j'étais obsédée quoi. J'ai rien vu. J'ai rien senti venir. C'est la seule qui ait fait gaffe à moi et je l'ai laissée crever. Je me serais plantée jusqu'au bout, quoi. L'héroïne c'est le seul remède à ma vie. »

Inès ne sera pas au second rendez-vous dont nous étions convenues pour le jeudi suivant. Arrêtée deux jours après notre rencontre, en possession de plusieurs doses d'héroïne, elle avait été incarcérée dans les murs de la maison d'arrêt de N., la ville où elle est venue s'établir peu de temps après le décès de Chantal. Dans l'attente de son jugement, nous continuerons à correspondre mais la censure ne nous autorisera qu'une marge de confidences réduite...

LULU ET LA BLANCHE

MARDI 16 JUILLET 1996 — 18 H

« ... Un matin je suis... Je crois que quelque part au fond de moi je le sentais. Et puis j'étais arrivée à un stade où je ne voulais plus voir personne. Je m'enfermais chez moi, je dormais le jour, je vivais la nuit. Quand j'allais accompagner ma fille à l'école le matin, après je me couchais et je ne me levais que pour aller la chercher à 4 h, faire les courses, lui faire à manger. Je la mettais au lit et là, moi je commençais à vivre... C'était pas vraiment vivre d'ailleurs, c'était plutôt me shooter et puis me laisser complètement... Les gendarmes sont venus me chercher. Je suis partie en garde à vue et... J'avais 22 ans à l'époque. Les gendarmes ont appelé ma mère et ils lui ont dit... Ils lui ont dit que c'était pas pour des conneries de teush, que c'était sérieux. J'ai été incarcérée pendant dix-huit mois. Je n'ai vu ma fille que trois fois en dix-huit mois. Elle avait été confiée à ma mère. Cette fois-là, en prison, ma mère venait pratiquement toutes les semaines mais... Faut dire qu'à cette époque c'était pas trop brillant pour elle non plus. Elle était un peu dans l'alcool donc... Quand je la voyais au parloir, on n'avait pas tellement de très très bons rapports. Elle venait quand même. Elle prenait mon linge le lundi et elle le ramenait le lundi d'après. C'est-à-dire que ma mère était serveuse dans les bars, les restaurants... Je pensais qu'avec les parloirs et tout ça, on renouerait des liens, on deviendrait... proches, quoi.

... Enfin, il faut dire que je... J'ai pas été élevée par ma mère ni par mon père. Je m'appelle S. mais je ne connais pas mon père, je ne l'ai jamais vu, je ne peux pas mettre un visage sur ce nom, je sais pas... J'ai été élevée par mes grands-parents avec mon frère. Mes grands-parents étaient âgés et nous avons été placés dans un pensionnat en Belgique. Moi j'ai tout fait pour me faire virer. Je ne supportais pas. Je suis repartie chez ma grand-mère. Je vivais chez elle jusqu'au jour où j'ai rencontré le père de ma fille. Et bon, quelque part ma mère, je lui en voulais, parce que j'avais besoin d'elle et qu'elle n'était pas là, je... J'ai complètement dérivé. Je me suis accrochée au père d'Elodie, Antoine, mais lui c'était plutôt le style... Sa mère s'est retrouvée seule avec onze enfants, pas de père, bref, c'était autant la galère de son côté que du mien. On s'est rencontrés quand j'avais 14 ans et lui 15 et j'en suis tombée très vite très amoureuse. On a commencé à voler des voitures ensemble parce que lui c'était un délinquant. On fumait des joints ensemble, on prenait des cachets ensemble, enfin on faisait tout ensemble. Je me suis retrouvée enceinte quand j'avais 16 ans. Je voulais garder cet enfant mais ma mère ne voulait pas parce que j'étais mineure. Donc je suis allée me faire avorter à cause de ma mère. J'étais mineure, j'ai quitté le lycée à 15 ans et... Enfin bref. J'aime pas trop me rappeler de ça.

... Je suis restée avec Antoine. Je me suis à nouveau retrouvée enceinte de lui. J'avais 19 ans. Je travaillais à *La Redoute*, je vivais chez ma grand-mère et lui vivait chez sa mère. Je suis allée voir l'assistante sociale qui m'a placée dans un appartement. Dans cet appart, j'étais déclarée seule, mais Antoine est venu vivre avec nous. Au début c'était parfait puis, petit à petit, il a commencé à... à prendre de l'héroïne. Moi au début j'en prenais pas... Et puis un jour j'ai cédé. J'ai commencé à en prendre et plus il en prenait, plus moi j'en prenais aussi... Nos rapports commençaient à se dégrader. C'était la chute... Il a commencé à me frapper... Enfin, il est parti en prison. Pas pour la came mais pour des vols avec violence. Puis il a fait une évasion pendant une permission et il s'est repris deux ans en plus. Moi pendant ce temps, j'ai continué à prendre de la came, et je me suis mise à trafiquer moi-même... J'avais jamais eu de problèmes avec la justice mais quand il est tombé, j'ai dû me démerder. J'étais complètement seule et complètement dedans. Il fallait que j'en trouve quoi !... J'ai rencontré des gens de ce milieu et je partais en Hollande. Deux ou trois fois par semaine pour chercher de la drogue, pour ma consommation personnelle et pour la revendre, pour pouvoir retourner en Hollande à chaque fois, pour avoir de la came pour moi, en revendre et... Ça a duré un mois. Un mois avant qu'ils m'arrêtent, la première fois.

Bon quand je suis sortie au bout de dix-huit mois, je pensais que ma mère et moi, on allait se retrouver, quoi. C'est ce que j'ai cru mais quand j'ai essayé de retourner avec elle... Enfin bref c'était tout le contraire de ce qu'elle m'avait dit aux parloirs, que j'allais récupérer mon appart, vivre avec ma fille comme avant. Tout ça, c'était complètement... faux, quoi. Au bout d'un mois et demi, deux mois elle m'a dit : "Tu prends tes sacs et tu t'en vas." Elle m'a virée de chez moi... Et c'est ce que j'ai fait : j'ai pris mes sacs et je suis partie. Je me suis retrouvée dans la rue, j'ai squatté des apparts vides, j'allais voler dans les magasins pour me nourrir, j'allais arracher des sacs, faire des agressions, n'importe quoi. J'étais retombée... »

Lulu torture son mouchoir. Petit visage triangulaire surmonté d'une ébauche de chignon d'où s'échappent quelques mèches claires barrant un regard sombre. Dans une sage petite robe d'été, Lulu à la trentaine juvénile et aux sourires tantôt timides, tantôt mutins, renvoie l'image d'une jeune femme à l'allure romantique et face à la douceur infinie qui émane de sa personne tout entière, j'ai du mal à l'imaginer en bandit de grand chemin, détroussant les passantes. Interloquée, Christine qui vit avec elle[1] *ne l'est pas moins que moi :*

CHRISTINE — « Des agressions ?

LULU — Des agressions oui, quand j'étais en manque... Que je trouvais pas d'argent pour aller chercher ma dose... Enfin c'était toujours quand j'étais dans cet état...

CHRISTINE — Mais t'agressais qui ? Des vieux, des... ?

LULU — Des bonnes femmes de 30 ou 40 ans. Pour leur sac. A la Poste je voyais celle qui retirait le plus

1. Voir le témoignage de Christine dans le chapitre « Femmes sous influence », page 232.

d'argent. Je la suivais, j'attendais qu'elle soit dans une petite rue et là, boum !

CHRISTINE — Mais... mais tu les frappais ?

LULU — ... Si elle me lâchait son sac tout de suite, il n'y avait pas de coup. Par contre si je voyais qu'elle était tenace, là ouais... Je m'acharnais... »

Devant nos mines ahuries Lulu a un petit rire nerveux :

LULU — « Ah ouais, autant j'peux être calme, autant j'peux être... J'sais pas... J'étais pas armée hein... Quand j'y repense... Je trouve ça tellement moche... En fait à cette époque, je ne supportais pas d'être séparée de ma fille. Je ne supportais pas. Ça m'enfonçait. La petite était restée avec ma mère. A chaque fois que je lui téléphonais pour voir ma fille, elle refusait. Elle disait : "Non, t'es une camée, ta fille peut pas voir sa mère comme ça, c'est moi qui ai la tutelle" et patati et patata... Ça me bouffait, ça me détruisait totalement et je m'enfonçais de plus en plus dans l'héroïne. C'était un cercle vicieux. J'ai fait une tentative de suicide. Je me suis retrouvée à moitié dans le coma dans un hôpital de Lille. Je me suis réveillée, j'ai signé une décharge et je suis repartie chercher de la came...

Enfin, à mesure je rencontrais des dealers dans la rue et j'ai repéré deux nouvelles têtes. Je suis allée les voir et je leur ai demandé où ils se procuraient l'héroïne. Ils m'ont dit qu'ils l'achetaient sur Lille, environ 800 francs le gramme à un patron qui tenait un bar du côté de L., un quartier craignos. Moi, je leur ai dit que j'avais mieux à leur proposer. Je leur ai dit qu'en Hollande j'avais des amis, que le gramme là-bas ils l'auraient à 150 francs. La seule condition c'était qu'ils me donnent ma commission. Ils ont été OK. Donc on a commencé à louer des voitures et tout ça. J'ai pris ces deux types avec moi. Ils n'étaient pas... enfin, pas très clean quoi. C'était des clandestins : pas de papiers, rien, ils vivaient à je sais plus combien dans le même appart, ils savaient tout juste s'exprimer en français. Je les ai emmenés en Hollande et j'ai dit à mes amis hollandais : "Voilà, je vous ai ramené des clients qui vont acheter gros toutes les semaines." Parce que ces deux mecs trafiquaient aussi sur Paris, avec des gars qui vendaient du côté de Nanterre, d'Ivry, dans les petites banlieues. De Paris, ils nous rapportaient encore de l'argent à Lille et nous on partait avec ce fric en Hollande chercher la came... Ça a duré sept ou huit mois cette histoire. Sept ou huit mois... Ça fait que moi, chaque fois que j'allais en Hollande, je touchais ma commission en came. Je touchais dix grammes pour chaque centaine de grammes que les autres achetaient et il y avait des fois où je passais la frontière avec... Enfin il y a des jours où je me retrouvais avec deux cents, trois cents, quatre cents grammes d'héroïne dans la poche... Je vendais, je vendais, je vendais mais plus j'en avais, plus j'en consommais. De toutes les façons la drogue ne me faisait plus d'effet. Je veux dire, je pouvais me faire dix shoots par jour, je sentais plus la came comme je la sentais les premiers temps. Ça me faisait plus le même flash. J'étais vraiment très très mal au point de me lever le matin, de pleurer, puis de me faire un shoot et de dire : "Mon Dieu, faites que ce soit le dernier, que je m'endorme et que je ne me réveille plus du tout"... Pour finir les gars sur Paris se sont fait arrêter. Pourtant les flics ne m'ont pas attrapée tout de suite. En fait j'ai été balancée par trois toxicos que j'avais rencontrés dans le métro. Ils étaient en manque, et je les avais dépannés. Ils se sont fait choper dans un magasin alors qu'ils essayaient de braquer des blousons. Les flics sont venus me chercher tout de suite. Des nanas qui font le gros trafic de came sur Lille, y en a pas des masses. Je savais que j'étais partie pour longtemps...

Ça a été très dur pour moi cette rechute parce qu'au fond de moi, je savais que cette fois, c'était pas dix-huit mois ou deux ans que j'allais prendre... Je m'attendais à gros parce que j'étais carrément en récidive légale. Je savais que... j'ai pas cherché... En fait ils n'ont pas tenu compte de mon degré de toxicomanie, ils ont simplement vu "récidive" : on lui a laissé une chance et elle a recommencé et en plus gros... Voilà ce qu'ils ont vu. Au départ, le procureur avait demandé quatre ans pour moi et six ans pour les deux clandestins. Ils nous ont laissé un mois et demi de délibéré. J'ai trouvé ça louche. Quand je suis repassée, c'était pas le même procureur. Je suis tombée sur une femme et je me suis dit là c'est vraiment foutu... Les femmes sont très très dures, plus vaches que les hommes. J'ai pris six ans et les deux autres, les clandestins, neuf ans. Ça a été très dur, très dur. Quand ils ont dit six ans, j'ai pensé qu'à une chose, c'était... m'évader. Ah ouais ! m'évader ou le suicide ! Et puis je me suis dit que je n'avais pas le droit vis-à-vis de ma fille. C'est pour elle que j'ai tenu. Elodie, je m'y suis accrochée.

Mais les femmes juges c'est redoutable pour des femmes. Moi, j'ai pas eu de bol à ce niveau. Les deux fois : une femme ! Alors primo, j'étais arrêtée pour trafic de stups donc je vendais la mort mais en plus ma première juge avait eu sa fille morte d'une overdose et l'autre, c'était son neveu. Elles en ont fait une affaire personnelle... Heureusement, après, suite à une mutation, j'ai eu un autre juge. Heureusement parce que la première, elle m'avait placée carrément à la tête du réseau puisque c'est moi qui avais mis ces mecs en contact avec la Hollande et qui faisais les deals. Là j'aurais pris... J'étais considérée comme la plus coupable parce que j'étais la plus intelligente. Moi je savais ce que je faisais, j'étais consciente des faits qui m'étaient reprochés, je n'avais aucun regret et ils pensaient que j'avais été assez manipulatrice pour embobiner les mecs...

Bref, la première fois que je suis rentrée en prison, j'étais complètement fiolée tout le temps donc j'ai pas vraiment réalisé, mais la deuxième fois ça a été très dur. Plus on va en prison et plus on a du mal à gérer tout ça. C'est comme ça qu'il y a parfois des nanas qui se foutent en l'air... On peut y aller deux, trois fois, dix fois : on s'habitue pas. Ça fait trop mal. J'ai perdu mon meilleur ami comme ça. Il était avec moi dans la première affaire et lui c'était la huitième fois qu'il partait en prison. Pourtant cette fois-là, il ne s'était pas pris beaucoup... Il a plus supporté. Il s'est ouvert les veines un dimanche après-midi dans sa cellule alors que ses cocellulaires étaient en promenade... Ouais, plus on replonge, plus c'est difficile. Lors de ma deuxième incarcération, au départ j'ai recommencé à prendre des fioles. A cause du manque, c'était horrible. Je suis rentrée en garde à vue, j'étais en manque. Ils m'ont conduite au parquet et le proc dès qu'il m'a vue il a dit : "Oh ! encore celle-là" et hop, mandat de dépôt. Ils n'ont pas cherché à comprendre. Je suis arrivée à la maison d'arrêt, il était 20 h environ. J'ai demandé à avoir des cachets parce que je sentais vraiment que j'allais être très très mal et on m'a dit : "Vous attendrez demain. Demain matin vous verrez le médecin qui vous prescrira des cachets pour votre état de manque." J'ai passé une nuit horrible. Une nuit de manque horrible... Je vomissais, je ne pouvais plus me lever, je me vidais, j'avais mal dans le ventre, mal dans les reins, j'avais des sueurs chaudes, froides... Le lendemain on m'a fait passer à l'infirmerie, on m'a donné une fiole et puis... Au début de toutes les façons, je reprenais des fioles. Matin midi et soir. Puis de la maison d'arrêt de Loos, j'ai été transférée à la MAF de Versailles et là, j'ai suivi des cours avant de partir travailler en atelier et petit à petit, même pour le boulot, il a fallu que je fasse du rendement si je voulais gagner un peu d'argent. J'ai beaucoup travaillé. J'allais même travailler le samedi et le dimanche. Je travaillais dans le cosmétique, je faisais les pinceaux des bouteilles de vernis à ongles. Je prenais le pinceau, le bouchon et avec la machine, clac ! Pour le rendement il fallait que je stoppe les cachets et j'ai commencé à diminuer mais en fin de compte j'étais pas vraiment bien dans ma tête. J'étais angoissée, je ne supportais pas la prison. J'étais très nerveuse, agressive... Je suis repartie demander des cachets au psychiatre. Tu sais, ils font pas de difficulté du moment que tu te tiens tranquille, ils ont pas de problèmes pour t'assommer avec leurs drogues à eux, leur came légale. Du coup, j'étais repartie dans les fioles. Ensuite j'ai été transférée à Fresnes et là, j'ai disjoncté complètement. J'ai tout cassé dans la cellule, je me suis presque battue avec une surveillante. Je suis partie au mitard. Je suis allée au trou quoi, pendant cinq ou six jours. Je suis sortie de là et je me suis dit : "Bon, tu vas partir en CD, il va peut-être y avoir des permissions... Il est temps." Il était temps, pour ma fille. Pour moi et pour ma fille, il était temps que je décroche. Donc, arrivée à Rennes j'ai commencé à travailler un peu au mess puis en atelier et j'ai demandé à poursuivre la formation en bureautique que j'avais commencée à Fresnes. J'ai commencé les cours et au fur et à mesure des mois... Les cours m'occupaient beaucoup, je préparais le BEP et il y avait l'examen en juin donc il fallait que je carbure. Je travaillais jusqu'à deux ou trois heures du mat pour mes études et je savais qu'avec les cachets je n'y arriverais pas. Donc, petit à petit je me suis mise au footing, j'ai diminué les fioles et un jour je suis allée voir la psy et j'ai dit : "On stoppe net. Je préfère aller courir une heure si ça va pas, je veux avoir mon diplôme." Je voulais au moins préparer la sortie pour ne pas me planter comme la première fois. Parce que je sais ce que c'est les sorties de prison où tu te retrouves sans rien, ni logement, ni boulot, ni rien, ni personne... En plus j'avais perdu ma grand-mère en 95 et quand j'ai appris son décès, j'ai eu l'impression qu'une partie de moi-même était partie. Elle, je la voyais en tant que mère puisque c'était elle qui m'avait élevée. A ce moment-là, j'ai eu envie de tout lâcher, de reprendre des fioles, de me laisser aller... Mais je me suis dit que cette fois il fallait que je me batte pour ma fille... Parce que je sais que si je recommence la came je vais pas pouvoir m'arrêter.

La prison, c'est sûr, ça m'a changée. Complètement. J'ai mûri, je suis plus calme, plus humaine aussi peut-être... Je vois tout différemment. J'ai eu comme un déclic. La première fois j'avais tout pris en négatif, la preuve : je suis sortie et j'ai recommencé. Cette fois, c'est pas pareil, j'en ai tiré du positif. J'ai arrêté de fumer, je me suis mise au footing, j'ai suivi ma formation... Même ma mère le dit, elle dit que je suis une autre personne. Enfin, elle m'en veut toujours pour mon frère...

C'est-à-dire que... Mon p'tit frère est tombé dans la came aussi. Quand j'étais dehors je l'aidais mais après que je me suis fait serrer, il a commencé à trafiquer avec Antoine... Ma mère m'en a voulu par rapport à ça. Il a pris cinq ans et c'est à qui la faute hein ? C'est qui, qui l'a mis dans la came ? Quelque part ma mère, elle m'en a tenue responsable. Là en plus, il est dans la même cellule qu'Antoine... Je n'ai pas gardé de très bons contacts avec Antoine. Il est toujours en train de me relancer par rapport à sa fille. Lui, pendant l'une de ses incarcérations, il s'est marié en prison avec une nana et il a eu une petite fille avec, pendant une permission. Là je l'ai revu dernièrement, à Lille, par hasard et ça a été tout de suite les insultes et les menaces. J'suis une salope parce que je l'empêche de voir sa fille et tout ça. Il est même allé menacer ma mère, lui dire qu'il l'emmènerait jusqu'au tribunal pour voir la petite. Mais tu sais, il n'a pas reconnu Elodie quand elle est née. Il l'a reconnue cette année seulement et justement vingt jours avant mon arrivée à Lille en permission... Je ne sais pas ce qu'on peut faire. Je pense qu'il a demandé une recherche en paternité. Vingt jours avant mon arrivée. Il savait que j'allais venir en perm... L'assistante sociale pense qu'il veut m'atteindre à travers la petite. Là, il est en prison à nouveau. Il est retombé. Il était recherché quand je l'ai vu. Seulement voilà, il se trouve dans la même cellule que mon frère. Ça ne facilite pas les choses. »

Et comme j'interroge Lulu plus avant au sujet d'Antoine :

« La galère, je connaissais... C'est vrai que son côté

marginal, c'est aussi ça qui m'a plu... Il était comme moi parce que déjà à la base, moi, j'étais quelque part marginale, par ma petite enfance, le manque de mon père, le manque de ma mère... J'étais attirée par tout ce qui était hors la loi. J'voulais pas faire comme tout le monde... Mais ça ne s'est pas bien passé entre nous. Non. Il était très très jaloux, très possessif. Il me battait. Il faut dire aussi qu'il prenait beaucoup d'héro, beaucoup de coke... Il devenait fou parfois, quand je ne voulais pas avoir de rapports avec lui. De rapports sexuels. Au début, il travaillait, il était électricien comme son père. Il gagnait pas mal mais il a tout arrêté du jour au lendemain parce qu'il supportait plus que je sois seule. Il me battait. J'aurais pu porter plainte mais porter plainte... non. Et puis partir non plus, c'était mon appartement j'allais pas partir. C'est pas facile. Au début tu vois, j'ai pardonné mais après... A partir du moment où j'ai eu la petite, disons que je me suis plus retranchée du côté d'Elodie et je l'ai complètement délaissé... Pourtant, même si j'en ai gros sur la patate, même si quelque part, j'ai été dans la galère à cause de ce mec, ben... Quelque part, il me manque. Quelque part, Antoine, je l'aime toujours... J'ai toujours sa fille et... Et c'est vrai que sa fille elle grandit, elle commence à avoir son caractère, son regard... C'est dur, c'est très dur ! Mais je sais que je ne pourrais pas revivre avec lui, ça c'est sûr. En plus, de mon côté, j'ai rencontré quelqu'un d'autre. Mon nouvel ami, il... En fait, il est dans la même situation que moi, c'est-à-dire qu'il est en placement extérieur ici, sur Rennes. Donc il est au courant. De tout. La came, la prison. Tu vois, l'approche a été plus facile. Les garçons que j'avais rencontrés jusque-là... Peut-être par peur aussi. A chaque fois c'était et qu'est-ce que je vais dire s'il me pose des questions, s'il me demande d'où je viens... Là c'était plus simple. On se sent beaucoup plus proches je crois, avec des personnes qui ont connu la prison, la même galère... il y a beaucoup d'obstacles qui sont gommés du fait qu'on soit passés par le même truc...

C'est bizarre parce qu'on fuit les relations féminines de prison et avec les mecs c'est différent... C'est-à-dire que moi... Ben moi... C'est-à-dire que j'ai eu une relation avec quelqu'un en prison, une femme... Mais j'ai toujours été avec des mecs, j'ai grandi avec des mecs... A l'intérieur c'était à l'intérieur, dehors c'est différent. J'ai fait une croix sur ce genre de relations. Non, j'aime les mecs quoi ! Et puis il y a les filles qui rentrent et qui sont déjà lesbiennes et celles qui le deviennent en taule et beaucoup le font par profit. C'est de la prostitution, pour les cantines, pour avoir du fric, etc. Une fille qui n'a pas de thune se met avec une autre qui en a... J'étais hétéro avant et je serai hétéro après. Ce qui s'est passé en prison, c'était une parenthèse... Et puis même au niveau des amies... Non, je ne pense pas en avoir eu en taule. Mais bon, je me rapprochais plus des filles qui avaient eu le même parcours que moi. Des filles qui avaient eu des problèmes de came tu vois, des filles qui font la route... C'est une histoire de repères. On fait ça à l'extérieur, je vois pas pourquoi on ne le ferait pas à l'intérieur... Mais dans les prisons de femmes tu sais c'est pas... J'aurais mille fois préféré être dans une prison d'hommes parce qu'au moins c'est plus franc. Moi la seule personne qui m'a vraiment aidée en prison, c'est ma visiteuse. En dehors de ça... »

Lulu se tait, pensive, et mes yeux se posent sur les tatouages qu'elle porte à l'avant-bras. Elle surprend mon regard et devance ma question :

« Ouais, j'ai essayé de les faire partir mais... Je les ai faits quand j'avais 14, 15 ans. La connerie, quoi ! Là, y avait le saint des voleurs, là, trois petits points, ça veut dire mort aux vaches... Bref, c'est le genre de truc, tu les fais ado... En prison y a aussi beaucoup de gens qui se tatouent mais c'est plus les mecs. Des conneries de jeunesse, quoi ! Ça paraît loin aujourd'hui... Vraiment très loin. Je veux dire, je suis déconnectée, la musique, les boîtes, je suis larguée. Chris, elle, elle est toujours sortie, en boîte et tout, alors que moi les perms, c'était plutôt pour voir ma mère, m'occuper de ma fille. J'allais les voir parce que pendant toute mon incarcération ici, à Rennes, en trois ans et demi, je ne les ai pas vues au parloir... Pourtant, je garde toujours des liens avec ma mère. C'est vrai que quand j'étais dans la came, je lui en ai fait baver. Il y a des nuits où je rentrais dans l'appartement de force. Je voulais voir la petite à tout prix... Il m'est arrivé deux fois de frapper ma mère... Et il y a Elodie aussi. Elle est à l'école et là en septembre elle va rentrer en sixième. Elle a une très bonne scolarité, Dieu merci. On l'a vue il y a quinze jours d'ailleurs, elle est venue à Rennes pour la première fois... Elle est super-speed mais en même temps, elle est vachement intelligente, elle est très mûre, tu vois. Elle nous a crevées ! A peine descendue du TGV, elle m'a dit : "Maman on va en boîte, j'ai envie d'écouter de la Dance et tout !" Je me sentais complètement à côté de la plaque. J'ai dit à Chris : "Non mais tu te rends compte, elle est devenue..." J'étais totalement dépassée, j'ai dit : "Mais, Chris, regarde, elle a des seins !!!"

Tu sais, je vais avoir du mal à reprendre mon rôle de mère. Elodie a toujours été élevée par ma mère. On a de bons rapports mais ça se voit que... Au départ elle m'a demandé pourquoi j'avais été absente si longtemps et... Moi j'avais demandé à ma mère de lui dire la vérité mais elle a refusé. Elle ne voulait pas la traumatiser en lui disant que son père était en prison parce qu'il était camé et que sa mère était en prison parce que c'était aussi une camée. Elle a préféré dire que j'étais partie à l'hôpital me faire soigner. Une fois, à Noël, pendant une perm, je prenais un bain avec Elodie et elle m'a dit : "Maman, tu es toujours à l'hôpital ?" Je lui ai dit : "Non. Je suis sortie de l'hôpital, la police est venue me chercher et elle m'a enfermée." Elle m'a répondu : "Mais alors t'es en prison. T'es en prison comme papa." Je lui ai expliqué que j'avais pris des médicaments interdits par la loi. Je lui ai dit : “C'est pour ça que je ne peux pas sortir et que je ne peux pas venir te voir quand je veux.” Je ne voulais pas, surtout pas, qu'elle pense que je l'avais abandonnée, que je ne l'aimais pas. Je lui ai expliqué qu'au contraire si j'avais tenu le coup, c'était pour elle... Je sais qu'elle doit m'en vouloir, parce que je n'ai pas été là, parce que son père n'était pas là... J'ai l'impression que mon parcours à moi se reproduit avec ma fille. Mais moi, contrairement à ma mère, j'essaye de beaucoup dialoguer avec Elodie. On parle franchement, je lui dis : “Ecoute, t'as une mère cool, une mère jeune alors si jamais t'as quelque chose à me dire, n'hésite pas, on en parlera ensemble.” Tu sais, ma mère n'a jamais fait ça avec moi. Je ne sais pas pourquoi. Peut-être parce qu'elle était jeune fille. Elle avait deux enfants, elle s'était séparée de mon père et... Elle n'assumait pas quoi. Par contre maintenant, tout l'amour qu'elle n'a pas pu me donner à moi, elle le donne à Elodie. Il risque d'y avoir un problème de possessivité... Elle a tout plaqué, ses bars, tout, pour rester avec ma fille quand elle a su que j'étais partie pour pas mal de temps. J'aurais très mal supporté de voir ma fille à la DDASS... Je lui suis très reconnaissante pour ça.

Je suis libérable en septembre, ça fait que je serai avec Elodie maintenant et que je pourrai l'aider pour l'adolescence et tout ça. Je pense qu'au départ je vais rester sur Rennes. Je ferai venir la petite ici. Lille, je ne veux pas trop y retourner. J'ai vécu trop de choses là-bas... Ouais, la sortie, ça approche. Chris et moi, on a déjà commencé nos démarches administratives en vue de la libération, pour essayer de se trouver des logements. On est allées voir l'assistante sociale, un tas de gens... on a bien bougé... On aimerait continuer la formation, avoir notre diplôme, enfin ne pas se retrouver sans rien et que tout foire à nouveau, sinon... Sinon tout ça, c'était vraiment pas la peine... »

Lulu a prononcé ces derniers mots sur un ton las,

avec un petit sourire qui ressemblait à un sourire d'excuse. A plusieurs reprises, j'aurai l'occasion de la croiser aux portes du CPF. Je l'y retrouverai également à la rentrée, venue régler les dernières formalités administratives pour sa libération définitive. Toujours un peu tendue, nerveuse et mal à l'aise, elle devait plaisanter avec un rire crispé : « Décidément, j'aime pas trop me trouver dans les parages. Des fois qu'ils m'attrapent et m'enferment à nouveau. » *Au regard de cette complicité manifeste qui semblait la lier à Christine, je lui demanderai des nouvelles de son ancienne colocataire et Lulu, un rien amère, un rien déçue, m'expliquera ne plus avoir eu de nouvelles de Christine depuis leur libération respective.* « J'ai un nouvel appartement. Je lui ai donné mon adresse. Elle a mon adresse. J'attends... Comme on dit "Amitiés de prison, amitiés de carton". »

ANNJA D'EST EN OUEST

MARDI 9 JUILLET 1996 — 17 H

Annja s'est tassée sur sa chaise et tente sans grand succès de contenir son émotion. Quelques larmes silencieuses et elle se mouche pour reprendre d'une voix plus ferme encore. Elle est venue ici pour témoigner. Témoigner de l'immense désarroi des étrangères sur lesquelles les mâchoires carcérales se sont refermées[1]. *Témoigner de l'épaisseur encore plus étouffante*

1. Au 1er janvier 1997 selon les statistiques trimestrielles publiées par la direction de l'administration pénitentiaire on dénombrait parmi les femmes incarcérées 26,4 % d'étrangères dont 46,4 % en provenance d'Afrique, 35,8 % en provenance d'Europe, 11,3 % en provenance d'Amérique et 6,5 % en provenance d'Asie. D'une manière générale et sans distinction de sexe, ces mêmes statistiques trimestrielles faisaient état au 1er janvier 2000 de 23 % d'étrangers dans la population carcérale globale.

de leur solitude. « Certaines ne parlent même pas un mot de français », *m'expliquera-t-elle. Ce n'est pas son cas... Ou tout du moins ne l'est plus : aguerrie au maniement des langues étrangères — elle en parle cinq —, Annja s'exprime aujourd'hui dans un français parfait. Le français, cette jeune femme de 41 ans l'a appris ici, à Rennes. En prison.*

« Je n'ai jamais été en France... C'est-à-dire avant. Je me suis fait arrêter à la frontière alors que je tentais de rentrer et j'ai été inculpée pour ILS. Transport de drogue. Il y a beaucoup de gens qui sont dans mon cas ici, beaucoup de femmes qui se font prendre comme cela. Des étrangères. La personne qui m'avait proposé de faire ce voyage ne m'avait pas mise au courant : elle m'avait dit qu'il y avait de l'or dans la voiture et j'étais payée pour effectuer ce transport d'or. Tout en sachant que c'était illégal, j'ai accepté parce que je me trouvais alors dans une situation matérielle difficile... Très difficile. Ayant émigré à l'Ouest, en tant qu'étrangère, je n'avais pas trouvé de travail. On m'avait proposé de travailler mais c'était toujours au noir et pour un salaire de misère. Moi tout ce que je demandais, c'était un travail pour avoir un niveau de vie décent, pas pour être riche, seulement une vie décente.

Au moment de mon arrestation, ils m'ont demandé si j'avais de la drogue et j'ai dit non bien sûr... J'étais tout à fait tranquille. Je savais que c'était illégal de transporter de l'or mais un métal dans un métal, c'est impossible à détecter, alors j'ai pris le risque en pensant précisément qu'il n'y en avait aucun. Et ils ont commencé à fouiller la voiture. Ils ont appelé les chiens et ils ont trouvé parce que c'était construit dans la carrosserie même, c'est-à-dire que ce n'était pas

Dans les murs de la maison d'arrêt pour femmes de Fleury-Mérogis néanmoins, c'est à hauteur de 50 % que l'on estimait la proportion d'étrangères à la rentrée 2001, parmi lesquelles nombre de femmes en provenance d'Amérique du Sud impliquées dans des affaires de stupéfiants.

quelque chose à portée de la main. Ils n'ont jamais eu aucune preuve que moi je savais ou que je bénéficiais du trafic puisque je n'avais pas d'argent sur moi. Ils n'ont rien trouvé du tout... Au moment de mon arrestation j'étais... Comme tombée d'une autre planète. Je n'avais pas réalisé. Je ne réalisais pas qu'il y aurait des années à rester...

Au début, on conserve un espoir. Il y a les visites des avocats, beaucoup d'agitation autour de nous, nous présentons un certain intérêt puisque nous sommes susceptibles d'être des pistes pour retrouver la trace de trafiquants internationaux, tandis qu'après... Après le jugement... C'est-à-dire que les étrangères n'ont en général pas de visite, pas de parloir. Après le jugement nous sommes coupées de tout, mises au placard, aux oubliettes. Vous savez, moi, c'est seulement après cinq ans d'incarcération que j'ai pu recevoir les journaux de mon pays. Aujourd'hui, comme cela fait des années que je ne communique plus que dans des langues qui ne sont pas la mienne, j'éprouve même certaines difficultés à parler ma propre langue.

Pendant trois années, j'ai été transférée d'une maison d'arrêt à une autre puis je suis arrivée à Rennes, il y a deux ans environ. J'ai pris neuf ans. Pour les étrangères avec un délit comme le mien il n'y a pas de conditionnelle, pas de permission... Enfin, nous avons en principe le droit comme tout le monde mais ça n'existe pas dans les faits. Et puis il y a ce que l'on appelle la contrainte par corps : dans le cas des stupéfiants, il y a une amende douanière à payer et comme la grande majorité des étrangères qui sont ici pour stups n'ont pas d'argent pour s'acquitter des sommes astronomiques qui leur sont demandées, voilà... La contrainte par corps peut aller jusqu'à deux ans d'emprisonnement. En plus de la peine... En outre, nous sommes également expulsées, interdites du territoire français. Ce qui fait que les étrangères qui arrivent pour stups sont punies trois fois et même quatre ; nous ne bénéficions pas non plus des grâces présidentielles, ce qui signifie que nous sommes assimilées et considérées comme les infanticides ou les terroristes puisque ce sont les deux catégories pénales qui, avec le trafic de stupéfiants, n'ont pas de grâce. Et ça, c'est proprement choquant. »

Sous sa frange rousse en baguettes de tambour, le regard d'eau bleu-vert d'Annja s'est durci en évoquant cette « assimilation ». Réticente et méfiante à l'extrême, elle aura éludé la plupart des questions d'ordre personnel que j'aurai pu lui poser avant d'accepter enfin de me livrer un bout de son histoire, non sans multiplier cependant les réserves :

« En fait, j'ai profité de la révolution pour m'enfuir, à cause de la situation politique dans mon pays. J'étais économiste, je travaillais pour l'Etat, dans la branche du tourisme mais je n'étais pas d'accord avec le système politique et même après la révolution... Le mot "démocratie" dans un pays socialiste n'a pas le même sens que chez vous... Résultat : je suis arrivée ici et je me suis retrouvée à la rue. A la rue et dans un milieu très différent du mien... Mes parents étaient des employés de bureau donc ils appartenaient à une classe moyenne, ni riches ni pauvres mais disons que chez nous il n'y avait pas de très grands écarts entre les conditions sociales, tandis qu'ici... En plus je n'avais pas réalisé la gravité de mon affaire. Dans les pays socialistes, enfin je parle de mon pays au moment où j'en suis partie, la seule chose que nous savions, c'est que les drogues étaient illégales. C'est tout puisque autrement il n'y en avait pas sur le marché. On ne connaissait rien, ni sur les prix ni sur les dégâts, rien du tout. Mais je suppose que maintenant, dans mon pays, il y a eu aussi de grands changements puisque je constate qu'il y a de plus en plus de gens de l'Est qui se retrouvent dans les prisons françaises. Ce sont des réseaux qui se sont développés après l'éclatement du bloc soviétique et le fait que les gens là-bas commencent à tomber pour des affaires de drogue signifie qu'ils sont en train de s'organiser. Enfin bref, à l'époque où moi je suis tombée comment expliquer à un juge que je n'avais jamais vu même un joint ? Personne ne pouvait me croire et j'avais le désavantage d'avoir fait des études... En outre... Enfin, l'ami avec lequel j'étais à ce moment-là a essayé de m'enfoncer au moment de mon arrestation. C'est-à-dire que... Bon, l'ami avec lequel je vivais ne connaissait pas la personne qui m'a entraînée dans cette histoirc mais il a essayé de m'enfoncer en donnant certains détails, en essayant de... Disons que le juge a commencé à avoir des doutes concernant ma sincérité. Parce qu'en fait, ce n'était pas... Enfin nous étions mariés et il voulait se débarrasser de moi, obtenir le divorce.

On s'est mariés environ un an après que je suis arrivée à l'Ouest. Ce n'était pas un mariage blanc, c'était un mariage véritable sauf que nous ne nous sommes pas entendus et très vite il a voulu refaire sa vie. Il voulait divorcer mais à cette époque — avant l'affaire —, je n'avais ni travail ni argent alors je lui ai demandé d'attendre un peu. Il a refusé. Après... comme je suis tombée en prison, peut-être a-t-il été effrayé... D'après ce que j'ai cru comprendre beaucoup de gens sont effrayés parce que même mes amis ne m'ont plus jamais écrit depuis que je suis en prison. Un beau jour on disparaît et vos amis ne se demandent même pas où vous avez bien pu passer... Ou peut-être est-ce qu'ils l'ont lu dans les journaux puisque c'est paru au pays et... Je ne sais pas... Je suppose qu'ils ne veulent pas avoir de contact avec des gens comme moi.

Aujourd'hui, j'essaie de comprendre. Je pense que moi aussi quand j'étais dehors, je pensais à la prison comme à quelque chose de terrible, comme à... Je ne sais pas... Quelque chose de très dégradant et c'est pour ça que je... Avant, je n'avais jamais eu de contact avec des gens en prison ou sortant de prison, jamais, ni même avec la justice... Mais chez nous, dans notre société, il y avait très peu de gens en prison pour le droit commun — pour des raisons politiques oui, mais c'était différent bien sûr. Je ne peux pas vous dire combien il y avait de détenus dans mon pays, mais je peux vous dire une chose : on marchait dans la rue, la nuit, une femme toute seule, il n'y avait jamais de problèmes. Moi je n'ai jamais eu peur dans mon pays. C'est pour cela que les délinquants étaient vraiment très mal vus : c'était de véritables marginaux. On avait du travail, il n'y avait pas de chômage puisque le travail est un "devoir" pas un "droit" comme chez vous, on ne payait ni l'école ni les soins médicaux... En fait les gens tombaient à cause de faux papiers, parce qu'on émigrait clandestinement, à cause de petites choses comme le vol à l'étalage ou les petits trafics de jeans, de voitures, de radios... Parce que les gens, pour survivre, avaient mis au point une espèce de système D. C'est typiquement oriental ou plutôt dans nos pays balkaniques, à cause de notre situation sociale assez simple, tout le monde était obligé de se débrouiller en dehors de son travail. On bricolait de manière plus ou moins légale : par exemple on achetait des cigarettes dans une ville pour les revendre dans une autre. Tout le monde le faisait, alors on ne se considérait pas comme des criminels. Dans ce sens, pour moi, transporter de l'or, cela n'avait rien de véritablement extraordinaire, vous comprenez... Enfin, j'essaie de m'expliquer l'attitude de mes amis mais quand je sortirai je ne crois pas que j'éprouverai le désir de les revoir...

Heureusement qu'il y a mes parents. Ils m'écrivent, ils m'attendent, ils me soutiennent mais... Enfin, ce sont des gens âgés, ils ont plus de 70 ans, ils n'ont pas d'argent, ils appartiennent à un autre monde... Ils sont loin... Lorsqu'ils ont appris ce qui m'était arrivé, ils ont été choqués. Ils ne parvenaient pas à comprendre comment j'avais pu être prise dans cet engrenage. Cependant, ils sont convaincus de mon innocence, mais c'est normal puisque ce sont mes parents, vous savez comment c'est... Enfin, moi j'ai toujours été très liée avec ma famille, nous sommes une grande famille et nous sommes très unis. Je suis fille unique et j'ai eu une enfance très protégée mais je pense qu'en général, chez nous, à l'Est, la famille reste une base solide. Quand je sortirai, j'habiterai avec eux...

Ce qui revient à ce que je vous disais : en ce qui concerne les étrangères, on ne tient pas compte des conditions particulières dans lesquelles nous vivons cette incarcération, c'est-à-dire qu'il y a isolement dans l'isolement même que constitue la prison. Vous savez, moi j'ai de la chance d'avoir des parents qui me font confiance car je vois d'autres filles qui sont ici pour stups et qui sont elles-mêmes toxicomanes, qui ont été abandonnées par leur propre famille, qui n'ont personne et qui sont complètement coupées comme les Colombiennes, qui ne parlent même pas français... Mais il faut être conscient d'une chose : si moi je ne savais pas ce que je transportais, il y en a d'autres qui savent ce qu'elles transportent et à votre avis pourquoi le font-elles ? Elles le font parce qu'elles ont besoin d'argent, que c'est une affaire de survie et que, dans leur pays, il n'y a pas d'autre moyen. Les Colombiennes par exemple, elles sont si pauvres qu'à un moment donné, lorsqu'elles se retrouvent seules, abandonnées par leur mari avec des enfants à élever, elles n'ont que deux moyens : se prostituer ou vendre de la drogue et comme leur pays a la production... Elles considèrent peut-être que c'est plus moral de faire le transport de la drogue que de se prostituer et ici, en France, on les considère comme les plus grandes criminelles mais moi je me demande : c'est quoi la différence entre les Colombiennes qui font le trafic de drogue pour survivre et les gouvernements français et américain qui ont fait la guerre avec l'argent de la drogue, qui ont infecté l'Asie avec la drogue ou qui réalisent des profits sur les ventes d'armes ? Moi, si je jette un regard moral, je crois qu'il n'y a pas de différence.

Pour nous, vos pays occidentaux constituaient un

idéal à atteindre et quand on arrive ici... C'est vrai que je suis mal tombée, d'abord en pleine crise économique, puis en prison et je n'ai pas bénéficié des autres avantages de votre fameuse "civilisation capitaliste"... Mais de toutes les façons, on se rend bien compte que cet idéal n'existe pas. Vous savez, j'ai pu prendre la mesure de ce qu'était la démocratie française, cette démocratie qu'on disait enracinée dans une longue tradition socialiste et humaniste et je me pose beaucoup de questions, je me demande est-ce que c'est cette démocratie-là que nous voulons nous aussi ériger dans notre pays ? Je ne comprends plus rien. Il y a trop de contradictions. »

JEUDI 11 JUILLET 1996 — 14 H 30

« J'avais fait des études supérieures, j'avais une situation socialement reconnue, je venais d'un certain milieu et ici, je n'arrive pas à m'intégrer. Il y a un isolement. J'ai essayé d'avoir des contacts et de comprendre bien ce que les femmes d'ici avaient enduré mais à un moment donné il y a une barrière que je ne peux pas dépasser : je suis rejetée parce que je ne suis pas comme elles... Vous savez, la prison, c'est une micro-société, une société en miniature, c'est-à-dire que les contradictions et les tensions y sont encore plus fortes et plus faciles à observer. C'est très rare de trouver une femme dont je puisse me sentir proche. C'est arrivé, mais c'est très rare... Mais cela aussi c'est difficile parce qu'avec le temps, on s'attache à certaines personnes et la plus insignifiante réflexion un peu déplacée fait très mal. Tout est à fleur de peau. Au moment du départ, quand l'une part avant l'autre, on sent le vide, on sent qu'il n'y a plus personne. Alors pour ne pas avoir à faire face à ça, soit on choisit la solitude comme moi, soit on se drogue avec les médicaments pour oublier, pour ne pas être confronté aux problèmes de la vie quotidienne en prison.

Je sais qu'il y a des gens qui pensent que l'on vit bien en prison, qui se disent : "Ces filles, dehors, elles seraient SDF et là elles ont tout le confort, la télé, on leur donne même des bibliothèques, des salles de sports." Ils pensent que nous avons trop, ils sont peut-être même jaloux de nous, mais qu'est-ce que c'est ce confort-là en balance avec la liberté ? Je ne connais pas une fille ici qui ne troquerait pas le gymnase ou le salon de coiffure contre une miette en plus de liberté. »

Je regarde le front têtu d'Annja, son menton volontaire et ne doute pas un seul instant de l'ardeur qu'elle met précisément à défendre cette solitude épaisse dans laquelle elle s'est volontairement retranchée. Seule brèche salutaire dans sa tour d'ivoire, son désir de ne pas stagner, sa volonté à un moment donné de se remettre à étudier comme pour superposer au rythme carcéral un autre rythme, afin de devancer cette seule véritable échéance qu'est la libération en s'imposant d'autres points d'horizon, une date d'examen après l'autre[1].

« Je continue à étudier parce que j'aimerais faire reconnaître mes diplômes. Là, je viens de passer mon bac. Je l'ai eu. C'est-à-dire que les diplômes des pays socialistes ne sont pas reconnus ici... J'ai des diplômes d'économie qui doivent correspondre à un niveau de DEA ou de doctorat en France. Au début de mon incarcération je n'étais pas intéressée par le fait d'étudier parce que j'espérais toujours avoir ma conditionnelle, mais en l'état des choses, dans ma situation... Le juge d'application des peines m'a prévenue : je n'y aurai pas accès... Moi, je m'étais réjouie

1. Selon les statistiques de la direction de l'administration pénitentiaire, la population carcérale féminine se répartissait au 1er janvier 1997 selon les niveaux d'instruction comme suit : 16,9 % d'illettrées, 47,7 % instruction primaire et 35,4 % instruction secondaire ou supérieure. Au 1er janvier 2001, elles étaient 17,5 % d'illettrées déclarées, 43 % à bénéficier d'un niveau d'instruction primaire et 39,5 % d'un niveau d'instruction secondaire ou supérieure.

du changement de gouvernement car je pensais que si l'on n'aimait pas les étrangers au moins, je serais expulsée à mi-peine. Mais si en effet on est contre les étrangers, on garde ceux qui sont en prison. Et quel intérêt a donc la France à nous garder, nous étrangers, nous criminels, nous qui coûtons de l'argent à l'Etat ? Peut-être est-ce tout simplement parce que nous travaillons ici dans des conditions qui relèvent de l'esclavagisme, pour des salaires de misère... Moi, je ne travaille pas en atelier puisque j'étudie. Les stages se déroulent le matin et l'après-midi. Il y a les cours du bac, BEP, CAP comptabilité, secrétariat... J'appelle cela stage parce que nous sommes payées pour étudier, environ 1 100 francs par mois sauf pendant les grandes vacances d'été. Les filles qui travaillent en atelier en revanche ont des salaires variables, cela dépend de la nature de leur travail. Certaines régies payent mieux que d'autres. Si elles travaillent plus ou moins vite, cela varie entre 500 francs par mois et 4 ou 5 000 francs. Alors il y a toujours une concurrence dans les ateliers pour avoir du travail plus cher et... Cela dépend de la surveillante puisque c'est elle qui distribue le travail...

La majorité des filles qui ne sont pas assistées n'arrivent pas à s'en sortir, parce que les cantines... Sur toutes les cantines qui sont organisées ici pour les vêtements et les chaussures, il y a un pourcentage qui est perçu par la prison qui s'ajoute déjà au prix, et si tu tiens compte du fait que pour nous, les salaires sont les mêmes depuis des années tandis que les prix ont bien sûr quant à eux augmenté... Nous avons plusieurs cantines par semaine et, par exemple, dernièrement nous avons demandé à avoir des cantines rapprochées en ce qui concerne les fruits et légumes. Cela nous a été accordé mais les prix ont doublé et les quantités ont été divisées par deux... Ça fait qu'avec mes revenus, je n'arrive pas à couvrir les frais. Je ne peux pas me permettre d'avoir la télé puisqu'on loue les télés 200 francs par mois ou un frigo à 60 francs par mois... S'il y a des filles qui fument aussi et qui boivent beaucoup de café comme ça se fait ici — c'est une habitude dans la prison —, je ne crois pas qu'il reste beaucoup d'argent. On ne peut pas s'acheter des produits d'hygiène ou d'entretien, des vêtements, des chaussures...

Pour les vêtements et les chaussures, il y a deux fois par an, l'été et l'hiver, une vente organisée par Eurodif, une entreprise extérieure. Ils viennent ici avec leurs vêtements. Avant d'aller les choisir, nous devons faire bloquer de l'argent sur notre compte et nous allons ensuite prendre ce que nous avons choisi. Autrement nous pouvons également acheter par correspondance mais seulement aux *3 Suisses*. Là, même si nous sommes considérées comme des clients indépendants nous n'avons pas droit aux réductions. D'après ce que j'ai compris, ces réductions sont reversées sous forme d'un don à l'association des détenues. Tiens, par exemple dans cette association il n'y a je crois qu'une seule représentante étrangère : dans ma division aucune étrangère n'a reçu d'invitation pour participer aux élections. Etonnant non, puisque ici nous sommes 50 % d'étrangères...

Il y a aussi qu'en général, dans les prisons, en dehors du travail des concessionnaires en atelier, le service d'entretien est un travail pour les détenus, un travail rémunéré. 500 francs par mois environ. Pas à Rennes puisque nous fonctionnons sur une sorte d'autogestion. Nous avons fait plusieurs réclamations mais bon... Je suppose qu'on fait des économies comme ça. Il faut savoir que nous sommes réparties en divisions de 20 personnes : chaque division a une salle de trois douches, une salle où il y a quatre bacs pour laver, où il y a les poubelles, la cuisine et une grande salle que nous appelons le commun où il y a le bureau de la surveillante, le téléphone auquel bien sûr elle est seule à avoir accès, un fer à repasser, des tables, des chaises, la télé, une machine à coudre. Donc, pour l'entretien, ça fonctionne par division. Chacune à tour de rôle est de service et cela concerne d'abord les repas : descendre pour récupérer les norvégiennes du repas, réchauffer les repas, les distribuer puis laver les gamelles et redescendre les norvégiennes. Après, lorsqu'on est de service, on doit aussi nettoyer les douches, la cuisine, chaque samedi après-midi on fait le ménage du commun et du couloir et tout le monde doit participer. En plus, le samedi on change aussi le petit linge toutes les semaines (serviettes, torchons, gants) et le grand linge (draps, taies d'oreiller) tous les quinze jours. Il y a aussi le gaz à changer. Cela signifie qu'une fille qui travaille en atelier le matin de 7 h à 1 h, qui revient dans sa division à une 1 h 30 et qui a, mettons, une activité l'après-midi n'a pas le temps de souffler si elle est de service ou doit se passer d'activité.

C'est l'association qui gère les activités de divertissement comme les spectacles, l'activité poterie, travail du cuir, le dessin, la peinture sur soie ou le théâtre. C'est vrai qu'il y a beaucoup d'activités ici et les filles de la maison d'arrêt ont de la chance puisqu'elles y ont accès, étant donné que la maison d'arrêt de Rennes est mitoyenne avec le CD. Mais bon, avec elles, tout est réglementé pour qu'on ne se voie pas. Nous n'avons pas le droit de nous parler si nous nous croisons. On n'a pas le droit d'avoir de contact. Parfois nous avons tout de même des contacts, cela dépend de la surveillante qui est sur la place... Je ne sais pas pourquoi ils interdisent tout contact entre le CD et la maison d'arrêt... Peut-être qu'ils ne veulent pas que les autres sachent exactement comment cela se passe de notre côté... Je ne peux pas te dire. Nous avons des ateliers différents, des cours de promenade différentes. Le seul endroit où nous sommes ensemble, c'est à la chapelle, mais là encore on ne nous mélange pas, nous avons des places dans des rangées différentes... Mais les filles de la maison d'arrêt bénéficient quand même des structures qui sont mises en place pour les longues peines alors que dans les maisons d'arrêt en général, comme les détenues ne restent que pour de courtes périodes, il n'y a presque rien en matière d'activités. Par exemple dans la maison d'arrêt où j'étais moi, rien n'était prévu pour les filles qui voulaient poursuivre des études.

De toutes les manières, il y a une grande différence entre la maison d'arrêt et le CD. En ce qui me concerne, je trouve que c'est beaucoup mieux ici parce que déjà, nous avons la possibilité d'être seule dans une cellule. Pour moi, c'était un stress d'être enfermée toute la journée avec d'autres filles que je ne connaissais pas, de ne pas pouvoir choisir, de ne pas savoir sur qui j'allais tomber...

Autrement il y a la différence des portes puisqu'en maison d'arrêt elles sont toujours fermées. A chaque mouvement que tu fais, tu sors, la porte se referme derrière toi, tu rentres c'est pareil et tu es toujours accompagnée, tandis qu'ici nous avons la possibilité de nous déplacer plus "librement". Ici aussi, nous avons accès aux douches tous les jours et si l'on veut se doucher cinq fois par jour, c'est cinq fois par jour, il n'y a personne pour contrôler. Dans les maisons d'arrêt cela dépend : il y en a où c'est deux fois par semaine, d'autres, trois fois, cela dépend de la maison mais ici nous avons de l'eau chaude dans les cellules ce qui n'est pas le cas dans toutes les maisons d'arrêt. En fait, il y a un règlement qui vient du ministère et puis il y a les décisions de chaque prison au niveau local qui peut imposer en fonction de ses conditions certaines règles.

Moi, ce qui continue malgré le temps à me heurter, même ici, c'est surtout le manque de... de compréhension tu vois et de franchise. D'après ce que j'ai compris dans les prisons d'hommes, eux sont plus solidaires, plus... Tandis qu'ici, peut-être est-ce typique pour les femmes, mais c'est vraiment chacun pour soi. On doit toujours être sur ses gardes. D'ailleurs, il y a des filles qui préfèrent même se confier aux surveillantes. Je ne comprends vraiment pas, lorsqu'on sait que toutes les surveillantes font des rapports sur tout ce que nous disons ou faisons... Est-ce que l'on a envie de se confier à une "amie" pour s'apercevoir le lendemain que tout ça est consigné au bureau... ? Ma vie privée, je n'ai pas du tout envie de la partager avec l'administration pénitentiaire. Les lettres sont déjà ouvertes et lues alors... Mais concernant les rapports des détenues avec les surveillantes, il y a bien sûr de nombreux aspects et moi je ne peux te dire que ce que j'en pense et cela n'a rien à voir avec quelqu'un qui a pris perpète ou qui est appelé à vivre ici pendant quinze, vingt ans parce que ce quelqu'un aura une tout autre relation avec les surveillantes. Je veux dire par cela que pour moi, elles seront toujours de l'autre côté et je ne peux que les respecter si elles me respectent puisque c'est leur travail mais pour chaque abus qu'elles feront je veux protester. En revanche, il y a des filles qui sont ici depuis des années et des années et qui sont plus amies avec certaines surveillantes qu'avec leurs codétenues. Ça, je ne peux pas comprendre... Bien sûr, nous n'aimons pas les filles qui racontent des choses au bureau sur d'autres filles — et cela arrive assez souvent — ou celles qui font des gâteaux pour les surveillantes... Parce que les surveillantes acceptent. Bref, il faut savoir qu'à un moment donné cela donnera forcément lieu à une espèce de favoritisme. Bon, premièrement le fait de faire des cadeaux à des surveillantes, c'est contre le règlement mais les surveillantes l'acceptent et pas seulement les surveillantes... même les gradées. Ce favoritisme s'exprimera par de petites choses bien sûr, il n'y a pas grand-chose à faire ici, mais quand même... C'est un motif supplémentaire de frustration : par exemple si moi je demande un renseignement à la comptabilité, on me le refuse ou on me dit : "Nous verrons plus tard" tandis que l'autre, la fille aux gâteaux, l'obtiendra tout de suite avec 100 % de réussite.

... Enfin, les surveillantes, tu sais, tout est relatif et c'est comme dehors il y a des gens avec qui tu t'entends et d'autres non mais ici, elles sont un peu comme nous, elles doivent se soumettre à leur hiérarchie. Le système carcéral est comme le système militaire... Leur vie ne doit pas être facile. Elles ne sont pas bien payées d'après ce que je sais et parfois il y a certaines détenues — des filles qui sont soutenues à l'extérieur — qui ont plus d'argent qu'elles et qui s'achètent des maquillages, des vêtements et des parfums que les surveillantes ne peuvent pas se payer, alors bien sûr, peut-être sont-elles jalouses de voir cela... »

VENDREDI 12 JUILLET 1996 — 16 H

« En détention la répression de la sexualité est totale. Bon, les parloirs intimes ça n'existe pas mais ce n'est pas seulement ça, même la correspondance, même de téléphoner à quelqu'un avec qui tu n'es pas mariée, parfois ce n'est pas permis ou pour chaque correspondance il faut demander la permission et les filles qui ont des parloirs même avec leur propre mari, si la surveillante les surprend en train de s'embrasser, elle peut leur supprimer ce parloir. Moi je pense que consciemment on essaie de nous détruire, c'est une sorte de torture au fond et c'est indirectement accepter la promiscuité des prisons. Tu sais, dans les prisons d'hommes, même si légalement les parloirs intimes n'existent pas, les surveillants hommes font preuve de plus de compréhension sur ce chapitre. Parce que les hommes sont plus agressifs, ils ferment les yeux et ils laissent faire, c'est une soupape de sécurité... tandis que dans les prisons de femmes ce n'est pas du tout accepté.

Il y avait une Bolivienne qui a été libérée maintenant et qui avait un correspondant bolivien dans une autre prison. Elle a voulu lui téléphoner. Ici, nous avons le droit de téléphoner une fois par mois. Nous devons le programmer, c'est uniquement une demi-heure et on parle sous le contrôle d'une surveillante. Donc, quand elle a demandé le droit de téléphoner à son ami on lui a refusé parce qu'ils n'étaient pas mariés. Mais moi je ne vois pas en quoi la sécurité de la prison peut être mise en danger par une communication téléphonique, ou en quoi cette relation humaine entre deux personnes déracinées pouvait nuire. Il ne s'agit pas là seulement du règlement édicté par le ministère, il s'agit du règlement intérieur et surtout des gens qui l'appliquent car si ces gens avaient une vision plus humaine des choses... Je crois que d'une certaine manière, il y a des gens à certains niveaux dont la volonté est de bien nous faire sentir que nous sommes en prison. Ils doivent considérer que nous menons une trop belle vie et que la privation de liberté, ce n'est pas suffisant.

Enfin, c'est un refoulement psychologique et chacun essaie de se raccrocher à ce qu'il peut. Pour certaines comme je te l'avais dit ce sont les médicaments et elles se retrouvent tout simplement droguées sans savoir où elles sont, ni ce qu'elles font. Puis il y a les autres, celles qui deviennent boulimiques — elles entrent ici taille 38 et elles sortent avec une taille 52 — ou celles encore qui tentent de se suicider. On essaie de compenser le stress. Il y en a d'autres aussi qui compensent avec les achats, alors elles achètent comme des folles des cosmétiques, des vêtements et à quoi ça leur sert ici, hein ? On ne va jamais très loin et on ne rencontre pas grand monde tu sais...

... J'ai eu des correspondants, des hommes d'autres prisons, mais souvent ça dérape : ils disent des conneries alors moi j'arrête de correspondre. Tiens, par exemple il y en a un qui avait une permission et qui m'a promis de me faire passer un message puisque ici il y a une fréquence, celle de la radio catholique je crois, qui transmet des messages pour les détenus, des chansons, des choses comme ça. Donc lui m'avait promis... Alors j'ai attendu comme une idiote, collée à la radio... Et bien sûr, rien ! Les correspondants mâles des autres prisons ils cherchent simplement un contact sexuel en correspondant avec les filles... Dernièrement pourtant, j'ai été enchantée parce que j'ai trouvé un correspondant avec lequel j'ai mis les choses au clair directement et il a accepté. C'est quelqu'un de très intelligent qui peut aborder beaucoup de sujets... Enfin, voilà ! Il me parle de ses activités, de la vie en général, plein de choses. On parle de nos familles et parfois un peu de l'avenir mais pas trop puisque les lettres sont lues et pour ma part je n'ai pas envie de partager mes sentiments avec la censure. Mais autrement c'est sûr que c'est difficile puisque je suis expulsée à ma sortie et je ne vois pas comment... Enfin, cela ne peut pas être une relation de longue durée. Bien sûr l'idée m'a traversé l'esprit puisqu'en y réfléchissant, à part mes parents, dehors je n'ai rien... Et l'on pense vraiment à la solitude qu'on trouvera à la sortie...

Tu sais, les conséquences, on va les subir encore longtemps après la prison, puisqu'une fois sortie, quand je retournerai dans mon pays, il faudra chercher un travail et si quelqu'un apprend que j'ai fait de la prison... Ou si je rencontre un homme, comment l'acceptera-t-il ? Je serai toujours hantée par la peur de perdre mon travail ou d'être rejetée par les gens que je fréquente... Ça fait que c'est vrai qu'en général, on se sent plus à l'aise avec quelqu'un qui a fait de la prison. Il y a d'ailleurs des filles qui se sont mariées ici : elles ont rencontré leur mari par correspondance, elles ont fait la demande de mariage et elles ont été transférées dans la prison où était leur fiancé pour se marier... Ils ne s'étaient vus qu'en photographie. Je crois que c'est aussi une sorte de défi. Il y a une fille qui est sortie en permission dernièrement et qui a rencontré pour la première fois... plus intimement disons, son mari. Lorsqu'ils s'étaient mariés ils n'avaient eu qu'un parloir d'une heure. C'est étrange parce que dans la vie c'est plutôt l'inverse qui se produit, non ? Parfois ça marche, parfois ça ne marche pas pour ces filles. Elles le font par besoin de tendresse, par désespoir, par peur de la solitude, pour savoir qu'à leur sortie il y aura quelqu'un qui les attendra, ou qu'elles auront quelqu'un à attendre... »

Distante, lucide et en souffrance, Annja qui semblait porter sur ses minces épaules de jeune femme tout le poids d'une altérité consommée était venue me parler des « filles de Rennes » : autre, elle l'était ici non seulement par sa nationalité comme nombre de Colombiennes et de Boliviennes tombées sous le même chef d'inculpation d'ILS, mais aussi par sa culture, la culture d'un monde qui s'était effondré, par son milieu social, son niveau intellectuel et son horizon culturel. Autre ici et aujourd'hui comme peut-être également autre demain lorsqu'elle retournerait dans son pays. Mais une « autre » cependant venue témoigner au nom de toutes.

« Lorsqu'on a su que je venais te voir, des filles m'ont dit que ce n'était pas la peine, qu'on ne pouvait pas faire confiance aux journalistes, qu'ils écrivaient n'importe quoi et jamais ce qu'on leur racontait. Ici, à Rennes, on a l'habitude de ça... Mais moi je crois qu'il faut garder l'espoir et que si tu dis une seule chose de vraie à propos de notre situation ici, même un seul truc, ce sera déjà ça. »

POSTFACE

ÈVE, LA PREMIÈRE CRIMINELLE...

« Autres » parce que femmes, « Autres » parce que criminelles, figures infiniment parfaites de cette altérité que Simone de Beauvoir devait définir comme le Deuxième Sexe, les femmes qui entrent en criminalité ont longtemps été, du fait de leur rareté, « autres » parmi ceux-là mêmes qui, en marge de la société, se trouvaient déjà rejetés dans cette immense caste des distincts, des dissemblables, des opposés, des contraires, des discordants. Que dire en somme de cette altérité consommée des femmes en matière criminelle sinon qu'elle a perpétué et s'est étendue encore au-delà de toute une mythologie de la féminité érigée et sacrifiée sur l'autel du mystère de la fécondité. Une féminité appréhendée au travers d'un système d'étranges correspondances selon lequel la femme s'oppose à l'homme comme la lune s'oppose au soleil, le passif à l'actif, l'intérieur à l'extérieur, l'obscur au clair, le gauche et le courbe au droit, le désordre à l'ordre et, à vrai dire, le Mal au Bien. Et n'en aura-t-il pas en effet été de tout temps ainsi dans la vision et la division mythique du monde ? N'est-ce pas à Pandore, la première née païenne de ces créatures femelles, que l'on doit tous les maux dont souffre l'humanité ? N'est-ce pas Eve la Biblique donnée à Adam dans le jardin d'Eden qui a perdu le genre humain ? Le péché originel est femme, la Mort — Parques ou Moires tranchant le fil des destinées humaines — l'est également et dans l'imagerie populaire à double tranchant la femme criminelle a incarné, entre toutes les femmes, contre les madones, les Vierge Marie et les guérisseuses, l'immuable sorcière des légendes ancestrales[1].

L'héritage était là tout entier et du mythe archaïque au mythe social, il n'y avait certes que peu de distance. Les criminologues du début de ce siècle, imprégnés de fables séculaires, l'auront franchi bien volontiers qui, confrontés au caractère majeur de la criminalité des femmes, c'est-à-dire sa très faible amplitude, auront voulu expliquer le phénomène en contournant et en détournant encore la réalité. Dans la première étude qui fut véritablement consacrée au sujet, Cesare Lombroso, fondateur de l'école italienne d'anthropologie criminelle, devait ainsi aboutir, au terme d'une étude complexe et détaillée de l'anatomie pathologique et anthropométrique de la femme criminelle — sans doute censée apporter une légitimité scientifique à sa thèse —, à des conclusions pour le moins étonnantes. Certes, la femme était moins souvent criminelle que l'homme, les chiffres étaient incontestables, mais cela était tout simplement dû au fait qu'elle lui était inférieure en force comme en intelligence : « *Nous avons dû prouver que bien qu'ayant comme les enfants un sens moral déficient, c'est parce qu'elle est, intellectuellement et physiquement, un homme arrêté dans son développement*

1. Pour la petite histoire, c'est en 1980 que pour la première fois dans le cadre d'une affaire criminelle, la défense a évoqué le syndrome prémenstruel — SPM — mieux connu sous le nom de syndrome de la sorcière amenant les milieux médicaux ainsi que le législateur à s'interroger sur l'opportunité et la légitimité d'un tel argument qui ne faisait que renforcer l'opinion courante selon laquelle les femmes demeuraient esclaves dans leur condition biologique. Reconnu scientifiquement en 1931, le SPM a permis d'établir le fait que la période prémenstruelle présentait chez les femmes un risque du point de vue physique et psychologique. Plusieurs études ont par la suite tendu à montrer qu'il existait un lien entre le SPM et certains comportements déviants.

que la femme est moins souvent criminelle que celui-ci. » Du reste, et toujours selon l'auteur précité, la moindre criminalité des femmes, qu'il se plaisait à décrire comme « *des êtres immatures, envieux, cruels et fourbes par essence* », s'expliquait également par le fait que celles-ci disposaient d'un équivalent criminel de choix : « *Force a été pour nous de constater que l'équivalent de la criminalité est chez elle* (la femme), *bien plus que le délit ou le crime, la prostitution* » et d'ajouter : « *Une activité qui ne devrait cependant pas logiquement exister chez un être si peu accessible aux paroxysmes érotiques puisque, jusqu'aux plus bas degrés de la civilisation, on reconnaît instinctivement le peu de sensibilité sexuelle de la femme* (...) *La femme étant naturellement monogame et frigide, la mère, c'est-à-dire la femme normale, chez qui l'influence de la maternité en se greffant sur la cruauté primitive fait souvent rejaillir la douceur, fait preuve d'une sensibilité sexuelle moindre tandis que chez la délinquante on constate une sexualité exagérée*[1]. »

Etait-il bien utile en somme de relever de tels propos ? Sans doute, car chez Lombroso tout est dit de la nature des femmes, de ce que doit être la « femme normale » et de ce qu'est la femme criminelle, dévoyée et dégénérée par essence. Peut-être la déviance des femmes se devait-elle de demeurer ainsi rejetée dans l'ordre du pathologique en des temps où elle était bien trop dérangeante du point de vue d'un autre ordre, patriarcal celui-là, et cousu du code moral bourgeois de l'époque. Synthèse caricaturale de certains stéréotypes féminins en vigueur au début de ce siècle, les travaux d'un Lombroso méritaient également d'être mentionnés au regard de l'influence, plus ou moins subtile, qu'ils auront su exercer sur plusieurs théories développées par la suite afin d'expliciter la moindre criminalité des femmes. De ces interprétations classiques d'ordre

1. C. Lombroso, in *La Femme délinquante et la Prostituée,* Ed. Millon, coll. « Mémoires du corps », 1991, p. 31, pp. 71 à 74.

biologique, qui reposent tout entières sur la référence à cette fameuse « nature » de la femme, on retrouvera en effet les thèmes centraux jusque dans les années 50 où, sous le couvert de théories prétendument psychosociales, des auteurs tels que Thomas[1] ou après lui Pollak — pour ne citer qu'eux — s'attacheront également à justifier la criminalité des femmes en invoquant principalement leurs traits de personnalité. Une fois encore, les femmes seront moins poussées au crime que les hommes parce que passives et soumises, conservatrices, non créatives et, cela va de soi, moins intelligentes. Une fois encore, la prostitution sera considérée comme un équivalent criminel par excellence. Et s'il est certes difficile de saisir pleinement la relation de cause à effet que semblent établir ces auteurs entre intelligence et délinquance ou criminalité, il n'est pas moins délicat de concevoir que l'on puisse envisager la prostitution comme une échappatoire délinquantielle exclusivement féminine dans un régime alors réglementariste, où l'ambiguïté légale a toujours perduré et sans jamais que soient mis en cause les clients de cette prostitution, sans qui le phénomène aurait tout de même eu quelque difficulté à exister.

Pourtant, les travaux de Pollak sur la criminalité des femmes, bien que fortement connotés, auraient pu constituer une ouverture intéressante en ce sens que pour la première fois dans le traitement du sujet, l'incidence de certains paramètres sociaux avait été prise en considération. Cependant, c'est principalement afin d'élaborer une théorie sur le caractère masqué de la criminalité des femmes, censé justifier les écarts constatés entre les deux sexes en matière criminelle, que Pollak aura recours à des arguments sociaux : la criminalité des femmes ne serait pas moindre mais tout simplement largement sous-estimée, une hypothèse qui, notons-le, semble avoir perduré jusqu'à nos jours et que certains magistrats et

1. Thomas, *Sex and Society*, 1907, *The Unadjusted Girl*, 1923.

avocats se plaisent encore à caresser au cours de très aléatoires spéculations quant aux chiffres noirs de la criminalité et au « crime parfait ». Mieux — ou pire —, elle serait invisible parce que les femmes, cruelles et fourbes — on y revient —, choisiraient comme victimes des personnes sans défense, incapables de dénoncer leur agresseur (les enfants), commettraient des infractions difficilement détectables (empoisonnements, rapines diverses, avortements) et seraient plus habiles à dissimuler leurs forfaits. En outre, protégées et aidées par l'attitude chevaleresque des hommes à leur égard, elles seraient moins souvent dénoncées et moins souvent poursuivies. Par-delà certaines contradictions manifestes — les femmes demeurent moins intelligentes que les hommes chez Pollak mais s'avèrent tout de même « plus habiles » dès lors qu'il s'agit de dissimuler leurs crimes —, et si l'auteur s'épanche à loisir sur l'ampleur de la criminalité cachée des femmes, il convient de noter qu'il ne fait en revanche aucune allusion à la criminalité cachée des hommes, oubliant sans doute un peu vite que le foyer a toujours été également propre à constituer une couverture efficace aux activités délictueuses de ceux-ci, qu'il s'agisse d'inceste, de viol, de violences ou de maltraitances.

De fait, et d'une manière générale, on éprouve certaines difficultés à comprendre pour quelles raisons les rares auteurs qui se sont intéressés au phénomène criminel chez les femmes tout au long de la première moitié du XXe siècle ont choisi d'ignorer de la sorte les travaux de Durkheim, Sutherland, Merton ou encore ceux de l'Ecole de Chicago qui, très tôt, avaient mis en exergue l'importance des différences traditionnelles entre les rôles sociaux dévolus aux hommes et ceux attribués aux femmes. Des travaux qui, relevant l'incidence de ces dissemblances sur le comportement social des deux sexes en général, étaient pourtant susceptibles, appliqués au sujet qui nous intéresse, de fournir quelque explication sur leurs comportements criminels en particulier.

DIS-MOI QUI TU TUES, JE TE DIRAI QUI TU ES...

Il aura donc fallu attendre les années 60-70 pour que dans le sillage de la mouvance féministe, les études portant sur les femmes et réalisées par des femmes se multiplient. Un mouvement particulièrement marqué dans le champ des sciences sociales et auquel le phénomène criminel féminin n'échappera bien évidemment pas, qui deviendra enfin objet social d'études à part entière. Un des thèmes de prédilection de ces contributions féministes sera précisément de mettre en lumière l'extrême rareté des études concernant la criminalité des femmes car, exception faite des théories tendancieuses développées par les « bio-criminologues » classiques, les études modernes consacrées à la délinquance avaient d'une façon patente bien souvent négligé la part des femmes dans le phénomène criminel global. Au nombre des raisons avancées pour expliquer cette carence, le faible taux de criminalité féminine même et, partant, l'absence de pression de la part de l'opinion publique, moins concernée, ne fera pas l'unanimité chez les théoriciennes féministes. Parmi elles, ouvrant le feu outre-Atlantique, Frances Heidensohn[1] avancera une explication plus radicale : l'invisibilité des femmes dans l'histoire de la criminologie pourrait tenir principalement au fait qu'à l'instar du traitement pratique de la criminalité, qui aura longtemps été quasi exclusivement le fait d'hommes (législateurs, magistrats, policiers), le traitement théorique du sujet aura également été marqué par des siècles d'omnipotence masculine en matière de

1. F. Heindensohn, *Women and Crime*, Ed. Mac Millan, coll. « Women and society », 1980.

théorisation et d'une manière plus générale de prépondérance des hommes dans la vie intellectuelle.

Dès lors, les féministes s'emploieront à combler les lacunes et, puisant aux sources de l'héritage durkheimien, c'est dans le socle de la division sociale — et donc en premier lieu sexuelle — du travail qu'elles ancreront directement leurs recherches. Replaçant la criminalité des femmes dans le contexte de la société globale, des auteurs comme Heidensohn ou avant elle Adler[1] s'attacheront à prendre toute la mesure de l'enfermement social longtemps imposé aux femmes ainsi que des conséquences qui devaient en découler sur le plan criminel. Traditionnellement reléguées aux seuls rôles d'épouse et de mère, confinées dans leur foyer et tenues à l'écart de la vie publique, socialisées en somme pour tenir leur rôle de « fée du logis », les femmes n'avaient peut-être en réalité manqué jusqu'alors que d'opportunités criminelles, ou tout du moins n'avaient-elles eu que des opportunités criminelles spécifiques à leur condition. Une thèse de la « criminalité domestique » de nature à expliquer de surcroît la surreprésentation des femmes dans certaines catégories d'infractions (crimes et délits ayant trait au foyer tels que les atteintes aux enfants, aux conjoints comme les infractions dites astucieuses contre les biens...) et leur absence dans d'autres (notamment en ce qui concerne les crimes et délits conditionnés par une implication véritable dans la vie publique et économique ainsi que certaines infractions violentes).

Par-delà les opportunités criminelles mêmes, les auteurs féministes ne négligeront pas non plus les facteurs d'ordre psychologique. Cependant, loin d'en appeler comme leurs prédécesseurs au caractère inné de ces traits de personnalité, à cette immuable « nature » des femmes, c'est à leur « culture » de femme qu'ils s'intéresseront. Notant en premier lieu

1. F. Adler, *Sisters in Crime — The Rise of the New Female Criminal*, Mc Graw-Hill Book Company, 1975.

que dans le schéma traditionnel d'apprentissage social les garçons sont d'une manière générale élevés dans le sens d'une auto-affirmation de leur personnalité qui n'exclut pas une agressivité de compétition gage de virilité, Adler fera remarquer que les filles ont quant à elles été pendant des siècles formées à la docilité, à l'altruisme et à une soumission en quête de protection. Une éducation et un apprentissage initiaux relayés et renforcés encore par les différentes institutions de contrôle social. Qu'il s'agisse de la loi — *imbecillitas sexus* dans les sociétés gréco-romaines la femme n'a-t-elle pas été l'éternelle mineure soumise au père puis au mari, femme objet de droits jusqu'à la seconde moitié de ce siècle avant que de devenir véritablement femme sujet de Droit ? —, ou d'un contrôle plus informel exercé au long cours par l'environnement et garant de la « bonne conduite » des femmes, tout semblait propre en effet à assurer leur conformité contre toute forme de déviance. Il est d'ailleurs intéressant de noter à ce propos que les femmes n'étant considérées et ne s'envisageant elles-mêmes que dans ce jeu de rôles imposés, elles sont demeurées et demeurent parfois encore aujourd'hui les meilleures « garde-folles » du système.

Les analyses d'inspiration féministe, par le détour social au fil des stéréotypes sexuels, rendaient ainsi compte d'une manière plus satisfaisante que ne le faisaient les arguments biologiques de la moindre participation des femmes au phénomène criminel comme de la spécificité de leurs activités délictueuses. Elles appelaient cependant validation car l'une des hypothèses les plus largement controversées de ce courant théorique était que l'émancipation des femmes les conduirait à terme, et logiquement, à commettre non seulement *tous* les délits et les crimes mais aussi *plus* de délits et de crimes : « *Liberation equals crime* », devait déclarer sans tergiverser Adler dans les années 70. Près de trente ans plus tard pourtant, l'hypothèse ne semble pas devoir se vérifier. Malgré le chemin parcouru, le dépérissement avancé du modèle traditionnel de la femme au foyer et quand bien même la participation des femmes dans tous les domaines de la vie publique s'est-elle considérablement accrue, leur représentation dans le phénomène criminel n'a pas suivi une progression parallèle et la participation des femmes à la délinquance et à la criminalité constatées demeure de manière significative en retrait par rapport à celle des hommes, oscillant depuis 1970 entre 10 % et 17 % (14 % en 1996, année de la présente enquête, et 13,60 % en 2000, d'après les données statistiques mises à jour).

Un constat d'invalidation qu'il convient cependant de tempérer puisque force est d'observer certaines mutations sensibles dans la structure et dans la nature des infractions commises par les femmes, mutations qui ne sont certes pas étrangères à l'évolution de leur condition, tant sur le plan juridique que sur le plan social, économique, dans les mœurs et dans les pratiques. Ainsi certains crimes traditionnellement présentés comme typiquement féminins ont-ils disparu. C'est le cas de fait, et au regard de la loi de l'avortement puisque cet ancien crime de femme est devenu en 1975 un nouveau droit des femmes dans la pratique. Rappelons à ce sujet que l'une des dernières femmes à avoir été condamnée à la peine capitale en France et exécutée dans les années quarante, sous le régime de Vichy, n'était autre qu'une « faiseuse d'anges », profession dont l'existence même semblait étroitement liée à l'absence de moyens contraceptifs ou avortifs légaux[1]. C'est aussi le cas, et on le sait peut-être

1. *Une histoire de femmes* de Claude Chabrol (1988), avec Isabelle Huppert, retrace la vie et l'exécution en 1943 de « l'avorteuse » Marie-Louise Giraud. Entre 1947 et 1949, 22 femmes ont été condamnées à la peine capitale et exécutées parmi lesquelles 9 l'ont été pour intelligence avec l'ennemi et trahison. A partir de 1949 et jusqu'à l'abolition de la peine de mort en 1981, aucune des femmes condamnées à mort n'a été effectivement exécutée. La toute dernière femme à avoir été condamnée à la peine capi-

moins, de l'adultère qui constituait un délit correctionnel longtemps sanctionné chez les femmes sur le plan pénal alors que toléré chez les hommes[1]. C'est enfin le cas de l'infanticide qui, requalifié depuis 1994 en meurtre sur mineur, n'est donc plus repérable en tant que forfait exclusivement féminin. Mais par-delà le cadre strictement pénal, il est aussi certains crimes de femmes en voie, sinon de totale disparition, tout du moins de très nette régression. Le meurtre du nourrisson à sa naissance, diffusion des moyens de contraception et légalisation de l'IVG oblige, qui a constitué un véritable fléau social est ainsi en très sensible diminution — à titre d'exemple sa fréquence aurait été divisée par six en moyenne par rapport au début des années 30 —, comme le sont, dans un tout autre registre, les fameux empoisonnements sur adultes, image d'Epinal s'il en est du crime de femme[2]. Et de la même manière qu'il semble impossible d'ignorer la désuétude dans laquelle sont tombées certaines « spécialités crimi-

tale en 1973 pour le meurtre de son amant à coups de marteau a ainsi été graciée.

1. La plus célèbre des inégalités juridiques selon le sexe a disparu depuis la loi du 11 juillet 1975 réformant le divorce. Jusqu'à cette date, selon la loi, l'adultère constituait un délit correctionnel toujours pénalement sanctionné s'il était le fait d'une femme, mais n'incriminant le mari que s'il y avait « entretien d'une concubine au domicile conjugal ».

2. La Voisin, née Catherine Deshaye, exécutée dans l'affaire des poisons en 1680, reste incontestablement la figure la plus célèbre de l'empoisonneuse. Notons par ailleurs qu'elle pourrait aussi incarner une avorteuse de choix : elle aurait déclaré avoir brûlé plus de 2 500 avortés et l'une de ses complices aurait pratiqué plus de 10 000 avortements. Rappelons également que la fameuse « Empoisonneuse de Loudun », alias Marie Besnard, accusée d'avoir perpétré onze empoisonnements, fut acquittée en 1961. Avant elle, Marie Lafarge ou encore Marguerite Marty, tombées sous le même chef d'inculpation, seront l'une libérée au terme de 12 ans d'incarcération — on s'interrogera *a posteriori* sur la réalité de sa culpabilité — et l'autre acquittée. Au 1er janvier 1996, elles étaient sept femmes condamnées pour ce motif à purger une peine de détention en France, et dix-neuf au 1er janvier 2001.

nelles » féminines, il apparaît évident que les femmes se sont mises à diversifier leurs activités délictueuses jusqu'à commettre aujourd'hui des infractions nouvelles ainsi que des infractions longtemps considérées comme exclusivement masculines. Un état de fait repérable de façon très sensible dans le domaine des infractions sur la législation des stupéfiants ainsi que des vols simples qui constituent les délits les plus courants pour l'un comme pour l'autre des deux sexes ; notable en ce qui concerne les infractions relatives aux mœurs (notamment sur les enfants, qui enregistrent une participation croissante des femmes), comme la nature de l'implication des femmes dans des vols qualifiés (les infractions violentes contre les biens sont en augmentation chez les femmes et les vols à main armée ne sont plus l'apanage des seuls hommes), mais enfin et surtout, tout particulièrement manifeste dans le domaine des infractions économiques et financières, qu'elles soient « ordinaires » ou de « haut vol » — abus de biens sociaux, banqueroute et autres délits de société, délits économiques ayant trait à l'urbanisme et à la construction, au marchandage et au prêt de main-d'œuvre, fraude industrielle... — et qui s'explique aisément par l'entrée des femmes dans la vie économique, à des postes non plus seulement subalternes mais aussi de responsabilité.

En dernier lieu cependant, il est difficile d'ignorer le fait que cette « émancipation criminelle » touche de façon très inégale l'ensemble des femmes mises en cause. La survivance de certaines particularités criminelles — au premier titre desquelles l'homicide sur la personne du conjoint demeure dans bien des cas toute symbolique — n'est pas sans témoigner de la survivance de quelques archaïsmes sociaux, tant dans les pratiques que dans les dispositions inconscientes. S'il a effectivement existé une relation étroite entre le degré d'enfermement social des femmes et la nature spécifique de leurs activités criminelles, on imagine mal comment celles-ci auraient pu, d'une manière homogène, faire table rase de siècles de pratiques en moins de cinquante ans et les particularités encore attachées à la criminalité des femmes — ou devrait-on dire de certaines femmes — ne sont pas sans agir à la manière d'un révélateur susceptible de nous renseigner sur la nature pour le moins contrastée du rôle social actuel de la femme.

Vers une typologie sociale

Ainsi, c'est dans une perspective sous certains aspects proche de celle de Freda Adler, qui s'attachait à prendre la mesure de l'isolement social des femmes mises en cause et à pronostiquer l'inéluctable processus de rapprochement dans lequel étaient engagées les activités délictueuses des deux sexes, que Robert Cario, l'un des premiers chercheurs français à s'être véritablement attaché au sujet[1], en est venu à élaborer une forme de typologie sociale. Au cours de ses travaux, incontournables s'il en est dès lors que l'on évoque la criminalité au féminin, le sociologue a opéré des croisements de variables et de facteurs tels que l'âge des criminelles et délinquantes au moment des faits, leur niveau d'instruction, la nature de la profession qu'elles exerçaient, leur statut matrimonial ainsi que le nombre d'enfants à charge, parvenant à démontrer que les populations féminines criminelles et délinquantes s'organisaient de manière significative autour de deux axes principaux à savoir, d'une part, celui de la dépendance (ou de l'indépen-

1. Lire à ce propos les études, incontournables s'il en est, menées par Robert Cario dans *La Criminalité des femmes,* Ed. Eres, coll. « Questions actuelles de criminologie », de 1989, *Femmes et Criminelles,* Ed. Eres, coll. « Criminologie et sciences de l'homme », 1992, ainsi que *Les femmes résistent au crime,* L'Harmattan, 1997. Encore aujourd'hui, la rareté des analyses relatives à l'implication des femmes en matière criminelle reste manifeste en France, le phénomène criminel féminin ne semblant avoir éveillé que très sporadiquement l'intérêt des chercheurs.

dance) professionnelle et celui, d'autre part — et c'est là, sans doute, l'une des caractéristiques marquées des femmes par rapport aux hommes en matière criminelle —, de la dépendance (ou de l'indépendance) matrimoniale. Ce faisant, l'auteur est allé jusqu'à définir des sous-populations types parmi les criminelles et les délinquantes et à établir de manière manifeste des correspondances entre acquis matrimoniaux, culturels et économiques et activités criminelles des femmes[1]. Quatre figures de la criminelle sont ainsi apparues au fil des recherches de Cario, sortes de « portraits-robots » étroitement conditionnés par le degré d'investissement du rôle social traditionnellement réservé aux femmes : la femme au foyer, mère de plusieurs enfants, dotée d'un faible niveau d'instruction ; la femme mariée, mère de famille peu nombreuse, salariée (employée ou ouvrière) ; la femme divorcée, bénéficiant d'un degré d'instruction relativement élevé, issue d'une classe sociale plutôt favorisée et enfin la jeune femme, célibataire, sans enfant et sans profession déclarée. Quatre figures qui semblent fonctionner par paire et s'organiser en deux couples s'opposant de manière patente tant d'un point de vue social que d'un point de vue criminel : d'un côté des femmes bénéficiant d'une indépendance matrimoniale et professionnelle qui semblent avoir eu accès à un certain « affranchissement criminel », de l'autre, des femmes dont la position est caractéristique d'une forte dépendance tant du point de vue matrimonial que professionnel et qui en revanche continuent d'investir les créneaux criminels féminins traditionnels.

Par-delà le caractère tout scientifique de la démonstration de Robert Cario, les observations menées par les différents professionnels du monde de la criminalité (policiers, juges, avocats, travailleurs sociaux...)

1. Robert Cario, *op. cit.*, pp. 201 à 215, selon une étude réalisée sur la population carcérale du centre de détention pour femmes de Rennes.

convergent, conduisant à des constats similaires : d'une manière schématique, les femmes indépendantes matrimonialement et plus favorisées d'un point de vue économique et culturel — celles du premier groupe chez Cario — semblent favoriser des activités délictueuses orientées vers les biens (vols, infractions économiques et financières...) alors que les femmes qui possèdent un faible capital culturel et économique, caractérisées par une forte dépendance matrimoniale — deuxième couple —, dirigent plutôt leur criminalité vers les personnes (infractions mortelles sur la personne d'enfants et d'adultes). Une typologie sociale qui n'est pas sans subir bien évidemment l'influence de diverses toxicomanies ainsi que nous avons pu le constater au fil des témoignages recueillis. Des toxicomanies « sociales » qui ne sont pas étrangères non plus aux horizons socioculturels des femmes mises en cause et qui paraissent conditionner la nature de leurs infractions. En ce sens, alcoolisme et usage de stupéfiants semblent en opposition et il apparaît au jour des recherches menées par Cario que si la sous-population des femmes professionnellement et matrimonialement très dépendantes est aussi fortement marquée par l'alcoolisme (qu'il s'agisse du leur propre ou de celui de leur conjoint), les sous-populations de criminelles et délinquantes « indépendantes », qu'elles soient jeunes et oisives ou de milieux socio-économiquement favorisés, sont quant à elles plutôt caractérisées par l'usage de stupéfiants. Un constat qui confirme pour les femmes un phénomène déjà observé chez les hommes à savoir que, d'une façon schématique, l'alcoolisme aurait tendance à influer sur les atteintes violentes aux personnes alors que la drogue tendrait au contraire à déterminer les atteintes aux biens.

En s'attachant au cours de ses différentes études à rendre compte de l'atténuation des particularismes caractérisant les criminalités féminine et masculine, Robert Cario a ainsi procédé selon deux niveaux d'analyse, à savoir d'une part la nature et la structure de la criminalité des femmes et, d'autre part, le statut des criminelles elles-mêmes et c'est incontestablement sur ce second point que le phénomène s'est manifesté avec le plus d'acuité. En ce qui concerne l'horizon géographique, économique, social, culturel et familial, les observations menées sur les populations délinquantes et criminelles conduisent, sans distinction de sexe, à des constats très proches. Outre le fait que l'on retrouve chez les femmes criminelles et délinquantes une représentation des étrangères comparable en nombre à la représentation des étrangers parmi les hommes criminels et délinquants, l'incidence de l'environnement, rural ou urbain, participe de la même manière à la détermination de leurs activités délictueuses. Par ailleurs, et d'une façon globale, statistiques et études sociologiques génériques ont eu tôt fait de démontrer que, certaines catégories d'infractions exceptées, les populations délinquantes et criminelles se recrutaient majoritairement dans les couches sociales défavorisées, cumulant faible bagage scolaire, faible niveau d'instruction et de qualification, milieu familial déficient à lourdes fratries et à faibles revenus, souvent marqué par la violence, faible degré d'intégration économique... Bien évidemment, les femmes n'échappent pas à cette « règle » comme elles n'échappent pas non plus — et là réside peut-être l'explication de la survivance bien réelle de certaines caractéristiques attachées à leur criminalité — à la condition propre qui leur est réservée au sein de ces milieux sociaux sans doute moins propice à leur fournir les instruments d'une réelle émancipation, la possibilité de conquérir et leur indépendance et leur autonomie.

Il va sans dire que la rigidité apparente de tels schémas sociaux est impropre à rendre compte de la multiplicité des comportements criminels dans leur singularité. Il n'en reste pas moins que la mise en système des facteurs que l'on sait déterminants constitue cependant la voie la plus pertinente pour saisir la réalité du phénomène criminel en général et du phénomène criminel féminin en particulier. Et puisque la question de l'égalité entre hommes et femmes semble être posée — n'a-t-elle pas connu d'ailleurs un regain d'intérêt, notamment en ce qui concerne le champ du politique ?[1] —, il était intéressant de voir que les constats dressés en matière criminelle contribuaient également à l'appréhension de la réalité toute mosaïque de cette égalité, car en dressant un état des lieux de la criminalité féminine aujourd'hui, sans doute a-t-on obtenu un éclairage particulier sur l'état des lieux de cette émancipation proclamée des femmes. De ce point de vue, la manière avec laquelle les institutions légales, aux différents stades du processus de répression pénale — services de police, tribunaux, établissements carcéraux —, appréhendent les femmes criminelles et délinquantes semble tout aussi instructive, et ce, qu'elle s'avère positive à leur endroit ou non.

La clémence des hommes en question

Lorsqu'on en vient à considérer les modalités légales et pénales selon lesquelles la criminalité des femmes est aujourd'hui envisagée et traitée, un constat s'impose d'emblée : si les femmes sont indu-

1. Constituant plus de la moitié de l'électorat en France (55 %), les femmes ne sont représentées qu'à hauteur de 7 % parmi les maires, de 11 % parmi les députés et de 6 % parmi les sénateurs. Une sous-représentation des femmes en politique que la loi sur la parité n'a que très inégalement palliée : si le nombre des conseillères municipales a été doublé entre 1995 et 2001, si la proportion de femmes parmi les conseillers régionaux a été portée à 25 %, elle n'est encore que de 10 % parmi les conseillers généraux et demeure résiduelle dès lors que l'on aborde le chapitre des postes de responsabilité dans les coulisses du gouvernement : sur 32 directeurs de cabinets ministériels, 2 seulement étaient des femmes, en septembre 2000. Sans vouloir opérer de rapprochement oiseux, il est donc tout de même intéressant de remarquer que la politique et le crime demeurent deux des plus solides bastions masculins qui résistent encore à la féminisation dans la société française.

bitablement sous-représentées dans le phénomène criminel global, elles sont à vrai dire de plus en plus « absentes » au fur et à mesure que l'on progresse dans la chaîne institutionnelle qui va du commissariat ou de la gendarmerie jusqu'à la prison en passant par les tribunaux. Dès les années 70, il ressortira de certaines enquêtes outre-Atlantique, et notamment de celles de Simon, que le système agit à la manière d'un filtre, l'auteur notant qu'aux Etats-Unis, pour une femme arrêtée on compte 6,5 hommes arrêtés, que l'on condamne une femme pour 9 hommes et que ce sont 30 hommes qui vont effectivement en prison lorsqu'une femme y va. Un processus que l'on pourrait qualifier « d'évaporation pénale » des femmes, qui n'aura pas manqué de susciter des interprétations contradictoires souvent liées à l'équation chevaleresque développée entre autres par Pollak et décriée par Adler — « *Protégées et aidées par l'attitude chevaleresque des hommes à leur égard, les femmes sont moins souvent dénoncées, moins souvent poursuivies et les magistrats répugnent à les punir* » —, qui n'a en fait donné lieu qu'à peu d'études quantitatives, tout du moins en France. La publication en 1995 par l'INSEE[1] de certaines données ainsi que les analyses chiffrées et approfondies menées par France-Line Mary[2] sur les taux de féminité aux différentes étapes pénales seront ainsi venues pallier ce manque en nous renseignant de manière statistique et donc moins partiale sur la réalité du phénomène, que ce soit en ce qui concerne l'attitude des services de police comme celle des tribunaux à l'encontre des femmes. Aux deux questions principales qui sont en fait de savoir si les procédures policières sont plus favorables aux femmes

1. In *Portrait social : les femmes*, INSEE, 1995, chapitres « La délinquance féminine » et « Les femmes en prison ».

2. F-L. Mary, *Femmes, délinquances et contrôle pénal, analyse socio-démographique des statistiques administratives*, Guyancourt, CESDIP, Etudes et Données pénales, n° 75, 1996. Cette étude n'a malheureusement pas fait l'objet d'une réactualisation à ce jour.

qu'aux hommes et si celles-ci bénéficient de la part des magistrats et des jurys populaires de mesures et de sanctions judiciaires plus clémentes, France-Line Mary a apporté des réponses édifiantes. Ainsi, s'il ressort de ses recherches que rien ne permet d'affirmer véritablement que le sexe soit en lui-même un facteur discriminatoire au niveau policier — la nature des infractions commises par les femmes étant plus susceptible d'expliquer les différences de traitement observées à cette étape et l'utilisation par la police de son pouvoir discrétionnaire en matière d'avertissement et d'arrestation semblant par ailleurs plus influencée par des variables telles que les antécédents judiciaires ou l'appartenance à un groupe ethnique ou social particulier —, la sociologue a démontré en revanche, en s'appuyant sur l'examen détaillé des séries statistiques judiciaires, que les femmes bénéficiaient effectivement d'un moindre recours à l'enfermement carcéral que les hommes et ce, de l'instruction jusqu'à la condamnation. A titre d'exemple, France-Line Mary note d'une part que, parmi les inculpés dont l'affaire s'est terminée en 1992, 45 % avaient été placés en détention provisoire pendant l'instruction alors que cela n'avait été le cas que pour 22 % des inculpées et que d'autre part, sur l'ensemble des condamnations enregistrées au casier judiciaire la même année, seules 48,5 % des condamnées contre 61 % des condamnés s'étaient vu infliger une peine d'enfermement carcéral toutes catégories d'infractions confondues. Dans ce sens, l'enquête laisse également apparaître que les femmes seraient moins souvent touchées par des peines de réclusion ou d'emprisonnement comportant une partie ferme (11 % contre 23 % chez les hommes) et que d'une manière générale les reports s'effectueraient largement en ce qui les concerne — dans les cas admettant cette éventualité — sur des condamnations à amende (40 % contre 27 % d'hommes). De ce point de vue, les statistiques INSEE pointent qu'en matière de vol simple, les femmes ont été deux fois moins souvent condamnées à la prison ferme que les hommes en 1991 et deux fois plus fréquemment à des peines d'amende. Une clémence semble-t-il constatée dans nombre de décisions de justice.

Mais outre les différences notables qui existent entre femmes et hommes quant au seul recours à une incarcération, les séries statistiques font également état d'écarts en ce qui concerne la durée de ces incarcérations après condamnation : d'une manière générale il semblerait que les durées de détention soient sensiblement plus courtes pour les femmes, les temps de détention moyens ayant été estimés en 1994 à 5,6 mois pour celles-ci contre 7,2 mois en ce qui concerne les hommes. Il n'en reste pas moins que l'allongement constaté depuis une vingtaine d'années des durées moyennes de détention — principal facteur de l'augmentation de la population carcérale globale[1] — n'épargne pas les femmes et il ressort en outre des études de France-Line Mary que ce sont elles qui seraient précisément le plus touchées par cette tendance : les indicateurs concernant la population féminine augmentant plus rapidement que ceux ayant trait aux populations masculines, il est possible de songer à terme à une égalisation des durées moyennes de détention. En dernier lieu et dès lors qu'on envisage les quanta de peine infraction par infraction, on s'aperçoit que cette notion de « peine moyenne » rend mal compte de la réalité et France-Line Mary note elle-même que dans le cas de crimes et de délits graves les disparités en termes de longueurs d'incarcération, notamment en ce qui concerne les peines criminelles, semblent aller s'amenuisant, voire s'inversant. Certaines études portant sur les quanta de peine et les modalités d'élargissement ont par ailleurs laissé apparaître que l'effectivité des sanctions prononcées n'était pas la même chez les femmes et chez les hommes. Elles suggèrent que, dans le cas de lourdes peines, la

1. L'indicateur de durée moyenne de détention est passé de 4,3 mois en 1975 à 8 mois en 1999 (7,1 mois en 1994).

pleine effectivité des condamnations prévaudrait chez les femmes[1].

La clémence des magistrats ne s'exerce-t-elle en correctionnelle que sur des infractions d'une « gravité relative » ? Les jurys populaires des assises sont-ils plus sévères à l'égard des femmes ? Par-delà toute considération statistique, il semble évident que des facteurs tels que la dangerosité, le risque de récidive ou la notion de relative « normalité » dans la déviance exercent une influence majeure sur la prononciation des sentences. De ce point de vue les verdicts rendus dans les dossiers d'homicides volontaires sur la personne de conjoints et dans ceux d'atteintes aux mœurs sont tout particulièrement révélateurs. Tandis que dans le premier cas de nombreux observateurs de terrain s'accordent à remarquer que les femmes, victimes-coupables de crimes conjugaux, semblent souvent bénéficier d'une certaine « bienveillance » de la part des jurés au regard des situations pour le moins difficiles dans lesquelles elles se trouvaient et des faibles risques de récidive, dans le second cas, en revanche, il semblerait que les femmes impliquées dans des affaires d'atteinte aux mœurs, du fait de leur rareté même, soient plus lourdement sanctionnées que les hommes. Il y a certes là matière à réflexion sur cette double déviance des femmes dès lors qu'on entre dans le domaine de la sexualité, celles-ci semblant parfois être condamnées non seulement pour avoir porté atteinte aux règles de la société mais aussi à l'orthodoxie sociale fondamentale qui régit les rôles sexuels.

Si la nature et la gravité des infractions poursuivies

1. Concernant la pleine effectivité des sentences prononcées, lire Claude Faugeron et Norbert Rivero in « Travail famille, condition : femmes libérées sous conditions » in *Déviance et Société*, n° 2, juin 1982. P. 115 les auteurs notent : « Il y a davantage de femmes détenues pour des peines de 10 à 15 ans qu'il ne devrait y en avoir si les flux s'écoulaient à la même vitesse pour les femmes que pour les hommes. » Voir également *Le Point sur les femmes en prison,* ministère de la Justice, 1983, qui fait le point sur l'effectivité différentielle des sanctions.

selon les sexes sont donc propres à moduler l'ensemble de ces constats, elles ne parviennent pas, il est vrai, à expliquer entièrement les écarts observés en termes de clémence et le sous-emprisonnement constaté des femmes semble souvent motivé par ce que les théoriciens anglo-saxons ont jugé opportun d'appeler le « sex effect ». Un « sex effect » qui, si l'on en croit les prévisions de certains magistrats et avocats, pourrait se trouver considérablement entamé par l'entrée de femmes de plus en plus nombreuses, à tous les niveaux de responsabilité, dans les services de police comme dans la magistrature. Les femmes que j'ai pu rencontrer ne redoutaient-elles pas en effet d'avoir affaire à des juges femmes, évoquant leur plus grande sévérité à leur égard ? N'attribuaient-elles pas elles-mêmes la moindre ou la plus grande sévérité d'un jury au nombre de femmes jurés ? Mais un « sex effect » également, facteur de discrimination et donc d'inégalité face à la punition, qu'il conviendrait peut-être mieux de qualifier de « mother effect » car si les études statistiques concernant le taux d'évaporation pénale des femmes ne font pas apparaître la variable « maternité », cela n'interdit pas de s'interroger : est-ce véritablement la qualité de femme en soi qui motive un moindre recours à l'incarcération des inculpées ou n'est-ce pas plutôt leur qualité de mère plus susceptible quant à elle d'induire chez les magistrats, sinon une clémence à proprement parler, tout du moins une réticence à prononcer des peines d'enfermement carcéral au regard des conséquences que cela peut entraîner pour les enfants des femmes déférées devant eux. Une hypothèse qui pousserait à questionner également l'existence — ou l'inexistence — d'un « father effect » nous renvoyant par là même et à nouveau à la notion de stéréotypes sexuels traditionnels[1].

1. Voir note 1 page 121 sur la loi du 15 juin 2000 renforçant la présomption d'innocence et qui comporte des articles visant directement les personnes ayant des enfants à charge et exerçant l'autorité parentale.

Qui sont donc ces femmes qui sont passées au travers des différents filtres institutionnels jusqu'à se retrouver effectivement incarcérées ? Les statistiques disent qu'elles sont sensiblement moins jeunes aujourd'hui qu'elles ne l'étaient selon les chiffres des années précédentes — 48 % d'entre elles avaient entre 15 et 30 ans au 1er janvier 1994 contre seulement 37 % au 1er janvier 2001, un vieillissement qui correspond à la tendance générale constatée dans la population carcérale globale dont l'âge moyen se situait à 34,4 ans au 1er janvier 2000[1] —, plutôt célibataires et sans enfants (respectivement 57 % et 48 % des femmes incarcérées durant l'année 1999)[2], majoritairement des condamnées (à hauteur de plus de 56 % au 1er janvier 2001) et relativement plus nombreuses que les hommes à purger des peines criminelles (33 % contre 25 % et 38 % contre 23 % s'agissant de peines criminelles relatives aux atteintes contre les personnes.

1. De fait, au 1er janvier 2000, près de 190 000 personnes étaient sous la responsabilité de l'administration pénitentiaire mais près de 75 % l'étaient au titre d'une mesure ou d'une sanction suivie en milieu ouvert, seules 25 % étant effectivement incarcérées. Depuis dix ans, la population prise en charge en milieu ouvert n'a cessé d'augmenter, parallèlement et après une période « d'inflation carcérale » la population détenue s'est stabilisée autour de 52 000 détenus et tend à baisser depuis 1996 (44 618 personnes incarcérées en métropole au 1er janvier 2001). La volonté de développement des alternatives à l'incarcération figurant au rang des priorités de la politique pénitentiaire présentée par le garde des Sceaux en 1998 et la baisse des entrées conjuguées à une augmentation des durées de détention ne sont pas sans expliquer en partie le vieillissement des populations carcérales.

2. Ces chiffres concernent l'ensemble des femmes incarcérées, en maison d'arrêt comme en centre de détention, prévenues et condamnées mais les proportions fluctuent dès lors que l'on considère les catégories dans leur détail. Ainsi, selon une étude effectuée en 1994 au CPF de Rennes — détention longues peines — les statistiques laissaient apparaître que 70 % des femmes incarcérées avaient des enfants.

Il était certes difficile d'évoquer la criminalité des femmes sans faire escale dans leurs prisons, car il en va de celles-ci comme de celle-là : des petits quartiers aménagés au sein des maisons d'arrêt de province jusqu'à la dizaine de divisions que renferme *la* prison des femmes de France — celle qui, à Rennes, a vu du haut des cinquante mètres de sa façade passer plus d'un siècle de criminelles —, c'est encore cette féminité que les murs nous racontent. Femmes criminelles, femmes enfermées, captives et recluses, il y a dans leur manière d'envisager la prison et de réagir à la règle carcérale, comme dans la façon dont l'administration pénitentiaire elle-même les appréhende, tant de choses propres à les distinguer des hommes. Est-ce bien un hasard d'ailleurs si ce fameux centre pénitentiaire pour femmes avec sa cour dite d'honneur, qu'encadrent six bâtiments de trois étages, son calvaire clochu et ses galeries qui courent d'arcade en arcade et où glissent parfois, discrètes, les détenues, est parvenu à conserver depuis 1865 les faux airs d'un couvent aux dimensions démesurées ? A Rennes, on ne sonne plus la cloche depuis bien des années comme on avait coutume de le faire à chaque libération. Trop déprimant pour le reste des pensionnaires. Mais qu'une gradée ou qu'une surveillante laisse tomber son trousseau de clefs et l'on se prend à caresser l'idée qu'une fille va être libérée ou que quelqu'un va s'évader. Bien sûr, on ne croit qu'à moitié à ces superstitions que les barreaux sécrètent : ne pas se retourner à sa libération sinon on se fera à nouveau serrer, ne pas écrire sur les murs de la prison sinon on reviendra pour effacer, ne pas emporter avec soi sa dernière paire de chaussons sinon...

Sait-on bien qu'il n'y a pas dix ans de cela, le CPF était encore le seul et unique établissement habilité à recevoir les femmes purgeant de longues peines ? Qu'elles soient originaires du sud ou de l'est de la France, toutes les condamnées de l'Hexagone affluaient ainsi dans cette maison bretonne sans autre alternative que l'exil et l'écartèlement des liens familiaux au gré des distances. Certes, depuis la construction au début des années 90 des quartiers de détention pour femmes de Bapaume près d'Arras et de Joux-la-Ville non loin d'Auxerre, la surpopulation n'est plus à Rennes qu'un souvenir[1]. Quant au déracinement et à l'éloignement... Au regard de l'implantation géographique des trois centres de détention pour femmes, il reste préférable d'être établie au-dessus d'une ligne Nantes-Mulhouse si l'on veut avoir les moyens, une fois condamnée à une longue peine, de recevoir la visite de ses enfants et parents plus ou moins régulièrement[2]. Pour les hommes, le problème ne se pose pas : une vingtaine de structures existent à travers le pays pour accueillir les longues peines au masculin. Et c'est bien cela : minoritaires, les femmes en prison apparaissent en premier lieu affligées d'une sorte d'invisibilité pénitentiaire comme si du fait de leur sous-représentation dans la population carcérale globale (4,1 % au 1er janvier 1996, date de la présente enquête, et 3,7 % au 1er janvier 2000), elles n'avaient pas eu droit à la même attention de la part de l'administration et que le champ de leurs possibles carcéraux s'en était trouvé réduit d'autant.

1. Elles étaient 211 femmes détenues en centre de détention pour 233 places théoriques au 1er octobre 2001 contre plus de 400 dans les années 80.

2. A ce jour, chaque Direction régionale des services pénitentiaires (9 au total en France plus Paris) est dotée d'un centre de détention régional permettant une réorientation pour rapprochement familial non seulement des hommes détenus mais aussi des femmes détenues, condamné(e)s à une peine inférieure à 5 ans ou purgeant un reliquat de peine égal ou inférieur à 5 ans. A l'époque de l'enquête, seul le centre régional pour femmes du centre pénitentiaire de Marseille était en mesure d'accueillir les femmes bénéficiant de ce type de ré-affectations et il n'accueillait que les femmes présentant des reliquats de peine inférieurs à 3 ans. Il est à noter par ailleurs que les femmes présentant un reliquat de peine inférieur à un an peuvent aujourd'hui demander leur transfert à des fins de rapprochement familial vers les quartiers des maisons d'arrêt.

Dans telle maison d'arrêt, quelque 325 hommes s'entassent pour 160 places effectives. Au quartier des femmes — 40 places théoriques —, elles sont une quinzaine et la responsable m'explique que ses détenues ne souffrent jamais ici des effets de la surpopulation. Toute médaille a cependant son revers : moins d'activités socioculturelles, moins d'équipements, moins d'intervenants[1], moins de moyens en somme, les petits effectifs féminins ne justifiant pas dans les maisons d'arrêt des investissements à hauteur de ceux consentis pour les hommes. Elle ne cache pas son amertume, cette responsable de quartier, et les exemples se bousculent dans la conversation. Il y a d'abord les pièces de théâtre qui ne sont jamais présentées que dans le quartier des hommes, nombre de spectateurs oblige. Il y a aussi les indigentes qui entrent sans autres vêtements que ceux qu'elles portent et qu'il faut bien habiller lorsqu'elles demeurent incarcérées plusieurs semaines ou plusieurs mois. A côté, on fabrique certes des vêtements pour les indigents mais pas pour les indigentes. Il y a enfin cette réforme venue restructurer les services médicaux en prison[2], et dans le cadre de laquelle le CHU a prévu d'établir une unité de soins, toujours dans les quartiers d'hommes. Alors elle se bat :

« *Comment voulez-vous qu'on fasse, les femmes vont devoir se rendre chez les hommes pour toutes leurs visites médicales avec les problèmes logistiques que cela induit. Ce n'est pas possible, il nous faut parvenir à conserver au moins une petite infirmerie chez les femmes, ne serait-ce que pour les premiers soins, les soins d'urgence ou les visites du gynécologue. Je ne sais pas quoi vous dire, les femmes sont les éter-*

1. A titre d'exemple il aura fallu attendre septembre 1981, soit vingt ans après les hommes, pour que soit créé un poste d'institutrice dans le quartier des femmes de Montluc (maison d'arrêt de Lyon).

2. La responsabilité des soins aux personnes détenues a été transférée de l'administration pénitentiaire vers le service public hospitalier par une loi en date du 18 janvier 1994.

nelles oubliées du système pénitentiaire jusque dans les cantines où leurs besoins spécifiques sont très souvent négligés. A mon arrivée j'ai dû me battre pour qu'elles disposent de certaines choses. Cela va des tampons périodiques jusqu'au rimmel, parce qu'une femme, même en prison, a le droit de rester une femme. »

Dans un système centralisé qui tendait à standardiser les conditions de détention dans les différentes prisons locales, l'administration pénitentiaire a certes mis quelque temps à prendre conscience du fait que les besoins des femmes incarcérées différaient de ceux des hommes. Les délais considérables avant que ne soient institués des semblants de services gynécologiques au CPF même, et *a fortiori* dans les quartiers de femmes des maisons d'arrêt, témoignent de cet état de fait. Pourtant, lorsque cette indifférence apparente se double de discriminations formelles, on ne peut s'empêcher de s'interroger. Que dire en effet du travail pénal et des activités récréatives qui leur ont longtemps été proposés — imposés ? — sinon que la diversité n'était pas à proprement parler leur caractéristique première. Dans les maisons d'arrêt le travail fourni par les concessionnaires[1] était souvent en premier lieu attribué aux hommes, les femmes devant se satisfaire de tâches annexes : dans les murs de nombreux quartiers de province, elles ont ainsi été affectées jusque dans les années 80 — sans doute un hiatus sur le chemin de

1. En 1995, le nombre d'actifs rémunérés s'est élevé en moyenne à 21 920 détenus pour une population totale écrouée de 53 642 personnes soit un taux d'emploi de 40,9 % avec de gros écarts selon le type d'établissement — de 34,5 % d'actifs en maison d'arrêt à 57,2 % en centre de détention. En 2000, le taux d'emploi a été porté à 46,5 %. Outre les effectifs affectés au service général (6 700 personnes), 1 274 détenus travaillaient pour les régies des établissements pénitentiaires et 10 248 dans le secteur de la concession (entreprises extérieures) ou pour des associations. La rémunération moyenne s'élevait à 139 F par jour en régie et 119 F par jour en concession.

l'égalité — à l'entretien du linge des détenus hommes. A ce jour, le travail pénal relevant d'une manière générale ni plus ni moins que de l'esclavagisme au regard des rémunérations pratiquées comme des conditions de travail — qui oserait parler de droits syndicaux, en prison ? —, il semblerait que ce soit encore aux femmes qu'échoient les tâches les moins lucratives. Et que penser également de ces activités « socioculturelles » que l'administration s'emploie à organiser à leur attention ? A de rares exceptions près, elles ont été à l'avenant et, dans les murs du CPF de Rennes, les femmes ont dû s'appliquer à exercer leurs loisirs « préférés », de la couture au tricot, en passant, au titre de la formation, par les cours de dactylo et l'enseignement ménager. Un traitement carcéral spécifique dont le seul effet — pour ne pas dire objet — semblait être de maintenir les femmes dans un rôle convenu. Nombre de choses ont certes changé et en fort peu de temps somme toute, comme si l'histoire des prisons de femmes avait subi une soudaine accélération au détour des années 80. A Fleury comme à Rennes, l'éventail des travaux, des formations et des activités proposés aujourd'hui en témoigne. Une accélération qui n'a pas été étrangère à l'amorce d'un renouvellement du personnel des prisons en général dans le cadre du programme 13 000 et qui n'est pas non plus sans lien avec l'arrivée d'une nouvelle génération de directeurs et de responsables en particulier, incontestablement doués d'une approche plus moderne et plus lucide de ce que peuvent être et doivent être l'environnement et le traitement carcéraux des femmes.

« *La prison en général et les prisons pour femmes en particulier ont plusieurs générations de retard,* me confiera telle éducatrice du CPF de Rennes. *Les choses ont changé depuis quelques années mais je crois que tant que le renouvellement du personnel n'aura pas été entièrement consommé, on ne pourra pas véritablement tourner la page. Le cadre carcéral n'est pas des plus propices à un gain d'autonomie ou à une quelconque émancipation, que ce soit chez les femmes comme chez les hommes — bien au contraire — mais ici, à Rennes, on a longtemps favorisé un processus de régression, d'infantilisation des femmes au travers des rapports de maternage qui existaient entre surveillantes et détenues. Aujourd'hui, nous sommes nombreux à vouloir renverser la vapeur, à vouloir responsabiliser ces femmes afin qu'à leur sortie elles ne se retrouvent pas à nouveau totalement démunies mais... Pour vous donner un exemple, à mon arrivée au CPF dans les années 80, le regard des surveillantes sur les entrantes se résumait à peu près à ceci : Est-elle une bonne mère ? Comment parle-t-elle de ses enfants, s'en occupe-t-elle ? Est-elle une bonne femme d'intérieur ? Est-ce que sa cellule est bien rangée, propre, bien tenue ? Tels étaient les critères qui prévalaient lors de l'orientation des femmes à leur arrivée et tels sont encore à ce jour les critères qui prévalent lorsque certaines surveillantes de l'ancienne génération jugent les "bonnes" et les "mauvaises" détenues.* »

Il est à Rennes des cellules qui ressemblent à de coquets petits nids d'amour, dentelles et napperons, rideaux et couvre-lits assortis, cadres, livres, photographies. Il en est d'autres terriblement austères où l'on n'a vraisemblablement pas voulu maquiller le mobilier carcéral par quelque subterfuge esthétique. Cela dépend paraît-il de la longueur de la peine en cours mais je me suis laissé dire par certaines détenues que ce n'était pas non plus étranger à l'indépendance que l'on entendait conserver par rapport à l'institution, une cellule anonyme comme le dernier bastion paradoxal d'une individualité farouche. Pourtant, et contrairement aux hommes pour qui un surveillant reste « un maton » et une cellule, un cachot, elles sont nombreuses ici les femmes qui parlent aux « dames » — les surveillantes — de « *leur chambre* » de ce « chez-elle » de 12 m² aménagé au fil des pages du catalogue des *Trois Suisses*. Est-ce parce que la maison demeure malgré tout le domaine réservé des femmes dans les schémas mentaux ? Est-ce parce que, ainsi que telle psychologue du SMPR me l'expliquera, « *pour un certain nombre d'entre elles, ces femmes n'avaient disposé jusqu'à leur arrivée en prison d'aucun lieu qui soit "à elles"* » et que cette cellule qu'on leur attribuait était de fait le premier espace qui leur appartienne véritablement ? « *De toutes les façons, les femmes se situent plus dans l'affectif que les hommes — ce qui n'est d'ailleurs pas propre à l'univers carcéral. Et cela peut s'expliquer : contrairement aux hommes pour qui l'accession à la virilité passe par la rupture du lien avec la mère, les femmes n'ont en général pas à opérer cette cassure. En ce qui les concerne l'affectif est accepté.* » Accepté voire encouragé hors les murs, objet parfois de manipulations à l'intérieur — confère ces enfants objets de rédemption pour les mères comme parfois instruments de pression pour l'institution[1] —, cet affectif féminin semblait également être source de nom-

1. En mai 1997, elles étaient 12 femmes enceintes à Fleury-Mérogis et 9 jeunes mamans avec leur bébé qui séjournaients dans les murs de la nursery de la MAF. A la rentrée 2001, et pour la première fois dans son histoire, cette même nursery était vide. D'une manière générale, le nombre de femmes détenues avec leur enfant — historiquement, un flux d'une cinquantaine par an — a chuté depuis le milieu des années 90. A titre indicatif, à la fin de l'année 2000, ils étaient 18 enfants à séjourner avec leur mère en prison sur l'ensemble du territoire national. Selon le code de procédure pénale, les détenues enceintes (une vingtaine fin 2000) et celles auxquelles est laissé leur enfant bénéficient d'un régime approprié. Les mères détenues peuvent garder leur enfant auprès d'elles jusqu'à ce que celui-ci atteigne l'âge de 18 mois. Le plus souvent, le juge d'application de peines tend à faire coïncider la sortie de la mère avec celle de son enfant (aménagement de peine, libération conditionnelle...). En l'absence d'aménagement possible toutefois, il appartient au service social de la prison de pourvoir au placement de l'enfant au mieux de ses intérêts. En août 1999, une circulaire concernant les enfants incarcérés auprès de leur mère est venue compléter les dispositions déjà existantes afin d'améliorer les conditions d'accueil du couple enfant/mère. Sa grande innovation a été de permettre à l'enfant, une fois le délai des 18 mois passés, de revenir ponctuellement séjourner avec sa mère en prison hors les traditionnels parloirs en aménageant, par exemple, la possibilité pour le couple mère/enfant de passer une nuit ensemble.

breuses difficultés en prison. N'avait-on pas à ce propos mis en garde Bénédicte Martin, avant qu'elle ne prenne ses fonctions de directrice au CPF de Rennes ?

« *Lorsque j'avais demandé ma mutation des quartiers d'hommes de Fresnes au centre pour femmes de Rennes, on m'avait mise en garde : certains responsables de détention m'avaient dit avoir dix fois plus de problèmes dans leur établissement avec leurs vingt femmes qu'avec leurs cent hommes. Après plus de quatre années passées à Rennes, je ne partage toujours pas cet avis. Certes, et c'est là l'une des premières choses dont on prend conscience dans un établissement pour femmes, les femmes qui ont commis des actes criminels les ont très souvent commis directement en relation avec leur milieu familial ou leur environnement proche. Leurs victimes sont rarement des étrangers croisés dans la rue, ce qui rend certainement beaucoup plus fort le sentiment de culpabilité. Une culpabilité qui n'est pas simplement liée à la condamnation mais qu'elles portent en elles par rapport à la personne qu'elles ont éliminée ou aux personnes à qui elles ont fait de la peine. Nombre de femmes sont donc dans un état de souffrance véritable ici. Cependant leur lucidité reste intacte quant à leur situation et c'est précisément cette lucidité qui m'a le plus frappée chez elles. Du fait de cette lucidité, je trouve que les femmes font preuve d'une véritable intelligence de la situation, qu'elles sont nettement plus responsables dans la gestion de leur peine, ne serait-ce que parce qu'elles ont pleinement conscience qu'un dérapage pourrait mettre en cause des personnes qui leur sont chères et notamment leurs enfants. Il semble de toutes les façons évident que, pour la grande majorité des femmes qui ont des enfants, la gestion de leur détention comme leurs projets de sortie s'élaborent précisément autour de ce lien de filiation. C'est un aspect très important. Il y a des femmes ici qui ne semblent tenir que grâce aux visites de leurs enfants.* »

En centre de détention comme en maison d'arrêt,

les constats sont partout les mêmes mais on les envisage parfois sous des angles différents. En ce qui concerne Georgette Bresson, dont l'itinéraire professionnel présente le double intérêt de s'être déroulé dans ces deux types d'établissement, chez les femmes comme chez les hommes, non seulement à un poste administratif mais aussi au cœur même des quartiers de détention, ce lien de filiation si nécessaire, si important dans les prisons pour femmes n'est pas sans avoir de conséquences :

« *J'ai rencontré beaucoup plus de difficultés chez les femmes. Des difficultés attachées à leur qualité même de mère. Elles semblent vivre beaucoup plus mal l'incarcération que les hommes et principalement à cause de cette fracture avec leurs enfants. En schématisant je dirais qu'avec les hommes nous gérons la privation de liberté, l'enfermement en tant que tel, alors qu'avec les femmes, c'est le déchirement familial qu'il nous faut affronter. En outre, chez les hommes il n'y a pas cette préoccupation du devenir de l'enfant du fait de leur absence parce que la plupart du temps, à l'extérieur, ils n'en assumaient pas directement la charge qui revenait à la mère. L'incarcération de la mère, en revanche, pose souvent le problème du placement de l'enfant, que ce soit dans la famille ou dans une institution. De ce fait les mères se sentent comme déchues de leurs droits maternels même s'il n'y a pas déchéance au sens légal du terme ce qui provoque, notamment dans le cas des longues peines, des tensions et parfois une sorte de rivalité des mères vis-à-vis de la famille nourricière perçue comme usurpatrice. Une rivalité qui se traduit par des récriminations constantes : "On lui a coupé les cheveux sans me demander la permission", "Il était mal habillé lors de sa dernière visite"... Autant de reproches qui leur permettent de s'agripper à leur identité de mère. Certaines périodes sont très difficiles à vivre dans les quartiers de femmes : Noël, la fête des mères, la rentrée scolaire, les vacances d'été... Ce sont des choses que l'on ne ressent pas chez les hommes qui doivent également éprouver ce genre de sentiment mais qui ne le manifestent pas. Ceci explique peut-être cela, il règne dans les quartiers de femmes une tension nerveuse plus forte qui se traduit par des querelles incessantes, des bris d'objets, des crises nerveuses jusqu'aux automutilations ou à la tentative de suicide.* » Des problèmes auxquels on tente vraisemblablement de remédier en surmédicalisant les intéressées. Au CPF de Rennes, la gestion de la consommation excessive par les pensionnaires de médicaments psychotropes et autres pose un réel problème : les budgets affectés à cet effet y sont doublés par rapport à d'autres établissements. « *Les tentatives de suicide sont nettement plus nombreuses chez les femmes que chez les hommes. En revanche, il semblerait que lorsque les hommes passent à l'acte, ils réussissent généralement beaucoup plus sûrement à se supprimer,* reprend Georgette Bresson. *Ce n'est pas le même mode de passage à l'acte : alors que chez les hommes le suicide procède d'une véritable décision d'en finir, chez les femmes, il s'agit plutôt d'un appel au secours. De toutes les façons, les femmes incarcérées sont beaucoup plus demandeuses d'attention que les hommes. Elles fonctionnent essentiellement sur la corde affective. En détention, les hommes ne s'épanchent ni en temps ni en parole. Ils conservent une grande pudeur en ce qui concerne leurs sentiments ou peut-être éprouvent-ils tout simplement plus de difficultés à les verbaliser. Ils ne se confient pas aux surveillants et, lorsqu'il y a par exemple un problème en cellule, nous ne l'apprenons que lorsque l'affaire est arrivée à la dernière extrémité alors qu'avec une femme, en général, à la moindre petite difficulté nous sommes sollicitées. Les femmes n'ont pas de problèmes de verbalisation, elles vont se confier facilement à nous, elles ont une grande capacité à dire leur souffrance. De ce point de vue, le travail que nous menons auprès d'elles est tout à la fois enrichissant et très délicat à mener à bien, notamment en centre de détention où nous sommes appelées à rester des années avec les mêmes détenues et où, à la longue, il devient de plus en plus difficile de gérer la distance. Détenues et surveillantes en viennent à se connaître mutuellement trop bien et de la même manière que nous avons tendance à ne plus les considérer comme des détenues, elles ont tendance, de leur côté, à ne plus nous voir comme des surveillantes. L'intégrité des positions n'est pas préservée et à terme cela peut poser de graves problèmes.* »

Un problème de perte de repères et de confusion des rôles qui peut s'avérer selon tel autre psychologue extrêmement préjudiciable : « *La confusion des rôles plus fréquente chez les femmes que chez les hommes en prison n'est pas une bonne chose en soi parce qu'elle est déstructurante. La surveillante a un rôle capital à jouer en tant que repère d'autorité et les limites à respecter en matière relationnelle ne le sont pas toujours. Prenons le cas extrême, et qui existe, de la relation amoureuse homosexuelle entre une détenue et une surveillante. Même si le passage à l'acte demeure résiduel, il existe tout une palette de possibilités d'entretenir une telle relation dans le cadre d'une sympathie ou d'une amitié amoureuse. Or ce type de relation transgresse deux interdits : l'interdit de l'homosexualité qui demeure malgré tout marginalisante et l'interdit de la génération puisque la surveillante, figure d'autorité, est souvent également figure parentale.* » De ces relations homosexuelles entre détenues et surveillantes, plusieurs filles que je rencontrerai se feront l'écho, que ce soit en centre de détention comme en maison d'arrêt. Peu d'entre elles en avaient cependant été les témoins directs mais les bruits de couloirs évoquaient à loisir ces traitements de faveur dont avaient bénéficié les « élues » : le courrier qui arrive plus vite, la porte de la cellule qui reste ouverte plus tard le soir, les bonnes places en atelier — entendez les plus rentables —, les petits cadeaux divers et variés. Fantasme collectif ? Ce n'était vraisemblablement pas le cas, quelques mises à pied discrètes attestant de la réalité du phénomène tout comme le témoignage de Sarah, ex-pensionnaire du CPF de Rennes qui, preuves à l'appui, a relaté son aventure avec une surveillante :

« *Elle venait assez souvent dans ma division. Elle avait quoi... 30 à 35 ans. Elle avait une petite fille. On a discuté et on a sympathisé. Elle était simple, souriante. Avec elle, c'était facile de parler. Je l'ai rencontrée à peu près un an après être arrivée en détention. Plus tard j'ai eu une permission à Noël. Elle savait que je devais sortir, on en a discuté bien sûr et elle m'a demandé où j'allais, de lui laisser mon numéro de téléphone. Elle disait que c'était pour me souhaiter un joyeux Noël. Moi, j'ai trouvé ça un peu bizarre, donc je suis restée prudente mais effectivement, elle m'a appelée pendant le réveillon et elle m'a aussi appelée le lendemain, le jour de Noël. Je lui ai dit que pour plus de commodités je comptais rentrer à Rennes la veille de ma fin de perm et quand je suis arrivée ce jour-là, ça a été la surprise parce qu'elle m'attendait à la gare. Là, ça a été le grand jeu, repas, champagne, cadeaux. Elle me disait : "Si tu as besoin de quelque chose, tu me le dis." Elle me disait aussi de ne pas m'inquiéter, qu'elle se débrouillerait, parce que moi je flippais un peu quand même. En fait, elle prenait beaucoup de risques pour moi. Je crois que d'autres surveillantes savaient ce qu'il se passait entre elle et moi. Je ne sais pas ce qu'elles en pensaient, mais en tout cas, celles qui le savaient fermaient les yeux puisque... Mais les filles non. Les filles du CD n'étaient pas au courant. Enfin à cette époque puisque, après que je suis sortie, il y a une fille libérée aussi qui a bien vu que... Elle était vraiment très très amoureuse de moi. J'ai dormi chez elle ce soir-là et je suis rentrée au CD le lendemain matin. Pendant trois mois, elle faisait exprès de changer ses tours de garde avec d'autres surveillantes de manière à se retrouver de garde dans ma division, donc on se voyait très régulièrement. Juste se voir, se parler, passer un peu de temps ensemble. En prison, je n'ai jamais profité de cette relation. Je ne lui ai jamais rien demandé. Je sais en revanche que d'autres filles ont eu des relations avec des surveillantes et que cer-*

taines en ont tiré des avantages. C'était de petits avantages. Au quotidien comme avoir le droit d'avoir sa porte ouverte plus tard le soir, se faire passer des trucs. Ces relations n'allaient jamais très loin sur le plan sexuel je veux dire. C'est trop difficile, il y a tellement de mouvement que... C'est trop risqué, c'est pas possible. C'est vrai que d'une certaine manière avoir cette relation c'était pour moi une façon de meubler ma solitude. Au départ, moi, j'ai pris ça comme une espèce de jeu vraiment mais c'est très vite devenu un engrenage et c'est quand je suis sortie que j'ai réalisé que ça ne pouvait pas durer. Ça ne pouvait pas continuer. Elle me téléphonait plusieurs fois par jour, parfois tard le soir. Elle voulait toujours que j'aille la voir et, au départ, j'ai pris le risque d'y aller. J'ai passé un week-end chez elle et c'est là que nous avons eu pour la première fois des relations sexuelles. Ça s'est plutôt bien passé mais il fallait être lucide, moi je n'étais pas faite pour ça. Elle, elle était apparemment habituée à ce genre de relation avec des détenues puisque j'ai appris par la suite qu'elle continuait à fréquenter une ancienne détenue du CD. Elle m'amenait à la mer, en balade, à Saint-Malo, et j'ai l'impression que plus elle me voyait et plus elle s'attachait à moi alors que moi, paradoxalement, c'était le contraire. Seulement moi, quelques mois après, j'ai rencontré un garçon qui est devenu mon petit ami et ça a tout changé. Je lui ai expliqué qu'il fallait que ça finisse, que notre relation ne pouvait plus durer, que j'avais rencontré quelqu'un et j'ai refusé de la revoir. Elle l'a très mal pris. Elle ne voulait rien entendre et elle s'est mise à me téléphoner sans arrêt. Au téléphone, elle pleurait. C'est là qu'elle a aussi commencé à me pister. Elle venait là où je travaillais, elle passait et elle repassait devant mon lieu de travail. Où que j'aille, sans arrêt, sans arrêt. Elle me surveillait. Elle me disait : "J'aime te regarder quand tu ne sais pas que je suis là." Elle disait : "Plus tu me fais du mal et plus je t'aime." Quelque part, elle était perverse. Elle m'attendait sur les parkings et moi j'essayais de l'éviter mais... Ça a duré pendant presque six mois. Après... Elle a dû se lasser. Il lui arrivait encore de me téléphoner. Depuis j'ai déménagé. »

Que dire de cette sexualité des femmes en prison qui ne vienne s'inscrire en redondance avec les témoignages des intéressées collectés au fil de cette enquête ? Qu'une homosexualité d'opportunité y règne en effet et que le temps où l'on séparait les homosexuelles identifiées comme telles des autres femmes n'est pas si loin : à La Roquette dans la division dite « des détenues à surveiller particulièrement » comme lors des promenades dans la cour de la MAF de Fleury à ses débuts. Que cette sexualité s'accompagne il est vrai de quelques dérapages occasionnels non seulement avec des surveillantes mais également avec des hommes appelés à intervenir au sein des prisons pour femmes, que ce soit au titre d'intervenants comme dans le cadre des commandos de livraison ou d'entretien. Aventures furtives et souvent bien chastes, plus ou moins consommées au détour d'une coursive, que l'on se plaît à (se) raconter parfois, lorsque le manque se fait trop sévère, mais que l'on ne mène jamais à terme qu'une fois seule et « fermée » dans la nuit des cellules. Que les parloirs aux époux ne bénéficient vraisemblablement pas dans les prisons pour femmes de la bienveillance relative dont font preuve les surveillants à l'endroit des détenus hommes et qu'elle est étrange d'ailleurs cette application toute particulière que des femmes peuvent mettre, ici et aujourd'hui, à réprimer et à contraindre la sexualité d'autres femmes. Ici, en France et aujourd'hui, alors même que de l'autre côté de l'océan, dans ce monde que l'on dit tiers, les femmes de l'immense centre de réclusion de Caracas ont leurs « parloirs d'amour » depuis presque quatre ans maintenant. Des chambres spéciales dont disposent les hommes à travers le Venezuela depuis 1968. Etranges revers de la modernité, dans un pays, le nôtre, où seul un établissement masculin en est doté officiellement[1]. Certes, le programme

1. Centre de détention de Casabianda.

concernant telles Unités de vie familiales nouvelles devrait bientôt changer la donne. La meilleure preuve de bonne volonté allant dans le sens d'une non-discrimination étant que le centre de détention pour femmes de Rennes est, avec les maisons centrales de Poissy et de Saint-Martin-de Ré, à l'affiche des trois sites pilotes retenus en France pour expérimenter ces UVF qui ont tant fait couler d'encre. Quinze nouveaux emplois et un million de francs ont été affectés au titre du budget 2000 à ces unités, lesquelles entraient à la rentrée 2001 dans leur phase de construction : de petits appartements de type T2 d'une cinquantaine de mètres carrés bénéficiant d'un extérieur de 20 m^2 inscrits au programme 4000 qui vient succéder au programme 13000 et qui devraient permettre au détenu de vivre avec sa famille, dans le cadre de l'enceinte pénitentiaire et pendant un certain temps (de 24 heures à 48 heures), « toutes les dimensions de la vie familiale ». Fameuses UVF qui pour la première fois dans l'histoire carcérale devraient consacrer l'avènement d'un espace en détention échappant à l'œilleton. Car c'est bien de cela dont il s'agit : si l'absence de relation sexuelle est communément considérée comme inhérente à la peine privative de liberté, il semblerait pourtant qu'aucun texte n'interdise les relations sexuelles en détention, le seul texte existant en la matière (l'article D259-2 du code de procédure pénale) ne portant que sur la faute disciplinaire que constitue le fait « *d'imposer à la vue d'autrui des actes obscènes ou susceptibles d'offenser la pudeur* ». Un « droit » donc à la relation sexuelle, à défaut d'interdiction formelle, néanmoins bien délicat à exercer sans offenser la pudeur d'un tiers dans une logique carcérale qui obéit à la règle du « tout surveiller ».

Il existe pourtant une différence fondamentale entre la loi et le règlement, entre le règlement et son application et ce à tous les niveaux. Chacun sait cela en prison. Alors comment parler de femmes et de prisons sans évoquer ces autres femmes qui les surveillent. Il en est, il est vrai, chez qui le zèle semble tenir lieu d'unique conscience et que les détenues soupçonnent de n'être jamais devenues surveillantes que pour « régler petitement leurs comptes de femme ». Il en est d'autres cependant, plus nombreuses que ce que l'on se plaît à croire à l'extérieur, dont la profonde humanité ne cesse de forcer le respect dans un environnement si peu propice à la philanthropie. Celles-là précisément s'accommodent fort mal de ce seul qualificatif de « repère d'autorité » dans un système qui dispense les clefs tout en leur refusant l'accès au domaine réservé des services sociaux, celui de la parole et de la compréhension. Certes, à ce jour, la discipline ne leur interdit plus de communiquer avec les détenues comme ce fut le cas à La Roquette et ailleurs mais leur rôle n'en reste pas moins circonscrit et dévalorisé. Elles auront été quelques-unes à me faire part de leurs griefs, évoquant le rôle ingrat qui leur était assigné, leur souhait de se trouver plus investies dans l'aspect social, mieux formées aussi :

« *En l'état, les services socio-éducatifs monopolisent le côté humain de la détention et nous sommes reléguées dans le rôle des mères fouettardes juste bonnes à ouvrir et fermer des portes, à faire des rapports, à surveiller, à sanctionner. C'est une répartition des tâches qui ne correspond pas à la réalité car lorsqu'un éducateur reçoit une fille une heure par semaine, nous, nous partageons sa vie à plein temps. C'est nous qui accueillons les entrantes, nous qui sommes là quand elles partent en perm heureuses et quand elles en reviennent déprimées, quand elles tentent de se tailler les veines ou qu'elles avalent un tube de médicaments, la nuit nous qui discutons avec elles non pas seulement selon un calendrier horaire établi mais à chaque fois que nous sentons qu'elles en ont besoin. Vous savez, je ne crois pas qu'on devienne surveillante par vocation, c'est souvent une histoire de hasard, de concours, de nécessité mais je suis sûre d'une chose : il est nécessaire d'acquérir cette vocation si l'on veut continuer à exercer ce métier honnêtement. J'ai presque quinze ans de vie commune avec certaines détenues. Nous avons appris à nous connaître, à nous comprendre aussi. Elles sont détenues, je suis surveillante mais nous sommes toutes des femmes.* » Sans doute les spécialistes s'accorderont-ils à juger cette attitude éminemment « déstructurante ». Peut-être l'est-elle en effet mais elle a quelque chose d'éminemment rassurant aux yeux du profane.

ET ENCORE...

La petite phrase disait : « *Dis-moi quelle est ta prison et je te dirai quelle est ta société* » mais elle aurait tout aussi bien pu dire : dis-moi de quelle nature est ta criminalité et je te dirai ce dont souffre ta société. On l'a fait remarquer, délinquants et criminels apparaissent principalement issus de ces catégories que l'on dit dominées et dominées, économiquement ou encore culturellement, nombre de femmes que j'ai pu rencontrer l'étaient en effet qui semblaient l'être doublement, non seulement du fait de leur situation matérielle mais aussi et surtout du fait de leur qualité même de femme. Comment se faisait-il dans ces conditions qu'elles aient fait exception à la règle en ayant toujours été dans l'histoire moins nombreuses que les hommes à opter pour la marge ? En d'autres termes, pourquoi leur frustration sociale, encore aujourd'hui, ne débouchait-elle pas plus souvent sur des comportements criminels et délinquantiels ? Dans l'éternel débat qui oppose les fervents partisans de l'inné à leurs détracteurs prônant le tout social, aucune partie n'aura su apporter de réponse formelle. Il est ceux bien sûr qui continuent d'évoquer cette qualité première de la femme, sa capacité à enfanter, une habilité à perpétuer l'espèce qui en même temps qu'elle l'inscrirait dans la permanence l'éloignerait de la violence. Il est ceux également qui ne sont pas sans faire référence à cet apprentissage tout social de l'agressivité, ne manquant pas au passage de faire remarquer que, si les femmes sont effectivement moins représentées en matière de criminalité, elles sont sensiblement plus nombreuses que les hommes à apparaître dans les statistiques dès lors que l'on s'intéresse à la dépression et aux comportements dérivés... S'il est vraisemblable que l'agressivité — innée et acquise, selon un dosage que nous laisserons aux spécialistes le soin d'apprécier — reste au cœur du débat, on peut penser à l'instar de Robert Cario que, s'il existe ne serait-ce qu'une moindre part de facteurs acquis, propres à immuniser contre la criminalité et si ceux-ci s'avèrent de fait transmissibles, chercher précisément dans cette part de l'éducation des femmes un moyen de faire obstacle à la délinquance des hommes ne serait peut-être pas tout à fait vain.

PART DES FEMMES DANS LA CRIMINALITÉ ET LA DÉLINQUANCE CONSTATÉES (toutes catégories d'infractions confondues)

Années	% femmes mises en cause par rapport au total des mis en cause
1970	12,57
1971	12,68
1972	12,64
1973	11,44
1974	10,90
1975	10,70
1976	10,96
1977	12,24
1978	12,46
1979	10,78
1980	10,84
1981	10,36
1982	10,40
1983	11,34
1984	13,04
1985	13,39
1986	13,49
1987	16,36
1988	17,95
1989	17,41
1990	17,27
1991	16,68
1992	14,48
1993	14,30
1994	14,20
1995	14,23
1996	14,00
1997	13,96
1998	14,25
1999	13,99
2000	13,60

Sources : « Aspects de la criminalité et de la délinquance constatées en France en... », années 1970 à 2000, ministère de l'Intérieur, La Documentation Française.

FEMMES MISES EN CAUSE PAR CATÉGORIES D'INFRACTIONS EN 2000

INFRACTIONS	Total des mis en cause	Femmes	*(Hommes)*	% femmes par rapport au total
CRIMES & DÉLITS CONTRE LES PERSONNES	**168 580**	**26 545**	***(142 035)***	**15,75**
Homicides	**977**	**152**	***(825)***	**15,56**
Règlements de comptes entre malfaiteurs	42	5	*(37)*	11,90
Homicides à l'occasion de vols	63	3	*(60)*	4,76
Homicides pour autres motifs	804	114	*(690)*	14,18
Homicides de mineurs de moins de quinze ans	68	30	*(38)*	44,12
Tentatives d'homicide	**848**	**101**	***(747)***	**11,91**
A l'occasion de vols	58	12	*(46)*	20,69
Pour autres motifs	790	89	*(701)*	11,27
Coups et blessures volontaires	**80 300**	**8 577**	***(71 723)***	**10,68**
Suivis de mort	211	28	*(183)*	13,27
Non suivis de mort	80 089	8 549	*(71 540)*	10,67
Autres atteintes volontaires	**37 566**	**5 542**	***(32 024)***	**14,75**
Prises d'otages, séquestrations	974	138	*(836)*	14,17
Violations de domicile	4 320	620	*(3 700)*	14,35
Menaces ou chantages	25 361	2 793	*(22 568)*	11,01
Atteintes à la dignité	6 911	1 991	*(4 920)*	28,81
Atteintes aux mœurs	**19 717**	**697**	***(19 020)***	**3,54**
Proxénétisme	552	155	*(397)*	28,08
Viols	5 441	118	*(5 323)*	2,17
— dont sur mineurs	3 387	81	*(3 306)*	2,39
Agressions sexuelles	7 470	176	*(7 294)*	2,36
— dont sur mineurs	5 462	144	*(5 318)*	2,64
Autres atteintes aux mœurs	6 254	248	*(6 006)*	3,97
Infractions contre la famille & l'enfant	**29 172**	**11 476**	***(17 696)***	**39,34**
Violences, mauvais traitements & abandons d'enfants	7 245	2 047	*(5 198)*	28,25
Délits au sujet de la garde des mineurs	13 597	8 989	*(4 608)*	66,11
Non-versement de pension alimentaire	8 330	440	*(7 890)*	5,28

INFRACTIONS	Total des mis en cause	Femmes	*(Hommes)*	% femmes par rapport au total
VOLS	**253 670**	**35 793**	***(217 877)***	**14,11**
Vols à main armée (avec arme à feu)	**2 755**	**119**	*(2 636)*	**4,32**
Contre des établissements financiers	571	18	*(553)*	3,15
Contre des établissements industriels & commerciaux	1 090	49	*(1 041)*	4,50
Contre des particuliers à domicile	320	17	*(303)*	5,31
Contre des particuliers et autres dans des lieux publics	774	35	*(739)*	4,52
Autres vols avec violences (sans arme à feu)	**19 962**	**1 302**	***(18 660)***	**6,52**
Contre des établissements	791	76	*(715)*	9,61
Contre des particuliers à domicile	1 115	118	*(997)*	10,58
Contre des particuliers et autres dans des lieux publics	18 056	1 108	*(16 948)*	6,14
— dont contre des femmes	3 940	608	*(3 332)*	15,43
Vols avec entrée par ruse	**1 429**	**193**	***(1 236)***	**13,51**
Cambriolages	**33 669**	**2 123**	***(31 546)***	**6,31**
De résidences principales	12 467	1 146	*(11 321)*	9,19
De résidences secondaires	2 182	182	*(2 000)*	8,34
De locaux industriels, commerciaux & financiers	11 149	416	*(10 733)*	3,73
D'autres lieux	7 871	379	*(7 492)*	4,82
Vols liés à l'automobile aux deux-roues à moteur	**55 467**	**1 681**	***(53 786)***	**3,03**
Vols d'automobiles	19 449	734	*(18 715)*	3,77
Vols de véhicules de transports avec fret	94	3	*(91)*	3,19
Vols de deux roues motorisés	8 454	138	*(8 316)*	1,63
Vols à la roulotte	27 470	806	*(26 664)*	2,93
Autres vols simples au préjudice de particuliers	**37 347**	**7 261**	***(30 086)***	**19,44**
Vols à la tire	3 618	705	*(2 913)*	19,49
Autres	33 729	6 556	*(27 173)*	19,44
Autres vols simples	**71 805**	**19 841**	***(51 964)***	**27,63**
Vols à l'étalage	52 256	17 207	*(35 049)*	32,93
Vols sur chantiers	1 539	69	*(1 470)*	4,48
Vols sur exploitation agricole	703	71	*(632)*	10,10
Autres vols au préjudice d'établissements publics ou privés	17 307	2 494	*(14 813)*	14,41
Recels	**31 236**	**3 273**	***(27 963)***	**10,48**

INFRACTIONS	Total des mis en cause	Femmes	*(Hommes)*	% femmes par rapport au total
INFRACTIONS ÉCONOMIQUES & FINANCIÈRES	**73 927**	**18 592**	***(55 335)***	**25,15**
Escroquerie, faux & contrefaçons	**51 087**	**14 033**	***(37 054)***	**27,47**
Escroquerie & abus de confiance	31 865	7 975	*(23 890)*	25,03
Falsifications & usages de chèques volés	10 393	3 713	*(6 680)*	35,73
Falsifications & usages de cartes de crédit	3 072	971	*(2 101)*	31,61
Contrefaçons, fraudes industrielles & commerciales	1 042	128	*(914)*	12,28
Contrefaçons littéraires & artistiques	228	21	*(207)*	9,21
Faux en écriture publique & authentique	839	229	*(610)*	27,29
Faux en écriture privée de commerce & de banque	2 554	813	*(1 741)*	31,83
Fausse monnaie	1 094	183	*(911)*	16,73
Délinquance économique & financière	**18 184**	**2 814**	***(15 370)***	**15,48**
Banqueroutes, abus de biens sociaux & autres délits de société	2 116	405	*(1 711)*	19,14
Fraudes fiscales	529	88	*(441)*	16,64
Infractions à l'exercice d'une profession réglementée	698	121	*(577)*	17,34
Urbanisme et construction	2 492	431	*(2 061)*	17,30
Autres délits économiques dont :	12 349	1 769	*(10 580)*	14,33
— Prix, publicité, concurrence	859	157	*(702)*	18,28
— Achats & ventes sans facture	234	24	*(210)*	10,26
— Travail clandestin	8 097	1 240	*(6 857)*	15,31
— Emploi étranger sans titre de travail	1 206	36	*(1 170)*	2,99
— Marchandage & prêt de main-d'œuvre	175	26	*(149)*	14,86
Infractions à la législation sur les chèques (sauf usage de chèques volés)	**4 656**	**1 745**	***(2 911)***	**37,48**

INFRACTIONS	Total des mis en cause	Femmes	*(Hommes)*	% femmes par rapport au total
AUTRES INFRACTIONS	**338 372**	**32 527**	*(305 845)*	**9,61**
Infractions à la législation sur les stupéfiants	**104 146**	**8 288**	***(95 858)***	**7,96**
Trafic & revente (sans usage)	7 353	725	*(6 628)*	9,86
Usage & revente	13 869	828	*(13 041)*	5,97
Usage (consommation)	76 658	6 186	*(70 472)*	8,07
Autres	6 266	549	*(5 717)*	8,76
Délits à la police des étrangers	**58 171**	**5 301**	***(52 870)***	**9,11**
Infractions aux conditions générales d'entrée & de séjour	51 359	4 518	*(46 841)*	8,80
Aide à l'entrée, à la circulation & séjour	2 404	419	*(1 985)*	17,43
Destructions & dégradations de biens	**70 506**	**5 871**	***(64 635)***	**8,33**
Attentats par explosifs contre des biens publics	48	1	*(47)*	2,08
Attentats par explosifs contre des biens privés	56	2	*(54)*	3,57
Incendies volontaires contre des biens publics	1 234	71	*(1 163)*	5,75
Incendies volontaires contre des biens privés	3 648	266	*(3 382)*	7,29
Autres destructions & dégradations de biens publics	13 482	693	*(12 789)*	5,14
Autres destructions & dégradations de biens privés	28 322	2 686	*(25 636)*	9,48
Destructions & dégradations de véhicules privés	23 716	2 152	*(21 564)*	9,07
Délits divers	**105 549**	**13 067**	***(92 482)***	**12,38**
Faux documents de circulation des véhicules	1 252	161	*(1 091)*	12,86
Faux documents d'identité & autres documents administratifs	6 920	1 176	*(5 744)*	16,99
Violence à dépositaires de l'autorité	9 668	666	*(9 002)*	6,89
Outrages à dépositaires de l'autorité	21 107	2 323	*(18 784)*	11,01
Atteintes aux intérêts fondamentaux de la Nation	1 221	14	*(1 207)*	1,15
Port de détention d'armes prohibées	16 638	443	*(16 195)*	2,66
Délits d'interdiction de séjour & de paraître	177	1	*(176)*	0,56
Boisson, alcool, tabac	776	168	*(608)*	21,65
Fraudes alimentaires & à l'hygiène	873	125	*(748)*	14,32
Autres délits contre la santé publique	138	31	*(107)*	22,46
Délits des courses & jeux	789	119	*(670)*	15,08
Pêche, chasse & atteintes à l'environnement	2 497	222	*(2 275)*	8,89
Destructions, cruautés envers animaux	899	146	*(753)*	16,24
Autres	42 594	7 472	*(35 122)*	17,54

Sources : « Aspects de la criminalité et de la délinquance constatées en France en 2000 », ministère de l'Intérieur, La Documentation Française, 2001.

CATÉGORIES D'INFRACTIONS
SELON LES TAUX DE FÉMINITÉ
(En 2000)

I – Catégories d'infractions et infractions (détail) présentant les plus forts taux de féminité

Catégories d'infractions / Infractions	**% de femmes par rapport au total des mis en cause**	**(% d'hommes par rapport au total des mis en cause)**
Délits au sujet de la garde des mineurs	66,11	(33,89)
Homicides sur mineurs de moins de 15 ans	44,12	(55,88)
Infractions contre la famille et l'enfant	**39,40**	**(60,60)**
Infractions à la législation sur les chèques (sauf usage de chèques volés)	**37,48**	**(62,52)**
Falsifications et usages de chèques volés	35,73	(64,27)
Vols à l'étalage	32,93	(67,07)
Faux en écriture privée de commerce & de banque	31,83	(68,17)
Falsifications et usages de cartes de crédit	31,61	(68,39)
Atteintes à la dignité & à la personnalité	28,81	(71,19)
Violences, mauvais traitements & abandons d'enfants	28,25	(71,75)
Proxénétisme	28,08	(71,92)
Vols simples	**27,63**	**(72,37)**
Escroquerie, faux & contrefaçons	**27,47**	**(72,53)**
Faux en écriture publique & authentique	27,29	(72,71)
Infractions économiques et financières	**25,15**	**(74,85)**
Escroqueries & abus de confiance	25,03	(74,97)

II – Catégories d'infractions et infractions (détail) présentant les plus faibles taux de féminité

Catégories d'infractions / Infractions	**% de femmes par rapport au total des mis en cause**	**(% d'hommes par rapport au total des mis en cause)**
Délit d'interdiction de séjour & de paraître	0,56	(99,44)
Atteintes aux intérêts fondamentaux de la Nation	1,15	(98,85)
Vols de deux-roues motorisés	1,63	(98,37)
Attentats par explosifs contre les biens publics	2,08	(97,92)
Viols	2,17	(97,83)
Agressions sexuelles	2,36	(97,64)
Viols sur mineurs	2,39	(97,61)
Agressions sexuelles sur mineurs	2,64	(97,36)
Port et détention d'armes prohibées	2,66	(97,34)
Vols à la roulotte	2,93	(97,07)
Emploi d'étrangers sans titre de travail	2,99	(97,01)
Vols liés à l'automobile et aux deux-roues motorisés	**3,03**	**(96,97)**
Vol à main armée contre des établissements financiers	3,15	(96,85)
Vol de véhicule de transport avec fret	3,19	(96,81)
Atteintes aux mœurs	**3,54**	**(96,46)**
Attentats par explosifs contre les biens privés	3,57	(96,43)
Vols d'automobiles	3,77	(96,23)
Autres atteintes aux mœurs	3,97	(96,03)
Vols à main armée	**4,32**	**(95,68)**

Sources : « Aspects de la criminalité et de la délinquance constatées en France en 2000 », ministère de l'Intérieur, La Documentation Française, 2001.

POPULATION FÉMININE INCARCÉRÉE EN MÉTROPOLE

Au 1er janvier	Population carcérale globale	Femmes	% femmes détenues par rapport à la population globale
1970	29 026	938	3,2
1971	29 549	923	3,1
1972	31 668	951	3,0
1973	30 306	855	2,8
1974	27 100	711	2,6
1975	26 032	704	2,7
1976	29 482	723	2,4
1977	30 511	851	2,7
1978	32 259	970	3,1
1979	33 315	981	2,9
1980	35 655	1 121	3,1
1981	38 957	1 246	3,2
1982	30 340	987	3,2
1983	34 579	1 132	3,3
1984	38 634	1 323	3,4
1985	42 937	1 461	3,4
1986	42 617	1 558	3,7
1987	47 694	1 905	4,0
1988	49 328	2 075	4,2
1989	44 981	1 989	4,4
1990	49 913	1 969	4,5
1991	47 160	1 951	4,1
1992	48 113	2 100	4,4
1993	46 184	2 080	4,3
1994	50 240	2 107	4,2
1995	51 623	2 134	4,1
1996	52 658	2 133	4,1
1997	51 640	2 144	4,2
1998	50 744	2 041	4,0
1999	49 672	1 935	3,9
2000	48 079	1 781	3,7
2001	44 618	1 650	3,7

Sources : Rapport annuel d'activité 2000 de l'administration pénitentiaire, ministère de la Justice, La Documentation Française, 2001.
Le Point sur / Les femmes en prison, ministère de la Justice, 1983.

FEMMES CONDAMNÉES
INCARCÉRÉES EN MÉTROPOLE
STRUCTURE PAR INFRACTION
(Au 1er janvier 2001)

INFRACTIONS	Femmes	*(Hommes)*
Atteintes aux personnes	**353**	***(6 694)***
Meurtre, assassinat	155	*(2 751)*
Meurtre, assassinat sur mineurs de moins de 15 ans	43	*(165)*
Empoisonnement	19	*(11)*
Violences sur mineurs	47	*(261)*
Violences	54	*(2 822)*
Homicide et atteinte involontaire à l'intégrité (ordinaire)	29	*(360)*
Homicide et atteinte involontaire à l'intégrité (circulation routière)	6	*(324)*
Atteintes aux mœurs	**149**	***(7 093)***
Viol et agression sexuelle sur mineur	109	*(5 032)*
Viol et agression sexuelle sur adulte	29	*(1 931)*
Exhibition sexuelle	0	*(34)*
Proxénétisme	11	*(96)*
Atteintes aux biens	**218**	***(7 883)***
Vol simple	81	*(3 172)*
Vol qualifié	56	*(3 402)*
Recel	4	*(255)*
Escroquerie, abus de confiance	55	*(826)*
Faux et usage	17	*(163)*
Infraction à la législation sur les chèques	5	*(65)*
I.L.S./Trafic de stupéfiants	**139**	***(3 946)***
Autres	**13**	***(744)***
Atteinte aux intérêts de la Nation	0	*(13)*
Infraction d'ordre militaire	0	*(7)*
Infraction à la législation sur les étrangers	13	*(724)*
Incendies volontaires	0	*(24)*
Divers	**60**	*(2 129)*
Total	**932**	***(28 513)***
Pourcentages	**3,2 %**	96,8 %

Sources : Statistiques trimestrielles de la population pénale au 1er janvier 2001, direction de l'administration pénitentiaire, ministère de la Justice, n° 86.

FEMMES CONDAMNÉES INCARCÉRÉES EN MÉTROPOLE STRUCTURE PAR QUANTUM DE PEINE EN COURS D'EXÉCUTION (au 1er janvier 2001)

PEINES	Femmes	*(Hommes)*
Peines correctionnelles	**626**	***(21 214)***
Moins de 6 mois	91	*(3 256)*
6 mois à moins d'1 an	111	*(3 893)*
1 an à moins de 3 ans	169	*(5 445)*
3 ans à moins de 5 ans	92	*(3 207)*
5 ans et plus	163	*(5 413)*
Peines criminelles	306	***(7 122)***
I Réclusion criminelle :		
5 ans à moins de 10 ans	12	*(379)*
10 ans à moins de 20 ans	221	*(5 424)*
20 ans à moins de 30 ans	54	*(765)*
Perpétuité	19	*(554)*
II Détention criminelle	0	177
Contraintes par corps	**1**	***(92)***

Sources : Statistiques trimestrielles de la population pénale au 1er janvier 2001. Direction de l'administration pénitentiaire, ministère de la Justice, n° 86.

FEMMES PRÉVENUES INCARCÉRÉES EN MÉTROPOLE STRUCTURE SELON LA SITUATION PÉNALE (Au 1er janvier 2001)

SITUATION PÉNALE	Femmes	*(Hommes)*
En cours d'instruction	506	*(9 411)*
En attente de comparution	120	*(2 876)*
Comparution immédiate	36	*(766)*
En appel ou pourvoi	55	*(1 310)*
Total	**717**	***(14 363)***

Sources : Statistiques trimestrielles de la population pénale au 1er janvier 2001. Direction de l'administration pénitentiaire, ministère de la Justice, n° 86.

FEMMES INCARCÉRÉES DURANT L'ANNÉE 1999 (MÉTROPOLE ET OUTRE MER) STRUCTURE SELON LA SITUATION MATRIMONIALE

Situation matrimoniale	Femmes	Pourcentages
Célibataire	2 125	56,5
Concubine	436	11,6
Mariée	664	17,6
Séparée	67	1,7
Divorcée	369	9,8
Veuve	96	2,5
Total	**3 757**	**100**

Source : Fichier national des détenus.

FEMMES INCARCÉRÉES DURANT L'ANNÉE 1999 STRUCTURE SELON LE NOMBRE D'ENFANTS (MÉTROPOLE ET OUTRE MER)

Nombre d'enfants	Femmes	Pourcentages
Sans enfants	1 808	48,1
1 enfant	670	17,8
2 enfants	537	14,2
3 enfants	342	9,1
4 enfants et +	399	10,6
Non déclaré	1	0,02
Total	**3 757**	**100**

Source : Fichier national des détenus.

REPÈRES BIBLIOGRAPHIQUES

Ouvrages généraux :

AMOSSY R., *Les Idées reçues,* Ed. Nathan, coll. « Le Texte à l'Œuvre », 1991.

BEAUVOIR S. DE, *Le Deuxième Sexe,* Ed. Gallimard, coll. « Folio-Essais », 1986.

BENSADON N., *Les Droits de la femme, des origines à nos jours,* P.U.F., coll. « Que sais-je ? ».

CAMILLERI-LAZERGES, *Atlas de la criminalité en France,* La Documentation Française, coll. « Dynamique du territoire », 1992.

DEKEUWER-DEFOSSEZ, *Droits des Femmes, Dictionnaire juridique,* Ed. Dalloz, 1985.

FOUCAULT M., *Surveiller et punir,* Ed. Gallimard, Paris, 1975.

FRIEDAN B., *La Femme mystifiée,* Ed. Gonthier, coll. « Femmes », 1975.

HÉRITIER F., *Masculin / féminin,* Ed. Odile Jacob, 1996.

ISRAEL L., *Cerveau gauche, cerveau droit,* Ed. Plon, 1995.

LABORIT H., *L'Eloge de la fuite,* Ed. Laffont ; Ed. Gallimard, coll. « Folio-Essais », 1985.

LABORIT H., *La Nouvelle Grille,* Ed. Laffont ; Ed. Gallimard, coll. « Folio-Essais, 1985.

LEAUTE J., *Criminologie et science pénitentiaire,* P.U.F., coll. « Thémis », 1972.

MAJNONI D'INTIGNANO B., *Femmes, si vous saviez...,* Ed. de Fallois, 1996.

MARKALE J., *La Femme celte,* Ed. Payot, 1989.

MICHEL et TEXIER, *La Condition de la Française d'aujourd'hui,* Ed. Gonthier, coll. « Femmes », 1964.

PICCA, *Criminologie,* P.U.F., coll. « Que sais-je ? ».

SUTHERLAND et CRESSEY, *Principles of criminology,* Lippincott, 1960.

Ouvrages spécialisés :

ADLER F., *Sisters in crime,* Mc Graw-Hill Book Company, 1975.

CARIO R., *La Criminalité des femmes,* Ed. Eres, coll. « Questions actuelles de criminologie », 1989.

CARIO R., *Femmes et criminelles,* Ed. Eres, coll. « Criminologie et Sciences de l'Homme », 1992.

DUCHE-GRANSAC, *Prisons de femmes,* Ed. Denoël, 1982.

FAUGERON C., *Femmes victimes, femmes délinquantes, état des données,* SEPC, Etudes et Données pénales, n° 41, 1982.

HEIDENSOHN F., *Women and crime,* Ed. Mac Millan, coll. Women and Society, 1980.

LOMBROSO C., *La Femme délinquante et la prostituée,* Ed. Millon, coll. « Mémoire du Corps », 1991.

MARY F.-L., *Femmes, délinquances et contrôle pénal, analyse socio-démographique des statistiques administratives,* CESDIP, Etudes et Données pénales, n° 75, 1996.

MICHEL, *Figures et métamorphoses du meurtre,* Presses universitaires de Grenoble, 1991.

PAUGAM, *Crimes passionnels,* Ed. Calmann-Lévy, 1988.

SARRAZIN A., *L'Astragale,* Livre de Poche, 1968.

SARRAZIN A., *Journal de prison,* Livre de Poche, 1959.

THOMAS, *Sex and society,* 1907.

THOMAS, *The Unadjusted Girl,* 1923.

Collectifs :

Les femmes — Contours et caractères, INSEE, Données Sociales, 1996.

Cahiers sur la femme et la criminalité, Ed. du CNRS, 1979.

« Les femmes ayant des démêlés avec la justice », in *Liaison,* n° 10, octobre 1986.

« Enfants, Parents, Prison », Fondation de France, *Les Cahiers*, n° 4, 1992.

« Un lien à maintenir », in *Liaison*, n° 9, mars 1988.

« Masculin / Féminin », in *Actes de la Recherche en Sciences Sociales*, n°s 83/84, 1990.

Rapport 1995 de l'Observatoire international des prisons, 1995.

« La santé en prison : un enjeu de santé publique », *Revue Française des affaires sociales*, ministère du Travail et des Affaires Sociales, La Documentation Française, n° 1, 1997.

« Le Syndrome de la sorcière », in *Liaison*, n° 10, octobre 1986.

« Vol à l'étalage, un voyage intérieur », in *Liaison*, n° 9, mars 1988.

Articles & publications diverses :

ALBY, « Les Femmes meurtrières », in *Bulletin de la Société de Thanatologie*, n° 40, 1978.

BATRIA, « Prostitution et criminalité », in *Revue internationale de Police Criminelle*, n° 206, 1967.

CARIO, « Contribution à la connaissance et à l'explication de la criminalité des femmes », in *Revue internationale de Criminologie*, n° 3, 1987.

SACOTTE, « Prostitution et criminalité », in *Revue abolitionniste*, n° 6, 1972.

THIRIEAU-MICHAUT, « Comportement précoce des femmes incarcérées pour le meurtre de leur mari. Approche psychothérapeutique », in *Actualités psychiatriques*, n° 3, 1983.

TROISIER, « La Criminalité féminine », in *Revue internationale de Criminologie et de Police Technique*, n° 4, 1975.

TROISIER, « La Maternité en détention », in *Actualité psychiatrique*, n° 3, 1983.

Séries statistiques :

Aspects de la criminalité et de la délinquance constatées en France en..., ministère de l'Intérieur, Direction générale de la police nationale, Direction centrale de la police judiciaire, La Documentation Française, Années 1970 à 2000.

Les Femmes en prison, « Le Point Sur », Ministère de la Justice, 1990.

Rapports annuels de l'administration pénitentiaire, ministère de la Justice, La Documentation Française, Années 1970 à 2001.

Statistiques trimestrielles de la population pénale, Direction de l'administration pénitentiaire, Ministère de la Justice, n° 86.

TABLE

REMERCIEMENTS

Je remercie pour leur précieuse collaboration au moment de l'enquête :

M. Camps, directeur régional des services pénitentiaires de Rennes

M. Salvadori, Mmes Binaux et Mader de la direction régionale des services pénitentiaires de Paris

Mme Kensey, du service de la communication, des études et des relations internationales du ministère de la Justice

Mme Martin, directrice du centre pénitentiaire pour femmes de Rennes

M. Landais, directeur de la maison d'arrêt pour femmes de Fleury-Mérogis

M. le Procureur de la République du parquet de Melun

M. Tissot, Procureur de la République du parquet de Carpentras

le Dr Deschacht, psychiatre responsable du SMPR de Bretagne

Mme Miguel-Delvare, psychologue-clinicienne, expert près la cour d'appel de Nîmes

Mme De Kerros, psychologue au SMPR

Mme Sinan des services sociaux du CPF de Rennes

Mmes Davoine et Chandezon, surveillantes en chef de la MAF de Fleury-Mérogis

Me Billet du barreau d'Avignon

Me Gontard du barreau d'Avignon

M. Morinière, éducateur au CPAL de Coutances

Je remercie également les personnes qui m'ont aidée à réactualiser certaines données :

Mme Odile Timbart et Mlle Marie-Line Asté de la sous-direction de la statistique et des études du ministère de la Justice

Mmes Manaud et San Nicolas, directrice et sous-directrice du centre pénitentiaire pour femmes de Rennes

Mme Stempfer, directrice de la maison d'arrêt pour femmes de Fleury-Mérogis

et tout particulièrement pour leur aide et leur compréhension :

Georgette Bresson de la maison d'arrêt d'Avignon

Christian Delauney, éducateur en charge des placements extérieurs sur Rennes

Me Michel Roubaut du barreau de Carpentras

Marie-Yvonne Périgault, responsable du vestiaire au CPF

Ainsi qu'Annick, Marine et Valérie pour leur soutien logistique d'urgence

Composition réalisée par JOUVE

Imprimé en France sur Presse Offset par

BRODARD & TAUPIN

GROUPE CPI

La Flèche (Sarthe).
N° d'imprimeur : 9836 – Dépôt légal Édit. 13905-11/2001
LIBRAIRIE GÉNÉRALE FRANÇAISE - 43, quai de Grenelle - 75015 Paris.

ISBN : 2 - 253 - 15175- 0 31/5175/0